Karl Marx

马克思传

张光明 罗传芳 / 著

天地出版社 | TIANDI PRESS

图书在版编目（CIP）数据

马克思传/张光明，罗传芳著. —成都：天地出版社，2017.8（2023年10月重印）
ISBN 978-7-5455-3009-4

Ⅰ.①马… Ⅱ.①张… ②罗… Ⅲ.①马克思（Marx, Karl 1818-1883）–传记 Ⅳ.①A711

中国版本图书馆CIP数据核字（2017）第180181号

马克思传
MAKESI ZHUAN

出 品 人	杨　政
作　　者	张光明　罗传芳
责任编辑	陈文龙　李建波
封面设计	思想工社
封面图片	CFP
内文排版	尚上文化
责任印制	王学锋
出版发行	天地出版社 （成都市锦江区三色路238号 邮政编码：610023） （北京市方庄芳群园3区3号 邮政编码：100078）
网　　址	http://www.tiandiph.com
电子邮箱	tianditg@163.com
经　　销	新华文轩出版传媒股份有限公司
印　　刷	北京文昌阁彩色印刷有限责任公司
版　　次	2018年1月第1版
印　　次	2023年10月第14次印刷
开　　本	710mm×1000mm　1/16
印　　张	32
字　　数	484千字
定　　价	58.00元
书　　号	ISBN 978-7-5455-3009-4

版权所有◆违者必究

咨询电话：（028）86361282（总编室）
购书热线：（010）67693207（营销中心）

如有印装错误，请与本社联系调换。

卡尔·马克思

新版序言

在过去的18年中，作者曾应出版社之约，出过好几种马克思的传记或画传。它们以具有中等以上文化水平的读者为对象，在内容上追求简洁明了，在文字上力图通俗易懂，在那些对于一般读者来说过于烦琐的学术问题上，尽量深入浅出。同时，本着对理论、对历史负责的学者本分，在不少问题上，我们提出了不同于通行观点的看法。这些书出版后，颇得各不同层次的读者好评，这对作者是很大的鼓励。

在准备本版《马克思传》时，作者又翻阅了以往所写的几篇序言。如今旧作重读，自我感觉也还有某种意味。兹摘录几段如下。

1998年中央党校出版社版的序言中写道："以往年代描写领袖、导师时常见的那种令人生厌的'文件腔'，今天实在不该再重复了。作者力图以平实客观的笔调去叙述事实，与事实无关的空头高论，则尽行略去。书中的评论，包括对这位伟大人物各时期的贡献和不足的评价，都确是作者本人的认识，并非违心之论。"

2005年我们为华东师大出版社出版的《马克思画传》所写的序言，交稿后被删掉了，换成了两篇由别人写的序言。这篇序言迄今并未发表过，因此下面准备作较长的引录：

马克思传

马克思生活在19世纪，那是一个工业革命空前高涨的世纪，资本主义大踏步前进的世纪，也是一个和我们今天的现实仍然有着密切联系的世纪。马克思正是这样一个时代的见证人、分析家和批判大师。他的思想成就，不仅赢得了大批追随者，甚至也获得了他的敌人的尊敬；他的名字与那一时代的社会主义工人运动密不可分；他的学说不仅给思想史增添了辉煌的卷页，而且在现实的历史进程中刻下了深深的印记。

事情还不止如此。马克思的思想跨越了他的时代，对20世纪直至今天都产生了深刻的影响。

20世纪下半期，有一位并非马克思主义者的美国学者评论说：马克思之后的思想史，在很大程度上只不过是和马克思的对话。在笔者看来，这句话说得十分贴切，而且到当今也还继续适用。在今日世界上，当大批复杂而又尖锐的现实问题摆在人们面前，迫切要求得到解答的时候，马克思的影子总是若隐若现地浮现出来，即使你想要绕过他，也是不可能的。

然而，马克思从来又都是一个引起无数争议和无数误解的人。当年他在世时，遭到他尖锐批判的各种社会势力厌恶他诅咒他，却并没有能阻止他的学说在生活中胜利前进；但随着他的学说成为世界社会主义运动中的最大思想体系，对他的各种曲解和庸俗化就开始了。这些曲解和庸俗化往往把人们弄得绝望之至，避之唯恐不及，而后世共产主义运动中打着他的旗号犯下的灾难性错误，更把不少人推到了他的怀疑者和反对者行列里。

在严酷的现实面前，马克思学说的光辉似乎褪色了。于是在现如今的生活中，远离马克思、遗忘马克思，好像成了一件不但不使人尴尬，反而显得有点时尚的事情。

笔者就曾经不止一次地听到有朋友高傲而轻蔑地宣布：我根本就不看马克思的书！

我们无法赞同这种态度。面对这种轻飘飘的自负，我们想说，这对您，对任何一个有知识的人来说，并不是光荣，因为这里面显示的不只是无知，还有偏见。无知和偏见都不值得夸耀，因为它们加在一起，只会阻碍您接近事物的真相。

我们敢说，在马克思这样一位大思想家面前，任何一个愿意增进自己的知识，愿意用脑去想，用手去做，用思考去换得自己精神上的自由，并且愿意真诚地参与人类进步事业的人，都没有理由忽视他。只有在你真正读了、想了之后，你才有权利发表自己的意见，哪怕是否定性的意见。

那么，怎样去读通马克思呢？

依笔者之见，唯一管用的办法，是直接去阅读马克思本人。这个阅读面应当是广泛的。首先当然是要读他的书，从他的早期著作《1844年经济学哲学手稿》到《共产党宣言》，从他花几十年心血写出来的巨著《资本论》，到他的大量其他著作、手稿和书信，读得越多越细，越有好处。还应当读读他的同时代人以及后世马克思主义的各种信奉者和批评者的著作，这样才能从比较中去思考，去鉴别。除此之外，还有一项重要内容，那就是认真读通读透世界历史。马克思学说在根本上是一门历史科学，对于他的学说，也只有放在对世界历史的透彻认识中才能正确理解和评价。

这种阅读，的确是个笨办法，但对于真正想搞清楚问题的人来说，我们实在看不出还有别的捷径可走。

2010年人民日报出版社版的序言则写道："马克思是古往今来思想家中最重要的一位，应属不争的事实。即使在当今的世界上，马克思也仍然占有相当突出的历史位置。不论你对马克思持何种态度，只要你认真面对以各种方式困扰着我们的复杂纷繁的问题，试图深入地进行思考，你就无法绕开马克思。然而，在我们的现实生活中，马克思学说看上去地位至高无上，流传普及甚广，几乎人人都是马克思学家，人人都可以对它发表一通评论和见解，但事实上透彻了解者极少。人们对它的认识和评说，往往不过是建立在人云亦云、道听途说甚至任意猜测的层面而已。时至今日，在各式各样的解释、发挥和层出不穷的赞扬或责难中，马克思学说和马克思本人的形象愈来愈变得模糊不清了，真正认真地去研读原著并按照文本原意而不是自己的臆造去理解的人，更是少之又少。鉴于此，独立地研究马克思的原著，在今天是更加必要的。"

以上几段引文，都是作者在不同时期、不同氛围下发自内心的声音。

如前面所说，在我国，马克思学说号称"国家学说"，但实际上，很少有人肯下一番功夫，深入进去认真钻研一番。在这种情况下，他们对马克思的褒贬，不是来自对马克思本人思想的理解，而只是简单地出自对现实政治的反应。这种情况，过去如此，于今尤烈。

1998年时，国人可读到的马克思传记还不多。除了弗兰茨·梅林那部内容丰富、有独到见解的《马克思传》之外，苏联、东德人所写的传记以及中国学者对马克思的各种介绍，官话、空话、套话太多，朴实的介绍和独立的分析太少，让人读起来索然无味。作者当时关于不要"文件腔"，而要"以平实客观的笔调去叙述事实"的主张，正是针对这种令人厌烦的状况而提出的。

在那之后，在我国社会急剧变化背景下愈来愈突出的矛盾，几乎在每一个领域中，都激发了尖锐的意见分歧和争论。在这样的条件下，马克思的形象被弄得越来越模糊混乱，越来越无法辨认了。一方面，马克思被用来为一切现实政治需要做辩护；另一方面，相反相成地，批判者们把一切现实中的坏事都追溯到马克思那里，痛加詈骂。大家既无耐心也无兴趣去认真研究一下马克思本人，但不谋而合地"分开走，一起打"，共同为败坏这个人的声誉而努力。有感于这种不可思议的混乱，我们才在随后的两个版本的序言中向读者们呼吁：不要根据自己的需要去利用马克思，不要拿自己的无知和偏见去曲解马克思，而要独立地研究马克思的学说！

可是，这样的呼吁是不合时宜的。在一个充满喧闹的浮躁时代里，科学上的无私精神和求真态度并不被关心，对事物的本质穷究底蕴也显得多余，许多人只是热衷于"发声"，至于他发的这个"声"是否有站得住的根据，那就无所谓了。在充斥于网络的各种评论里，一些人把马克思描述成专制主义者、骗子和阴谋家，说他制造仇恨，煽动暴力，反对民主，反对科学，驱使人们去实现他的乌托邦狂想，甚至号召大家"打土豪，分田地"！另一些人大概自以为怀着善意，把马克思和恩格斯说成是晚年幡然悔悟、放弃先前错误理论主张的忏悔者……在这样的一片热昏胡话中，是谈不上正常的讨论的。

　　作者历来主张对马克思以来的世界社会主义历史作深入的重新研究，但不能同意用"歪批三国"式的起哄态度去对待历史。现在收入本书附录的《关于马克思主义史上的若干问题——对一位批评者的回应》，是在一些重大问题上对当前流行观点的回答。我们对这位批评者的许多意见都持异议，但认为他是愿意思考的和讲理的，这在网络上并不多见，因此是值得与之讨论的。我们希望，这种讨论有助于促使人们去真正读一点东西。

　　总之，我们的态度是：研究马克思，公正地、历史地认识马克思！这不只是为了历史，也是为了我们自己。因为正是这位 19 世纪的大思想家，立足于前所未有的社会巨变和各种思想激烈辩论的背景上，要求人们不从自己头脑中的愿望而从认真分析经验、事实出发，深入到社会之中去剖析社会，根据各种人群的不同利益去考察他们的立场和政治态度，从现实矛盾与冲突的趋势中去展望历史的未来。他向自己提出了这项无比艰难但有莫大意义的工作，并把一生都献给了它。在他的思想努力中，确实有过大大小小的错误，但他在总体上把人们的认识水平提高了一大步。他是反对一切压迫、追求自由和平等的伟大民主斗士，坚信没有人民大众自己推动的民主必然是不真实、不完整的民主；他大力呼吁，只有人民通过自己的自觉性和斗争，把社会的权力掌握在自己手中并实行自我管理，才能真正实现自己的解放。所有这些，对于当今我们的进步，仍然具有重大的启发意义。

张光明　　罗传芳
2017 年 2 月 15 日

目 录

第一章　特里尔之子
无忧无虑的童年 2
一个少年的志向 5
浪漫大学生的爱情 9

第二章　黑格尔的学生
发现黑格尔 18
在"博士俱乐部"里 22
普罗米修斯式的自白 26
新闻出版自由的捍卫者 29
为贫苦群众辩护 36
《莱茵报》的精神领导 40

第三章　在巴黎的十五个月
出国前夕 46
从"政治解放"到"人类解放" 51
"异化"与共产主义 55

友谊从这里开始 60
《神圣家族》 63
接到驱逐令之后 65

第四章　流亡布鲁塞尔

异地重逢 70
《德意志意识形态》 78
战友与论敌 83
共产主义者同盟 94
《共产党宣言》 100
再次被逐 109

第五章　在战斗的年代里

重返巴黎 114
《新莱茵报》面世 116
民族问题 124
在革命危机中 126
法庭上 130
在报纸的最后日子里 135
辗转于德法之间 142

第六章　流亡伦敦的最初岁月

艰难困苦的生活 148
对革命的总结 153
重建同盟 158
分　裂 163
《路易·波拿巴的雾月十八日》 169

　　　　同盟的终结 176

第七章　冷寂的 50 年代

　　　　第恩街 28 号 186
　　　　《纽约每日论坛报》撰稿人 189
　　　　永不知足的学者 192
　　　　对"世界工厂"的观感 195
　　　　欧洲政治评析 198
　　　　东方问题 200
　　　　"1857—1858 年手稿" 205
　　　　《政治经济学批判》 211

第八章　"人所具有的我都具有"

　　　　家庭悲欢 218
　　　　与友人在一起 226
　　　　马克思的性格 232

第九章　60 年代初的马克思

　　　　自下而上还是自上而下？ 242
　　　　反击福格特 245
　　　　60 年代初的家事 250
　　　　又出困境 254
　　　　关于拉萨尔 263

第十章　国际的灵魂

　　　　成立宣言 270
　　　　总委员会中的多面手 275

事业在前进 280

第十一章　写作《资本论》

舐犊之乐 286
德国之行 290
揭开剩余价值的秘密 294
"沉默"被打破了 301
第二卷和第三卷 307

第十二章　巴黎公社前后

家庭中的变化 318
关于普法战争的宣言 320
与公社站在一起 330
《法兰西内战》 338
在一片围攻中 344

第十三章　国际最后时期的马克思

内部分歧的由来 350
伦敦代表会议 354
国际代表大会之前 357
马克思在海牙 360
尾　声 366

第十四章　伦敦老人

老年马克思 368
疗养中的马克思 377
"顾问"马克思 382

　　　　　从"收拾杜林"到反驳"苏黎世人"................390
　　　　　西欧工人运动的新景象................399

第十五章　不断的探索
　　　　　《资本论》的继续写作................404
　　　　　如何跨越资本主义"卡夫丁峡谷"？................408
　　　　　人类学笔记与历史学笔记................418

第十六章　走向生命的终点
　　　　　晚年时光................426
　　　　　痛失伴侣................430
　　　　　辗转疗养................433
　　　　　与世长辞................440

附录一　马克思年谱................445
附录二　关于马克思主义史上的若干问题................461
后　记................494

第一章
特里尔之子

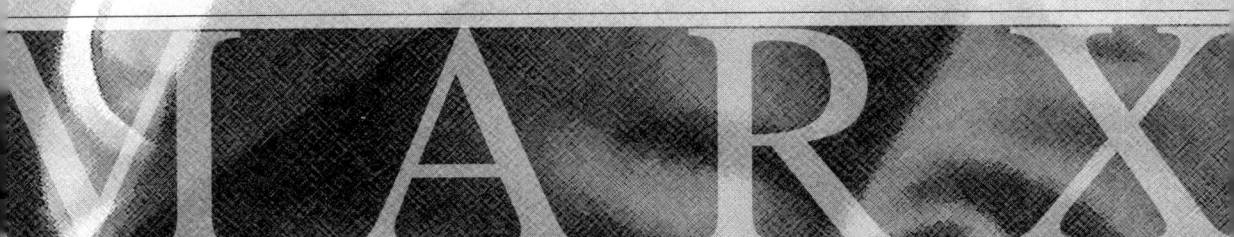

无忧无虑的童年

坐落在摩泽尔河畔的特里尔小城是一座美丽的城市。河水在不远处静静地流过，树林环抱着一幢幢别致的房屋。在城外的小山丘上，散布着一片片葡萄园，好像绿色的绒毯上点缀着颗颗红宝石。

马克思的故乡：19世纪30年代的特里尔

特里尔城当时的人口不过15000人，却因历史悠久而闻名。这个地方保留着大量古代文明的遗迹：古罗马时代的皇帝行宫，公共澡堂，著名的"黑门"，还有各个历史时期的教堂。

第一章 特里尔之子

特里尔城著名的古迹"黑门"

所有这些都足以让本城居民感到自豪。事实上，直至今天，特里尔仍然是旅游者喜欢光顾的地方，城市的大街小巷和各式古老的建筑之间，常年都徜徉着来自世界各个地方的游客。

19世纪，特里尔所属的莱茵省是德国最发达的地区。早在1795年，革命的法国兼并了莱茵省，此后20年内，本省居民享受到了法国大革命所带来的成果。先前的封建等级制度和各种捐税义务被废除了，所有成年男子都成了法律上平等的公民。在这样的环境中，憎恶封建压迫、崇尚自由平等的精神在特里尔人心中深深地扎了根。即使当普鲁士王国1814年收回莱茵省之后，这种精神仍旧保留了下来，任凭当局怎么压制，也消灭不了它。

城中布吕肯巷664号一幢式样普通但十分适用的小楼，是犹太人律师亨利希·马克思一家的住宅。亨利希·马克

马克思出生的房子——特里尔城内布吕肯巷664号。现为布吕肯街10号，已辟为卡尔·马克思故居纪念馆

马克思传

思深受本城居民尊敬，他为人温和正派，工作勤勉踏实，同时也很有教养。除了精通法律外，他对古典文学和伟大哲学家的思想颇为熟悉，对近代以来的自由人道思想有一种深深的眷恋。他特别推崇法国伟大启蒙学者的著作，盼望着在普鲁士也能出现一部法国式的自由主义宪法和代议制度。1816年，他放弃犹太教，加入了路德派教会。谦让平和的亨利希·马克思也有热情洋溢的时候：1834年1月18日，他在当地俱乐部的一次宴会上兴之所至，大胆地起立向法国国旗致敬并高唱《马赛曲》！这个不寻常的举动竟使这位温和的律师在政府眼里成了政治上的可疑分子。

1818年5月5日，亨利希·马克思的荷兰裔妻子罕丽达生下了第三个孩子，取名卡尔。当时，父母和亲友谁也不可能想到，正是这个卡尔后来成为举世闻名的思想家，世界社会主义运动的导师。他们只是希望，这个孩子能够子承父业，做一个受人尊重的、有学识的人。由于卡尔之前的一个男孩很早就夭折了，卡尔就成了家中的长子，父母对他悉心照料，呵护备至。

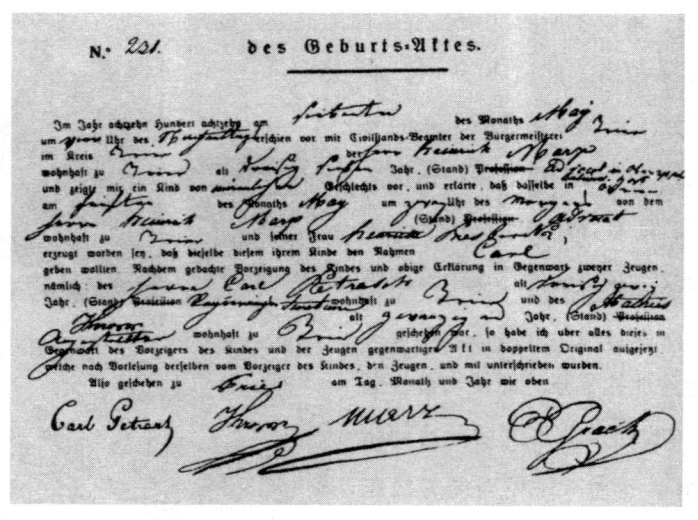

马克思的出生证书

1819年10月1日，卡尔才一岁多的时候，全家从先前的住宅搬到了西梅昂街1070号（如今是8号）。这所房子是卡尔的父亲买下来的，距离"黑门"很近，卡尔就在这里度过了他的童年和少年时期。

卡尔的童年是在无忧无虑中度过的。家庭生活宽裕,卡尔本人又聪明活泼、惹人疼爱,这使他的童年时代充满了阳光。在家中的兄弟姐妹群里,卡尔是当然的中心。他精力充沛,脑筋灵活,他的想象力简直层出不穷,游戏时总能拿出新鲜玩意儿来。有时候,他顽劣得像个小暴君,把姐妹们当作驾车的马,驱赶着她们飞跑,从小山丘上疾冲而下;有时候,他用一双肮脏的小手去揉生面团,拍成一个个"蛋糕",要姐妹们吃下去。但奇怪的是,姐妹们在这样的恶作剧面前却都心甘情愿,毫无怨言!这是怎么回事呢?原来,我们的卡尔有着让她们心悦诚服的本领:他那小脑袋里装满了故事,当一番淘气举动过后,他会在一群孩子中间讲述美妙动人的故事,让他们全都听得入迷。

卡尔在左邻右舍中有许多年龄相仿的朋友,他们都很喜欢他,乐意跟他在一起玩耍。离西梅昂街1070号不远的地方,住着本城的枢密顾问路德维希·冯·威斯特华伦一家。少年时,卡尔同威斯特华伦家的两个孩子——姐姐燕妮和弟弟埃德加尔交上了朋友,他们经常在一起玩耍,纵情欢笑。

一个少年的志向

特里尔中学是一所很好的学校,拥有一些出色的学者和科学家,学校教育以贯彻自由主义精神著称。校长维登巴赫是一位有很高文化修养的历史学家和哲学家,他深受启蒙思想的影响,认为必须把自己的学生培养成关心社会进步、具有高尚品德的人;教师里面也有不少崇尚自由主义思想、深深厌恶专制主义统治的进步人士。

12岁那年,卡尔·马克思进入这所学校学习。

中学的学习课程范围是广泛的,但卡尔并不觉得吃力。他天资聪颖,领会力强,能够轻松地掌握课程中最难懂的地方。尤其与众不同的是,他很早就表现出

特里尔中学。1830—1835年马克思在此学习

富有独立思考能力和创造性的特质。他学习起来非常努力，作文总是具有丰富的思想，语言犀利；他的数学学得相当好，对古代语言和法语也有浓厚兴趣。当中学毕业时，他已能相当流利地阅读和翻译法语，也能深刻地理解用拉丁文和希腊文这些古代语言写成的经典作品。

卡尔不光在学校里受到了良好教育，在校外也幸运地得到了名师指导。在这方面，我们刚刚提到的路德维希·冯·威斯特华伦（老威斯特华伦）对他的影响特别大。

老威斯特华伦是政府高级官员，又是贵族，但全然没有贵族的不良习气。他思想开明，具有很高的文学修养。他能够轻松地用希腊文、拉丁文、法文、意大利文等文字阅读，英语讲得和德语一样流利。他对各国文学大师的作品都很熟悉，其中特别喜爱莎士比亚，能够大段大段地用英语背诵这位名作家的剧本。老威斯特华伦以他的渊博睿智，很早就发现了少年马克思身上的才华。他喜爱这个聪明的孩子，常带卡尔到城外的小山丘上去散步，给他背诵古代和近代作家的作品。也就是在这时，卡尔·马克思开始了对莎士比亚的终生热爱。少年马克思真诚地把老威斯特华伦看作是自己的导师，像尊敬父亲一样尊敬他。

那个年代的政治事件和社会变迁，也给少年马克思留下了深刻印象。特里尔城的风气是热爱自由平等的，人们对普鲁士王国的专制主义很不满，经常在各种

第一章 特里尔之子

场合发表不利于专制制度的言论，嘲笑那些昏庸的官吏；有时候，他们甚至会抨击国王本人。特里尔人的放言无忌让柏林当局十分担忧，国王派出的警察和密探严密地监视着特里尔城市民的动向，经常在城内拘捕敢于抗命的自由派人士。当局还给马克思所在的中学派去了一名副校长勒尔斯，此人是个声名狼藉的官方鹰犬，他不学无术，但在监视学校进步教师和学生的言行方面倒挺在行。所有这些都引起了特里尔市民的反感，年轻的卡尔对此更是憎恶之至。

路德维希·冯·威斯特华伦（1770—1842）

卡尔还看到了社会下层的穷困。他每天上学都要走很长一段路，要穿过简陋拥挤的穷人区。在那里，贫民们的生活和他平时见惯了的富裕文雅的"上层"生活形成强烈对照。卡尔带着复杂的心情到老威斯特华伦那里去求教：这是怎么回事呢？老威斯特华伦很难给他满意的答复，但他却使卡尔第一次听说了一个名字：法国空想社会主义大师圣西门。

少年时代飞一样地过去了。1835年9月，17岁的卡尔·马克思中学毕业。在他的毕业证书上，考试委员会所做的鉴定认为，他资质良好，学习勤勉，各门功课都令人满意。他的作文思想丰富，对事物有较为深刻的理解；他的数学、历史和地理也很好；他的德语、拉丁语、希腊语和法语都相当熟练。只有物理这门课，得到的是"知识中等"的评价。考试委员会表示，希望这名学生在未来"发挥自己的才能，勿负重望"。

卡尔的宗教作文、德语作文和拉丁语作文都获得了相当不错的评价。特别是他的德语作文，是由校长维登巴赫亲自评阅的。维登巴赫对这篇作文十分赞赏，给予了"思想丰富、布局合理、条理分明""相当好"的称赞。这篇作文的题目是《青年在选择职业时的考虑》。

马克思传

马克思的中学毕业德语作文《青年在选择职业时的考虑》第一页

马克思这篇文章中所体现的思想，表明这位17岁的少年在启蒙学者人道主义的影响下，已经树立了崇高的志向。他反对从自私自利的角度出发去选择职业，认为择业的目标应当是为了"人类的幸福和我们自身的完美"。马克思认为，只有具有为人类工作的高尚信念的人才是完美的，"如果一个人只为自己劳动，他也许能够成为著名的学者、伟大的哲人、卓越的诗人，然而他永远不能成为完美的、真正伟大的人物"[①]。

铿锵的语句中，洋溢着少年作者渴望为人类献身的激情。17岁的马克思显然还不可能充分估计到选择这条人生道路上的全部艰险，但他以一种义无反顾的气概宣布了自己的决心：

> 如果我们选择了最能为人类而工作的职业，那么，重担就不能把我们压倒，因为这是为大家做出的牺牲；那时我们所享受的就不是可怜的、有限的、自私的乐趣，我们的幸福将属于千百万人，我们的事业将悄然无声地存在下去，但是它会永远发挥作用，而面对我们的骨灰，高尚的人们将洒下热泪。[②]

这段话恰似这位年轻人向世界发出的宣言书。马克思终生遵循了自己少年时代的诺言，他后来历尽坎坷、遍尝艰辛，但一旦选定了他所确认的"最能为人类而工作的职业"，就再没有任何力量能够迫使他放弃了。

[①]《马克思恩格斯全集》第2版第1卷，第459页。

[②] 同上。

第一章 特里尔之子

浪漫大学生的爱情

　　和所有慈祥的父亲一样，老马克思希望自己的爱子学有所成，将来能够获得一份稳定而收入又好的职业，前途光明，儿女成行。因此，他认为把卡尔送到大学里研习法律是最好的选择。

　　1835年10月中旬，卡尔·马克思告别了双亲，乘船沿摩泽尔河转经莱茵河，到波恩大学去读法律系。

成立于1818年的波恩大学

　　马克思这时风华正茂，他中等身材，肩阔背厚，一头浓密发亮的黑发下面，是一张方正黝黑的脸庞，嘴唇上面已经生出了柔软的茸毛，但仍然掩饰不住残留的几分稚气；他的脸上带着对什么都好奇的神情，对未来充满了希望。

　　波恩是一所宁静的小城，人们在街道上漫步，安详而从容不迫，这种景象和肃穆的建筑一起，组成了一幅安谧的图画。波恩大学的700名学生给这幅图画里添进了勃勃生机。这里是莱茵省的精神文化中心，大学中盛行自由主义的风气，饮酒、狂欢、讥评政治、漫谈国事，在学生生活中很流行。

　　年轻的马克思到校后，立刻就被这里丰富多彩的生活吸引住了，一个新颖而

马克思传

充满趣味的世界在他面前敞开。他加入了学校的特里尔同乡会，很快就融入了充满朝气的大学生群体中。旺盛的求知欲使马克思在一开始就选修了九门课。在这个时期，他对文学史和诗歌写作有着浓厚兴趣，渴望在这方面一显身手。因此，除了本专业的法学课程外，他还选修了希腊罗马神话、荷马问题和近代艺术史等几门课。安排好这一切后，马克思给家中的父亲写信，诉说大学给他的新鲜印象，并寄去了自己写的一首诗。

父亲的回信充满了慈爱长辈的期望，其中也夹杂着一些担忧，怀疑同时上九门课对爱子的身体、精力来说是否过重了。父亲希望卡尔勤奋学习，以便成为一个有知识的人，但又向他提出忠告："别忘记，在这个悲惨的世界上，身体是你智慧的永恒伴侣，整个机器的良好状况都取决于它。"[①]

父亲的担忧表明他很了解自己儿子的生活和学习习惯。确实，卡尔·马克思以极大的热情投入学习，不顾一切地钻研各门学问，昼夜不舍地陶醉在书海里。不久，他就感到自己的身体不堪重负了，第二个学期开始时他终于病倒了。此后，他不得不把课程压缩到四门，再后来，他就更多地依靠自学而不是坐在课堂上听讲了。

然而我们别忘记，马克思虽然勤奋，但并不是一名循规蹈矩的书呆子。他那颗年轻的心中充满着热情浪漫的冲动。他是大学生中的活跃人物，在课余和伙伴们一起学击剑，学骑马；他参加了诗歌创作小组，在众人面前高声朗诵自己的诗篇；他和同伴们在同乡会里开怀畅饮，一醉方休。不久，这个活跃的特里尔人被选为特里尔同乡会的会长，他和他的会员们时常在酒馆里欢聚。作为盛产葡萄美酒的莱茵省的居民，马克思是很懂得品评佳酿的，后来在他最贫困潦倒的岁月里，也正是偶尔和友人们一起的宴饮，才给艰难的生活抹上了一些亮色。

大学生们的聚会有时兴之所至，忘乎所以，也会在酒醉之余干出些超越学校规矩的荒唐事来。马克思有一次也卷进了这类事件中，起因是他和一群同学酒后夜半喧哗，结果被校方处罚了一昼夜的集体禁闭。可这些小伙子毫不在乎，他们

---

① 《马克思恩格斯全集》第2版第47卷，第518页。

第一章 特里尔之子

在禁闭室里抓起外面同学偷偷送进去的酒,继续狂饮起来!后来当马克思转学时,他的波恩大学肄业证书上记下了这一小小的违纪事件。

在尽情欢乐的同时,马克思愈来愈想念他少时的女伴,留在特里尔的燕妮·威斯特华伦。燕妮比马克思大四岁,这时已是一位身材苗条、风姿绰约的姑娘。她那少有的美貌、高雅的气质,时时浮现在卡尔心中。这位大学生意识到,他已经无法抑制地爱上了燕妮。但是,燕妮是特里尔城舞会上公认

马克思的画像(1836年)

的皇后,特里尔第一美人,又出身名门,不知有多少富家子弟倾慕于她,围绕在她身旁。她会接受一个普通大学生的爱情吗?

暑假很快到来了,马克思回到了家乡。利用这段时间,马克思向燕妮大胆地表明了心迹,他的求爱竟为自己心爱的姑娘所接受了!原来,这位特里尔城社交场所出众的美人,还有着与众不同的品格,她并不关心门第的差别,却独具慧眼地看出了马克思这位大学生的出众才华。在这对年轻人热烈地相互倾吐爱慕之情后,他们私订终身了。18岁的马克思陶醉在青春的热情和巨大幸福中,不知他当时是否意识到,赢得这位美丽姑娘的爱对他一生将有多么重要!60年后,当他们都已长眠地下,他们的女儿爱琳娜写道:"可以毫不夸大地说,没有燕妮·冯·威斯特华伦,就不会有今天的卡尔·马克思。"[1] 著名的马克思传记作者弗兰茨·梅林则写道:"马克思的订婚,虽然看起来也是学生时代的一种轻率的举动,实际上却是这位天生的领袖所获得的第一个最辉煌的胜利。"[2] 确实,从订婚时起,燕

---

[1] 爱琳娜·马克思-艾威林:《卡尔·马克思(回忆片断)》,《摩尔和将军——回忆马克思恩格斯之一》,人民出版社1982年版,第135页。

[2] 弗兰茨·梅林:《马克思传》,人民出版社1973年重排本,第12页。

马克思传

燕妮·冯·威斯特华伦（1814—1881）

妮·威斯特华伦就把自己的生命同马克思紧紧联系在一起，任何时候都忠实于他，参与他的事业，分担他的痛苦，毕生与他融为一体，再没有什么力量能把她和他分开了。

燕妮出身望族，自幼受到良好的教育。作为枢密官老威斯特华伦的爱女，她继承了父亲的广博学识，也继承了他的才智和品德。她性格活泼而又毫不轻佻，言谈举止高贵而又使人感到亲切；她的文学修养出众，文笔流畅优雅，还带有几分幽默。在她的一生中，她的魅力使许多才华超群的人物都为之折服，这中间可以举出大诗人海涅、海尔维格和19世纪60年代在德国工人运动中声名赫赫的拉萨尔。燕妮的美丽是马克思始终引以为自豪的，并不因时间推移而稍减。在他们结婚20年后，1863年，马克思回到久别的特里尔故乡时，写信给留在伦敦的燕妮说："每天我都去瞻仰威斯特华伦家的旧居（在罗马人大街），它比所有的罗马古迹都更吸引我，因为它使我回忆起最幸福的青年时代，它曾收藏过我最珍贵的瑰宝。此外，每天到处总有人向我问起从前'特里尔最美丽的姑娘'和'舞会上的皇后'。做丈夫的知道他的妻子在全城人的心目中仍然是个'迷人的公主'，真有说不出的惬意。"[①] 即使到了晚年，他们仍然翁妪相携，一如热恋中的少男少女。他们的女儿们就经常看到，父亲挽着母亲的手，在房间里长久地踱步。

然而，当这对青年人定情时，他们的心中除了憧憬外，是不无忧虑的。一位贵族小姐和出身平民的大学生结合，在世俗眼光看来双方毕竟门第不符。威斯特

---

① 《马克思恩格斯全集》第1版第30卷，第640页。以下凡引用《马克思恩格斯全集》而未注明版本的，均为第1版。

第一章 特里尔之子

华伦家能同意这桩婚姻吗？把自己女儿的命运交给一个前途未卜的大学生，他们能答应吗？出于这种担心，马克思和燕妮决定让他们的定情之事暂时保密。他们只告诉了卡尔的姐姐索菲娅和燕妮的弟弟埃德加尔。索菲娅和埃德加尔从此为这对恋人之间的鸿雁传情承担起忠实信使的责任。不久后，老马克思也知道了这个秘密。起初他还有点担心，但很快就想通了，对这对青年的爱情表示了祝福。

在这以前，老马克思就决定让儿子转校到柏林大学去，因为在他看来，波恩大学那种自由自在、不拘小节的风气会把卡尔惯坏了，而柏林大学不仅以学风严谨著称，而且还位于国家首都，有助于卡尔培养自己的良好习惯。卡尔本人尽管对普鲁士首都从无好感，但也还是遵从了父命。这样，在1836年的暑假过后，马克思告别了父母，告别了燕妮，前往柏林大学法律系去学习。

柏林大学的建筑宏伟巍峨，藏书异常丰富，教授中有许多是著名的学者。

柏林大学

马克思来到这里，在学习之余，更加想念远在特里尔的燕妮。他把自己的炽热感情都化作诗的语言，倾注在献给燕妮的三大册诗集之中。这些诗篇从艺术上看算不得上品，从语言上看也未必成熟，就连马克思本人后来也对它们持自嘲态度，但其中洋溢的对燕妮的真挚爱情，反映出年轻的马克思丰富的情感世界。

他在一首诗中写道：

· 13 ·

马克思传

> 燕妮，任他物换星移，天旋地转，
> 你永远是我心中的蓝天和太阳，
> 任世人怀着敌意对我诽谤中伤，
> 燕妮，只要你属于我，我终将使他们成为败将。①

在另一首诗中他不安地问道：

> 燕妮！你会不会犹豫动摇，畏缩不前？
> 你那崇高的心灵会不会因害怕而震颤？
> 爱情是铭心刻骨的思念，
> 而痛苦只是转瞬即逝的云烟。②

马克思的担心不是没有缘由的。燕妮为了保护与马克思的爱情，经历了难言的痛苦。当他俩的相爱之事泄露出去时，燕妮立刻受到了家庭及世俗偏见的巨大压力。特别是她同父异母的哥哥斐迪南·冯·威斯特华伦，对这门亲事激烈反对。斐迪南是一个追求功名利禄的官僚，这时已当上了特里尔的政府顾问。他一脑袋贵族等级观念，把燕妮和马克思的爱情看作是门不当户不对的荒唐事。他反复劝说燕妮，要她相信马克思只是个轻浮浪荡的年轻后生，这种人的爱情是靠不住的。其他亲属也轮番来劝，企图迫使燕妮就范，家里形成了激烈的对立的双方。燕妮用来保护自己的唯一手段只有沉默。长期的心情压抑使她生病了，不得不经常寻医诊治。但无论在多么艰难的处境下，燕妮都从未动摇过对马克思的爱。马克思的信成了维持她精神不垮的支柱，她盼着这些来信，当她收到信时，总是情不自禁地掉下悲喜交加的眼泪。

好在老威斯特华伦毕竟是心胸开阔、通情达理的人。1837年3月，马克思直接写信给燕妮的父母，向他们的女儿求婚，终于得到了正式同意。马克思心花怒

---

① 《马克思恩格斯全集》第2版第1卷，第481页。

② 同上，第670页。

放，立刻向自己的父亲报告了这一喜讯。看起来他胜利了，但他没有料到，坎坷还远未结束。老威斯特华伦在1842年3月久病不治、撒手人寰后，燕妮的亲属们又开始施压，要她同意与马克思解除婚约，嫁入另外的有钱有势的家庭。这样的纠缠，直到燕妮与马克思举行婚礼后才无奈地停止了。

第二章
黑格尔的学生

发现黑格尔

初到柏林，马克思的心情是怅惘的。远离了父母和心爱的姑娘，来到这样一座满是官吏、士兵、小市民的王国首都，灰色的天空和沉闷的街道全都令他不快。他在大学附近租了房子住下来，准备发奋读书，完全埋头于学术和艺术。在柏林大学的几年间，马克思选的课程不算多，几个学期总共只有12门课，但他通过自学，广泛阅读了法学、艺术、历史、哲学方面的书籍，积累了大量知识和心得，这些收获是靠大学教室里的满堂灌远远无法得到的。

起初，马克思不顾一切地遍读博览，并着手创作。他写过各种题材的诗歌，写过剧本，写过小说，但自己都不满意。不久，他把这方面的努力全部自我否定了，认为自己的文学创作感情不自然，语言笨拙，修辞过于雕琢，总之是不成功的。他很快把精力转向学术，并越来越注重哲学和历史。他遍读了古代法律典籍，把罗马法全书的头两卷译成德文，并且想要创立一种总揽法学所有领域的哲学体系；同时，他精研了卷帙浩繁的历史著作，也正是从这时起，他养成了对所有读过的书做摘要并在页旁空白处写批语的习惯；他还根据语法书开始自学英语和意大利语。

在这种似乎漫无边界的广泛阅读中，马克思逐渐形成了自己的学术研究态度，这就是：决不允许一知半解，而是要透彻深入地了解研究对象的一切方面，直到把一切有关的内在联系弄清为止；对于自己在研究中所得出的结论，要以无情的自我批判精神去反复考察，决不能草率了事。这种严谨的治学方法，使马克思后来的所有著作都具有一种无法抗拒的逻辑力量,就像他去世后一家报纸所评论的:"如果你接受了他的第一个前提,那么,那些一个紧接一个的、强有力的、贯穿到底的推理,就会使你无法停下来。"但另一方面,这种研究方法又太苛刻了,它使得马克思工作起来异常艰难。他总是不断地将写作停下来,重新阅读,重新分析,不达尽善尽美,他是决不让自己的成果与世人见面的。

现在,正是在这种反复的思考和自我批判中,马克思愈来愈清楚地发现,要想真正透彻地弄清事物的关系,主观唯心主义观点是站不住脚的,必须求助于另一种更为合理的哲学。问题是,这种哲学是什么呢?青年马克思在苦苦寻找。

在柏林的第一个学期,永不知足的探索钻研,使马克思熬过了一个接一个的不眠之夜。他经历了艰苦的思想斗争,体验了一次次的内心激动,但似乎并没有得到什么想要的结果。而且,昼夜不分地沉溺于书海,使得马克思远离了大自然、艺术和生活,和友人们也都疏远了。他感到身体疲劳不适,终于不得不去找医生了。一位医生给他开的药方是:暂时抛开书本,到乡下去休养。这样,马克思离开了市区,到柏林郊区的施特拉劳疗养了一段时间。这是1837年春天的事。

施特拉劳渔村

施特拉劳是一个幽静安宁、风景优美的小渔村,坐落在施普雷河右岸,河对岸是灌木丛生的一大片原野,绿树丛中各色野花点点簇簇。这样的幽雅环境对于爱好沉静的学者们来说是再理想不过了。平时总有许多教授和大学生到这里来散步，尤其每年到8月24日圣巴托罗缪节这天，这里更是格外热闹，有成群结队的柏林人来参加渔民的节日活动。

当时小渔村共有90名居民。马克思租了一间小房子住下来，每天在河边休息、漫步，还同村民去打猎。经过一段时间的放松，他的身体复原了。马上，紧张艰苦的思想努力又开始了。一部部艰深晦涩的大部头著作在他眼底梳理过去，一叠叠摘要、评论写了出来，比较、分析、批判，形成自己的观点。就在这个过程中，一种宏大而艰涩的哲学体系愈来愈占据马克思的心灵，这就是黑格尔哲学。

黑格尔是19世纪前期德国最伟大的哲学家。他把自康德、费希特以来的德国古典哲学推到了顶点。

伊曼努尔·康德（1724—1804） 　　约翰·戈特利布·费希特（1762—1814） 　　格奥尔格·威廉·弗里德里希·黑格尔（1770—1831）

黑格尔知识广博、思想深刻，他创立的客观唯心主义体系，试图把世界描述为一个万物彼此联系、相互作用、有内在必然性的发展过程。这同以往的哲学体系相比，是一个重大的进步。按照黑格尔的看法，万物存在的本原和基础是一种"绝对精神"，这种绝对精神是客观地独立存在于人们的意识之外的，它按照辩证的方式发展，从而推动着世界由低而高的发展。黑格尔认为，绝对精神的发展经历了逻辑、自然和精神这三个阶段。他在几部著作中分别研究了这三个阶段，在其中，他阐明了质量互变、对立统一和否定之否定的规律，提出了世界处在不断运动、转化、变更过程之中的思想。这种发展，从观念的自我运动到异化为自然界，然后又回复到精神世界，人类历史就是一个在绝对精神推动下不断发展的有规律的进程，世界各民族在绝对精神的照耀下经历着上升、发展和衰落等阶段，人们的主观意志和努力，事实上只是绝对精神借以发挥作用的历史工具而已。

这样一个体系，包含着许多虚妄的东西和重大的矛盾。黑格尔所假定的万物之本——绝对精神，说到底不过是"上帝"的代名词；他认为一切归根结底取决于精神，其实是把事实正好颠倒了；至于他所描述的自然界的联系，有许多是臆造的，并不符合科学的观察；他把精神发展的最高阶段看作就是普鲁士王国的君主制，这更是在为贵族君主制的合理性作论证，而恰好又与他的辩证方法相矛盾。但是另一方面，黑格尔看到，在表面的、偶然的现象背后，存在着统一的、内在的必然联系，并认为这种联系在于矛盾的自我运动、变化和发展，这样，就超越了主观唯心主义的狭隘眼光，深入到了事物发展的更深刻的本质，为把握世界运动的规律开辟了道路。这是黑格尔对人类思想所做的伟大贡献。

方法与体系之间的矛盾，决定了黑格尔哲学具有两面性。一方面，它是在为上帝、为宗教、为普鲁士王国作辩护，因此，黑格尔本人在世时和逝世后，都受到普鲁士官方的推崇赞扬；另一方面，它所包含的方法又具有革命的性质，进一步加以发展引申，就可能得出对现存秩序有破坏性的结论。所以，黑格尔死后，他的后学中有一些激进青年就沿着这个思想方法前进，在政治上要求自由民主，反对专制主义的禁锢。他们被称作"青年黑格尔派"，而与固守黑格尔保守结论的"老年黑格尔派"相对立。

当马克思来到柏林大学的时候，他接触到了黑格尔哲学。但起初他只读了一些片断，觉得不喜欢黑格尔著作"那离奇古怪的调子"。他在一首讽刺诗里对黑格尔哲学的口吻颇为不敬：

……每个人都可以啜饮这智慧的玉液琼浆，
　我给诸位揭示一切，因为我实际上什么都没有讲！[①]

[①]《马克思恩格斯全集》第2版第1卷，第735—736页。

然而，在休养的日子里，当马克思深入了解了黑格尔辩证哲学的内容宏富、博大精深后，他的评价发生了根本性的改变。他在1837年11月11日给父亲的信里说：

> 我同我想避开的现代世界哲学（指黑格尔哲学——引者）的联系却越来越紧密了。①

马克思仔细地从头至尾通读了黑格尔的著作，还研究了黑格尔学派的许多著作，深信这个"古怪的"框架里的确蕴藏着大量珍宝。在以后的好几年中，马克思按照黑格尔的方式去思考，去写作。掌握黑格尔辩证法，对于他后来创立历史唯物主义哲学体系，有着巨大的意义。正因此，马克思终生对黑格尔怀着深深的敬意，即使在他的学术成果早已超越黑格尔哲学的几十年后，他仍然对攻击黑格尔的人极为蔑视，并针锋相对地声明：

> 我公开承认我是这位大思想家的学生。②

在"博士俱乐部"里

在柏林的知识界中，有一个叫作"博士俱乐部"的青年学者团体，其中的成员都是有学问、有独立见解的"青年黑格尔派"分子。他们聚集在这个俱乐部里讨论切磋，交换各自的观点和意见，把自己撰写的著作拿来宣读并征求意见。这里的气氛是朝气蓬勃、热烈真诚的，吸引了不少有才华的人。

---

① 《马克思恩格斯全集》第2版第47卷，第15页。
② 《马克思恩格斯选集》第2版第2卷，第112页。

在施特拉劳休养时，马克思结识了一位"博士俱乐部"的成员、地理教师阿道夫·鲁滕堡，正是他把马克思领进了这个有名的俱乐部。这时候，马克思刚满20岁，还是个默默无闻的大学生，甚至看上去还有点稚气，而俱乐部的其他成员都要年长许多，有的在学术上已露锋芒。但马克思谈吐不凡，很快大家就意识到了，这个年轻小伙子非同小可，不但知识广博，而且他那冷静的批判的头脑，让众人大为折服。很快，马克思就成了这个圈子里的核心。俱乐部里的好几个出色人物，都跟马克思成了好朋友。他们里面最主要的有卡尔·弗里德里希·科本、布鲁诺·鲍威尔、鲁滕堡等。

科本是一位出色的历史学家，他在许多历史研究领域都发表了著作，这其中包括对北欧神话的研究、对佛教及其产生的研究、对法国大革命的研究、对启蒙时代的研究等等。他比马克思大10岁，但他非常尊重这个年轻伙伴，在许多问题上都认真听取马克思的意见。他把自己于1840年出版的《弗里德里希大帝和他的反对者》一书郑重献给了马克思。在这以后，尽管两人分道扬镳了，但始终保持着良好的关系。

与马克思关系更密切的是布鲁诺·鲍威尔。鲍威尔比马克思大9岁，当时是"青年黑格尔派"公认的最有才华的人。他在早期基督教历史的研究方面很有成就。他比科本激进得多，更有闯劲，阐述思想也更大胆更尖锐。他把马克思看作是亲密的同伴，为"青年黑格尔派"观点而战斗时的得力战友。他经常和马克思海阔天空地漫谈学问，有时两人还到郊外山间去远足，尽兴方归。

这样一批杰出的人物汇集在一起，实在是柏林学术界一件引人注目的事情。他们定期在施特黑利咖啡馆聚会，这个咖啡馆位于耶戈尔大街和夏洛丹大街的交叉路口，离大学只有五分钟路程。俱乐部成员们在这里喝着咖啡，阅

布鲁诺·鲍威尔（1809—1882）

马克思传

读报纸和政治书刊，辩论的内容不只是学术，还经常涉及政治和社会问题。马克思在这样一个环境中，对于磨砺自己的思想确实得益不少。

马克思倾心于哲学，但也并没有忘记他一向热爱的文学艺术。他对歌德和莎士比亚这样一些文学大师推崇备至，常常与同伴一起去剧院看他们的剧。有一个时期，他甚至打算跟鲍威尔、鲁滕堡一起合作办一家戏剧评论刊物。

"博士俱乐部"的讥评时事、放言无忌，当然引起了当局的警觉。这些青年知识分子批判宗教信条，嘲笑专制制度，向往言论自由和出版自由，在当局看来都是危险的举动。因此，不光鲍威尔这样的有名人物受到了国家有关部门的监视，马克思也不得不为逃避警察的注意而几次更换住所。

马克思的性格是奔放独立的，不知疲倦地专注思想探索更使得他在生活方面马马虎虎。他的个人开支缺少计划，父亲给他的钱他从来没有弄清过数目，朋友们要是缺钱用，随时可以从他这里拿去。于是，他经常入不敷出、负债累累。他在1837年11月10日写给父亲的信中详细陈述了自己在大学的生活和学习，也诉说了自己在进行思想探求时的内心激荡。马克思对父亲是很敬重的，不仅把他看作慈父，而且还看作可以交流思想的师友。

大学生马克思

但父亲这一次却并不满意。他从儿子的来信中，本能地感到儿子正走在一条危险的道路上。他深爱这个有才华的长子，但越是这样，他越是希望卡尔做一名克己守纪、勤勉谦逊的学生，为将来谋得个人和家庭的幸福打下基础。而现在，父亲凭直觉意识到，卡尔是在朝着向社会挑战的方向走，这条道路将给他带来的只会是难以预料的个人痛苦。老马克思这时已是风烛残年、病魔缠身，他挣扎着要用最大的努力来制止儿子人生道路上这种危险的倾向。他决定要在回信中"让自己做个残酷无情的人",把儿子好好训斥一番。他的心中流淌的是父亲的爱,笔下写出的却是严厉的责备:

圣明的上帝!杂乱无章、漫无头绪地躅躅于知识的各个领域,在昏暗的油灯下胡思乱想,蓬头乱发,虽不在啤酒中消磨放任,却穿着学者的睡衣放荡不羁;离群索居、不拘礼节甚至对**父亲**也不尊重……难道在这么一个荒唐的、漫无目的的知识作坊里,你和你所爱的人神志清爽的果实能成熟吗?在这里会得到有助于履行神圣职责的收获吗?①

接下去,父亲责备儿子几个月不来信,倒是在一年里胡乱花了700塔勒,然后痛心地说:"你给你的父母带来了许多烦恼,而很少甚至完全没有给他们带来欢乐。"对于儿子艰难反复的思想探索,老马克思也是无法理解的:"一个人怎么能每隔一两周就要发明新花样并不得不把过去辛辛苦苦地完成的工作全部推倒呢?"老马克思心疼地说,像卡尔这样通宵达旦、疲惫不堪地工作,结果还不如那些一切顺顺当当的庸夫俗子,"其实,只要同有名望的人短期交往,便能更好地达到所追求的东西,而且自己还可以得到娱乐!!!"②

从这里可以看出,父亲并非不知道卡尔是在从事高尚的事业,但从世俗的角度看,他害怕这条道路上丛生的荆棘伤了爱子,这是完全可以理解的。写完这封信不久,老马克思就卧床不起了,1838年5月10日终于告别了人世。亨利希·马克思的去世也许恰当其时,否则,当他看到儿子成为一名为自己的信念而苦斗终生、颠沛流离的"叛逆"时,他会是怎样的伤心啊!

老马克思去世后,卡尔·马克思以深深的眷恋之情怀念着父亲。他后来反复向自己的女儿们谈起自己的父亲,而且总是把父亲那张老式银版照片带在身上。直到马克思去世后,人们发现那张照片还在他贴胸的口袋里。恩格斯把这张照片

---

① 《摩尔和将军——回忆马克思恩格斯之一》,人民出版社1982年版,第27页。

② 同上,第30、31页。

和卡尔·马克思一起葬入了坟墓。马克思是挚爱自己的父母和亲友们的，但是在往后的艰难时日中，他有多少次要忍受亲友们的误解啊！母亲对他不想办法给自己赚些钱而甘愿受穷感到伤心，他的有些阔亲戚炫耀说"你只是写资本，而我们却是赚资本"，他们都对马克思"为人类服务"而毕生忍受个人痛苦的举动大惑不解。

普罗米修斯式的自白

年轻的大学生马克思在刻苦攻读、不断求索中，越来越明确了自己毕业后的志向：献身学术，以理论为武器与专制和宗教势力做斗争，为争取人民的自由和进步而奋斗。他和布鲁诺·鲍威尔反复讨论过未来的计划：写一系列文章和书，向宗教宣战，创办激进报纸来宣传自己的主张，等等。但在开展这些活动之前，马克思必须先获得一个博士学位，这样才能在大学里谋一个教职，而这个学位，无论对马克思的学术活动还是他的个人生活，都是非常重要的。

马克思选择了研究古希腊哲学家的思想作为自己博士论文的方向。在这方面，他早已有深厚的积累。大学期间，他广泛而深入地研究了哲学史，对于古希腊哲学家的各种学说，达到了精深的理解。他全面研究了伊壁鸠鲁学派、斯多葛学派和怀疑学派的学说，积累了七大本关于伊壁鸠鲁哲学的笔记，其中有大量对古希腊、古罗马哲学家论述的摘录，还有近代以来哲学家相关讨论的观点摘录。他还写下了关于伊壁鸠鲁原子学说的意见，并对普卢塔克对伊壁鸠鲁的论战作了批判分析。在这样的基础上，马克思确定了以德谟克利特自然哲学和伊壁鸠鲁自然哲学的对比分析为博士论文主题。

这项课题是如此复杂，马克思的研究态度又是如此认真，所以工作进行得很缓慢。布鲁诺·鲍威尔对马克思的严谨态度缺少耐心，三番五次从他任教的波恩大学来信催促。鲍威尔在信中不耐烦地写道:"决不要再犹豫不决了,对待像考试那样的无聊事情,那样的闹剧,不要再拖拉了!"

但马克思可不容许自己有半点马虎。哪怕是为了考试和学位,他也不能让自己在毕业论文上拼拼凑凑,蒙混过关,他把这项工作当作真正的科学研究来对待。他继续收集和分析古代文献,把所有关于德谟克利特和伊壁鸠鲁的文献资料都研究遍了,才着手写作自己的论文。

1841年3月底,马克思大学毕业,拿到了证书。4月6日,他就把题名为《德谟克利特的自然哲学和伊壁鸠鲁的自然哲学的差别》的博士论文寄往耶拿大学哲学系。马克思为什么不在柏林大学申请学位,而要到耶拿大学去申请学位呢?原来,柏林大学在普鲁士当局的控制之下,该校的教授们陈腐保守,对真正独立的学术研究除了压制还是压制。马克思是不愿意把自己的成果送到这样一批人手里去评判的,他认为选择外省一所气氛较为宽松的大学去审阅自己的论文是更适宜的。耶拿大学历史悠久,是一所出过许多大思想家和哲学家的大学,诸如莱布尼茨、席勒、费希特、谢林和黑格尔都曾在此求学或任教。马克思把自己的论文送到这所大学,是一点也不奇怪的。

耶拿大学哲学系主任卡·弗·巴赫曼教授读了这篇论文后,深为作者的严谨、博学和独立分析能力所折服,很快就写下了如下的推荐:

"学位论文证明该考生不仅有才智,有洞察力,而且知识广博,因此,本人认为该考生完全有资格获得学位。"

巴赫曼的同事们一致同意他的意见。4月15日,在应考生不在场的情况下,耶拿大学哲学系宣布:"授予特里尔出生的卓越的和富有学识的卡尔·亨利希·马克思以哲学博士的荣誉、身份、

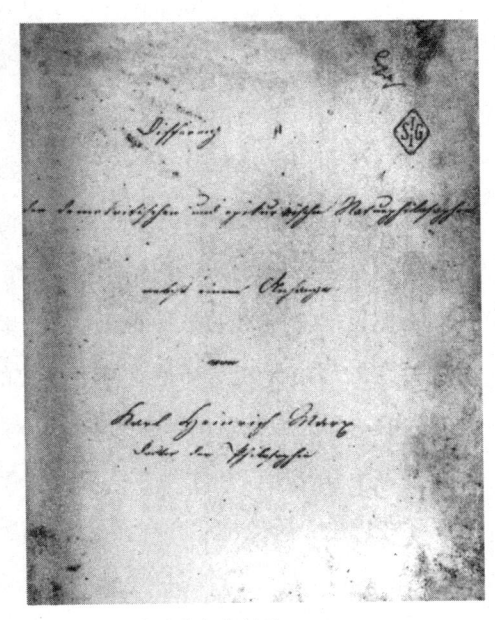

马克思博士论文的封里

权利和特权。"

马克思的这篇博士论文，按照他本人的计划，只是一部更大著作的先导，他雄心勃勃地想要写一部大书，涉及整个希腊哲学，详细阐述伊壁鸠鲁、斯多葛和怀疑主义等各个学派。马克思之所以对古希腊思想家有浓厚的兴趣，是因为"青年黑格尔派"把这些古代哲学学派看作是要求个性自由的"自我意识"哲学的先驱，而马克思本人对伊壁鸠鲁这位古代的无神论者更是有着深深的偏爱。

我们知道，古希腊哲学家德谟克利特是古代最大的唯物主义者，原子论的创始人。他认为：原子和虚空是万物的本原；原子在无限的虚空中急剧而凌乱地运动，互相碰撞而产生万物；一切都是必然的，偶然性是不存在的。德谟克利特的学说为伊壁鸠鲁所继承。后者也用原子来解释一切存在，认为就连神也是由原子构成的，他们并不过问人世尘事。这其实就是古代世界的无神论。但伊壁鸠鲁改变了德谟克利特所阐述的原子运动，在他看来，原子不是像德谟克利特所说的那样做直线运动的，而是在运动中会出现偏斜。他用这种方式为承认偶然性的存在提供了根据。

这种"原子偏斜说"在物理学上是站不住脚的，对此马克思并非不知道。马克思之所以重视这一学说，是因为他认为此学说在哲学上具有重要性。因为这个学说强调了个体的自由和独立性，反对了德谟克利特过分僵硬的机械决定论。马克思还认为，伊壁鸠鲁哲学提出了矛盾自我运动的观点，这是古代世界哲学思想中极其宝贵的辩证法。因此，马克思在博士论文里对伊壁鸠鲁作了高度评价，而认为德谟克利特哲学没有给能动性留下余地。

马克思以昂扬的斗志，在博士论文里对有神论发起了挑战。他指出，所有证明神存在的理由，其实都是对神不存在的证明，因为，"对神的存在的证明不外**是对人的本质的自我意识存在的证明，对自我意识存在的逻辑说明**"[①]。正因为自然安排得不好，所以神才存在；正因为存在非理性的世界，所以神才存在；正因为不存在思想，所以神才存在。这就是说，神是与理性是毫不相容的！

---

① 《马克思恩格斯全集》第2版第1卷，第101页。

按照我们今天的观点,从科学上说,过分抬高伊壁鸠鲁是不正确的,因为整个原子理论的基础毕竟是德谟克利特而不是伊壁鸠鲁奠定的。从这一点来看,马克思这部博士论文还带有黑格尔唯心主义哲学的固有弱点。但不要忘记,马克思这时在哲学方法上还完全是黑格尔的学生,因而他不可避免地带有自己的思想导师身上那种抽象思辨的特点。然而,他把黑格尔的辩证法运用得如此熟练,以辩证方式思考得如此深入,使他的论文充满了逻辑的力量。按照后来梅林的说法,"马克思的博士论文成了这位黑格尔的学生授给自己的毕业证书"。马克思在这时对能动性的强调,不仅具有政治上反对专制禁锢的意义,而且也预示着不久后他所创立的能动的唯物主义哲学的诞生。

这部论文,通篇洋溢着一个年轻斗士对宗教迷信和专制秩序的憎恨,充满了战斗精神。在序言中,马克思借用了希腊神话中的英勇殉道者普罗米修斯的自白:"总而言之,我痛恨所有的神!"宣告了自己对于一切科学和自由的敌人势不两立的态度。马克思后来一生都在实践普罗米修斯精神,他无论经历怎样残酷的苦难和斗争,也不放弃对真理和信念的执着追求,就像普罗米修斯宁可被宙斯永久锁在高山岩石上也决不屈服一样。

新闻出版自由的捍卫者

拿到了毕业证书和博士学位,马克思立即动身回特里尔。一到家,他就去看望朝思暮想的燕妮和她的父亲,他的博士论文就是献给这位"敬爱的慈父般的朋友路德维希·冯·威斯特华伦先生"的。马克思这时准备在波恩大学任教,全心全意投身于学术事业。他的个人前途看来是光明的,似乎没有什么能阻挡他和心爱的燕妮结婚了。

然而实际情况却复杂得多。马克思的父亲去世后,家庭生活立刻变得拮据起来。他的母亲希望他从事实际一些的职业如律师等，反对他走学术之路。但这对马克思来说怎么可能呢？母子间发生了矛盾。而进入大学任教的计划，看来也难以实现。鲍威尔本来极力主张马克思到波恩大学来任教，以便两人联手卷起一场反对宗教谬误的风暴，但这时连鲍威尔本人也遇到了麻烦。因为政府在大学中对"危险分子"的压制加强了，许多"青年黑格尔派"人物被逐出了大学讲坛，鲍威尔的教席也岌岌可危。起初鲍威尔很有希望被提升为教授，但这时在当局的授意下，波恩大学的神学系"理直气壮"地拒绝接受他为教授。1841年秋，鲍威尔被禁止讲课，到了1842年3月初，他干脆被逐出了波恩大学。

在这样险恶的形势下，马克思指望在大学任教的设想破灭了。

但马克思并没有灰心，他在特里尔住了一段时间后，重返波恩，与布鲁诺·鲍威尔一起制订了一个新的计划。

1841年11月，一本题名为《对黑格尔、无神论者和反基督教者的末日的宣告》的小册子出现在书市上。这本小册子充满诙谐，作者是匿名的，他假托成一个正统基督教徒，引用黑格尔的大段话，证明了黑格尔实际上是与基督教为敌的无神论者。小册子引起了人们的广泛注意，大获成功，很快就销售一空。但谁也不知道它真正的作者是谁。其实，这本小册子是布鲁诺·鲍威尔在马克思的参与下写的，是他们两人所制订的新计划的一部分。下一步，他们准备趁热打铁，一鼓作气，再写出下一部更精彩的续篇来。为了这个，马克思通读了一大批艺术史和宗教史的著作，并做了不少笔记摘要，准备对基督教艺术和黑格尔法哲学进行全面论述。

然而，尽管有鲍威尔的不断催促，马克思却最终没能完成这项工作。他起初一再拖延完稿日期，后来干脆完全放弃了。这是怎么回事呢？一个原因是，从1842年初起，马克思就不得不重返特里尔，守在燕妮病重的父亲身边，这个可敬的老人在被病魔长久折磨后，终于在这年3月去世了。另一个也是更重要的原因，是马克思的思想正在发生一个重大变化。他愈来愈感到，仅仅在哲学领域对反动势力旁敲侧击是不够的，必须从政治领域对普鲁士国家制度正面展开攻击。政治问题开始在他的视野中占据了重要位置。这样一来，仅仅局限于宗教、艺术等"纯学术"领域，对马克思来说已渐渐失去了吸引力。

马克思是从争取言论自由的斗争开始从而走上政治活动道路的。

言论自由、新闻出版自由，是近代以来无数志士仁人为之奋斗和牺牲的伟大理想！然而直到19世纪40年代，落后、顽固的普鲁士政府仍然实行野蛮的书报检查制度，对言论和出版竭力控制，为的是堵住进步人士的嘴。但时代的进步毕竟是阻挡不住的。1841年底，普鲁士国王迫于时势，颁布了一项新的书报检查令，其中讲了不少冠冕堂皇的话，从字面上看，像是放松了先前的严厉规定，多少给了人们一些言论自由。当局的这个举动，使知识界中不少天真幼稚地寄希望于国王"开明"的人士欢呼雀跃起来，以为一个新的时代就要到来了。就在这个时候，马克思写出了他的第一篇政论文《评普鲁士最近的书报检查令》，无情地揭露了这个新法令的险恶用心，给伪善的当局当头一棒！

在书报检查令中那些装模作样的官方条文下面，马克思指出了当局钳制言论的意图。

例如，书报检查令规定："书报检查不得阻挠人们对真理作严肃和谦逊的探讨，不得使作者受到无理的约束，不得妨碍书籍在书市上自由流通。"

即使在今天，在我们看来，这不是很有点"通情达理"吗？但马克思用他那支锋利如剑的笔，一下子就割开了检查令虚假的外衣，让人们看到，原来"严肃和谦逊"云云，正是限制人们去自由地探讨真理的锁链！请看马克思的尖锐语言：

这些规定一开始就使探讨脱离了真理……真理像光一样，它很难谦逊！

马克思向当局大声质问：

你们赞美大自然令人赏心悦目的千姿百态和无穷无尽的丰富宝藏，你们并不要求玫瑰花散发出和紫罗兰一样的芳香，但你们为什么却要求世界上最丰富的东西——精神只能有**一种**存在形式呢？我是一个幽默的人，可是法律却命令我用严肃的笔调。我是一个豪放不羁的人,可是法律却指定我用谦逊的风格。**一片灰色**就是这种自由所许可的唯一色彩。每一滴露水在太阳的照耀下都闪现着无穷无尽的色彩。但是精神的太阳,无论它照耀着多少个体,无论它照耀什么事物,却只准产生一种色彩,就是**官方的色彩**!①

马克思讥讽地写道:

也许不必去为这些玄妙的玩意儿伤脑筋?对真理是否干脆就应该这样去理解,即凡**是政府的命令都是真理**,而**探讨**只不过是一种既多余又麻烦的、可是由于**礼节关系**又不能完全取消的第三者?看来情况差不多就是如此。因为探讨一开始就被认为是一直同真理对立的东西,因此,它就要在可疑的官方侍从——严肃和谦逊(当然俗人对牧师应该采取这种态度)的伴随下出现。政府的理智是国家的唯一理性;诚然,在一定的时势下,这种理智也必须向另一种理智及其空谈作某些让步,但是到那时,后一种理智就应该意识到:别人已向它让了步,而它本来是无权的,因此,它应当表现得谦逊而又恭顺,严肃而又乏味。②

这真是对扼杀言论自由的专横制度的出色抨击。马克思主张,真正整治书报检查制度的根本办法不是别的,就是完全废除书报检查制度。这篇文章中表现出的民主主义的战斗精神是最让普鲁士当局害怕的,因此这篇文章本身首先成了书报检查令的牺牲品,它在很长时间内不能发表,直到1843年2月,才由"青年黑格尔派"的著名政论家卢格在瑞士刊登出来。而刊登该文的《德国现代哲学和政论界轶文集》一传入普鲁士,马上就被查禁了。这件事很清楚地表明了新的书报检查令究竟是什么东西。

在这段时间里,马克思和阿尔诺德·卢格的关系很密切。卢格是一位有才华

---

① 《马克思恩格斯全集》第2版第1卷,第110、111页。黑体字是原书就有的,下同。

② 同上,第113页。

的作家，也是精明的出版人。他和许多了解马克思的人一样，非常推崇马克思的才智，多次向马克思约稿。而对于马克思来说，和卢格的交往更增强了他直接走政治斗争道路的信心。

不久，一个更好的机会出现在马克思面前，这就是为刚刚创刊的《莱茵报》写文章。

这时莱茵省的工商业已经很发达，资产阶级把生意做得愈来愈大，已经开始感到有必要提出一些温和的政治要求，以保护他们的经济利益。他们希望节约国家开支，希望降低诉讼

阿尔诺德·卢格（1802—1880）

费用，希望在关税同盟各邦间实行有限的统一措施……所有这些，都使他们觉得需要办一份报纸，以宣传和维护他们的主张。于是，莱茵省的一些工商界著名人物决定出钱创办《莱茵报》。报纸筹办的工作交给了一些精明强干的"青年黑格尔派"报人，他们中有荣克、奥本海姆和莫泽斯·赫斯等人。不久，他们把马克思也吸收了进去。马克思对这项事业很重视，他先是推荐了自己的朋友鲁滕堡去做编辑，随后又把自己的一篇篇政论文送往编辑部设在科隆的《莱茵报》发表。这些逻辑严密而又充满激情的出色文章，很快就让23岁的马克思脱颖而出了。

在这些文章中，最重要的是对莱茵省议会（等级会议）辩论情况的评论。在普鲁士，各省都有议会，但全部由贵族势力控制，都只是些冒充民意的虚假摆设。就连最先进的莱茵省议会也不例外，在这里，贵族占了三分之一以上的票数，城市地产资格也受到严苛的限制。这样的议会除了保护贵族利益、支持国王的专制政策以外，还能干出什么事呢？但它毕竟把议会辩论的记录情况公布了出来。马克思于是就根据这些会议记录，计划写一组长文章来详加评论，目的是要把省议会这个"见不得天日"的怪物的偏私、卑微和无能展示给世人。结果，马克思只争取到在《莱茵报》上发表了两篇评论文章，即第一篇和第三篇论文，第二篇论文却不知道被可恶的书报检查机关查禁后怎样处理了，反正是没有能和世人见面。

第一篇论文内容是评论莱茵省议会关于新闻出版自由的辩论的，文章很长，分六次在《莱茵报》上连载。在这篇文章里，马克思又一次用火一样的热情和锐利的文笔，大声疾呼言论出版自由！比起前不久写成的《评普鲁士最近的书报检查令》，马克思这时又向前迈进了一步，他把省议会成员对出版自由的不同态度与他们所代表的不同等级联系起来，这样就清楚地表明，各等级的利益决定着它们的政治态度。马克思简单明了地把辩论情况总结为："在这里进行论战的不是个人，而是等级。"

从诸侯、贵族、骑士到城市等级的代表们，全都反对新闻出版自由。他们提出了种种理由，但在马克思尖锐的讽刺和无法辩驳的推理下，这些理由显得是那样荒谬可笑。例如他们说，新闻出版自由在普鲁士实行是有害的。因为英国虽有这种自由，但不足为训，英国的条件在英国是有根据的，到了别的国家就不适用了；而在荷兰，新闻出版自由未能防止沉重的国债，并且还引起了革命云云。

马克思讽刺说，按照这种逻辑，英国的情况不能成为替一般新闻出版自由辩护的理由，因为它只是英国的，荷兰的情况不知怎么却成了反对一般新闻出版自由的理由，虽然它只是荷兰的！关于新闻出版自由未能防止国债的说法，马克思挖苦说："要求报刊防止国债，如果再进一步，连个人的债务也应当由报刊来偿还了。这种要求正像一位作者总是暴跳如雷地责怪他的医生只是给他治好了病，却没有同时使他的作品不印错字一样。"

再如，这些议会成员说，新闻出版是不能放开的，因为"人生来都是不完善的"，对"坏报刊"如果不加控制，任其自由地发表言论，就会"对群众起强大的作用"。

马克思的回答是：既然人生来是不完善的，那么，"我们的辩论人的议论是不完善的，政府是不完善的，省议会是不完善的，新闻出版自由是不完善的，人类生存的一切领域都是不完善的"。"既然一切都不完善，为什么自由的报刊偏偏应当是完善的呢？为什么不完善的等级会议却要求完善的报刊呢？"

马克思面对禁锢出版自由的制度，明确宣布：你们得到的结果只会是适得其反，因为，"在实行书报检查制度的国家里，任何一篇被禁止的，即未经检查而刊印的著作都是一个事件。它被看作殉道者,而殉道者不可能没有灵光和信徒"。

资产阶级工商业代表们的态度有所不同,他们倒是赞成出版自由,但他们把出版自由等同于行业自由。对于这种鄙俗的理由,马克思也表示反对。在马克思看来,出版自由就意味着作者要从内心世界的自由出发,从捍卫人的精神尊严出发,他要遵循的是真理,而不是行业利益,"新闻出版的最主要的自由就在于不要成为一种行业"。作者应当把作品看作目的本身,决不应该为了挣钱而写作,在必要时他"可以为了作品的生存而牺牲他自己的生存"[①]。

在这些洋溢着一个民主主义者战斗激情的铿锵语言中,我们分明听到了18世纪伟大启蒙思想家们的庄严回声。当马克思后来创立科学社会主义,阐述无产阶级推翻资产阶级制度的历史使命时,他也绝没有否定出版自由,相反,在他看来,新闻出版自由正是无产阶级解放的必不可少的条件之一。一百多年后的今天,有些不学无术的人居然信口开河,说马克思是反对新闻出版和言论自由的,真不知他们是从马克思的哪一篇文章中看出这一点的。

这篇文章一发表,立刻引起了广泛轰动。卢格毫无保留地承认,在捍卫出版自由方面,再没有比这篇文章讲得更透彻更深刻的了。马克思初战告捷,为胜利所鼓舞,紧接着又推出了后面的一系列文章。这些文章观点明确,内容丰富,语言泼辣,而且越来越明确地表现出革命倾向。无论是官方、敌人还是朋友,都紧张地关注着这些文章的发表。读着它们,有人欢呼,有人咒骂,有人暴跳如雷。但不论怎样,文章作者的巨大才华,是谁也无法否认的。

《莱茵报》的股东们也都注意到了马克思。他们这时正在为报纸缺少一位能干的人发愁呢。原先的编辑鲁滕堡不仅在国王眼里是个危险的革命分子,而且他才干平庸,缺少主见,报纸没办出明确方向,争取不到更多的订户。这样,股东们都把眼光转向笔锋锐利、精明强干的马克思。经过一番协商,马克思于1842年10月中旬来到科隆,担任了《莱茵报》编辑,主持整个报纸。这时,他24岁。

[①] 以上引文均出自《第六届莱茵省议会的辩论(第一篇论文)》,载《马克思恩格斯全集》第2版第1卷。

19世纪40年代的科隆

为贫苦群众辩护

在当时的普鲁士,农民们的生活是非常贫苦的。他们单靠买的木柴不够烧,只有到树林里去捡枯枝才能勉强解决燃料问题。很久以来,这已经成了农民的一项习惯权利了。正在上升中的资本主义和这种情况发生了矛盾:资本主义发展需要把森林、土地和公共份地都明确地变成私有财产,而农民为了生计却需要顽强地保护他们先前的习惯权利。于是大量冲突发生了。贫苦农民私自砍伐树木、私自捕猎的事件层出不穷。仅在1836年一年,在普鲁士经法庭审理的20万件刑事案件中,就有15万件是关于盗窃林木、侵占牧场和私自狩猎的,竟占了所有刑事案件总数的四分之三。

政府提出了一个林木盗窃法,交由各省议会讨论。按照这个法案,未经土地和林木所有者允许而私伐树木甚至捡枯枝的,都算犯了盗窃罪。1841年召开的莱茵省议会讨论并通过了这个法案。这对贫苦农民大众是非常不利的,制定这样的严苛法律,目的只是为了保护私有者阶级的利益。

第二章 黑格尔的学生

马克思明确地站在贫苦农民一边，负起为他们辩护的责任。但这时他遇到了一个难题：需要对他以前不熟悉的"实际利益"发表意见。在此之前，黑格尔派的学者们都只是翱翔在抽象思辨的天空里，对世间的柴米油盐琐事是不屑涉足的。马克思这位黑格尔学派的出色人物，虽然在哲学领域出入自如，辩才无碍，但也还从没接触过这样的实际问题。我们这位深切同情人民的年轻学者，这时毫不犹豫地从哲学的殿堂下降到了"坚实的地面"，写出了保护农民权利的长篇辩护词，这就是评第六届莱茵省议会辩论的第三篇论文：《关于林木盗窃法的辩论》。

在这篇文章里，马克思自觉地让自己成为了贫苦农民的法学家，同林木所有者的法律展开了一场猛烈论战。

面对那些要把捡枯枝行为也当作盗窃行为来治罪的私有者，马克思从"事物的法的本质"入手，大声宣布"我们为穷人要求习惯法"。他指出，贫民的习惯权利来自中世纪某些财产的不确定性，即是说，不能明确确定这些财产是公有的还是私有的，它们因此是"私法和公法的混合物"。贫苦阶级本能地把握住了财产的这种不确定性，在自己的活动中发现了自己的权利，捡枯枝的行为就正是如此。正像蜕下的蛇皮同蛇已不再有有机联系一样，落下的枯枝同活的树也不再有有机联系了，这是一种"自然界的布施"。因此，贫苦农民捡枯枝的习惯完全是合乎本能的权利感的，是合法的，它就是"最底层的、一无所有的基本群众的法"。

由此出发，马克思反对剥夺人民正当权利的林木盗窃法。他指出，这个法律压制民间的习惯法，是最大的不法。在这个时候，马克思还不能像后来那样从阶级利益去考察问题，但他清楚地看到了林木盗窃法背后的"私人利益"，即私有者企图把一切公共财产攫为己有的偏私利益。马克思愤怒地谴责了这种"私人利益"，认为它是狭隘小气、愚蠢死板、平庸浅薄的，是怯懦的，它不是在思索，而是在盘算，它把自己看作是世界的最终目的。总之，马克思淋漓尽致地描写了林木私有者的贪得无厌和卑劣无耻。

马克思这时也还没有把国家看作一定阶级的统治工具，但他已经清楚地看到，普鲁士国家绝不是黑格尔哲学所颂扬的理想国家。相反，普鲁士国家在执行着"私人利益"的意图，正在成为私人利益的手段。自私自利的林木所有者，正是要通过林木盗窃法，使国家机关都成为他们自己的耳、目、手足，"**使国家权威变成林木所有者的奴仆**"[1]。

马克思精彩地证明，省议会所维护的根本不是法，而是林木所有者的私人利益，省议会践踏了法；省议会通过林木盗窃法，对贫苦农民施以刑罚，就是把"行政权、行政当局、被告的存在、国家观念、罪行本身和惩罚降低**为私人利益的物质手段**"[2]。马克思"以厌恶的心情"考察了省议会上所有那些维护私有者利益的浅薄庸俗辩论之后，得出结论说，对于这种专门维护特殊利益的等级代表会议，是根本不能期待它做出什么好事的。

马克思的这篇论文，同样得到国内先进人士的极大关注和欢迎。更重要的是，马克思通过涉足实际物质利益，开始感觉到黑格尔哲学存在着很大缺陷，也感到自己需要深入地研究一些实际的社会问题。这成为他后来深入研究政治经济学，到经济活动中去寻找社会矛盾根本答案的最初推动力。

不久，又一个实际问题摆在了马克思面前，需要他去认真地解决，这就是摩泽尔河沿岸地区人民的贫困问题。

摩泽尔河沿岸地区林木茂盛，水土丰美，是一片富饶的地区。这里盛产优质葡萄，酿出的葡萄酒远近闻名。然而，在当地辛勤劳作的农民生活得非常艰难，许多人负债累累，最后变卖家产，沦为赤贫。政府不但不来解决这些问题，税收反而愈来愈苛杂了。

《莱茵报》很关注这种情况。当马克思做了编辑后，他把报纸驻摩泽尔的记者的文章发表了出来。这些文章披露了当地人民生活的惨状，谴责了上层社会的冷漠，称他们为"吸血鬼"。文章呼吁人们来倾听当地人民的合理呼声。

文章让莱茵省总督冯·沙培尔很恼火，他马上向《莱茵报》兴师问罪。他指责报纸的记者是诽谤，他质问报纸：拿出证据来！到底谁是"吸血鬼"？哪些

---

[1]《马克思恩格斯全集》第2版第1卷，第267页。

[2] 同上，第285页。

地方的人民在受欺压，在受苦？总之，他向报纸拉开了一副挑衅的架势：你说说看！要是说不出个究竟，我可就要不客气了！

马克思毫不犹豫地接受了挑战，负起了为报纸辩护、为人民讲话的责任。他十分细心地收集了摩泽尔地区人民生活的大量材料和许多官方文件，写成了以《摩泽尔记者的辩护》为标题的一组长文章。

在文章里，马克思比以前更猛烈更大胆地向丑恶的社会展开攻击。文章通篇都贯穿了这样一个思想：人民贫困、无人过问的原因不在于个别官员的好坏，官员即使忠于职守，也不能改变基本情况。造成这一切的根源在于那个总的制度。

马克思用下面的话表达了这一思想：

> 人们在研究**国家**状况时很容易走入歧途，即忽视**各种关系**的**客观本性**，而用当事人的**意志**来解释一切。但是存在着这样**一些关系**，这些关系既决定私人的行动，也决定个别行政当局的行动，而且就像呼吸的方式一样不以他们为转移。只要人们一开始就站在这种客观立场上，人们就不会违反常规地以这一方或那一方的善意或恶意为前提，而会在初看起来似乎只有人在起作用的地方看到这些关系在起作用……①

在研究社会现象时要看到，虽然表面上是个人意志在决定着一切，但这些意志本身又取决于一些"关系的本性"。这是非常深刻的思想。在这篇文章里，马克思的见解虽然还没能超出唯心主义观点，但他已经把摩泽尔地区农民贫困问题的原因深入追溯到普鲁士国家制度的"客观本性"上去了。

马克思非常出色地描写了普鲁士国家机构的基本特点：普鲁士国家的特点是官僚等级制，它的结构是金字塔式的，每一等级的位置都在这结构里被固定了；下级绝对服从上级，治人者永远是英明的，下层老百姓永远是不觉悟的、消极的。在这样一种制度里面，官员只对上面负责，只相信上面是永远正确的。这使

---

① 《马克思恩格斯全集》第2版第1卷，第363页。

得整个官僚机构不可能真正看到人民的贫困；即使个别官员发现了人民的贫困，也只会在"治理的范围之外"去找原因，例如把贫困归因于自然条件以及各种偶然现象等等。

这样一来，事情就非常清楚了：农民的贫困不但是真实的，而且造成他们贫困的原因也不简单是一些地方官员的无能或残酷，而是整个国家制度。马克思作出了一个严峻的宣判："摩泽尔沿岸地区的贫困状况同时也就是治理的贫困状况。"结论只能是：必须彻底改变这个制度，否则不可能真正解决人民的贫困。

马克思的这篇文章不仅说出了群众的真实悲惨状况，而且作出了人们应该走向革命的结论。这样的文章自然引起官方的切齿痛恨，同时却受到人民的热情欢迎。当《莱茵报》后来遭到当局迫害、面临被查封的命运时，摩泽尔地区的52个葡萄酒酿造者联名写了请愿书，指出：《莱茵报》"关于我们地区和我们贫困的状况讲的都是真话，而这些真话再也不能讲了"。

《莱茵报》的精神领导

马克思作为《莱茵报》的编辑，必须处理大量复杂的实际事务。这位24岁的年轻人很快就证明了自己是一位出色的报纸首脑，他把高深的理论素养、政治的敏锐性、新闻记者的灵活性、出色的组织能力和外交能力，都体现得淋漓尽致。

接过编辑一职后，马克思除了关注现实问题外，还面临着一场关于共产主义问题的论战。

当时，在西欧一些主要国家，各种关于未来社会理想的空想主义著作已经流行开来，引起了人们的注意。在给《莱茵报》投稿的"青年黑格尔派"人物中，有些人也在谈论"无产者"等级的问题。于是，一家影响很大的保守报纸——奥格斯堡《总汇报》，借这些材料指责《莱茵报》"贩卖共产主义"。

马克思这时对共产主义问题了解还不多，而"青年黑格尔派"中有些人的共产主义空谈在他看来又是浅薄之至的。他自认还不足以对这个问题多发议论。但是，对于奥格斯堡《总汇报》的恶意攻击，他却必须起来予以回击。于是他指出，《总汇报》的攻击是毫无根据的，对共产主义的理解是肤浅的，共产主义问题正在成为法、英两国人民的重大问题，谁要想批判共产主义，首先就必须深入研究它。马克思认为，现有形式的共产主义在理论上是不现实的，在实际上是

1842年10月16日的《莱茵报》。上面载有马克思写的《共产主义和奥格斯堡〈总汇报〉》一文

无法实现的，《莱茵报》并不赞成这样的共产主义。但是，马克思也承认，自己对共产主义思想的了解还是很少的，很有必要对各种流行的社会主义著作作系统深入的研究。我们知道，对自己还不够熟悉的现象决不轻易妄谈，而是要认真地去研究它、把握它，这正是马克思的习惯。

这一事件促使马克思不久就开始系统地研究有关社会主义、共产主义的著作。他很快就熟悉了这方面的大量文献，深入掌握了它们的思想。这对于他后来创立科学社会主义理论体系，是不可缺少的准备。

与此同时，马克思为了办好《莱茵报》，还得对付自己先前朋友中激进的空谈家。

柏林的"青年黑格尔派"成员们，如布鲁诺·鲍威尔等，都曾是与马克思合作的朋友，但这时他们中的许多人愈来愈脱离实际，沉溺在激进空谈里。他们结成一个小团体，称作"自由人"，除了聚在一起高谈阔论之外，还经常给《莱茵报》寄来些抽象玄虚的文章。这些文章激进而空洞，充满哲学议论，缺少实际内容，引不起广大读者的兴趣，倒是会惹起官方书报检查官的注意。马克思作为报

纸编辑，不同意这些人的这类浅薄做法，尤其不同意布鲁诺·鲍威尔的弟弟埃德加·鲍威尔等人的共产主义空谈，因此他经常退掉那些人的文章，并建议他们少发点不着边际的空论，多讲点明确的意见，多注意点现实。这些劝告并不符合柏林"自由人"的口味，反而使他们很不满。他们接二连三地向马克思提出抗议，要求马克思把《莱茵报》办成以"最极端方式"说话的报纸。当这样的要求得不到满足时，他们便开始骂马克思为"保守派"了。但是，马克思不为所动，他深信，为了维持《莱茵报》这块反对专制制度的阵地，是不能照顾少数文人的情绪的。为此，他同"自由人"团体终于决裂了。

马克思的一大部分精力，还得用来对付政府的书报检查官。

《莱茵报》在马克思的领导下，"叛逆"倾向愈来愈明显，它那些火一样的揭露政府罪行的文章和报道，让进步的人们和贫苦人民称快。报纸的影响在迅速扩大。马克思刚接过编辑职务时，《莱茵报》才只有885个订户，一个月过去了，这个数字就上升到了1820个，两个月后，订户增加到了3400个！《莱茵报》的影响已经不限于莱茵省，而是扩大到了全德，甚至传到了国外。

政府觉得不妙了。总督冯·沙培尔急吼吼地向柏林方面报告说，《莱茵报》的倾向"变得越来越恶劣，越来越敌视政府了"。官方开始对《莱茵报》施压，要它改变办报方向，放弃敌意，对政府表示出恭顺。书报检查官们对这份报纸也越盯越紧。于是，编辑马克思和书报检查官们之间的一场智力竞赛开始了。

第一个书报检查官是多里沙尔。每天出报纸前，报社必须把清样送给他审查，让他去吹毛求疵，删砍削刮。为了保证不让他把要刊登的文章拉下来或删得不成样子，马克思使用各种办法跟他周旋，有时候用拖延，有时候用争论，有时候也用恶作剧式的手段捉弄他。无知又无能的多里沙尔不是马克思的对手，根本挡不住《莱茵报》发表"危险的"文章。很快，他的工作就让官方不满意了。总督沙培尔向上司报告，请求用另一个有能力的人把多里沙尔换下来。于是，一个新的检查官被派来了。这位名叫维塔乌斯的检查官也没能完成任务，同样在马克思的"狡诈"策略面前打了败仗。最后，第三个书报检查官，来自柏林的内阁秘书圣保尔接替了他。此人在柏林的时候跟"自由人"有密切来往，对黑格尔的哲学很熟悉。他来到科隆后，很快就发现，马克思是报纸的"理论中心"，也是他难以对付的劲敌。圣保尔虽然卖力地给政府效劳，但也不得不承认马克思的过人才能。他用尽了气力，还是制服不了马克思！

政府眼看既制止不了《莱茵报》的影响，又改变不了它的方向，便拿出了最后的撒手锏。1843年1月19日，普鲁士政府召开了内阁会议，决定查封《莱茵报》。为了照顾一下股东们的利益，政府允许报纸在查封日期3月31日以前照常出版。在这段时间里，报纸要受到双重检查，除了书报检查官外，现在又加上了行政区长官的审查。

《莱茵报》被宣判了死刑，只待执行了。

这一事件立即引起强烈反响，全国各地都掀起了规模很大的抗议请愿浪潮，《莱茵报》的订户反而大增。

1月30日，民众在科隆举行了集会，通过了一份致国王的请愿书，要求取消查封《莱茵报》的命令，千余人在请愿书上签了字。

其他许多地方也纷纷向柏林寄去类似的请愿书，从巴门，从杜塞尔多夫，从维塞尔，从特里尔……请愿者里有知识界人士，也有农村和城市的居民。

但所有这些，都改变不了政府的决定，所有请求一概被拒绝。

《莱茵报》的股东们恐慌了，他们来向报纸编辑部施压，主张向政府恳求，表示悔过，以便保住报纸。此时的马克思除了要面对政府的迫害，还要承受来自身后的压力。这位年轻的编辑处在非常困难的境地。

马克思尽力想办法挽救报纸。在报纸股东们给国王的请愿书上，他也签了字。但他决不能容许在自己手里放弃报纸的根本方向。面对着各种压力，他决定由自己来承担全部责任，以便如果可能的话，用自己的退出来保住报纸。

在马克思的努力之下，《曼海姆晚报》在1843年2月28日发表了一篇文章，把马克思写成领导整个《莱茵报》走向"叛逆"方向的"恶魔"。这样做的目的，是为了把政府对报纸的怒气都吸引到马克思一人身上。这正是马克思一手策划的。但那篇文章的字里行间，流露出了对马克思才能的钦佩。文章称马克思具有"敏锐而果敢的才智，真正非凡的辩证法"，显示出"高度的精神优势……能把辩论从事实引向一般理论原则，从而把所讨论的事实阐述得非常清楚"。这篇文章与其说是贬斥，不如说是赞扬！

当马克思在整个社会公众面前独力担起全部"罪责"之后，他在1843年3月18日发表了一则简短的声明："本人因现行书报检查制度的关系，自即日起，退出《莱茵报》编辑部。特此声明。"

《莱茵报》1843年3月18日刊登的马克思的辞职声明

马克思走了。很久以来被这个人弄得不得安宁的官方如释重负。书报检查官圣保尔高兴地向上司报告说："整个报纸的精神领导者马克思博士昨天终于离开了编辑部。"官方似乎可以松一口气，庆祝自己的胜利了。

马克思走了，但他不可能停止斗争。下一步，他将怎样继续自己的战斗呢？

第三章
在巴黎的十五个月

出国前夕

《莱茵报》被查封事件向人们表明，在普鲁士进行民主主义的宣传太困难了。处在斗争最前沿的马克思对这一点的感受更加强烈。他激愤地向一位朋友诉说，自己不能再在普鲁士书报检查制度下写作了，也不能再呼吸普鲁士的空气了！

那么怎么办呢？停止战斗是不可能的。或者，像布鲁诺·鲍威尔们那样，抱怨群众愚昧、不觉悟，自己躲进哲学的抽象世界里去自我欣赏？这也是马克思没法接受的。剩下来只有一条道路：到国外去，在那里创办刊物，继续向这个丑恶的制度开火。

到国外去！这个念头强烈地占据着马克思的脑海。在那段时间里，他和卢格多次通信，一直在讨论这个问题。不久，他和卢格见面时，又详细地商讨了出国办刊的许多细节。

按卢格的意思，可以在国外办一份《德国年鉴》，由马克思和卢格本人主持，来继续在国内中断了的事业。但马克思不同意这个设想。他认为，再办一份原来那样的刊物已经不够了，应当有一份全新的刊物，这份刊物不应当是《德国年鉴》，而应当是《德法年鉴》。

马克思想得更宽广。德国人民是一个擅长思考的民族，从他们中间涌现出了一批大哲学家、大理论家；而法国人民是长于行动的民族，他们以自己的大革命深刻影响了整个欧洲。把这两个民族的长处结合在一起，也就意味着把理论和实践结合在了一起，将会使人站得更高，看得更远，将会使人摆脱一个民族的狭隘性，具有国际性的视野。

卢格被说服了。新刊物定名为《德法年鉴》，出版地定在巴黎。马克思和卢格还详细讨论了未来的撰稿人名单，这个名单上将包括德、法两国众多著名的理论家和作家。

但在出国之前，马克思必须完成自己的两个心愿：一个是同他心爱的燕妮结婚，另一个是对先前自己信奉的黑格尔哲学进行一番反省和批判。

订婚七年来，燕妮几乎无时无刻不在承受着来自家庭的巨大压力。她的亲属们想方设法逼迫她跟马克思解除婚约。父亲去世后，燕妮在家中更孤立了。面对各种劝说、挖苦和要挟，她抗争，她以缄默来捍卫自己的选择。七年里，这需要多大的毅力啊！在这些年月里，唯一能支持她，使她不致倒下去的就是对卡尔的爱。她在无限痛苦和思念中写给恋人的信，至今读来仍感人至深：

> 啊，卡尔，我清楚地知道，我做了什么和我会怎样被人们瞧不起；我知道这一切一切，尽管如此，我仍然感到高兴和幸福，甚至不会为人世的任何财宝而放弃对那些时光的回忆。这是我最心爱的东西，愿它永不泯灭……我的所有心事，所有的想法和念头，一切一切，过去、现在、将来只归结为一个声音，一个象征，一个语调，如果它响起来，那么它只能是：我爱你！这是难以用言语形容的、无时间限制的和无限度的——其他的一切都交织在这里面……你的爱情的终结将和我的生存的末日同时来临。并且在这次死亡之后，就不会再有复活——因为只有在爱情中才相信生命继续存在。[①]

残酷的、持久的精神折磨终于使燕妮病倒了，家人不得不送她去疗养地治病。尽管处境是这样艰难，燕妮仍然没有丧失对未来的信心。在她给马克思的信中，字里行间仍然跳动着女性的温柔和幽默。她深知，卡尔是无法在国内实现自己的抱负的，而她，为了他的事业，愿同他一起远走异国他乡，做出一切牺牲。

---

① 1841年9月13日燕妮致马克思的信，《马克思恩格斯全集》第2版第47卷，第593、595、596页。

马克思传

但她在信里却玩笑式地把自己说成是消极被动的服从者。然而,她以富有远见的眼光预见到,这一出国,很可能将变成长期流亡,因为她很清楚,普鲁士当局正想借此机会把马克思赶得远远的!

燕妮精神上的痛苦,同样也长期折磨着马克思。他知道,如果自己想要忘记这种精神折磨,还可以到理论殿堂里去躲避,而燕妮就不可能了。她承受的痛苦比自己实际上大得多。因此这次出国,他一定要带上自己的燕妮,决不能把她一个人留下受苦。他在给卢格的信里倾诉了自己的这种内心痛苦:

> 我可以丝毫不带浪漫色彩地对您说,我正在十分热烈地而且十分严肃地恋爱。我订婚已经七年多,我的未婚妻为了我而进行了极其激烈的、几乎损害了她的健康的斗争……因此,多年来我和我的未婚妻经历了许多不必要的严重冲突,这些冲突比许多年龄大两倍而且经常谈论自己的'生活经验'的人所经历的还要多。①

新婚前后的燕妮

由于与卢格谈妥了创办《德法年鉴》的事,马克思作为主编,将得到500塔勒的年薪,这样,燕妮的家人没有什么好再阻拦的了,结婚的日期终于定了下来。

1843年6月19日,卡尔·马克思和燕妮·冯·威斯特华伦在克罗茨纳赫结婚。这对情深意笃、心心相印的恋人,在长期的艰难抗争之后,终于把他们的命运牢牢地结合在一起了。苦尽甘来,他们陶醉在蜜月的幸福里,莱茵河沿岸的城镇乡村,风景名胜,处处留下了他们的足迹。

---

① 《马克思恩格斯全集》第2版第47卷,第52页。

第三章　在巴黎的十五个月

1840年前后的克罗茨纳赫

新婚的幸福并没有使马克思放下自己的思想探索。在这段时间里，他系统地对黑格尔学说进行了批判，还研究了大量历史的和哲学的著作，写下了厚厚的摘录。这些手稿直到马克思去世后许多年方才公之于世，它们通常被称作《克罗茨纳赫笔记》。

在这些手稿里，最重要的一份是关于黑格尔法哲学的，它在1927年发表时，编者加上了一个标题：黑格尔法哲学批判。

还在编辑《莱茵报》时，马克思就已渐渐感到，黑格尔的唯心主义哲学是无法合理解答当前大量的实际政治经济问题的，要继续前进，就必须首先对黑格尔学说作一番深入批判。因此，马克思希望重返书斋，进行新的思想探索。《莱茵报》被查封，正好给了他这样的机会。

也就是在这个时期，一种新的学说像洪钟一样震撼了马克思，给他带来了巨大的启发。这就是路德维希·费尔巴哈的唯物主义。

费尔巴哈曾是黑格尔的门生，但他后来背离了自己老师的唯心主义，走上了独立探索的道路。他因为在讲坛上反对神学、主张无神论

路德维希·费尔巴哈（1804—1872）

· 49 ·

而被逐出大学，此后长期隐居乡间，顽强地继续着自己的学术事业。他在19世纪40年代初发表的一些著作中，大胆地批判了黑格尔的哲学，并宣布自己转向唯物主义。他指出，真理并不在黑格尔一边，不是存在来自精神，而是精神来自存在。黑格尔的"绝对精神"不过是从人当中抽象出来并与之分离的精神而已。这样一来，整个黑格尔哲学的基础被颠覆了。费尔巴哈的这一思想，在德国哲学界掀起了一场不小的革命，当时对黑格尔学说感到不满的所有进步的思想家，都热烈地赞扬费尔巴哈的著作。

大学刚毕业时，马克思就读过费尔巴哈的《基督教的本质》，但当时似乎还没留下深刻印象。但现在，他读到了费尔巴哈的新作《关于哲学改革的临时纲要》，兴奋异常。他早就感到，黑格尔对普鲁士官方制度的崇拜是应当彻底批判的，现在，费尔巴哈对批判黑格尔学说正好提供了方法论上的重大帮助。因此，刚一退出《莱茵报》，马克思便立刻借助费尔巴哈的成果，展开了对黑格尔的批判。但与此同时，马克思并没有全盘接受费尔巴哈的思想，而是清醒地看出了他的缺陷。费尔巴哈是从抽象的人本主义出发，只是把人看作自然的产物，而马克思已初步意识到，人首先是社会的产物，要真正理解人的本质，就应当到历史地形成的社会关系中去寻找答案。因此，马克思把辩证法看作是认识事物的有力工具，认为不能在抛弃黑格尔唯心主义的同时把辩证法也一起抛掉。但不管怎样，费尔巴哈在马克思走出黑格尔哲学藩篱的思想历程中起过重大作用，因此马克思（以及恩格斯）后来一直给费尔巴哈以很高评价。

在《黑格尔法哲学批判》手稿中，马克思集中批判了黑格尔关于国家决定市民社会、高于市民社会的观点。马克思认为事实与黑格尔所说的正好相反：是人民创造了国家制度，而不是国家制度创造了人民；是市民社会决定国家而不是国家决定市民社会。而黑格尔之所以作出这样颠倒现实的论述，是他那神秘的唯心主义使然。

在这部手稿中，马克思从历史上、理论上对民主制作了论证。他指出，民主制的基本特点，不是人为法律存在，而是法律为人存在。这也就是说，在民主制中，人民的利益是根本性的原则。未来的社会理想，正是要实现这种以民主制为基础的新社会。在这里,马克思讲得还很抽象,但他正是沿着这种民主制理想,在不久后才寻求并坚定共产主义信念的。因为马克思所阐发的共产主义不是别的,实际上正是民主主义的彻底发挥和最高发展。

总之,《黑格尔法哲学批判》手稿标志着马克思向唯物主义、向科学社会主义迈出了重要的一步。

在批判黑格尔法哲学的同时,马克思广泛地研究了历史、政治和哲学著作。他读了路德维希的《近五十年史》、瓦克斯穆特的《革命时代的法国史》、兰克的《德国史》、汉密尔顿的《论北美》、卢梭的《社会契约论》、孟德斯鸠的《论法的精神》、马基雅维利的《君主论》……并写下了几大本笔记。

在这段时间里,还有一个插曲。政府方面通过某种关系带来一封信,建议马克思担任官职,为政府服务,许愿给他优厚的待遇。马克思对这个收买的举动一笑置之,高傲地拒绝了。看来,普鲁士官方对于它的这个敌人的品格估计得完全不正确,这个人即使被放逐国外,也是绝不会向政府卖身求荣的。

从"政治解放"到"人类解放"

巴黎,是一个令人向往的地方。她历史悠久而又充满朝气,热情而又不失庄严。她作为18世纪大革命的中心而受到全世界尊敬,来自各国的作家、艺术家、诗人和政治流亡者从四面八方汇集到这里。

1843年10月底,披着深秋的凉爽,马克思和他的妻子来到了这里。

先期到达的卢格夫妇前来迎接他们。卢格对巴黎比较熟悉,马克思夫妇的住处也是由他安排的。卢格想出了一个别出心裁的主意:他们两家,再加上他们共同的朋友、诗人海尔维格夫妇,一起组成一个"家庭公社",共同居住,共同管理,由夫人们轮流做饭。对于男士们而言,这是一个很不错的计划,但三位夫人

马克思传

19世纪40年代的巴黎

就不这么想了。她们很快就看出，彼此间的性格、气质相差太远，很难长久相处而不出矛盾。于是，这个关于"家庭公社"的计划被放弃了，马克思夫妇住到了圣日耳曼郊区田凫路8号的寓所里。

卢格不久就病倒了。这样，《德法年鉴》创刊的繁重工作几乎全落在了马克思身上。马克思此时像一架高速机器一样，紧张地运转起来。他广泛结识各种各样的政治流亡者，并与许多享有盛誉的作家通信，竭力争取他们给《德法年鉴》写稿，当然，同时他也没有耽误自己的写作。他是这样一个人，一旦工作起来，可以不顾一切，从他那宽阔厚实的身体中能迸发出几个人的能量来。

紧张的工作很快结出了果实。1844年2月底，《德法年鉴》第一、第二期的合刊出版了。

在这本合刊上，发表了一批著名德国作家的作品，他们中有诗人海涅、海尔维格，政论家约翰·雅科比、莫泽斯·赫斯，法学家贝尔奈斯等青年才俊，弗里德里希·恩格斯的名字也出现在刊物的目录里，他的文章是《政治经济学批判大纲》。

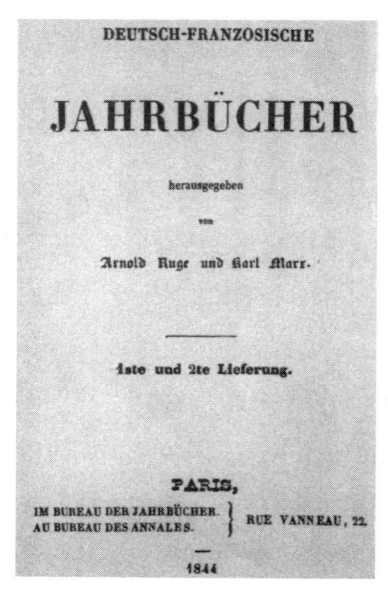

《德法年鉴》封面

马克思本人在这期刊物上发表了三封通信、两篇论文。在这些通信里，马克思明确地指出：工商业的制度、私有制的剥削制度，正在以比人口繁殖快得多的速度引起现今社会内部的分裂。这种分裂，旧制度是无法医治的。我们的任务是揭露旧世界并为建立一个新世界而积极工作。但是，怎样才能建立一个新世界呢？马克思提出了一条重要原则，那就是，绝不是教条式的以新原理面对世界：真理在这里，下跪吧！而是要"从世界的原理中为世界阐发新原理"[①]。

这分明是与先前一切空想主义相区别的科学社会主义的方法。各种空想社会主义的共同特点在于，它们都从某种抽象的原则例如平等、正义等出发，来谴责当前的社会，并从头脑中设想出自己对未来社会的尽可能美好的计划。而马克思这里所要求的，却是要从对当前社会本质的客观分析和批判中去指明未来发展的方向，从而确定自己的任务。这一科学社会主义的精髓，在《德法年鉴》中已经被初步提了出来。

在合刊上的《论犹太人问题》和《〈黑格尔法哲学批判〉导言》两文中，可以看出马克思显然比《莱茵报》时期前进了一大步，他由争取"政治自由"的斗士变成了追求"人类解放"的哲学家。

在考察犹太人解放问题时，马克思的分析实际上远远超出了这个问题本身；他对人类摆脱压迫走向完全解放的路径做了一个出色的历史考察；他对政治解放和人类解放之间的区别的分析，尤其发人深省。

按照马克思的观点，只是谈论谁来解放和谁被解放是不够的，还应该提出这样的问题，即这里指的是哪一种解放，是政治解放还是人类解放，二者之间是有区别的。所谓政治解放，在马克思看来，就是在资产阶级现代国家充分发展中实现了的民主自由。资产阶级国家宣布了人权平等，废除了出身、等级、文化程度、职业在政治上的差别，这的确是政治解放。马克思高度评价由资产阶级革命实现了的这种政治解放，称之为"一大进步"，认为"在迄今为止的世界制度的范围内，它是人类解放的最后形式"。但马克思也看到了政治解放的局限，那就

[①]《马克思恩格斯全集》第2版第47卷，第66页。

是，由于私有制的存在，通过政治解放而获得的自由，实质上首先是资产者任意处置其私有财产的自由，而实际的不平等和压迫仍然存在。这样的自由是不完全的。针对这种弊病，马克思提出，必须实现人类解放，而"只有当人认识到自身'固有的力量'是**社会**力量，并把这种力量组织起来因而不再把社会力量以**政治**力量的形式同自身分离的时候，只有到了那个时候，人的解放才能完成"①。

在这里，马克思的用语还带有明显的费尔巴哈人本主义的影响，但他已经勾画出了社会主义革命基本目标的轮廓，那就是，在资产阶级革命所取得的政治解放的基础上进一步前进，达到不只是政治法律意义上的民主和自由，而且是经济、社会意义上的民主和自由，使人真正成为自己的主人，这才是人的彻底的解放。

在另一篇论文《〈黑格尔法哲学批判〉导言》中，马克思从哲学上论证了无产阶级是实现人类解放的物质力量的原理。他指出，近代德国在历史上大大落后于英国和法国，只有在哲学方面，德国人是本世纪的同时代人。在这里，怎样实现彻底的人的解放呢？马克思分析说，在市民社会，任何一个阶级要想扮演全社会的解放者，就必须使本阶级的要求和权利成为社会本身的要求和权利。但是，德国的任何一个特殊阶级都缺乏这种能力，这是由它们的狭隘本质所决定了的。只有一个阶级，它是被彻底的锁链束缚着的阶级，是非市民社会阶级的市民社会阶级，是一个若不从其他一切社会领域解放出来并同时解放其他一切社会领域就不能解放自己的领域的阶级——只有这个阶级，才能肩负起解放整个社会的使命。这个阶级就是无产阶级。

马克思宣布，理论应当面向这个阶级："哲学把无产阶级当作自己的**物质**武器，同样，无产阶级也把哲学当作自己的**精神**武器；思想的闪电一旦彻底击中这块素朴的人民园地，**德国人就会解放成为人**。"②

从后来马克思成熟的思想看，这篇文章自然带有许多缺陷，例如，经济落后的德国，是不可能像这篇文章中所设想的那样超越历史发展的各个阶段，克服落

---

① 《马克思恩格斯全集》第2版第3卷，第189页。
② 同上第1卷，第15—16页。

后状态所造成的各种障碍，一下子完成彻底的"人的解放"的。然而，文章中提出的无产阶级正因其一无所有，客观上必将承担起革命的历史任务的原理，却是马克思社会主义学说最重要的论点之一。从而，这篇思想犀利、语言高度精练的《〈黑格尔法哲学批判〉导言》，成为马克思形成科学社会主义理论的一个重要起点。

"异化"与共产主义

《德法年鉴》一出版，立即引起广泛反响。在巴黎的德国侨民几乎人手一册，而在德国国内各地，也有许多人热切地等待着得到这份刊物。这种状况，再一次让普鲁士政府大大恐慌起来。政府通告各省，说《德法年鉴》阴谋叛国，侮辱"圣上"，要求一俟《德法年鉴》的编辑们进入普鲁士，即行逮捕。同时，政府的警察们如临大敌般防止《德法年鉴》流入国内。短期内，就有一大批《德法年鉴》在边境上被查出没收，据说，印数不大的《德法年鉴》竟有三分之二落入了警察之手。

这对《德法年鉴》当然是个沉重打击，也加剧了编辑们之间的分歧。在这之前，马克思和卢格之间已经出现不和。卢格作为一个激进的民主主义者，固然欣赏马克思出众的才能，但当他觉察到马克思已经有共产主义思想倾向时，不满就产生了。他是无法接受马克思关于无产阶级历史使命的观点的。作为"青年黑格尔派"，在卢格眼里，无产者是一群无批判力的庸众，是根本没有马克思所预测的那种远大前途的，而"对现存的一切进行无情的批判"，也完全不合卢格的胃口。这种思想上的分歧，一旦遭遇外部压力给刊物造成的困难时，就变成了激烈的冲突。

卢格是个富有的人，但他在钱财上却像个小商人似的斤斤计较。当《德法年

马克思传

鉴》遇到困难时,他竟然拿刊物抵价,来支付马克思的薪金。思想上的分歧加上实际合作中的龃龉,使得《德法年鉴》在出了第一期后就停刊了,两位一度亲密无间的朋友也就此分道扬镳了。

在与卢格决裂前后,马克思结交了另一些朋友。这中间首先是诗人海尔维格和海涅。

海尔维格比马克思大一岁,可说是风华正茂、朝气蓬勃。他是一个激进的民主主义者,他的诗句充满了革命的热情。有这样一位合作者,在马克思看来是非常重要的。在个人生活上,海尔维格是个风流不羁的人物,他的婚外恋当时在巴黎德国侨民中闹得沸沸扬扬,包括卢格在内的许多人对此事颇有微词,而马克思仍从事业出发,尽力维护海尔维格。

海涅与马克思的关系更密切。海涅是德国人民最热爱的诗人之一,他的诗既清新又泼辣,马克思夫妇俩都很喜爱,赞不绝口。不要忘记,无论燕妮还是马克思,都从少年时候起就培养了对诗歌的热爱,燕妮可以成段成段地背诵许多大诗人的名篇,而马克思在大学时代曾热望着成为一名诗人!

海涅很快就成了马克思家的常客。他虽然比马克思年长许多,但他敬佩这位年轻思想家的学识和才智。从马克思那里,他懂得了共产主义,甚至在诗歌创作方面他也从马克思那里

亨利希·海涅(1797—1856)

得益不少。他们俩经常在一起沿着街道散步,或在马克思家里长谈。后来,几乎每天,海涅都要兴冲冲地到马克思家里去朗诵自己的新作,听取他们的意见。这时候,不光马克思,连燕妮也来参加讨论。这位美丽的女性显示出来的高度文学素养,让大诗人海涅惊讶不已。有时候,为了一首八行的小诗,他们三个人要反复斟酌推敲不知多少遍,直到完美无缺为止。要知道,海涅绝不是个随便接受别人意见的人,但不知为什么,在马克思夫妇这里,他变得耐心多了。而马克思在

放下自己的工作来修改海涅诗句时，不但没有不耐烦之感，而且总是兴致勃勃、全神贯注的。正是在与马克思密切交往的这些岁月，海涅完成了他的名作《德国——一个冬天的童话》以及其他许多优秀诗篇。

1844年5月1日，马克思夫人生下了第一个孩子，这是个女婴，按她父亲的意思，取名燕妮，与母亲同名。小燕妮胖乎乎的，身体很结实。但几个月后的一天，她突然得了急病，全身痉挛抽搐。毫无经验的父亲和母亲急得团团转，简直束手无策。正在惊慌失措之际，海涅来了。他沉着冷静地检查了孩子的状况，然后说："应该给孩子洗个澡！"海涅亲手把孩子放到水盆里，于是小燕妮得救了。

马克思在巴黎这个世界大都会还结识了来自不同国家的许多流亡者，他们大都是欧洲各国精神生活领域的重要人物，例如法国社会主义的代表人物勒鲁、蒲鲁东、路易·勃朗、卡贝，俄国政治流亡者巴枯宁、萨宗诺夫等。在一段时间里，马克思和蒲鲁东、巴枯宁有密切的个人交往。

马克思也和当时的一些工人秘密团体建立了联系，不过他不同意他们的宗旨和狭隘的组织原则，因此并没有加入这些团体中的任何一个。他的时间，主要还是用于如饥似渴地研究大量的社会科学和哲学文献。他通宵达旦地阅读、摘录和写作，经常连吃饭都忘记了。

1932年，马克思这一时期写下的一部内容丰富的手稿第一次全文发表了，编者给它加的标题是《1844年经济学哲学手稿》。这部手稿后来在世界上引起了相当广泛的反响，许多研究者对它评价极高，甚至认为这才是最深刻、最有价值的马克思著作。在中国，学术界在20世纪80年代初也曾就这部手稿掀起过热烈的讨论，尽管后来并没有得出明确的、一致的结论。

这部手稿之所以如此引人注目，关键就在于它是从"异化"和"人的本性的复归"这样一些概念出发，展开对资本主义的批判和对共产主义的论证的。而在马克思成熟时期的著作中，这种论证方式就很少看到了。

"异化"在德国古典哲学中是广泛使用的概念。黑格尔讲异化，是指"绝对观念"在发展中的自我异化、"外在化"；费尔巴哈讲异化，是指人在宗教幻想中对自身的本质的异化。马克思在手稿里，则是从人们自己建立的社会关系、社会

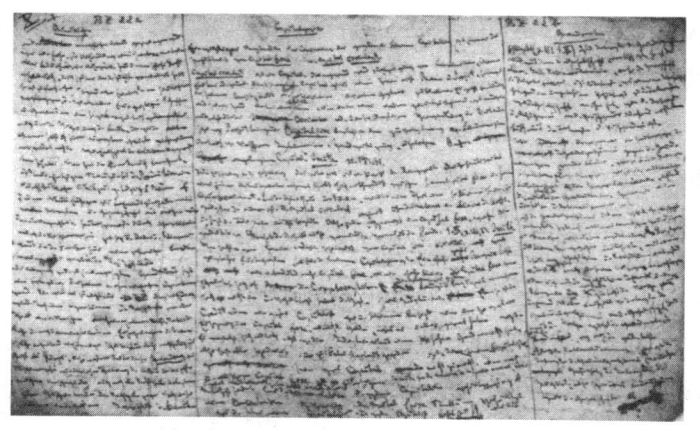

《1844年经济学哲学手稿》的一页

交往违背了人的本质这个意义上去理解异化的。

对劳动异化的分析在手稿中占有很重要的位置。马克思所说的劳动异化，是指劳动者的劳动过程和他所生产的劳动产品，成了不依赖于劳动者的异己力量，与劳动者对立。换句话说，就是劳动者生产出产品后，反倒被生产及其产品所奴役，失去了自己的本质。因为按照马克思的观点，人之所以区别于动物，正是由于前者从事劳动活动。而异化劳动则把这种关系完全颠倒了，结果把人自己的本质变成了仅仅维持自己生存的手段。

造成劳动异化的原因是私有制。私有财产既是劳动异化的原因，又是劳动异化的结果。资本主义把工人的劳动变成了获取利润的源泉，使产品成了奴役工人的力量，资本主义愈发展，产品对工人劳动者愈是表现为异己的力量。要消灭这种根本的矛盾，就只有消灭私有制，实现共产主义。马克思说："**共产主义是私有财产即人的自我异化的积极的扬弃**，因而是通过人并且为了人而对**人的本质**的真正占有，因此，它是人向自身、向**社会的**即合乎人性的人的复归，这种复归是完全的、自觉的和在以往发展的全部财富的范围内生成的。"①

马克思对异化的分析和论述，既克服了黑格尔的绝对唯心主义，又超越了费尔巴哈的直观的唯物主义。他吸取他们的成果，把异化问题同历史地形成的社会

---

① 《马克思恩格斯全集》第2版第3卷，第297页。

关系联系起来去考察，并把共产主义社会定义为消灭异化、使人得到全面充分发展的社会，这是"1844年手稿"的最可贵之处。从思想发展的脉络看，马克思已经从政治上的民主主义者发展为要求实现人的政治、社会和精神彻底解放的共产主义者。对马克思来说，共产主义不是别的，正是对人类已取得的民主成果的进一步继承和发展，是实现完全彻底的人道主义。

依照我们的看法，如果把"手稿"当作仅仅只有历史文献价值的"不成熟的著作"去看待，忽略它的理论意义，那是不恰当的，因为，即使对后来成熟时期的马克思来说，社会主义—共产主义也不仅仅是历史和经济的必然性，它同时还是更加完善的"人性"的全面彻底实现的伟大道德进步。"手稿"高度强调了这一点，而后来如《共产党宣言》《资本论》等著作则主要是从历史和经济的必然性出发去论证社会主义—共产主义的，这就决定了"1844年手稿"有其独立的理论价值。但是，如果从马克思后来成熟时期的观点看，这一手稿是有不小缺陷的。它除了在用语上还受到从黑格尔到费尔巴哈的影响外，更重要的是，它不像马克思后来的著作那样以生产力发展为尺度去评判特定社会形态，而是把"人的本质"当作这种尺度，这就不能不使自己带有某种超历史的抽象的性质。因此，不能像后世的不少研究者所说的那样，把这部手稿看成比《资本论》还重要的著作。我们认为，不论人们怎样评价马克思学说，只要还尊重事实，就必须承认，马克思学说的真正特点不是以某些固定不变的"本性"或"本质"为基础的，而是以人的实践所决定的、不断变化着的社会历史物质条件及其需要为基础的。不能把马克思仅仅当作一位好心肠的理想家去颂扬，而是要像他本人所希望的那样，把他作为一位力图科学地解释和预见历史的科学家去评判。从这点来看，如果马克思一生没有写出《资本论》而是只写了《1844年经济学哲学手稿》，那他早就湮没在历史上众多的伦理社会主义思想家之中了。

友谊从这里开始

1844年8月下旬的一天,在法兰西剧院广场旁边的"摄政咖啡馆"里,两位年轻人正在热烈地交谈。其中一位身材结实、头发漆黑的是马克思,另一位身材颀长、相貌英俊、行为举止颇有军人风度的又是谁呢?

他就是弗里德里希·恩格斯。他是从英国来到巴黎,特地来拜访马克思的。

在这以前,马克思已经认真仔细地研读了恩格斯发表在《德法年鉴》上的《政治经济学批判大纲》一文,并且从中得到极大启发。恩格斯的这篇文章虽然不长,但对资本主义经济矛盾的分析却非常透彻。文章指出了资本主义生产增长和科学成果运用在私有制条件下所造成的必然后果,指出正是由于私有财产的存在,才导致了资本主义的一切荒谬矛盾。马克思深深为这篇文章所折服,禁不住赞叹说,这真是一篇天才的大纲!也正是通过这篇文章,马克思切

19世纪40年代中期的恩格斯

实感到自己的经济学知识还不够,而唯有深入挖掘资本主义经济结构的矛盾,才能给共产主义学说建立起有力的理论基础。这样,在恩格斯的影响下,马克思几个月来一直在勤奋地研读政治经济学文献。他通过法译本读了亚当·斯密的《国

民财富的性质和原因的研究》、大卫·李嘉图的《政治经济学及赋税原理》以及萨伊、西斯蒙第、詹姆斯·穆勒、麦克库洛赫等一大批经济学家的著作，并写下了详细的摘录和笔记。在这个过程中，马克思越来越感觉到政治经济学的重要，也越来越看出恩格斯的文章的敏锐和深刻。他承认正是恩格斯把他引上了研究政治经济学的道路。现在，当他和恩格斯终于见面时，怎能不兴奋和激动呢？

恩格斯对这次会面的渴望同样不亚于马克思。好几年前，他就听说了马克思并且一直关注着马克思的著作。从马克思的著作中，他看出这位特里尔人比自己观察问题更深邃，分析更严密，他所从事的研究是其他任何人都无法企及的。所以，恩格斯这次来与马克思相见，是由衷地抱有一种移樽就教的心情。

恩格斯的成长道路比马克思更为艰难曲折。他比马克思小两岁，1820年11月28日出生在莱茵省巴门的一个工厂主家里。这样的家庭，有着浓厚的宗教氛围和商人气息。恩格斯的父亲一心希望儿子子承父业，使家族的事业更加发达。恩格斯中学还没毕业，就被父亲送去经商。似乎，这位17岁的少年注定要毕生在商海里翻腾了。

但恩格斯却不满意父亲的这种安排。他的兴趣极为广泛，诗歌、民间文学、语言、历史、哲学……他几乎无不涉足。他在语言方面的才能尤其让人惊讶，法文、希腊文、拉丁文等多种文字，他通过自学很快就纯熟了。这样的青年人怎能甘心终生陷在经商的琐碎事务里呢？在他进入商行、随后又到柏林去服兵役的那几年中，从未放弃过自学。他读了大量的哲学、科学和历史书籍，密切关注着学术界的动态。他还抓住一切机会到大学去旁听，并结识了许多学界朋友。天赋过人加上学习刻苦，使恩格斯成了一位未经过任何考试、没有任何学位，但远非大学培养出的书呆子可比的年轻学者。

恩格斯的写作生涯比马克思开始得更早。他起初写一些轻松欢快的诗，但不久就放弃了在这方面一展才华的愿望，转而去钻研厚重的黑格尔哲学。当费尔巴哈的《基督教的本质》一书像一道闪电划过德国思想界时，恩格斯也像马克思一样，感到了一种思想的解放。他以批判的态度总结了黑格尔学说的长处和缺陷，开始走向了唯物主义。在那些年，他写的《乌培河谷来信》《谢林和启示》等著作，表明他早已是一个有清晰、深刻理论头脑的民主主义者了。

恩格斯是在柏林服役时，从"青年黑格尔派"的朋友那里听说马克思的。马克思这时已经离开柏林，但恩格斯仍听说了关于他的很多事情。后来在一首诗里，恩格斯根据自己的印象描写了这位"面色黝黑的特里尔之子"。1842年11月，当恩格斯被父亲派往在英国与别人合伙开办的公司去工作时，他在途中到科隆的《莱茵报》编辑部去过，并在那里见到了马克思。但这次会面气氛很冷淡，因为当时正值马克思与柏林的"自由人"激烈冲突之际，马克思把恩格斯看作"自由人"的同伙，而恩格斯也在鲍威尔兄弟的影响下，对马克思怀有成见。两人的第一次会面不欢而散。

从那时起，恩格斯又在英国生活了近两年。在这段时间里，他不仅完全精通了英语，而且深入了解了这个世界资本主义工业的中心。在这里，他看到了现代生产力在历史上的伟大作用，看到了资本主义社会如何充满矛盾，也看到了无产阶级（当时还正在形成）和资产阶级之间的阶级斗争。所有这些，使他在思想上飞跃般地走向了历史唯物主义。这一次，他是带着极为丰富的思想来巴黎同马克思交换意见的。

在10天的相处里，他俩几乎形影不离，利用一切可以利用的时间探讨问题。讨论涉及的范围极其广泛，从哲学到经济学，从历史到当前的资本主义。他俩惊喜地发现，在所有重大问题上，他们的观点几乎完全一致，简直连用语都达到了不谋而合的地步。不仅如此，他们还发现，在思想一致的基础上，两人还可以互相取长补短，彼此促进：马克思在理论思维上更深刻，恩格斯则更敏锐；恩格斯总能迅速地发现和关注新的现象、新的事物，马克思则以深入的彻底的批判态度，从各个角度去一步步把握它们的本质。恩格斯像是一马当先冲锋在前的勇士，马克思则像是深谋远虑的总指挥。这样的两个人的合作，不是再完美不过了吗？

他们两人毕生的友谊从此开始了。合作的第一步计划，是合写一部批判和清算他们先前的盟友、现在的论敌鲍威尔兄弟的著作。

第三章　在巴黎的十五个月

《神圣家族》

马克思早就想写这样一部著作了。正当他在思想上向共产主义飞奔时，鲍威尔兄弟等一批"青年黑格尔派"却愈益脱离现实，躲进哲学的避难所，嘲笑马克思的"1842年的激进主义"。在鲍威尔们看来，政治斗争的道路是走不通的，正确的做法是在哲学领域内去搞"批判的批判"。他们认为，群众在历史上从来是消极被动的因素，某些历史活动之所以失败，正是因为它们力图唤起群众，因而把自己降低到群众的水平。鲍威尔等人在他们办的《文学总汇报》上撰文宣传这些观点，他们把自己这些"批判的个人"的智力活动看作是决定性的历史力量，以为靠这些活动就能改变现实世界。

这当然是马克思极为鄙视的主张。因此，当恩格斯在巴黎时，马克思就建议两人合写一本书来反驳鲍威尔们。恩格斯对这个建议深表赞同，并很快写完了自己负责的章节——高效一向是他的风格；而马克思却按照自己的风格，极其严肃认真地研究大量哲学史资料，在许久之后才拿出了自己的成果，这个成果的篇幅之大让恩格斯吃了一惊——它竟有数百页！这样一来，这部书就不再是像开始所设想的那种轻松诙谐的讽刺性小册子，而是内容极为广泛丰富的一部哲学大书了。其中有对哲学史的出色考察和评论，有对唯物主义和唯心主义的精彩分析。它在1845年2月出版于美因河畔的法兰克福，书名是《神圣家族，或对

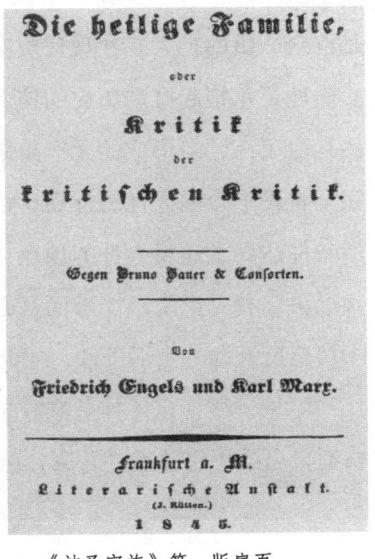

《神圣家族》第一版扉页

批判的批判所做的批判。驳布鲁诺·鲍威尔及其伙伴》。

"神圣家族"这个标题,是用来喻指布鲁诺·鲍威尔和他的同道。确实,鲍威尔这批自认为具有批判头脑的人物聚集在一起,如同高高在上、俯视人间的耶稣及其门徒。马克思和恩格斯对这一"神圣家族"的成员作了机智、尖锐、深刻的批判,尽管如恩格斯在书出版后所说的,书的篇幅太大了,而且其中有许多内容是大多数读者难以理解的,但这本书是马克思、恩格斯思想发展中的又一重大标志,因为它比以前更明确地阐述了历史唯物主义的若干基本原理。

马克思和恩格斯明确说明,历史的基础根本不是在思想的云雾中,而是在粗糙的物质生产中。每一个时代都有一定的经济结构和与之相适应的政治制度,只有认识各个时代的物质生产方式,才能真正认识那个时代。人的思想实际上是受各时代的物质的社会关系、需要和利益所制约的。鲍威尔们把他们的"自我意识"夸大成不受任何现实社会关系制约的东西,这在马克思、恩格斯看来完全是无稽之谈,只不过表明了鲍威尔们是些狂妄的"没有任何前提的"主观唯心主义者而已。

在马克思、恩格斯看来,历史并不是什么神秘的东西,它"**不过是追求着自己目的的人的活动而已**"[①]。历史活动是群众的事业,随着历史活动的深入,必将是群众队伍的扩大。在现代资本主义社会里,无产阶级由于它所处的客观地位,必然地要承担起推动历史的使命。这不是由于无产阶级有什么神秘的精神力量,而是由于在已经形成的无产阶级身上已经完全丧失了一切合乎人性的东西,甚至完全丧失了合乎人性的外观;是由于在无产阶级的生活条件中现代社会的一切生活条件达到了违反人性的顶点,由于在无产阶级身上人失去了自己……这种客观状况决定着无产阶级能够而且必须自己解放自己,但是,它只有消灭现存社会的一切违反人性的生活条件,才能使自己得到解放。

可见,尽管在《神圣家族》中仍不时看到费尔巴哈式的用语,但马克思、恩格斯自己的思想体系的轮廓,已经是愈来愈明晰了。

[①]《马克思恩格斯全集》第2卷,第118—119页。

第三章 在巴黎的十五个月

接到驱逐令之后

　　法国内务部的一份命令送到了马克思家中：限马克思于24小时内离开巴黎。这是1845年1月11日的事情。

　　事由还要从一年前讲起。1844年1月，巴黎出版了一份每周两期的德文刊物，名字叫作《前进报》。这家报刊起初持"温和进步"基调，既批评普鲁士政府，也和马克思、卢格的《德法年鉴》争论。后来，刊物请了激进的民主派人物贝尔奈斯当主编，政治倾向立刻鲜明起来，不仅开始刊登激烈批评普鲁士专制政体的文章，对共产主义者也敞开了大门。于是，马克思、恩格斯、海涅、海尔维格、卢格、巴枯宁等人都陆续在上面发表文章。马克思很重视这份报刊，不仅给它写文章，还直接参加编辑工作。报纸办得非常活跃，生气勃勃，影响在短期内迅速扩大，各派政治人物都注意到了这份报纸。也就是在这份报纸上，马克思和卢格这两位先前的朋友展开了论争：卢格对刚刚发生的西里西亚织工起义持轻蔑态度，马克思则从革命家的立场上给予高度称誉。他们两人这时已经没有共同语言了，只剩分歧和争吵。最后事情发展到卢格在私人信件中对马克思破口大骂，称他为"卑鄙的人""不要脸的犹太人"。

　　德国官方阴郁地注视着《前进报》的动向，越来越对这家报刊不能容忍了。特别是海涅在《前进报》上连续发表的讽刺嘲骂国王的诗，更加让柏林方面焦躁不安。怎样对付这家胆大妄为的"危险分子"们的报刊呢？当然，可以让警察们瞪大眼睛，一旦这些"危险分子"回国，即行逮捕，这样的密令政府早已下过了。可是如果"危险分子"们不回国又能奈他何？柏林方面于是采取了这样的办法：通过普鲁士驻巴黎大使，要求法国政府查封《前进报》。经过一番幕后的交涉，法国政府终于同意对《前进报》进行制裁。它借口说《前进报》未交保证金，对它处以罚金，又以教唆谋刺国王的罪名把主编送上了法庭。可是这样的措施无济于事，因为《前进报》马上宣布改为月刊出版——月刊是不用缴纳保证金的。

更加恼火的普鲁士政府加紧向巴黎这边施压，坚持要求法国政府把《前进报》成员驱逐出境。法国大臣们明知这样充当柏林的帮凶十分不光彩，但最后终于还是点了头。于是就有了1845年1月11日的驱逐令。这份驱逐令不仅发给了马克思，还发给了《前进报》的其他一大批编辑和撰稿人。只有海涅除外，因为这里面法国政府有个苦衷：海涅闻名全欧，法国国民差不多把他看成了自己的诗人，实在不便由政府来出面驱逐。普鲁士政府那边虽心有未甘，却又鞭长莫及，只得作罢。

其他被驱逐者大都使出各种手段为自己开脱，想方设法留在巴黎。特别是卢格，奔走在德、法两国政府之间，尽力证明自己是忠诚的普鲁士臣民，结果大见成效，获准留下。马克思却不愿去请求赦免，于是只有一条路：离开他生活了15个月的、让人留恋的巴黎。在这15个月里，他过得紧张但很有意义，他参加了火热的社会政治斗争，写出了重要的著作，他的思想也是在这里锻炼成熟的。但现在，他必须走了。

他决定到布鲁塞尔去。他不得不先走，他的妻子和女儿则随后跟来。家里的一切事务必须在短时间里处理完，但是困难重重：钱已经用完了，路费都成了问题，女佣海伦·德穆特的工资也有很长时间开不出来了，未来新居的安排更是毫无着落……

朋友们那里也要赶快去道别。马克思感到最难受的是同海涅分手。他和这位大诗人在一起欢谈，在一起战斗，度过了那么多难忘的日子，现在却不得不离开他了。海涅当时已患病在身，双目几乎失明，身体和生活状况都很不妙。马克思在给他的告别信里充满感情地说："在我要离别的人中，同海涅离别是最令我难过的。我很想把您一起带走。"①

---

① 1845年1月马克思致海涅的信，《马克思恩格斯全集》第2版第47卷，第341页。

第三章 在巴黎的十五个月

卢格这时已经是马克思的思想敌人了,但马克思在得知被驱逐者名单中也有卢格的消息,仍然认为自己有义务立即告知他。马克思给卢格写了一封短信:

卢格博士先生:

我从可靠方面得知,警察局有命令,责令您、我和其他一些人在24小时内离开巴黎,并且在最短期限内离开法国。详细情况伯恩施太因会告诉您。我觉得应该把这个消息告诉您,怕万一您还不知道。

卡·马克思[①]

女佣海伦·德穆特——在家里大家都称她为琳蘅——是在马克思夫人生了女儿,回特利尔家乡探亲之后,陪伴她一起来巴黎的。她九岁时就到了威斯特华伦家,和燕妮一起长大,两人是亲密的朋友。琳蘅聪明、忠实,善于理家,在这方面,从小娇生惯养、没做过家务的燕妮可没法跟她比。因此她在马克思家里几乎是不可或缺的。但现在,家里没有钱,不但开不出她的工钱,甚至连起码的生活支出都成了问题。尽管马克思和燕妮都很舍不得,也很难为情,但除了劝说她回乡已别无他法。

琳蘅很痛快地答应了,这有点出人意料。她收拾好自己的东西,装进一只箱子,离开了巴黎。这个难题似乎很顺利地解决了。

1845年2月3日,一个寒冷的日子,马克思来到了比利时首都布鲁塞尔。

---

① 1845年1月15日马克思致卢格的信,《马克思恩格斯全集》第2版第47卷,第333页。

第四章

流亡布鲁塞尔

马克思传

异地重逢

同气势宏大的巴黎相比，比利时首都布鲁塞尔显得小巧玲珑。市区里河流纵横，街道整齐，广场开阔，典雅古老的哥特式建筑到处矗立着。郊外树荫浓密，绿草茵茵。比利时的工业在这几十年中发展很快，工业化程度甚至超过了法国。但比起巴黎那风云激荡的政治气氛来，布鲁塞尔似乎平静如水。

19世纪50年代的布鲁塞尔

现在，当马克思来到这座城市时，他是举目无亲，两手空空，只有一位一起被从法国驱逐出来的同伴毕尔格尔斯陪伴着他，这时的他是根本无心去欣赏周围的景色的。

他衣袋里装着妻子写的注意事项。燕妮知道卡尔埋头研究，不善料理家务，

第四章　流亡布鲁塞尔

于是就用这种方式来提醒丈夫该做的事情：

……打听好，四间正房一间厨房外加一间放东西的和放箱子用的房间，暗的或是亮的都行，一共要花多少钱。

（1）有家具的房间要多少钱？

（2）不带家具的房间要多少钱？

其中三个房间应该能取暖，第四间可以是一间小贮藏室，只要能放一张床就行。

要是还有一个儿童室，那就不必一定要很精致。

如果儿童室和你的工作室都有家具就太好了，哪怕家具很简陋。

厨房要是没有锅或其他器具都问题不大，我自己去弄。床上用品和内衣不在家具之内。买家具要多少钱？即使我把我们的家具运来，家具还是需要买的。家具可以租吗？有没有可能把房间布置得和这里的差不多？

……我还要请你看看壁橱，它在主妇的生活里占着主要地位，值得予以最大的尊重和关照。

考虑考虑，书最好怎么放。

……

不要以为燕妮写这些显得太琐碎，像个家庭妇女似的絮絮叨叨。要知道，马克思在抽象深奥的理论领域里是纵横驰骋的能手，可到了家庭琐事里却常常显得束手无策。要是换了别的妻子，多半会对丈夫的这个弱点很恼火，但燕妮理解她的卡尔，了解他的事业的重要性，所以经常是宽厚地谅解他。有时候，她会略带戏谑地称马克思为"我的大孩子"。

现在，这个"大孩子"正站在布鲁塞尔的寒雾里不知所措。他身上的钱很有限，那还是燕妮把她的银制刀叉餐具匆匆典当了凑来的。用这点钱能到哪里去租到房间呢？又该怎样安顿很快到来的妻子和女儿呢？看来，临时只能去住旅馆了。

马克思传

海伦·德穆特（1823—1890）

圣若塞-汤-诺德郊区同盟路5号

在布鲁塞尔的头几天，正当马克思为住处和生活伤透脑筋的时候，琳蘅突然出现了。原来，她离开巴黎后，根本就没有回德国老家，而是带着她的行李箱径直来了布鲁塞尔！她明白，马克思一家少不了她，而她也离不开马克思一家。于是她做出了一个大胆的选择：和他们一起过流亡生活。至于往后的岁月还会有多少艰难困苦，她没法预料，可是她心甘情愿。

情况得到了改善。琳蘅的最大本领，就是能用极少的钱办许许多多的事。在她的操持下，临时住所找到了，马克思也多少能放下心来，从事他的工作了。不久后，当燕妮母女俩来到布鲁塞尔的时候，他们一家又恢复了往日的欢乐。燕妮在这段时间吃了不少苦，马克思离开巴黎后，她不得不在短时期里把家具、用品变卖一空，她珍贵的嫁妆也丧失殆尽。她在朋友家里寄居了几天，方才能够启程前来。现在，全家终于又团聚了。5月初，他们搬进圣若塞-汤-诺德郊区同盟路5号的一幢房子里。虽然穷困的阴影还没有摆脱，但他们都很乐观。

挚友的援助及时到来了。恩格斯这时远在巴门老家，当他听到马克思被驱

第四章　流亡布鲁塞尔

逐的消息，马上想到马克思必定会遇到极大的生活困难。他立即行动起来，从朋友那里东拼西凑地搞到一些钱，同时又到处发信询问马克思的新地址，然后把这笔钱和一封热情的信寄去了布鲁塞尔。这些钱来得正是时候，因为马克思家正好陷入困境，交不起房租，还要靠赊欠解决一日三餐。恩格斯在来信里写道：

> 我不知道，这些钱够不够使你在布鲁塞尔安顿下来，所以不言而喻，我万分乐意把我的第一本关于英国的书的稿酬交给你支配；但愿我不久至少可以拿到这本书的一部分稿酬，而这笔钱目前我不是非要不可的，我的老头一定会借给我的。至少，不能让那帮狗东西因为用卑劣手段使你陷入经济困境而高兴。①

恩格斯这里所说的"关于英国的书"，是指他不久后出版的《英国工人阶级状况》。这本书材料丰富，观点大胆鲜明，才华横溢，后来成为一本大受学者和一般读者欢迎的名著，直到今天，在世界范围内，它仍被公认为研究工人阶级状况的开山之作。

恩格斯的支援对马克思是极大的宽慰。其他朋友也纷纷来信和寄钱表示支持。不久，朋友们从四面八方都聚集来了，马克思的新家重新成了民主主义者和共产主义者的中心。

然而比利时政府并不欢迎这个"危险分子"。马克思一到布鲁塞尔，就被传唤到警察局去了，他被要求写一份书面文件，保证自己不对比利时内政发表任何评论。马克思很痛快地照办了，因为他根本不打算过问比利时的事情。但尽管写了保证，警察还是秘密盯着马克思的活动和言论，因为他们对他不放心。普鲁士政府那边也仍然不停地骚扰马克思，他们已经把他从巴黎赶到了布鲁塞尔，现在又来跟比利时官方交涉，想把他从这里赶走。这种迫害让马克思不得安宁，他只好在1845年12月正式退出了普鲁士国籍。

---

①《马克思恩格斯全集》第2版第47卷，第342—343页。

刚刚安顿下来，马克思就继续着手创建他已经酝酿成熟的新的理论体系了。他又一次沉入书海，读毕莱的书、麦克库洛赫的书以及罗西、布朗基、佩基奥等人的书……他计划写一部两卷本的著作来阐明自己的观点，书名定为《政治和政治经济学批判》。马克思快要离开巴黎的时候，已经和出版商签好了合同，现在，他正在为这部书做大量的准备工作。然而，这部书后来终于没能出版，因为情况有变，出版商取消了合同。

这时候，恩格斯经过和他的"老头"——恩格斯总是在私下里这样称呼他那一点也不理解他的父亲——的激烈争辩，终于摆脱了让他厌烦的商业"生意经"，赶到布鲁塞尔来了。在马克思的新家里，这两位好友再次相会。恩格斯也第一次见到了马克思的夫人，因为恩格斯上次在巴黎拜访马克思时，燕妮正好回特里尔家乡去了。恩格斯十分敬重这位言谈文雅、举止庄重的夫人，而燕妮对恩格斯的爽朗、活跃也很是赞赏，很快，恩格斯也成了燕妮的朋友。恩格斯在马克思家旁边租了一套房子，每天都过来与马克思夫妇长谈，完全成了这个家庭的一员。

他们兴致勃勃地谈起上次两人分手以后各自的思想进展和研究工作，并欣喜地发现，在确立新的历史观和对资本主义现代社会的批判方面，两人的意见完全一致。马克思用清晰无误的语言，向恩格斯说明了这个历史观的基本要点，这就是：人们必须首先解决衣、食、住，才能从事其他活动，因此，物质生产活动构成一切社会活动的基础。为了进行生产，人们必须结成一定的关系即生产关系，它的样式必须能满足特定的生产力状态的需要。这样，特定的生产力和生产关系在整个社会形态中居于决定性地位，社会的所有政治和精神活动，归根到底要受到这种决定性力量的制约。

相对于以前的历史观来说，这个观点的提出是一次根本性的革命，它使得以往被种种令人眼花缭乱的表面事件遮蔽了的真实历史，能够通过严格科学的方法得到解释。尤其是运用于当前的资本主义时代，它的意义更是重大，因为它要求从现代社会已获得的生产力出发去考察资本主义生产关系的矛盾，从而能够看出，资本主义不论在推动生产力发展方面起过多么巨大的历史作用，它仍然是一

第四章　流亡布鲁塞尔

种暂时性的社会形态，生产力的更大发展必然要求有更高的社会形态来替代它。

两位朋友都充分意识到了他们这一新发现的重要价值，现在需要他们在著作中阐明它和应用它，使它成为共产主义的理论基础。为此，不久后他们就到英国去了一次，目的是实地考察一番这个资本主义"世界工厂"，收集关于资本主义经济的文献资料，并同英国工人运动建立联系。

19 世纪 40 年代的伦敦

在这次一个多月的旅行里，他们先后到过伦敦和曼彻斯特。资本主义工业的迅猛发展给马克思留下了深刻印象，因为这种发展无论在德国还是法国，都远不如英国这样突出，这样典型。他们还访问了英国的公共图书馆，在这里查找了不少经济学书籍。在曼彻斯特的切特姆图书馆，他们在阳光充足的彩色玻璃下面，在方形斜面桌前翻阅了大量资料。24 年后，恩格斯在一封信中还以怀恋的口吻谈起这个位置。

在短暂的时间中，他们与当地的一些工人组织、工人团体见过面、谈了话，建立了联系。恩格斯在这之前就与宪章运动的许多领导人认识，并给他们的报刊写过不少文章，所以对英国工人运动的状况很熟悉，再加上他精通英语，对马克思这次英国之行帮助很大。经他的介绍，马克思结识了"宪章派"著名领袖乔治·朱利安·哈尼，通过哈尼，马克思、恩格斯又结识了另一名领袖厄内斯特·查理·琼斯。这些人都有较开阔的眼界和较强的工作能力，以后都成了马克思的朋友。

切特姆图书馆阅览室

乔治·朱利安·哈尼（1817—1897）

厄内斯特·查理·琼斯（1819—1869）

马克思、恩格斯还参加了一些工人团体的会议。其中，一个叫作"正义者同盟"的组织的领导人同他们举行了会晤，此后双方一直保持着联系。这个组织的领导人都是一些流亡的德国工人，他们大多为人正直，具有理想主义精神，但还缺少完整深刻的理论认识。因此马克思、恩格斯尽力用自己的思想影响他们。

带着生动的印象和几大本的政治经济学文献摘录，马克思和恩格斯一起回到了布鲁塞尔。下一步研究的方向已经明确了，那就是尽快写出详尽的经济学著作，阐明资本主义经济社会形态的根本矛盾以及它的未来命运。但在这之前，马克思和恩格斯决定，先写一部大部头的哲学著作，"共同钻研我们的见解与德国哲学思想体系的见解之间的对立，实际上是清算一下我们过去的哲学信仰"——许多年后，马克思这样回忆说。

为此，这部著作的目的应当是：（一）批判以往的和现在流行的德国哲学与社会主义；（二）也包含有自我反省的意思。书名定为《德意志意识形态》。

两位朋友立即行动了起来。他俩都年轻力壮、精力充沛，工作起来连轴转，彻夜不眠。夜深人静，琳蘅常常听到书房里爆发出哈哈大笑声，使得全家人都不能入睡，她感到十分疑惑不解。几十年后，恩格斯向她解释，说那是他和马克思正在为写下批判论敌的佳句而纵情欢笑，她才恍然大悟。恩格斯愉快地回忆说："我们那时都是大胆的小伙子，海涅的诗篇同我们的散文相比，不过是天真的儿戏而已。"①

马克思和恩格斯在工作中

---

① 《马克思恩格斯全集》第36卷，第33页。

在这样一种饱满的精神状态下写书，速度极快，短短几个月工夫，已经写成了两大卷50个印张。从文字看，这部著作虽然显得有些拖沓冗长，有些部分对一般读者来说似乎过于枯燥，但仍然充满了论战的机智、热情，显示出两位作者的深厚文学功底和幽默文风。

《德意志意识形态》

由于《德意志意识形态》在马克思、恩格斯生前只发表过个别部分，全文直到1932年才发表，以致人们在很长时期里对这部书了解甚少。弗兰茨·梅林在他那本有名的《马克思传》中对这部著作评价不高，说书里虽然"也有时出现沙漠中的绿洲，但比起《神圣家族》来要少得多。而当辩证法的锋芒在个别地方显现的时候，它也很快就被琐碎的挑剔和咬文嚼字的争论所代替了"[①]。

当我们有机会读到这部书的全文时，我们发现，上述评价是有失公允的。《德意志意识形态》不但不是沙漠，而且应当说是马克思、恩格斯思想发展进入成熟期的第一株理论大树，在这上面，初次结出了历史唯物主义的丰硕果实。

从内容上看，全书第一章是最重要的，它集中阐述了新的历史观的基本原理。

在这之前，马克思曾经写下了一份多达11条的提纲，以最简略的方式提纲挈领地说明了新历史观的研究方法，突出地把实践的重要性提了出来：

> 从前的一切唯物主义（包括费尔巴哈的唯物主义）的主要缺点是：对对象、现实、感性，只是从**客体**的**或者**直观的形式去理解，而不是把它们当作**感性的人的活动**，当作**实践**去理解，不是从主体方面去理解。因此，和唯物

[①]《马克思传》，人民出版社1973年重排本，第144页。

第四章 流亡布鲁塞尔

主义相反,**能动**的方面却被唯心主义抽象地发展了,当然,唯心主义是不知道现实的、感性的活动本身的。

全部社会生活在本质上是**实践的**。凡是把理论引向神秘主义的神秘东西,都能在人的实践中以及对这个实践的理解中得到合理的解决。

哲学家们只是用不同的方式**解释**世界,而问题在于**改变**世界。①

沿着这个提纲的思路,到了《德意志意识形态》中,马克思和恩格斯便全面建立了一个以历史实践为基础的宏大的唯物主义历史观体系。

马克思、恩格斯认为,"现实的,从事活动的人们"是全部社会历史的出发点。各种自然条件和人的肉体组织无疑是任何人类历史的第一个前提。但是,人和动物的区别在于人们要靠生产来获得他们所必需的生活资料。这样,生产什么、怎样生产便成为人类历史活动的中心。人们的生产力是由先前时代所遗留下来的经验、材料和工具的水平所决定了的,他们就在这样的条件下继续从事先辈的活动并通过自己的创造活动来改变旧的条件。因此他们"是在一定的物质的,不受他们任意支配的界限、前提和条件下能动地表现自己的"②。

人们在进行生产时,不能不发生一定的社会联系,这就是马克思、恩格斯所说的"交往的形式",它是由生产力的发展程度所决定的。不仅各民族间的相互关系取决于生产力状态,而且一个民族的整个内部结构也取决于它的生产以及内部和外部交往的发展程度。任何新的生产力,只要它不仅仅是现有生产力的量的扩大,都会引起分工的进一步发展。分工发展的各个不同阶段,同时也就是所有制的各种不同形式。这样,人们所达到的生产力的总和决定着社会状况,因而,始终必须把"人类的历史"同工业和交换的历史联系起来研究和探讨。按照马克思、恩格斯的观点,必须对上述基本事实给予应有的重视,否则,必然陷入困境,无法对历史作出任何合理的解释。

在这样的基础上,《德意志意识形态》解释了社会意识的起源。思想、观

---

① 《马克思恩格斯选集》第2版第1卷,第54、56、57页。
② 《马克思恩格斯全集》第3卷,第29页。

念、意识的生产，最初是直接与人们的物质活动、与人们的物质交往、与现实生活的语言交织在一起的。观念、思维、人们的精神交往在这里还是人们物质关系的直接产物。表现在某一民族的政治、法律、道德、宗教、形而上学等的语言中的精神生产也是这样。人们是自己的观念、思想等的生产者，但人们必然要受到自己生产力的一定发展以及与这种发展相适应的交往的制约。这样，意识在任何时候都只能是被意识到了的存在，而人们的存在就是他们的实际生活过程。马克思、恩格斯总结说："不是意识决定生活，而是生活决定意识。"①

从与生产力发展的一定阶段相联系的分工中，马克思和恩格斯指出了阶级和阶级斗争的起源。阶级分离是由于分工而产生的，阶级划分直接以分工和生产工具为基础。一个阶级是社会上占统治地位的物质力量，同时也是社会上占统治地位的精神力量。支配着物质生产资料的阶级，同时也支配着精神生产的资料。每一个力图取得统治地位的阶级都必须首先取得政权，以便把自己的利益说成是普遍的利益。国家从表面上看是代表公共利益的，而实质上却是属于统治阶级的各个个人借以实现其共同利益的形式。

马克思和恩格斯把历史发展的根本原因概括为："按照我们的观点，一切历史冲突都根源于生产力和交往形式之间的矛盾。"② 这种矛盾不断地出现和解决，推动着社会经历了各个不同阶段。马克思和恩格斯在《德意志意识形态》中考察了这些阶段。在其中，他们对资本主义所有制的分析尤其详尽。从中世纪城市的商品生产中发展出了工场手工业，随着工场手工业的产生，所有制关系发生了变化。资产阶级和无产阶级出现了；各国之间开始了竞争，展开了商业斗争，美洲和东印度航路的发展扩大了国家间的交往，使工场手工业和整个生产的发展有了巨大的进步。最后，工场手工业发展为大工业。大工业创造了现代交通工具和现代化的世界市场，控制了商业，把所有的资本都变为工业资本，从而使流通加速、资本集中。大工业通过普遍的竞争迫使所有人的全部精神极度紧张起来。大工业还使自然科学从属于资本，并使分工丧失了自然性质的最后一点痕迹。它把

---

① 《马克思恩格斯全集》第3卷，第30页。
② 同上，第83页。

第四章 流亡布鲁塞尔

自然形成的关系一概消灭掉，使这些关系变成金钱的关系，大工业建立了现代化大工业城市，使商业城市最终战胜了乡村。总之，工业的发展造就了大量的生产力。但正因此，它使得私人所有制成了进一步发展的桎梏，从而使得无产阶级通过革命用共产主义替代资本主义制度成为历史的必然要求。

马克思和恩格斯在阐述共产主义革命时，是把它作为一种国际性、世界性的现象去对待的，之所以如此，是因为大工业造就了一种统一的"世界历史"。按照马克思、恩格斯的说法，大工业"首次开创了世界历史"，因为它打破了以往各国的孤立状态，造就了一个整体性的世界体系。这样，人们的活动扩大为世界历史性的活动，他们的相互关系成为世界历史性的共同活动的形式。因为这个缘故，人们就能够摆脱各种不同的民族局限和地域局限，而同整个世界的生产（也包括精神的生产）发生实际联系，并且可能有力量来利用全球的这种全面生产。据此，马克思和恩格斯得出结论："共产主义只有作为占统治地位的各民族'立即'同时发生的行动才可能是经验的，而这是以生产力的普遍发展和与此有关的世界交往的普遍发展为前提的。"①

这一思想，马克思、恩格斯后来在许多著作中都阐述过。但由于1917年俄国十月革命以后，落后国家的社会主义革命都不是"同时发生"的，而是各个民族单个地按"一国社会主义"方式发生的，上述思想就遭到了忽视。然而到了当代，人们愈来愈多地注意到，它具有极为重要的方法论意义，对于理解日益高度一体化、全球化的20世纪历史，可以说是一把重要的钥匙。因为，随着世界历史的高度一体化，各民族的相互作用和相互依赖对于它们的发展能够发挥决定性影响。在这种情况下，在历史研究中，如果不是把"世界历史"放在心目中，而只是一味讲单个民族的"经济状况"，那就根本不能理解任何复杂的现代社会现象，而只会把唯物史观变成一幅拙劣的讽刺画。同理，搞社会主义，如果脱离"生产力的普遍发展和与此有关的世界交往的普遍发展"，那就只会陷入狭隘的、片面的、闭关锁国的落后状态，根本谈不上建立比资本主义更先进的"自由人联

---

① 《马克思恩格斯全集》第3卷，第39—40页。

合体"。

  这里所介绍的，只是《德意志意识形态》的丰富思想中的最主要部分。现在看来，这部著作中对费尔巴哈，对麦克斯·施蒂纳[①]，对布鲁诺·鲍威尔，对"真正的社会主义"诸代表人物的批判，在很大程度上已难以引起现代一般读者的关注；但对历史唯物主义理论体系的全面阐发，则至今仍能启人心智，这使得《德意志意识形态》一书有资格同《资本论》《共产党宣言》等书一起，列入马克思、恩格斯的最重要著作之列。

《德意志意识形态》手稿

  然而，这样一部优秀著作却命运坎坷，写完后很难找到出版者。还是马克思和恩格斯的一个朋友约瑟夫·魏德迈把手稿带到威斯特伐利亚，在那里花了不少工夫，找了不少出版商，最后好不容易有两个企业家表示愿意提供资金帮助。但这两人正是属于《德意志意识形态》中批判的"真正的社会主义者"，当他们知道了这本书的内容之后，就改变主意，不愿意出钱了，他们借口说发生了"业务上的困难"，资金已投入别的地方了，不肯再给《德意志意识形态》出资。这

---

  ① 麦克斯·施蒂纳（1806—1856），原名卡斯巴尔·施米特，"青年黑格尔派"人物，无政府主义理论家，著有《唯一者及其所有物》一书。

样一来，书的出版就落了空。后来，马克思和恩格斯也曾多次设法寻找别的出版途径，但均告失败。他们不得不放弃出版全书的希望，改而在杂志上发表部分章节。1847年8月至9月的《威斯特伐利亚汽船》上发表了第2卷第4章。这是马、恩在世时这本书唯一发表的一章。他俩在生前最终未能看到这部巨著变成铅字。

然而，马克思、恩格斯写此书的目的之一——"自己弄清问题"，却是达到了。因此他们并不认为他们的心血白费了。1859年马克思关于这本书曾写道："既然我们已经达到了我们的主要目的——自己弄清问题，我们就情愿让原稿留给老鼠的牙齿去批判了。"[①]确实，这部书的厚厚两大册手稿在漫长的岁月中默默地搁置着，经受着老鼠牙齿的"批判"。等到1932年终于出版时，手稿的有些部分已经毁坏了。

战友与论敌

我们希望不要给读者留下这样的印象：马克思的全部生活就是蛰居书房，冥思苦想，埋头写作，像歌德笔下的浮士德一样，"只有在节日时才偶尔关顾一下世界"。其实并非如此。马克思的活动一如他的思想，是异常活跃的。

马克思认为，需要采取有力措施向工人中的先进人物和革命知识界传播他和恩格斯的理论，并建立起革命的组织。他们两人在理论领域中"自己弄清问题"的同时，也在这个非常实际的方向上投入了极大热情。

马克思是具有今天人们所说的"领袖魅力"的那种人。所有见过马克思的人都为他那广博的知识、头脑的清晰深刻和坚定的意志而震惊。所有这些加在一起，就形成了一种异乎寻常的吸引力，使你很难不跟着他的思想走。大学时代的

---

① 《马克思恩格斯选集》第2版第2卷，第34页。

马克思传

马克思就已显出这种气质了。无怪乎他的朋友莫泽斯·赫斯在1841年9月一封给别人的信里这样描写马克思：

> 我所崇拜的马克思博士还是一个很年轻的人（大概不到24岁）。他将给中世纪的宗教和政治以最后的打击。他把最机敏的才智与最深刻的哲学严肃性结合起来。你想一想，卢梭、伏尔泰、霍尔巴赫、莱辛、海涅和黑格尔在一个人身上结合起来了（我说的是**结合**，不是混合），这就是你将得到的关于马克思博士的概念。

要知道，这个莫泽斯·赫斯本人也是一个长于写作哲学著作的人物，他对马克思不吝惜使用这样的赞颂语言，便足以说明问题了。

同过去一样，到布鲁塞尔后不久，马克思周围就重新聚集起了一批朋友和志同道合者。

刚刚提到的莫泽斯·赫斯不久也来到布鲁塞尔，住在马克思家附近，并且参加了《德意志意识形态》的一小部分写作。他曾是"真正的社会主义"的思想家，但现在受到马克思的很大启发，开始批评"真正的社会主义"。此外还有一些重要人物：

约瑟夫·魏德迈（1818—1866）

亨利希·毕尔格尔斯。同马克思一起来布鲁塞尔，后来在科隆开展革命宣传活动。

罗兰特·丹尼尔斯。医生，马克思的密友，后来的共产主义者盟员。

约瑟夫·魏德迈。前普鲁士炮兵军官、新闻记者。他从柏林陆军大学毕业，后因对普鲁士专制制度不满而退出军队，投身新闻事业，参加过一些激进报刊的编辑工作。他为人忠厚、朴实、真诚，在结识马克思、恩格斯之后，便成为他们的挚友。

第四章 流亡布鲁塞尔

威廉·沃尔弗。他出身于西里西亚的农奴阶层,后来好不容易才上了大学。他是一个对压迫者充满仇恨的天生的革命家,蹲过监牢,做过私人教师,最后流亡国外,以躲避政治迫害。他在1846年4月迁居布鲁塞尔,很快就同马克思、恩格斯建立了友谊,这友谊历尽磨难,经久不变,直到他去世。

当时与马克思成为朋友的还有斐迪南·沃尔弗,人称"红色沃尔弗"。他是个出众的记者,思想激烈,文笔泼辣。

海尔曼·克利盖、卡尔·海因岑,也曾与马克思来往,但后来都成了政敌。

威廉·沃尔弗(1809—1864)

此外,还有一些并不赞成共产主义思想,但对马克思的学识感到钦佩的"学术上的朋友"。俄国自由派作家安年柯夫就是其中一个。他在这个时期跟马克思有不少往来,并且还出席过马克思、恩格斯和其他革命者组织的会议。安年柯夫依据自己的细心观察,后来写下了对马克思的生动描述。

马克思和恩格斯认为,要使无产阶级在未来的革命中发挥重大作用,就必须建立起革命的政党组织,这样的政党应当以先进的理论武装起来,宣传共产主义,团结工人阶级,使无产阶级认识到自己的伟大历史使命。出于这种目的,马克思、恩格斯同他们在布鲁塞尔的拥护者们经过多次协商、会谈,在1846年初建立了一个革命组织,叫作"共产主义通讯委员会"。这个通讯委员会,按照马克思和恩格斯的设想,是要和各国的社会主义者及革命工人团体建立联系,互通情况,交流思想,发现分歧,进行批评,展开对工人运动中理论问题的讨论,以便清除错误理论的影响,逐步使各国社会主义者摆脱民族局限性,在共同思想的基础上联合起来,建立无产阶级的政党。

布鲁塞尔"共产主义通讯委员会"的成员并不是固定不变的,其成员经常流动。但主要的主持者有马克思、恩格斯和菲利普·日果——一位比利时共产主义者；正式成员有约瑟夫·魏德迈、威廉·沃尔弗、埃德加尔·威斯特华伦、斐迪南·沃尔弗、载勒尔、海尔堡等人。莫泽斯·赫斯、威廉·魏特林也参加过委员会的工作，而且还曾经是重要的成员，但不久他们就与马克思、恩格斯及其拥护者们发生了分歧。

威廉·魏特林曾经是德国早期工人运动中熠熠生辉的人物，并且对马克思从革命民主主义者转向共产主义者产生过很大影响。他自幼家境贫寒，受教育不多，小学毕业后就去学裁缝，后来到处流浪，以手艺谋生。但艰难的生计并不能阻挡他的精神追求，他有很高的天赋，又勤于学习，终于成为有影响的思想家。他在一系列著作里提出了自己的共产主义体系。按他的观点，现存的社会是病态的，是违反基本自然法则的，在这个社会中，金钱使人丧失尊严，社会贫富不均，富者压迫贫者，道德风尚败坏。他认为，万恶之源在于这个社会以私有制为基础。针对这个病态社会，魏特林设计了他的共产主义未来社会。这个社会人人平等，没有差别，财富共享，公平分配。魏特林主张由密谋的革命组织通过暴力革命推翻旧制度，从而建立革命家的专政来实现他所设计的新社会。

威廉·魏特林（1808—1871）

魏特林长期以来在西欧各国宣传他的这套主张，对当时的工人革命团体产生了积极作用。但是随着工人运动的发展，他的思想和行为都落伍了。在伦敦的时候，他没有参加当时如火如荼的宪章运动，反而离群索居，沉溺于自己的封闭的思想发明里，无法与真正的工人运动相沟通。他于1846年初又来到布鲁塞尔，参加了布鲁塞尔共产主义通讯委员会，希望在这里能给自己的思想找到拥戴者。

马克思热情地接待了他。马克思对这个天才的工人革命家曾经十分钦佩，做过很高评价，甚至曾称他的主要著作《和谐与自由的保证》为"德国工人的**史**

第四章 流亡布鲁塞尔

无前例的光辉灿烂的处女作"[①]。但是，马克思也清楚地看到，魏特林的思想中有许多有害的东西：粗陋的平均主义、封闭的宗派主义、过时的革命密谋主张，等等。这些东西对于正在兴起的国际工人运动会起到阻碍作用。马克思和恩格斯一起，都非常希望能够使魏特林拥有正确的世界观，成为正在开始组建的共产主义组织中的一员。

然而，魏特林这个时候已经变得非常固执而多疑。像许多历史上的大人物一样，他被自己的才能和曾经起过的重大作用所累，竟相信自己是绝对地、一贯地正确的，而到处都有忌妒他的才华的人，到处都有竞争者、隐蔽的敌人，到处都有别人设下的陷阱在等着他。除了他自己早已发明出来的、能在地上建成天堂的现成社会药方外，别的他什么也不相信。这样，他对马克思和恩格斯的意见一点也听不进去，反而认为马克思是要切断他的"经济来源"，要独揽"报酬优厚的翻译工作"。

在这种情况下，冲突就不可避免了。1846年3月30日的布鲁塞尔共产主义通讯委员会集会上，这种冲突爆发了。魏特林对马克思和恩格斯的怨恨抑制不住地发泄出来，而马克思和恩格斯对他的反驳也毫不客气。

根据我们前面提到的安年柯夫的回忆，这次争论的场面大致是下面的样子。

魏特林穿一身很讲究的大礼服，留着漂亮的小胡子。在安年柯夫眼里，他与其说是一个严厉易怒的工人，还不如说像一个跑腿的伙计。大家坐在一张绿色桌子旁边。马克思坐在桌子一端，手里拿着铅笔，低着他那狮子般的头在看一张纸。这时，"身材高大、气宇轩昂、像英国人那样傲慢而严肃的"（安年柯夫就是这样写的）恩格斯宣布开会。恩格斯说，献身于改造劳动者的事业的人必须了解彼此的观点，制造一种共同的旗帜，作为所有那些没有时间或机会研究理论问题的人的旗帜。这时，马克思向魏特林提出了问题，要他讲一讲根据什么来证明他的活动是正确的，根据什么来确定未来的活动。魏特林的回答讲了很久，在安年柯夫眼中，他讲得"既零乱，又粗俗，语无伦次，又离题太远"，全是他的老一

[①]《马克思恩格斯全集》第2版3卷，第390页。

套主张。马克思反驳说，魏特林刚才所谈的这种激起人们虚幻希望的做法，只会把受苦受难的人们引向最终的毁灭，而不能拯救他们。特别是在德国，如果没有严格的科学思想和正确的学说来号召工人，那就等于玩弄空洞虚伪的传教把戏，一方面是一个慷慨激昂的预言家，另一方面只是一些张着嘴巴听他讲话的蠢材。魏特林被激怒了，他用激动得发抖的声音滔滔不绝地又讲了起来。他讽刺马克思说，他认为自己平凡的准备工作要比抛开苦难的人民来进行批判和空洞的理论分析，更有助于共同的事业。

马克思听到这里，再也忍不住了，愤怒地跳起来使劲地捶着桌子说："无知从来也不能帮助任何人！"大家都跟着马克思站起身来。会议结束了。

这样，马克思和他的战友们同魏特林的合作也结束了。不久后，魏特林离开布鲁塞尔，辗转到了大洋彼岸的纽约。很快，他的影响和他本人一起，从欧洲大陆上消失了。

布鲁塞尔"共产主义通讯委员会"的联系网在不断扩大，同许多地方的共产主义者都建立了通讯往来，如西里西亚、威斯特伐利亚、科隆、基尔、爱北斐特等。英国宪章派的左翼领导人哈尼同布鲁塞尔委员会常有通信，伦敦的正义者同盟和马克思、恩格斯的联系也十分密切。同盟的领导人经常写信给马克思，告知他们在伦敦所从事的宣传和组织活动，而且，这个同盟的成员们愈来愈意识到马克思和恩格斯的学说的重要性了。不久，伦敦也建立了通讯委员会。

只有在巴黎，情况看来不太顺利。马克思给巴黎的皮埃尔·蒲鲁东写去了一封热情诚挚的信，邀请他负责巴黎同布鲁塞尔的联系工作。蒲鲁东在回信中并没有明确拒绝，但说他不能保证经常联系，不仅如此，他还在信里表明他与马克思有严重理论分歧。他反对革命，宣布"我宁肯用文火烧毁私有制，也不愿为有产者安排一个巴托罗缪之夜"[①]；他转弯抹角地暗示马克思要制造新的宗教，并教训马克思说："我们不要扮演一种新宗教的使徒的角色，即使这种宗教是逻辑和理性的宗教。"他对于马克思同各种错误理论，尤其是同"真正的社会主义"者的

---

① 1572年8月24日圣巴托罗缪节日前夕，巴黎天主教徒对胡格诺教徒进行了大屠杀。

斗争很反感，直言不讳地说他要与被马克思尖锐批评的"真正的社会主义者"卡尔·格律恩站在一起。

由于这些原因，布鲁塞尔委员会委托恩格斯去巴黎，担负起那里的通讯联络工作。恩格斯一到巴黎，就积极地同革命工人的各种团体接触，参加集会，发表演讲，短期内就取得了很大进展。特别是恩格斯经过同"真正的社会主义者"的争论，把先前受他们影响的先进工人成批地争取过来了。共产主义通讯委员会在巴黎建立了起来。

这个被称为"真正的社会主义"的派别，在当时确实有很大势力，马克思、恩格斯不得不花费精力同它论战，因为不这样做，就不能消除它的影响并让工人认识他俩的主张。

"真正的社会主义"的特点在于，它把社会主义看作是对费尔巴哈的人本主义原则的实现，而不是社会发展客观规律作用下的必然方向。它把法国社会主义者对资本主义的批判照搬到德国，完全忘掉了这样做纯粹是文不对题：在德国，资本主义还远没有发展充分，封建反动势力仍极强大，在这样的条件下鼓吹反对资本主义发展、攻击自由派资产阶级、反对自由主义的种种要求，实际上就是为封建主义制度作辩护。当然，许多"真正的社会主义者"主观上并没有这样的愿望，但他们越是真诚地相信自己的主张，越是自以为高明，所起的作用就越是恶劣：他们不自觉地成了反动制度的同盟者。而他们之所以陷入这种糟糕的境地，原因就在于他们根本不懂历史发展的规律。

马克思和恩格斯把这群人看作是糊涂虫，但对他们却不能置之不理。属于这个派别的有卡尔·格律恩、海尔曼·克利盖等人。格律恩在巴黎很活跃，克利盖则在大洋彼岸的美国起劲地宣传"真正的社会主义"的主张，他把他那些关于"普遍之爱"的说教说成是共产主义，并自称德国共产主义的代表，这样就逼得马克思、恩格斯只得发表声明公开与他决裂了。

马克思、恩格斯代表布鲁塞尔委员会写了一份《反克利盖通告》，宣布克利盖企图把共产主义学说变成"爱的梦呓"的做法，是与共产主义截然相反的。共产主义学说根本不是要大谈"爱"和"克己"的宗教，而是要研究现实关系的发

皮埃尔·蒲鲁东（1809—1865）

展和实际问题。

这份尖锐的通告分发给了德国、伦敦和巴黎的各共产主义通讯委员会，并且寄给了克利盖主编的纽约《人民论坛报》，要求其发表。这份通告对于消除克利盖的影响很有效，不久，克利盖的拥护者纷纷离开，他的报纸办不下去，他的"爱的宗教"也就寿终正寝了。

如果说，"真正的社会主义"只是在19世纪40年代中后期昙花一现，那么，蒲鲁东的主张却是根深蒂固、源远流长。马克思不得不从40年代后期起，和蒲鲁东所代表的无政府主义思潮进行长达数十年的斗争。

蒲鲁东的个人经历有些像魏特林。他从少年时代起就当学徒，干过伙计、牧童、排字工人、校对员、办事员……靠着勤奋，他自学成才。1840年他出版了《什么是所有权？》一书，尖锐抨击资本主义制度，称"所有权就是盗窃"。马克思对早年的蒲鲁东评价极高，在巴黎与他相识后，曾与他详细探讨理论问题，一度来往密切。马克思非常希望具有劳动者健康本能和出色写作才干的蒲鲁东能够克服世界观的缺陷，上升到对社会主义的科学理解。但这种希望显然落空了。我们前面说过，当马克思邀请蒲鲁东参加共产主义通讯委员会的工作时，蒲鲁东不但态度冷漠，而且出言不逊，暗示马克思是要创立新宗教。蒲鲁东还告诉马克思，他即将出版一部新作来详细阐明他的主张，马克思如果不同意，可以进行反驳。

这部新作很快就出版了，书名是《经济矛盾的体系，或贫困的哲学》。蒲鲁东企图在这本书里综合黑格尔哲学和英国经济学家李嘉图的成果，形成一部既超乎哲学家又超乎经济学家之上的科学巨著。而马克思得到这本书后，评价却是"整个说来是一本坏书，是一本很坏的书"[①]。

[①] 1846年12月28日马克思给安年柯夫的信，《马克思恩格斯选集》第2版第4卷，第531页。

第四章 流亡布鲁塞尔

马克思认为，必须尽快写一本反驳蒲鲁东的书，在揭露蒲鲁东理论上的错误和矛盾的同时，也正面地阐述自己的经济学和历史唯物主义观点。

经过一番紧张的突击，马克思在1847年上半年用法文把这本论战性的小册子写了出来，它就是后来成为马克思最著名著作之一的《哲学的贫困。答蒲鲁东先生的〈贫困的哲学〉》，书名是直接针对蒲鲁东的书的，而用法文写作，也是为了更有利于在法国读者中流传。1847年6月，马克思给书写了序言，7月初，巴黎和布鲁塞尔同时出版了这本书——即使用今天的眼光看，这部著作的写作和出版也都是高效的。

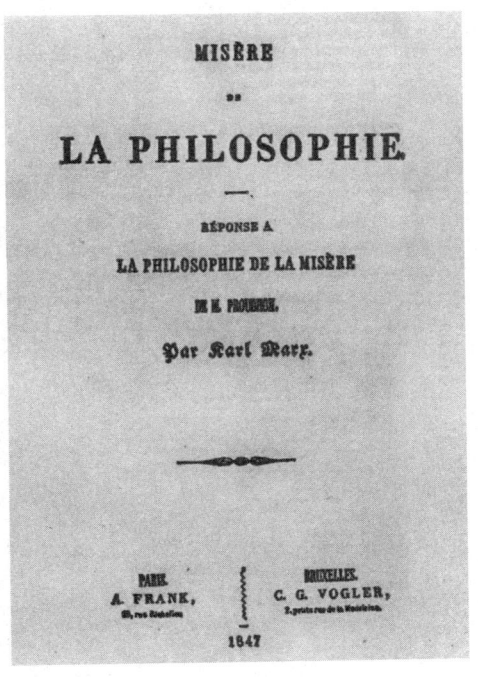

《哲学的贫困》第一版封面

马克思首先驳斥了蒲鲁东的经济观点。蒲鲁东在他的《贫困的哲学》中想要利用英国经济学家大卫·李嘉图的价值理论来引出自己的主张。李嘉图认为，商品价值是由生产该商品的必要劳动时间决定的，蒲鲁东便由此推论道，资本主义社会的矛盾全在于交换没有体现"构成价值"，即体现在商品中的劳动时间；而之所以是这样，是由于存在着货币。因此他主张取消货币，使产品按照它们各自所耗费的劳动时间直接交换，据说这样就能够消灭剥削、利息等等，解决商品生产中的矛盾，实现经济生活中的合理和正义。

这种主张在马克思看来是极其肤浅的，只不过是对20年代英国李嘉图学派社会主义者（汤普逊、格雷、布雷、霍吉斯金等）的拙劣重复而已。当时这些社会主义者都想从李嘉图的劳动价值论中为自己寻找科学根据，他们说，既然一切商品的价值都取决于生产它们的劳动时间，那么，劳动者就有权利要求实现劳动与资本的等价交换。不错，这种主张是站在劳动者立场上去反对资本主义剥削的，但它在理论上却是不正确的。现在，蒲鲁东又重新把资本主义经济矛盾归因于不等价交换，竟以为只要取消了货币便可以万事大吉，这是根本错误的。

在批评蒲鲁东时，马克思初步阐发了自己的经济理论。他把价值当作一个历史范畴去看待：价值是由生产商品所耗费的社会必要劳动时间所决定的，但只有在特殊的社会形态下，当劳动不可能直接采取社会劳动的形式的条件下，劳动才表现为价值。价值所体现的是一种特定的社会关系。货币正是与这种社会关系相适应的，"货币不是东西，而是一种社会关系"[①]。蒲鲁东以为，用消灭货币的办法就能实现"供求之间的正确比例"，这是十分荒唐的想法。"供求之间的正确比例"只是在交换范围非常狭小、生产资料有限，以及需求支配供给、消费支配生产时才是可能的。随着大工业的兴起，那种"正确"比例就不可能保持了。大工业既造成生产力的飞跃进步，又必然带来"繁荣、衰退、危机、停滞、新的繁荣等等周而复始的更替"[②]。因此，以下二者必居其一：

或者是希望在现代生产资料的条件下保持旧时的正确比例，这就意味着他既是反动者又是空想家；

或者是希望一种没有无政府状态的进步，那就必须放弃个人交换来保存生产力。[③]

《哲学的贫困》中给人印象极深的，是其中对辩证法和历史唯物主义的透彻阐述。

蒲鲁东自以为学到了黑格尔辩证法并把辩证法成功地运用到了政治经济学之中。马克思却认为，这个人只是学到了黑格尔辩证法的形式、术语，而根本不懂其实质；他所吸取的是这个学说的糟粕即唯心主义，却抛掉了它的真正可贵之处，即关于两个方面的矛盾共存、斗争推动事物自我扬弃和发展的思想。蒲鲁东

---

① 《马克思恩格斯全集》第4卷，第119页。
② 同上，第109页。
③ 同上。

第四章 流亡布鲁塞尔

的做法是,把每一个经济范畴划分成好的和坏的两个方面,幻想着能够消除坏的方面而又保留好的方面。他以为这样做就能够既超越资本主义又超越共产主义,而在马克思看来结果却正相反:"他希望成为一种合题,结果只不过是一种总合的错误。他希望充当科学泰斗,凌驾于资产者和无产者之上,结果只是一个小资产者,经常在资本和劳动、政治经济学和共产主义之间摇来摆去。"[①]

真正的辩证法不是这样的。辩证法并不希望人为地消灭矛盾,而是从矛盾本身的对抗斗争中去认识事物。在它看来,恰好是矛盾促进了发展。从封建生产方式内部的矛盾对抗中发展起了生产力,产生了资本主义;资本主义在创造着贫困和对抗的同时,又在创造着使更新的、更高的社会形态成熟的物质条件。根据这种方法,马克思尖锐地嘲笑了蒲鲁东企图靠倒退消灭资本主义矛盾的小资产者空想,同时也对资本主义大生产给予高度评价:不管资本主义工厂是如何的不人道,但它推动着生产的增长和集中,培育着现代无产阶级,它是革命的、进步的。

历史唯物主义的基本原理在《哲学的贫困》中得到了简洁明快的阐述。被蒲鲁东视为永恒的那些经济范畴,实际上只是社会关系的理论表现,"社会关系和生产力密切相连。随着新生产力的获得,人们改变自己的生产方式,随着生产方式即保证自己生活的方式的改变,人们也就会改变自己的一切社会关系。手工磨产生的是封建主为首的社会,蒸汽磨产生的是工业资本为首的社会"[②]。

马克思还批判了蒲鲁东在工人阶级罢工问题上的观点。蒲鲁东否认罢工的积极意义,而在马克思看来,罢工和同盟都是工人阶级反对资本奴役的不可或缺的斗争形式。无产阶级群众在共同利益之下团结起来,联合起来,对资产阶级进行斗争。随着斗争的发展,无产阶级将认识到自己的历史使命,从而,经济斗争必将发展到政治斗争,发展到社会革命。

《哲学的贫困》的出版并没有能够消灭蒲鲁东的影响。这是有着深刻历史原因的:当时在罗曼语族国家里,资本主义刚刚兴起,工业化浪潮无可阻挡的力量尚未完全显现出来,因而小资产阶级的思想家如蒲鲁东很自然会设想用保存小生

---

① 《马克思恩格斯全集》第4卷,第158页。

② 同上,第144页。

产的办法来抵御资本主义的"祸害",消除阶级斗争的尖锐对立,这种落后的空想也很容易得到不少人的呼应。这使得马克思不得不长期与蒲鲁东主义作斗争。但这并不能降低《哲学的贫困》的意义。这本书第一次正式地阐述了马克思的历史观和经济观点(《1844年经济学哲学手稿》及《德意志意识形态》当时都还未能出版),并从唯物主义立场上出色地继承了辩证法。几年前,费尔巴哈对马克思从黑格尔哲学走向唯物主义起了重大作用,现在马克思表明,自己借辩证法之助,又大大超越了费尔巴哈。

共产主义者同盟

1847年2月,从伦敦来的一位客人到了布鲁塞尔,要求会见马克思。

他是伦敦正义者同盟派来的全权代表约瑟夫·莫尔,此行是要与马克思商谈一件要事。

现在,有必要把正义者同盟的来历稍为详细地介绍一下。

1836年,一小批德国政治流亡者在巴黎创建了一个半密谋性质的革命组织,取名"正义者同盟",它的成员多是一些工人,领导人有舒斯特尔、海尔曼·艾韦贝克和海尔曼·梅列尔等。1839年,该组织参加了布朗基领导的四季社的起义,失败后,成员四处离散,在西欧好几个城市里建立了自己的地方组织,从而使同盟具有了国际性。在很长时期内,统治正义者同盟思想的是魏特林、卡贝、"真正的社会主义"、蒲鲁东等人的主张。到19世纪40年代中期,伦敦正义者同盟的领导人约瑟夫·莫尔、卡尔·沙佩尔和亨利希·鲍威尔等人认识了马克思和恩格斯,在他们的影响下,逐步认识到先前组织原则的狭隘性和指导思想的错误,决心对自己的组织做彻底的改革更新。马克思关于要抛弃对未来社会的空想,以对资产阶级社会经济结构的研究作为自己理论基础的思想,更是给这些纯

第四章　流亡布鲁塞尔

真朴实的"工匠"们以极大启发。1847年初，在认真考虑之后，卡尔·沙佩尔签署了一份委托书，由约瑟夫·莫尔带到布鲁塞尔来，与马克思协商改组组织的事。

马克思很热情地会见了莫尔。这位钟表匠为人耿直爽朗，他告诉马克思，正义者同盟最近要在伦敦召开代表大会，并将正式接受马克思和恩格斯的学说。他极力邀请马克思和恩格斯加入同盟，以便使同盟抛弃先前的各种陈腐学说的影响，尽快成为一个全新的革命组织。

在这之前，马克思和恩格斯也曾得到这样的邀请，但都谢绝了，因为他们不愿加入一个以各种空想观点和密谋原则武装着的组织。这一次，他们却接受下来，因为他们高兴地看到，一批以前还只具有朴素革命热情的工人现在希望自觉地理解自己的历史任务，而这，正是建立无产阶级国际组织的良好开端。

1847年6月初，正义者同盟代表大会在伦敦召开了。马克思在此以前已通知他在各地的战友，建议他们参加同盟，但到了代表大会开幕时，他本人却因经济拮据而不能成行。布鲁塞尔方面派去参会的代表是忠实的威廉·沃尔弗，恩格斯则从巴黎前往伦敦。

这次大会做出了好几项后来使它名垂青史的决定：

（一）将正义者同盟改称为共产主义者同盟；

（二）以马克思、恩格斯提出的"全世界无产者，联合起来！"的口号代替原来的"人人皆兄弟"的口号；

（三）决定提出同盟的新纲领，以恩格斯提交的《共产主义信条》为纲领草案，分送各地方支部征求意见，下次大会正式讨论；

（四）取消了以前的宗派性和密谋性色彩，拟定了同盟的新章程，规定了新的民主的组织原则。

经过这次大会，原来那个狭隘的工人小团体面貌一新，变为地跨英、德、法、比、瑞士等西欧国家的国际性共产主义组织。它的各国各地支部都以团结、组织工人，宣传共产主义理论为任务，展开了广泛的活动。其中，布鲁塞尔支部——由布鲁塞尔"共产主义通讯委员会"发展而来——特别活跃而有成效，

马克思传

而在这里面,马克思起着灵魂的作用。他虽然并无比别人更大的权力,但他的同志——日果、威廉·沃尔弗、荣克等人,都自然地听从他,尊重他的意见。

他们一起做了许多工作:给工人开办讲座,宣讲经济学、历史和共产主义理论;举办讨论会,成立图书室,还经常举行唱歌和朗诵会。他们成立了一个"德国工人协会",吸引了许多德国工人流亡者,不久就拥有了一百多名会员。在协会组织的讲座上,马克思向工人们通俗地讲解了政治经济学的基本原理。

这些讲演经过马克思的整理,成了一本小册子。它们后来在发表时加上了《雇佣劳动与资本》的总标题。从中人们可以看出,马克思是非常善于做科学普及工作的,他把自己的经济学观点用简明、通俗的方式给工人们做了说明。工资、资本、利润、分工、竞争、市场这些复杂的问题,都在他口中变得生动易懂了。马克思证明,雇佣劳动表面上看是自由劳动,但实际上雇佣工人终身被束缚于资产阶级统治中。劳动的价格像其他商品的价格一样,也是由它的生产费用所决定的。工资只不过是维持雇佣工人及其后代生存所需生活资料的价格而已。工资有可能增长,但前提是生产资本更加迅速的增长。工资增长有可能使工人的物质生活状况得到改善,但要以他的社会地位的降低为代价。同时,随着资本的增长,危机也愈加频繁和猛烈,工人之间的竞争也将会更迅速地增长。总而言之,马克思的结论只能是这样:雇佣工人,不论他的收入高些或低些,物质生活条件好些或坏些,他们的根本利益是与资本对立的。随着资本主义的发展为共产主义变革创造出成熟的物质条件,他们的任务是起来结束资本的统治,建立新社会。

德国工人协会活动的地方:天鹅饭店

第四章　流亡布鲁塞尔

从马克思后来成熟的经济学著作看,《雇佣劳动与资本》中的有些提法是不准确的或不完全正确的。例如,此书中谈论"劳动的价值"而不是"劳动力的价值",就不能认为是准确的,因此,马克思后来在《资本论》中尖锐地指出了经济学说史上把"劳动"与"劳动力"混为一谈给理论带来的迷乱。但尽管有这些缺点,《雇佣劳动与资本》仍是马克思经济学说形成期的一篇杰作,而且是理论家与劳动者直接在科学问题上对话的一次尝试。

在这段时间里,马克思还十分热心地为《德意志-布鲁塞尔报》写稿,并积极过问它的办报方针。这家报纸是由原来巴黎的《前进报》主编伯恩施太德出版和编辑的。起初,它并没有得到马克思的特别重视,但随着威廉·沃尔弗经常在该报发表文章,使报纸的社会主义色彩愈益明确,马克思和恩格斯产生了一种希望:把该报改造成共产主义者同盟的宣传阵地。尽管许多人传说伯恩施太德是与普鲁士政府有联系的密探,尽管许多人厌恶伯恩施太德的为人,但马克思仍然认为,这家报纸虽然存在许多缺点,但毕竟有一些功绩。他和恩格斯开始不断地给该报送去自己的文章,不久,竟使得这份报纸几乎成了共产主义者同盟的机关报。

马克思和恩格斯为《德意志-布鲁塞尔报》写的文章有一条主线:从工人阶级利益出发,支持自由资产阶级对君主专制政府的斗争。当时,随着德国资本主义的蓬勃发展,资产阶级愈来愈表现出对普鲁士国家专制的不满。1847年春,事情已经发展到当国王在柏林召开各省等级议会联合会议时,资产阶级鉴于国王不肯满足自己的政治要求扩大议会权力,而拒绝向国王提供借款。此举召来了国王的恼怒和报复,他解散了联合省议会。马克思和恩格斯把资产阶级反对专制主义和封建主义的行动看作进步运动,主张无产阶级给以支持,并因此与《莱茵观察家》的言论展开了论战。

《莱茵观察家》这家报纸打起"社会主义"的旗帜,攻击自由派资产阶级,并企图引诱工人跟政府站在一边。没有什么比这种做法更让马克思愤怒的了。作为一位从登上政治舞台起便不懈地与专制主义斗争的战士,他最厌恶的是借咒骂资本主义和资产阶级而偷运封建、专制主义货色的反动的"社会主义"。当那些"社会主义者"诅咒资产阶级，说它是要把工人当成自己反政府斗争中的"炮灰"时，马克思回答说，无产阶级关心的，"是目前的政治制度即官僚统治，还是自由派向往的制度即资产阶级统治"哪一个能使无产阶级自己更快地达到自己的目的。要回答这个问题，"他们只要把英国、法国和美国的无产阶级的政治地位跟他们在德国的地位比较一下就会相信，资产阶级的统治不仅使无产阶级在**反对资产阶级本身的斗争中得到崭新的武器**，而且还给他们创造了一种和过去完全不同的地位——他们已成为一种公认的力量"①。

马克思在另一篇文章《道德化的批判和批判化的道德》中，运用透彻的历史分析，更清楚地说明了反对君主专制的资产阶级革命的进步性。激进的政论家卡尔·海因岑是这篇文章的批判对象，针对此人，马克思的这篇文章引用了大量文学作品，尖刻幽默，妙趣横生，其中的意蕴实在难以尽述。

这篇长文又一次从一个侧面说明了历史唯物主义原理。马克思证明，事情并非像海因岑所理解的那样是财产关系取决于政治权力，而是相反，政治权力取决于历史地形成的"财产关系"或生产关系。当一种政治权力成为新的生产关系的障碍时，就必须通过革命来消灭这种旧的政治权力。君主专制在资产阶级兴起时曾保护过工商业，鼓励过资产阶级的上升，但到了现在，它已到处成为资产阶级工商业发展道路上的障碍，因此，消灭专制制度成了历史的要求。无产阶级从自己的利益出发，不仅能够而且应当参加即将到来的资产阶级革命，因为正是这个革命的胜利，才能在为资本主义充分发展开辟道路的同时也为无产阶级革命创造了前提。

马克思在他准备在国际经济学家会议上作的演讲中，也清楚地讲述了共产主义者对待自由资产阶级的态度。这次会议讨论自由竞争、自由贸易问题，来了许多经济学界的名人，工人代表则作为观察员列席会议。马克思本来已登记了要在大会上发言，可是由于大会主持人宣布停止辩论而没有能够实现，但他的演讲稿后来在报刊上发表了。马克思对自由贸易的态度是：一方面，指出自由贸易绝

---

① 《马克思恩格斯全集》第4卷，第210页。

第四章 流亡布鲁塞尔

非给工人阶级造福的善举，而只会带来社会阶级矛盾的加深；另一方面，他仍然赞成自由贸易，因为自由贸易有利于资本主义的发展，促使资本主义经济规律在更广大的范围内发生作用，从而将会使无产阶级与资产阶级的斗争加快进行，最终迎来无产阶级的解放。

现在，通过写作和实际参加社会政治活动，马克思不仅在社会主义、共产主义者圈子里成为权威，而且在民主主义者中间也享有盛誉。在布鲁塞尔生活期间，马克思的家庭生活虽时感拮据，但还不像后来流亡英国那样艰苦异常。这段岁月里，燕妮又生下了两个孩子：

婚后最初几年的燕妮·马克思

1845年9月26日出生的女儿劳拉和1847年2月3日出生的儿子埃德加尔[①]。这样，马克思夫妇现在就有了三个孩子。燕妮不得不陷入家庭主妇的琐事之中，"三条小虫子"——这是燕妮对孩子们的昵称——拖累着她，使她整天不得脱身，马克思也经常要在孩子们的歌唱、啼哭、玩闹声中写作。好在琳蘅做饭、缝纫、料理样样出色，总能把家中安排得大致像样，而燕妮也能时时从"三条小虫子"的合唱声中抽空来帮助丈夫抄写稿件。燕妮是马克思不付薪水的秘书和誊写员，她总是细心地把马克思那字体难以辨认的手稿用娟秀的字迹誊写一遍，以便送出发表。

1847年9月27日，各国社会主义者、共产主义者和各种各样的民主主义者汇集在布鲁塞尔的一个宴会上，人数约有120人之多，他们决定成立一个联合各派政治力量的国际性"民主协会"。恩格斯是筹备委员会委员之一，但他不久后就要去巴黎，于是建议由马克思代替他。果然，当协会成立时，马克思被选为副主席之一，主席是比利时律师、民主主义者若特兰，1830年比利时革命的参加者梅利奈将军当选为名誉主席。马克思在"民主协会"里发挥了很大作用，协会同

[①] 这个孩子的出生年份在以往的许多马克思传记中都是不确定的，此处出生日期取自特里尔的卡尔·马克思故居纪念馆1994年刊印的导读手册 *Karl Marx and His Contemporaries*，第24页。

英国、法国、荷兰、瑞士等国的民主主义者建立了广泛联系，对推动西欧的革命民主主义运动起了积极作用。

《共产党宣言》

1847年11月下旬，马克思和恩格斯在比利时海岸城市奥斯坦德会合，然后渡过海峡一起到伦敦去，参加共产主义者同盟的第二次代表大会。

这是一次不平常的大会，将要讨论和制定同盟的纲领。伦敦的中央委员会成员沙佩尔、莫尔、鲍威尔等都要求马克思务必到会。马克思是作为布鲁塞尔区部的代表前去的，恩格斯则是巴黎区部的代表。

大会是在1847年11月29日开幕的，德、英、法、比、瑞士来的代表汇聚一堂。会上，沙佩尔这位老革命家当选为主席。马克思、恩格斯两人是十分引人注目的人物，他们在理论上的深刻、学识上的渊博，是其他任何人所无法企及的，因而自然受到人们的敬佩。一位与会者后来写下了对他们当时形象的回忆：

> 马克思当时还很年轻，约莫二十八岁的样子，但是他给我们留下了深刻的印象。他中等身材，结实有力，肩宽额高，满头密密的黑发，目光炯炯，能洞察一切。就在那时他的尖刻的讽刺已足以使他的论敌丧胆了。马克思是天才的人民领袖。他发表的演说简洁而有条理，逻辑性很强；他决不浪费笔墨，一字一句都有深刻的含义，都是整个论据中不可缺少的一环。在马克思身上嗅不到一点空想家的气息。我对魏特林时期的共产主义和《共产党宣言》的共产主义之间的差别了解得越深刻，就越明确地感到马克思是成熟的社会主义思想的代表。
>
> 弗里德里希·恩格斯是马克思的精神上的兄弟，一望而知是典型的日耳

第四章 流亡布鲁塞尔

曼人。他体格匀称，动作灵敏，有金黄色的头发和漂亮的胡子。他不大像一个学者，倒像一个年轻有为的近卫军上尉。[①]

在这次大会上，从理论到具体策略问题都展开了热烈讨论。其中最重要的是纲领问题。上次大会后，作为纲领草案的恩格斯写的《共产主义信条》分发给了各支部讨论，恩格斯吸取各种有益意见，在《共产主义信条》基础上做了修改补充，写成了25条问答体裁的《共产主义原理》，对共产主义的理论、目标、策略等做了详尽的回答。但是，恩格斯对自己的这份《原理》仍不满足，主要是对当时工人团体中流行的那种问答体不满意。他认为，要制定一份向世界庄严宣告自己党的世界观和宗旨的纲领，沿用传统的问答体是不合适的。因此，还在这次大会召开前，恩格斯就向马克思建议过，由他们两人合写一份新的纲领，称作"共产主义宣言"。马克思接受了这个建议。

大会经过认真讨论，同意他俩的意见，决定委托马克思和恩格斯尽快写出"宣言"。

正是这个决定，引出了名垂千古的历史性文献《共产党宣言》。

马克思和恩格斯从伦敦返回后，尽管时间紧促、百事缠身，但还是极其审慎认真地对待《共产党宣言》的写作。马克思大概在《共产党宣言》的写作中起了主要的作用。可能是由于马克思一贯的认真态度使别人不耐烦了，其间同盟的中央委员会从伦敦曾几次催促马克思尽快完成这项

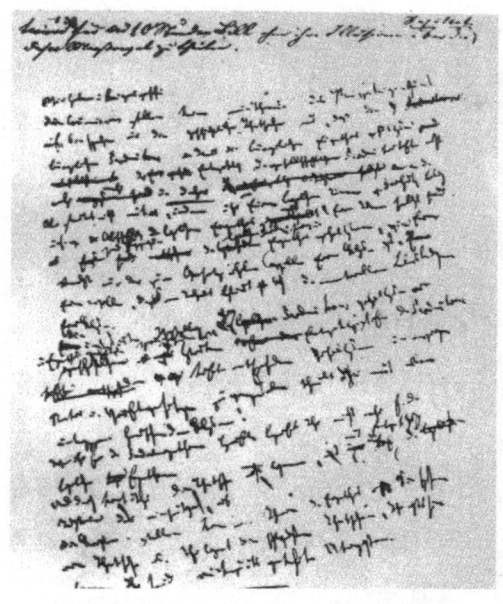

《共产党宣言》手稿中的一页。最上面两行是燕妮·马克思的手迹。

[①] 弗里德里希·列斯纳的回忆，见《人间的普罗米修斯——回忆马克思恩格斯之三》，人民出版社1983年版，第7页。

工作，甚至威胁说要是不能如期写完，就将对他"采取措施"。

然而用不着"采取措施"。1848年1月底，《共产党宣言》定稿寄往伦敦，在一个小印刷所里刊印，由沙佩尔担任校对。2月，它以23页单行本发行，立即分发到各个国家的同盟盟员手里，1848年革命期间又重印了好几次，并在几种报刊上连载过。在《共产党宣言》的开头，马克思和恩格斯预告说，《共产党宣言》将用英文、法文、德文、意大利文、弗拉芒文和丹麦文公布于世，但后来的实际情况有所不同。1848年它被人翻译成瑞典文，1850年被部分翻译成英文出版，法文、波兰文等译本据说也都准备好了，但现在已知都未能及时出版。到了19世纪60年代之后，随着欧洲工人运动的高涨，《共产党宣言》才迎来了自己传播史上的第一个高潮。德文本一版再版，俄文、法文、西班牙文、葡萄牙文、意大利文、波兰文、丹麦文、罗马尼亚文、保加利亚文……各种译本纷纷问世。到了19世纪末，《共产党宣言》几乎已经有了一切欧美主要文字的译本。20世纪以来，尽管时光推移，岁月流逝，世界发生了巨大变化，但《共产党宣言》不但没有被遗忘，反而在更广大的范围内流传了。它到处被翻印、被翻译，被作为非法的或合法的文件传播。它成了人类思想史上最重要的著作之一。

《共产党宣言》无论从形式上还是内容上看，都具有高度独创性。大气磅礴的语言，充满历史感的分析，环环紧扣的逻辑，凝练的结论，所有这些，使《共产党宣言》像一座用坚实的大理石筑起的纪念碑，上面雕刻着庄严优美的纹饰。

《共产党宣言》用一句论战性的语言开头：

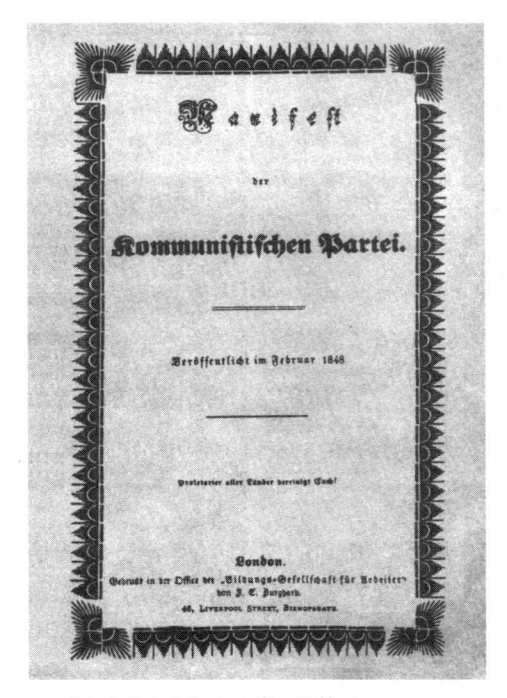

《共产党宣言》德文第一版封面

第四章 流亡布鲁塞尔

> 一个幽灵,共产主义的幽灵,在欧洲游荡。为了对这个幽灵进行神圣的围剿,旧欧洲的一切势力,教皇和沙皇、梅特涅和基佐、法国的激进派和德国的警察,都联合起来了。
>
> ……
>
> 现在是共产党人向全世界公开说明自己的观点、自己的目的、自己的意图并且拿党自己的宣言来反驳关于共产主义幽灵的神话的时候了。[①]

正像弗兰茨·梅林所说,《共产党宣言》中所包含的思想,都是马克思和恩格斯在他们以前的著作中表述过的。但是,《共产党宣言》以简洁浓缩的叙述,把他们的世界观和政治宗旨完整地展现出来了。这便使得《共产党宣言》的每一章每一节每一段都非常紧凑,足可以发展成许多大文章和大书。我们在这儿只能把它的主要线索描述一下。

《共产党宣言》对过去的历史作了一个总结,尤其侧重于对资本主义社会的历史总结。它首先讲述了随着近代工业生产力的增长,资产阶级怎样发展起来,怎样在反对中世纪反动势力的压迫中步步成长,取得自己经济的和政治的成就。《共产党宣言》公正地承认:"资产阶级在历史上曾经起过非常革命的作用。"[②] 资产阶级破坏了一切封建的、宗法的和田园诗般的关系,改变了一切过去的社会关系、观念和见解;它开拓了世界市场,使一切国家的生产和消费成为世界性的,把一切民族甚至最野蛮的民族都卷入世界文明;它使乡村屈从于城市,使未开化和半开化的国家从属于文明国家,使东方从属于西方;它日甚一日地消灭生产资料、财产和人口的分散状态,使财产和生产资料集中在少数人手中。它在过去不到100年里所创造的生产力,比过去一切世代创造的全部生产力还要多、还要大,它创造了前所未有的奇迹。

然而,《共产党宣言》断言:"这个曾经仿佛用法术创造了如此庞大的生产资料和交换手段的现代资产阶级社会,现在像一个魔法师一样不能再支配自己用法

[①]《共产党宣言》,中央编译出版社1998年纪念版,第56页。

[②] 同上,第59页。

术呼唤出来的魔鬼了。"[1] 现代生产力的巨大发展，使得资产阶级的关系已经太过狭窄，不再能容纳它本身所创造的财富了；生产力已经受到这种关系的阻碍，资产阶级用来推翻封建制度的武器，现在却对准资产阶级自己了。

与此同时，资本主义产生了现代的工人即无产者。无产阶级是随着资本的发展而发展的，他们像商品一样把自己零星出卖。由于机器的推广和分工的发展，工人变成了机器的单纯附属品，成为资本的劳动工具。无产阶级反对资产阶级的斗争是和它的存在同时开始的。起初这种斗争是分散的、个别的，随着无产阶级人数和力量的增长，他们同资产者的斗争愈来愈具有阶级冲突的性质。无产阶级由于自身的地位，他们必然地起来进行斗争，这个斗争又将在最后转变为公开的革命——无产阶级用暴力推翻资产阶级而建立自己的统治。

《共产党宣言》接下去讲述了共产主义政党的性质和任务。共产党人不是同其他工人政党相对立的特殊政党，他们是各国工人政党中最坚决的和最先进的部分。他们的理论原理不是以这个或那个世界改革家所发明或发现的思想、原则为根据，而是以现存的阶级斗争、我们眼前的历史运动的真实关系为根据。共产党人的理论可以用一句话来概括：消灭私有制[2]。《共产党宣言》驳斥了各种各样对共产党人宗旨的责难或误解，陈述了无产阶级革命的最近的政治目标和一些具体措施，然后指出，随着这些措施的实施，随着社会发展，阶级差别将消失，公众的权力将失去政治性质，无产阶级在消灭了阶级对立和阶级本身存在条件的同时，也就消灭了自己这个阶级的统治：

> 代替那存在着阶级和阶级对立的资产阶级旧社会的，将是这样一个联合

---

[1]《共产党宣言》，中央编译出版社1998年纪念版，第62页。

[2] 前些年一些人提出，"消灭私有制"是中文的误译，他们要求把"消灭"改译成"扬弃"。理由是：德文的"Aufhebung"一词除了"消灭"以外，还有"扬弃"等意思。我们认为，这种主张在词语和事实层面上都是站不住脚的。就词意来说，Aufhebung在这里只能理解为"消灭"；而马克思和恩格斯要求"消灭私有制"，这也应当是毫无疑问的。问题在于，他们是历史唯物主义者，主张只有在资本主义高度发达的条件下才可能消灭私有制。应当从这个方法论的高度去理解《共产党宣言》的"消灭私有制"，而不是在翻译上做兜圈子的游戏。

第四章 流亡布鲁塞尔

体,在那里,每个人的自由发展是一切人的自由发展的条件。①

《共产党宣言》用整个第三章分析批判了流行于西欧的各种社会主义思潮和共产主义思潮。

马克思和恩格斯最厌恶的是"反动的社会主义"。归入这种社会主义的,有以下三种社会主义:

"封建的社会主义"。这种社会主义是法国和英国的贵族的作品,是被资产阶级打败了的贵族们用来反对资产阶级的文字斗争。它"半是挽歌,半是谤文;半是过去的回音,半是未来的恫吓"。它固然有时可以尖刻辛辣地"刺中资产阶级的心",但它的真实目的却在于使历史退回到封建贵族时代。

"小资产阶级的社会主义"。它反映着在工业化发展中苟延残喘、日益失去自己独立地位的小资产阶级和小农的愿望和意识,"从小资产阶级的立场出发替工人说话"。这种社会主义可以非常精确地分析现代生产关系的矛盾,但是它企图恢复旧的生产资料、交换手段和旧的所有制关系。它是反动的、空想的。

"德国的或'真正的'社会主义"。"德国的哲学家、半哲学家和才子们"贪婪地抓住法国的社会主义和共产主

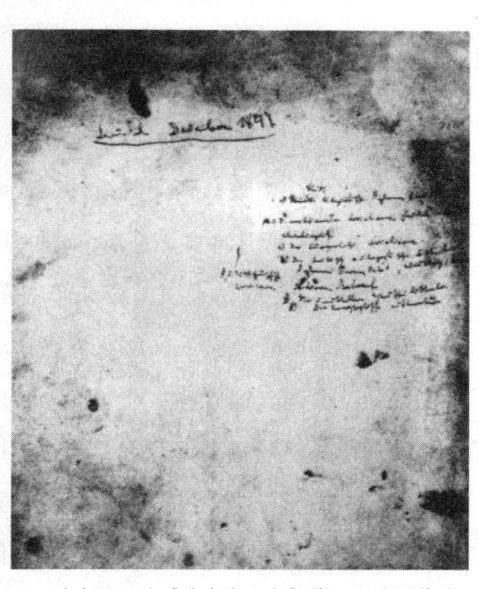

马克思写的《共产党宣言》第三章计划草稿

义的文献,却全然忘记了,这些文献是在资产阶级社会已发展了的条件下才产生的。"真正的社会主义"的做法是,把这些文献简单地搬用到资产阶级尚未发展、尚未取得统治的德国,用以诅咒资产阶级自由主义,诅咒代议制国家,诅咒

---
① 《共产党宣言》,中央编译出版社1998年纪念版,第77页。

资产阶级竞争、资产阶级的出版自由、资产阶级的法、资产阶级的自由和平等,其结果,就使自己变成了"政府对付德国资产阶级的武器",成了一种反动的、"卑鄙龌龊的、令人萎靡的文献"。

由此可见,马克思和恩格斯作为资本主义的批判者,完全是站立在历史唯物主义基础上的。他们批判和否定资本主义,是因为他们认定,资本主义为社会进步的下一阶段创造了物质的和文化的条件,因此在历史上必然地要让位给更高的社会形态。但如果历史还没有发展到这样的高度,那时借社会主义之名目以诅咒资本主义进步的做法,就都是反动的,因为它们都是有意无意地企图把历史拉回到资本主义以前的时代。《共产党宣言》中的这些论述,后来没有受到人们的充分注意。各式各样的"反动的社会主义"仍然以不同的方式一再登场,层出不穷。因此,马克思和恩格斯的这些尖锐批判,如今仍然具有很大的意义。

《共产党宣言》批判的另一种思潮,是"保守的或资产阶级的社会主义"。这种社会主义想要消除资产阶级社会的弊病,以便保障资产阶级社会的生存,它企图通过改良的方式来改善资产阶级社会,而根本不想通过革命途径消灭资产阶级生产关系。在《共产党宣言》看来,这种社会主义起的是一种安慰无产阶级的作用。

"批判的空想的社会主义和共产主义"。《共产党宣言》略述了空想社会主义的发展。早期空想社会主义就其内容来说是反动的,它倡导禁欲主义和粗陋的平均主义。圣西门、傅立叶、欧文等人的理论看到了阶级对立和社会的弊病,但由于它们是在无产阶级和资产阶级的斗争还未发展的时期产生的,所以,它们看不到无产阶级的历史主动性,而只是把它看作一个受苦的阶级。这些理论家们因而只有用他们自己设计出来的社会规划来代替现实的阶级斗争。这些理论家的思想提供了启发工人觉悟的极为宝贵的材料,但它们本身却不能不是空想的,它们的意义是同历史的发展成反比的。

《共产党宣言》最后一章简洁地为共产主义者的任务勾画了一个轮廓:他们为工人阶级最近的目的和利益而斗争,但是他们在当前的运动中同时代表运动的未来。他们到处都支持一切反对现存的社会制度和政治制度的革命运动。当资产阶级反对封建所有制和专制君主制时,他们支持资产阶级;当资产阶级占据统治时，他们帮助工人利用资产阶级统治所必然带来的社会的和政治的条件，进行反对资产阶级本身的斗争。最后的目的是达到无产阶级革命。

《共产党宣言》用激昂有力的号召作为结尾："全世界无产者，联合起来！"

《共产党宣言》是大手笔，但它仍然要接受历史的考验。它的两位作者在1872年德文版序言中就提出：它的有些地方已经过时了，如果不是考虑到它是一个历史文件，本来是可以做一些修改或补充的。现在人们要问：《共产党宣言》发表将近一百七十年来，飞跃迈进的世界历史，急剧变迁的人类社会，使得今天的一切条件已经大大不同于1848年那个时代了，今天的人们应该怎样看《共产党宣言》？这是一个重要的问题，回避它就等于回避历史和现实，也就等于对《共产党宣言》的不尊重。

今天，确实应该承认，《共产党宣言》的若干重大预测没有成为现实，它的一些主要结论已经过时。在世界范围内，资本主义至今仍保持着强劲的生命力，西方工人阶级并没有成为资本主义制度的"掘墓人"，反而逐渐失去了19世纪的革命性，愈来愈被他们生活在其中的社会所同化了。而东方一些落后国家在20世纪上半期举起了社会主义革命的旗帜，并宣布它们建立起了社会主义社会，但若拿这些社会与《共产党宣言》所预言的"自由人联合体"相比，不能不承认其间有巨大的本质性的差别。总之，实际的世界历史进程与《共产党宣言》的预测出现了明显的差距。《共产党宣言》所遇到的种种责难，也正是由于这些情况产生的。

但我们觉得，所有这些事实还不足以否定《共产党宣言》的基本思想。我们今天仍然可以说：《共产党宣言》中所贯彻的一般基本方法总体说来还是正确的。

关键在于，贯穿在《共产党宣言》中的基本思想是唯物史观。这个历史观要求以生产力发展的客观需要而不是平等正义之类的道德信条为出发点，去考察社会形态的变化和未来的发展方向。把这个思想再简单化通俗化一点，就是凡能够保证人们的物质和精神生活发展进步的社会，就有存在的必然性，反之，就必然要灭亡。这个方法在我们看来仍然是有效的，仍然是分析《共产党宣言》以来的历史进程的基本依据。

由此观之，《共产党宣言》对资本主义灭亡的宣判至今并未实现，根源不在别的，正在于西方资本主义虽然历经危机和灾难，但它具有强大的自我调节能力，至今仍能容纳现代生产力的发展，因而能够成功地避免革命；而资本主义在这种自我调节中，经历了重大的变化，客观上正是朝着《共产党宣言》所预测的那种高度社会化的方向演进。而东方落后国家的革命，作为资本主义全球化过程中复杂矛盾的产物，在自己的发展中出现了种种异化、畸变甚至倒退，也正是由于缺少社会主义所需要的物质文化前提的充分发展，因此，在这里也就不可能建立起马克思所讲的"自由人联合体"。对于所有这些情况，都应该从特定社会的经济、政治和文化，从劳动者的生活状况和意识，从世界历史进程中各个不同地区的交互作用中去加以细致的研究，找出原因并看清未来发展的方向。而这不正意味着，我们仍然离不开《共产党宣言》的方法吗？总之，如果不是仅仅抓住《共产党宣言》的一些过时结论不放，而是把眼光放在它的根本方法上，则《共产党宣言》至今仍是具有极大启发性的伟大文献。

在这里，我们还想就当今十分流行的一种观念，发表一点自己的看法。

这种观念认为，我们如今令人不满的现实全是革命造的孽，而《共产党宣言》是主张"暴力革命"的，因而它是造成后世一切灾难的万恶之源。

这种"革命万恶论"既误解了"暴力革命"的词意，也忘记了真实的历史。

"暴力革命"是马克思和恩格斯著作中常常出现的一个关键词，指的是不受现有政治权力的约束，以强力去夺取政权的行动。在这里，"暴力"作为形容词，与革命是不可分的，只是用于加强革命这个名词的意义而已。如今许多人一听说"暴力革命"，立刻就联想到打砸抢烧杀，这可以理解，但不能同意，因为它不是理智的认识，而是情绪化的反应。人们已经见过或听说过太多的血与火的灾难和龌龊，而这些往往是在革命的名义下进行的，痛苦的回忆引起人们的厌恶，但把这种厌恶归罪到革命头上，未免就缺少理智了。

了解世界历史的人都知道，暴力革命从来都是下层人民在不堪忍受压迫时，被迫使用非法手段推翻统治者的最后手段。它就如同火山、地震一样，是人类社会演进中的一种自然现象。因此远在马克思、恩格斯之前，主张暴力革命的思想者所在多有，而在《共产党宣言》写作的时代，资本主义还处于野蛮狂暴的早期，阶级之间的矛盾没有可能通过和缓的方式解决。在这种情况下，马克思、恩格斯确信，统治者出于自己的私利，不惜以最残酷的镇压来对付无产阶级大众，因此除了革命之外，没有别的手段可以利用。在那样的时代，这是十分自然的。后来的不少研究者尽管不赞成马克思主义，但也对他们的这种主张予以同情和理解。我们以为，如果没有起码的历史感，不分青红皂白地从根本上否定一切革命的合理性，那就等于否定过去、现在和将来人民反抗的正当性，是极其不明智的。我们的看法是：不同意少数人密谋的、不合时宜的革命，但绝不能简单笼统地"告别革命"。

再次被逐

《共产党宣言》像是预告风暴的海燕，它发表时，欧洲革命正好爆发。

这是一次资产阶级革命，任务是扫除阻碍资本主义发展的君主贵族统治，为资本主义工业化开辟道路。革命首先爆发于政治斗争的中心巴黎。短短两三天里，君主垮台了，共和国建立起来。革命马上又从巴黎转向维也纳，从维也纳转到柏林、米兰……到处都在发生战斗。1848年成了名副其实的"革命年"，也是专制君主和贵族们的"倒霉年"。

在资产阶级革命中，站在工人阶级一边的共产主义者应该做什么？

依照《共产党宣言》的思想，当资产阶级还在以革命反对专制君主制度时，共产主义者应该参加进去，同资产阶级一起打倒专制主义势力，以便在资本主义经济和政治民主获得发展的条件下准备未来的无产阶级革命。

在1848年革命期间，共产主义者同盟的成员们正是以这个思想为指导，成为革命的积极参加者的。

在布鲁塞尔，空气也愈来愈紧张了。政府为了防备革命（它完全可能像风暴

马克思传

一样,说到就到)到来,紧急地调动军队和警察;而人民这一边也在酝酿起义。民主协会决定将市民和工人们武装起来。情绪激昂的马克思把刚得到的父亲的遗产大笔大笔拿出来用于购买武器,革命的盛况使这个革命家兴奋异常,他尤其渴望尽快去巴黎,因为那里是革命的中心。

他向刚刚成立的法国临时政府提出申请,要求撤销原来政府对他的驱逐令,允许他重返法国。

临时政府方面充满敬意的回信很快就来了:

勇敢而正直的马克思:

　　法兰西共和国是所有自由之友的避难所。暴政把您放逐,自由的法兰西向您、向所有为神圣事业和各国人民的友好事业而斗争的人们敞开着大门。法国政府的每一代表都应当以这种精神来理解自己的职责。

致兄弟般的敬礼
临时政府委员 斐迪南·弗洛孔

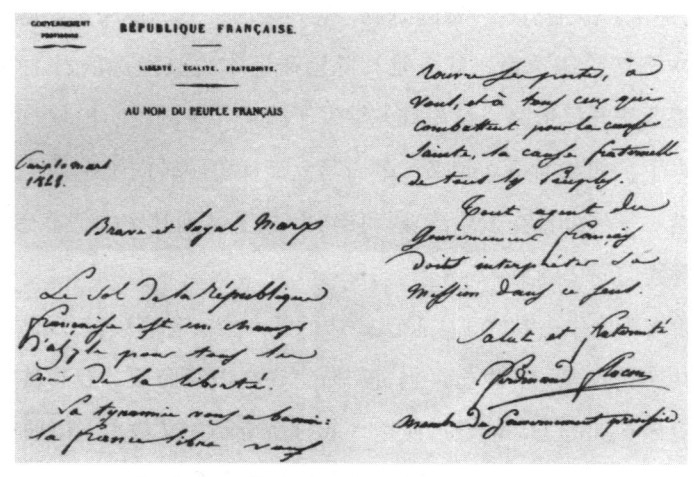

临时政府委员弗洛孔写给马克思的邀请信

这封写于1848年3月1日的邀请信来得太是时候了。信到布鲁塞尔时,马克思正好接到比利时政府的驱逐令,给他的期限是24小时。政府这时正在派军队驱散布鲁塞尔的人民集会,警察在搜捕外国政治流亡者,对于马克思这个危险人物,当然不能让他再待下去。

时间紧迫。在此以前,伦敦的共产主义者同盟中央委员会鉴于革命在欧洲大陆的发展,决定放弃权力,将中央委员会所在地移到布鲁塞尔。而布鲁塞尔区委会刚一承担起新的中央委员会的责任,要处理的第一件事就是再次决定中央委员会的所在地问题。当晚,在马克思家里召开紧急会议,决定在目前形势下,布鲁塞尔的同盟领导人员不是被捕就是被逐,而巴黎是整个革命运动的中心,因此决定:中央委员会迁到巴黎,授权马克思暂时独自行使中央委员会职权,并在适当时候在巴黎选择人员成立新的中央委员会。

短短时间里,中央委员会两次易地。中央委员会跟着马克思移向巴黎。

最后24小时警察也没让他安然度过。会刚开完,两名警察闯进来,马克思被带走了,罪名是他的身份证有问题。他随即被押到市政厅监狱,"同一个狂暴的疯子关在一个牢房里"——恩格斯在报刊上揭露这桩丑行时写道。

接着是迫害他的妻子。燕妮后来追忆了当时的经历:

……我惊慌地随着跑出去,找有势力的人打听这是怎么一回事。黑夜里我从这一家跑到那一家。突然,一个巡警抓住我,把我逮捕起来,关进黑暗的监狱。这个地方是专门拘留那些无家可归的穷人、孤苦伶仃的流浪汉和陷入不幸深渊的女人的。我被推进黑暗的牢房。我一边啜泣,一边走进去,那里,一个不幸的难友把自己的床让给我。这是很硬的木板床。我就倒在这张床板上。早晨天刚亮,我看到对面窗户的铁栅栏后面有一张苍白的愁苦的脸。我靠近窗户一看,原来是我们亲爱的老朋友日果。他看见我就做手势,指着下面的房子。我随手看去,发现了正在被武装押送着的卡尔。大约过了一小时,我被带到审判官那里。经过两小时的审问(审问时,他们从我这里什么都没有问出来),宪兵把我带上马车,傍晚我回到我的三个可怜的小孩身边。[①]

[①]《动荡生活简记》,《摩尔和将军——回忆马克思恩格斯之一》,人民出版社1982年版,第40—41页。

马克思传

马克思在被关了 18 个小时后获释,他和他的全家已经没有时间了。他们匆匆收拾行李,带不走的暂时留给别人保管。在一个阴冷的日子,他们离开了住了三年的布鲁塞尔。

顺便说一下,由于警察的暴行引起了各界公愤,报纸上登出了尖锐的抗议文章,政府不得不把有关官吏撤了职。

第五章

在战斗的年代里

重返巴黎

革命的巴黎春风和煦，不久前战斗的街垒还没拆除，成群结队的下层群众和工人们在街上游行，欢乐的歌声和口号声随处可闻，整个首都一片热烈的气氛。

1848年2月23日巴黎街头的起义队伍

这种革命的气氛对于马克思这位革命家来说，自然是倍感亲切。他刚赶到巴黎，顾不上安顿，立刻就投身到各种各样热火朝天的集会和辩论中了。他到处发表演说，同各派的革命者会晤交谈，同先前结识的许多政治流亡者重新见面。他情绪高涨，斗志昂扬。

但是马克思却不能接受当时德国流亡者中间的一种意见。当时许多人认为，法国革命者已经推翻了路易·菲利普的统治，德国革命者也该立刻行动起来，组织一支义勇军,从法国打回本国去,从而引发那里的革命!在群情激奋之中,这种意见大受欢迎,原来《前进报》的编辑伯恩施太德和著名诗人海尔维格都起劲地倡导这种意见,而且他们在很短的时间里就拉起了一支志愿军队伍,报名者欢呼踊跃。

唯独马克思表示反对。他一到巴黎,就在德国侨民集会上讲话,号召人们不要听从"打回去"的主张。在他看来,这种主张不是依靠本国政治发展的形势,立足于人民的支持,而是由政治流亡者自己从外面强行"输入"革命,这样做是非常有害的,其结果不会是别的,只会把孤立无援的义勇军送给优势的政府军去剿灭。这哪里是促进革命,事实上等于延迟德国革命!

马克思说得一点没错。海尔维格组织的那支志愿军刚一进入德国,就发现自己遇上的不是革命群众,而是装备精良、训练有素的反动军队。这支临时凑起的队伍自然很轻易就被打垮了。

马克思主张扎扎实实地去促进革命。他和战友们一起组织了德国工人俱乐部,尽力说服激动的工人,号召他们不要去参加表面上轰轰烈烈的冒险,而是要单个地返回国内去从事宣传鼓动,以便迎接即将到来的德国革命。他们的工作相当见效,不少人被说服了。在马克思和工人俱乐部的领导和具体安排下,好几百名德国工人由法国返回自己的祖国,随后就成为各邦革命运动的积极分子。

同时,马克思迅速在巴黎组织起新的共产主义者同盟中央委员会。这个新的委员会的成员是:马克思、恩格斯、威廉·沃尔弗——他们来自布鲁塞尔;沙佩尔、莫尔、鲍威尔——他们是不久前刚从伦敦赶来的。

现在,共产主义者同盟人数还不多,力量也不大,但它应该在当前的革命浪潮中发挥积极作用,做出自己的贡献。同盟的成员们在近期内大都要回到德国去,促进和参加那里的革命。这就要求他们对自己的宗旨、目标和策略有明确认识。

马克思和恩格斯为新的中央委员会起草了一份文件,叫作《共产党在德国的要求》。它包括17条具体要求,其中,一开始就提出"全德国宣布为一个统一的、不可分割的共和国"的主张。在它的具体要求中,包含了诸如成年人普选权、发给人民议员薪金、武装全体人民、诉讼免费、废除一切封建义务和租税、将君主和领主地产收归国有、成立国家银行来代替私人银行、由国家掌握一切运输工具、取消官员薪金差别、限制继承权、实行高额累进税、政教分离、建立国家工厂以保证所有工人都有生活资料、实行普遍免费国民教育等等。

从内容上看，这些要求是对《共产党宣言》中的主张的进一步具体化，它们的基本精神是扫清封建主义残余，实现资产阶级民主。这对马克思和恩格斯来说是毫不奇怪的，因为只有经过资产阶级革命建立起民主共和国，生产力才能得到充分发展，无产阶级才能得到民主政治的训练，社会主义革命才有可能在坚实的基础上展开。社会主义从来都应当与民主紧密联系在一起。

这份《共产党在德国的要求》被大量印成传单，同《共产党宣言》一起分发给即将返回德国的盟员。这样，几百名盟员在投入1848年革命时，是用《共产党宣言》和《共产党在德国的要求》武装了的。当然，《共产党宣言》中的深刻思想超过了那个时代任何先进人物的思想，他们还很难完全理解它，掌握它的根本方法，但这两份文件仍然毫无疑问是他们努力遵循的行动依据。

随着形势的飞速发展变化，很快，共产主义者同盟的中央委员们自己也准备启程回国了。他们同自己的盟员们一起分赴各邦各省，好像一滴滴溶液分解在革命的浪潮中。他们似乎是消失了，但却给革命染上了自己特有的色彩。共产主义者同盟就是这样在著名的1848年革命中发挥着自己的作用的。

《新莱茵报》面世

1848年4月马克思同他的战友们一起回到德国时，正值革命达到高潮。

当法国二月革命的消息像春雷一样响彻西欧时，德意志各邦的进步力量激动了。他们积极行动起来，准备以革命响应法国人民的召唤，从贵族、诸侯和国王那里夺得自由与民主。反动势力惊慌失措,只好连连让步。巴登、巴伐利亚等邦率先发生了革命,然后,这股汹涌激荡的洪流涌到了柏林。3月18日,国王威廉四世不得不下诏许诺出版自由、制定宪法、撤走军队等等,但与此同时,他的军队却仍然驻扎在王宫院内。当群众汇集到王宫前举行集会时,军队按国王的旨意开枪镇压。顷刻间,人民的怒火像炸药一样爆发了,愤怒的口号声震动了全城,街垒筑起了,武器拿出来了,战斗打响了,柏林革命开始了。

柏林1848年3月的街垒战

面对汹涌的革命浪涛,国王无奈,只好暂敛爪牙,以退为进,把自己的恐惧和仇恨深深埋藏起来,假惺惺地宣誓效忠革命,任命了自由资产阶级的内阁,并在柏林召开制定宪法的国民议会。

同时,在席卷全德的革命中,全德国民议会(预备会议)于3月底在美因河畔法兰克福召开了;5月,又召开了正式的国民议会。

但是,自由资产阶级却被下层群众的革命情绪吓倒了,他们害怕动乱、危机和激烈的战斗,他们宁愿要平稳的秩序,以便能以缓和的方式去实行自由主义的改良。因此,当他们被事变推上浪头时,他们想的却是怎样同诸侯和国王妥协。他们热衷于通过议会去讨论改革,对革命则表示深深的厌恶。

马克思一行先到美因茨,停留了几天,同那里的共产主义者同盟盟员讨论组织工人联合会的计划。随后,他们到达科隆。这座城市是莱茵省的中心,是经济

马克思传

和思想观念都很先进的地区,出版、言论都远比柏林自由,是一个适于革命者活动的地方。

科隆市区

马克思和他的战友们计划在这里创办一份大型报刊,站在无产者一翼来宣传革命主张,团结工人阶级,推进资产阶级民主革命的发展。马克思这个计划当他还在巴黎时就已经酝酿了。为了标明新报纸同当年著名的《莱茵报》的承继关系,把它定名为"新莱茵报",又为了表示它同时也代表当前资产阶级革命民主派的利益,加上了副标题:"民主派机关报"。

报纸的资金是个很棘手的问题。马克思他们想尽了一切办法寻求支持,设法集股,为此分头跑了许多城市,但进展不畅。如此艰难的原因是,这些激进的革命家们让有钱的人们害怕,他们不愿意当这份革命报纸的股东。例如十分长于实际活动的恩格斯为筹资而跑了他的家乡巴门、爱北斐特和其他不少地方,结果却收效甚微!他失望地给在科隆的马克思写信说,他与之打交道的资产者们"都像害怕鼠疫一样害怕讨论社会问题,他们把这叫作煽惑人心……"[①]。

在这种情况下可想而知,《新莱茵报》一开始在财力上就是薄弱的。马克思

[①] 《马克思恩格斯全集》第2版第48卷,第25页。

第五章 在战斗的年代里

到处给友人们写信,请他们为报纸撰稿,帮助推销报纸。

经过一番紧张筹备,尽管困难依然不少,但《新莱茵报》终于在1848年5月31日晚出了创刊号,注明日期是"1848年6月1日"。

马克思是众望所归的总编,他当时30岁不到,已被同事们戏称为"马克思老爹"了。他有深邃的理论头脑,又有丰富的办报经验,他的思维和实践能力处处让人产生敬意。

编辑名单按创刊号的声明是:

亨利希·毕尔格尔斯,恩斯特·德朗克,弗里德里希·恩格斯,格奥尔格·维尔特,斐迪南·沃尔弗,威廉·沃尔弗。

《新莱茵报》创刊号

这是一批才华横溢的人物,又都正值壮年,精力充沛,而且大家志向一致,齐心协力,密切合作。其中恩格斯更是高出一头,他在理论方面仅次于马克思,在文思敏捷、笔头灵活方面毫不逊色。他性格爽朗活跃,热情洋溢。每当马克思因事外出,他就承担起代理总编的职务,他是马克思的"第二个'我'"。维尔特是出色的诗人,他的诗句辛辣俏皮,把普鲁士容克挖苦讽刺得入木三分。威廉·沃尔弗是天才的政论家,他的文章和演说都大受民众欢迎。其他人也都是有能力、有经验的多面手。

《新莱茵报》一开始就用尖锐的文字来批评资产阶级、小资产阶级在革命中表现出的软弱和摇摆不定。

我们前面提到过,在《新莱茵报》创刊前不久,全德国民议会在法兰克福的

马克思　　　　　　　　　恩格斯　　　　　　　　威廉·沃尔弗

毕尔格尔斯　　　　　　　德朗克　　　　　　　　维尔特

《新莱茵报》编委会成员：马克思、恩格斯、威廉·沃尔弗、毕尔格尔斯、德朗克、维尔特

圣保罗教堂召开了。参加的好几百人，都是有头有脸的人物，如法官、律师、检察官、作家、教授、官吏、商人等等，却绝无一个工人。国民议会给自己规定的"神圣任务"是"为德国、为整个德意志制定一部宪法"。为了这个，议员们在旷日持久的会议中提方案，做辩论，定规则，费尽心力，为种种有用的和无用的东西争得不可开交，憧憬着只要能由他们搞出一部完美无缺的宪法，民主繁荣便指日可待了。他们哪里懂得，反动势力可没有这样天真，它正利用国民议会在那里大发空洞议论的时机，重新聚集力量，一俟机会到来，就要立即动用军队去恢复先前的秩序。

《新莱茵报》持坚决的革命立场，主张依靠人民的起义把革命推进到"攻下巴士底狱"。这样，它就势必对一味空谈美妙词句、全然蔑视人民的国民议会报以尖刻嘲笑。报纸创刊号上刊登的恩格斯的文章，活脱脱地描绘出国民议会成员们的一副慵息相。在恩格斯的笔下，日复一日，议员们除了提出"无数的建议"然后"回家吃饭"外，简直是一事无成！

《新莱茵报》大力主张要坚决行动起来，决不要坐等议员们的清谈。新制度的最终确立决不能依靠颁布法令，而是只能在斗争中实现。《新莱茵报》面对反动势力正在重新抬头的现实，大声疾呼："制宪国民议会首先应该是具有革命积极性的积极的议会。而法兰克福议会却像小学生做作业似的在议会制度上兜圈子，对各邦政府的行动却听之任之。就算这个学术会议在充分讨论之后能够制定最好的议事日程和最好的宪法吧。但是，如果德国各邦政府在这个时候已经把刺刀指向议事日程，那么，最好的议事日程和最好的宪法又有什么用呢？"①

确实，只要碰到了刺刀，一切"最好的议事日程和最好的宪法"就都变得一文不值了。法兰克福议会辛辛苦苦讨论的结果是，选了奥地利大公约翰为帝国摄政，由他组织帝国政府。但这只不过更有利于各邦政府恢复自己的势力。议员们为制定宪法绞尽脑汁：什么是德意志人的基本权利呢？是应当要君主立宪制呢，还是要共和制呢？是要一个大德意志邦联呢，还是要一个小德意志联邦呢……最后，他们在自己想要的东西里头一件也没得到，得到的只是国王和反动势力的侮辱和报复。1849年3月28日，国民议会在马拉松式的长久讨论后通过了小德意志方案，选举了普鲁士国王威廉四世为德意志皇帝。但国王的反应是，轻蔑地拒绝这顶皇冠，因为他认为，"霍亨索伦王族可以接受的皇冠并不是由枪弹轰击而成革命种子的大会所制成的那顶"。反动势力可不跟你讨论权利和义务，它在恢复了元气后，便调动军队卷土重来，"清谈馆"国民议会终于被解散了，得到了一个不是悲剧的悲剧性结局。

《新莱茵报》对在柏林召开的普鲁士国民议会的批评也毫不留情。它把这个会议不客气地叫作"妥协会议"，并发表了一系列以"妥协会议"为题的文章加以嘲讽。这个会议完全是靠人民起义才冒出来的，它却把人民扔在一边，低三下

---

① 《马克思恩格斯全集》第5卷，第45页。

四地去"同国王协商"！马克思和恩格斯在《新莱茵报》上发表的文章中，把柏林国民议会"妥协辩论"的可笑的怯懦，描写得淋漓尽致。

《新莱茵报》对大资产阶级在革命中的表现，批评得更加厉害。柏林三月革命后，进入内阁掌权的是大资产阶级，它并不想把推翻专制制度的斗争进行下去，而是马上就按自己的阶级私利办事：它力图在保守反动的势力和群情激奋的革命人民之间踩钢丝，靠维持旧制度的做法换得一点改革，同时尽一切力量抑制下层人民的革命要求。这是一点都不难理解的：大资产阶级明白，无产阶级和广大下层劳动者对它的威胁，比专制势力对它更可怕，因而它宁择"同反动派订立攻守同盟"的策略，也不愿让人民起来革命。

根据上述认识，《新莱茵报》在一系列文章里对以康普豪森－汉泽曼为首的大资产阶级作了尖锐抨击。马克思和恩格斯把康普豪森－汉泽曼内阁称作"王朝之盾"，因为康普豪森自己表白他们"像盾牌一样护卫着王朝，承受了一切危险和攻击"，这就是说，这届"革命"内阁公开承认它要保护反动统治，防止革命进一步扩大；还不止如此，该内阁甚至还否认自己的产生和革命有任何联系，可以说，它做的一切事情都在使反动力量重整旗鼓，卷土重来。

《新莱茵报》指出，大资产阶级内阁的这种反动政策，到头来是帮助反动势力重新巩固统治，而它自己到那时也必将被反动势力当成用完了的工具一起抛掉。《新莱茵报》给康普豪森内阁下了这样一个鉴定：

> 为了给大资产阶级效劳，康普豪森内阁必须竭力用欺骗的手段来消灭革命的民主成果；在同民主派的斗争中，它必须同贵族政党结成联盟，并成为这个政党的反革命野心的工具。贵族政党充分壮大了，于是就抛弃了自己的保护者。**康普豪森先生根据大资产阶级的精神播种了反动的种子，而根据封建政党的精神收获了反动的果实。**①

---

① 《马克思恩格斯全集》第5卷，第113页。

第五章 在战斗的年代里

1848年6月巴黎圣安东郊区的战斗（德尚 作）

正当《新莱茵报》在德国抨击资产阶级的政策时，法国巴黎发生了六月起义这一令人震惊的事件。为了反对二月革命后的政府对工人的迫害，巴黎工人从6月23日起举行起义。经过四天血战，他们被优势的军队所压倒，成千上万人被屠戮。

《新莱茵报》密切关注着巴黎的事件，恩格斯用一组文章逐日报道了起义的进程，并对起义作了分析。恩格斯一开始就断定，"起义是具有明确的无产阶级性质的"①，是"无产阶级反对资产阶级的革命"②。他以愤怒的心情谴责了资产者对

---

① 《马克思恩格斯全集》第5卷，第131页。
② 同上，第135页。

· 123 ·

起义的镇压。紧跟着，马克思写下了《六月革命》一文，用凌厉的笔锋揭露了资产者的狂暴，他指出，六月起义虽然失败了，但真正被打败的是那些战胜者。因为一切关于博爱、平等的空话和幻想从此都破灭了，阶级合作是不可能了，法兰西民族已经分裂为两个民族即有产民族和工人民族。文章以庄严的语言赞颂起义者的业绩，宣布："给这些脸色严峻阴沉的人戴上桂冠，是一种**特权**，是民主报刊的**权利**。"①

民族问题

《新莱茵报》在集中精力分析德国和西欧革命进程的同时，也没有忘记关注东欧、东南欧人民的民族解放运动。《新莱茵报》上有许多文章都是分析这些问题的。

马克思和恩格斯从来对落后民族被压迫人民的民族解放斗争怀着深深的同情，但他们不是持悲天悯人的、廉价的同情，而是始终从无产阶级斗争的需要出发去看问题。《新莱茵报》上的文章充分体现了这一点。这些文章的中心思想，是支持波兰人民、捷克人民、匈牙利人民以及其他民族人民的争取独立的斗争，反对沙皇俄国，因为沙俄是西欧革命的大敌。

《新莱茵报》非常注意波兰问题。波兰民族是不幸的民族，在历史上屡遭俄、普、奥等大国瓜分。《新莱茵报》明确主张恢复波兰，认为这不仅有利于波兰人民自己，而且也大有利于德国和整个欧洲的革命，因为当波兰人民获得独立时，他们将成为西欧革命者反对沙俄的有力的同盟者。据此，马克思和《新莱茵报》始终谴责德国反动派对波兰人民的罪行，热情地支持波兰的民族解放运动。

同样，《新莱茵报》对捷克人民的起义也表示了热切的期望。当德国内阁派

---

① 《马克思恩格斯全集》第5卷，第155页。

兵前去镇压布拉格起义时,《新莱茵报》猛烈抨击了这些犯罪勾当,认为德国人理应受到人们的诅咒,遭到被压迫民族的鄙弃。《新莱茵报》还预见到,由于德国人的压迫,捷克人会被推到俄国人方面去,推到反对革命的专制制度方面去。事实果然如此,布拉格起义被镇压了,捷克人后来不自觉地充当了沙皇俄国反对革命的工具。

与支持波、捷人民运动的态度相对照,《新莱茵报》对俄国始终不懈地表示憎恨。这是有充分的理由的。沙俄制度是全欧洲最反动、最野蛮的制度,正当西欧各国大规模地展开资本主义工业化浪潮,封建势力摇摇欲坠时,地跨欧亚两大洲的沙俄仍然是一派阴森景象。沙皇不仅镇压国内人民的反抗,而且也以欧洲宪兵自居,每当中欧发生革命或进步的政治运动时,沙皇总是毫不犹豫地出兵予以围剿。这样,沙俄成了欧洲一切反动势力的总堡垒,不摧毁这个堡垒,便无法保证西欧革命的胜利。

所以,马克思和恩格斯对专制主义的、农奴制的沙俄历来充满仇恨。他们在《新莱茵报》上不断号召对俄国作战,彻底击溃沙皇的力量,斩断俄国熊的巨掌。他们主张,全欧洲的民主派应共同联合起来对付沙俄的威胁;他们认为,革命的德国只有在反对沙俄的战争中才能巩固起来并战胜自己的专制君主,他们抓住每一个机会来宣传对沙皇作战的思想。

另一方面,当某些民族的独立运动被欧洲反动势力特别是被沙皇俄国所利用,从而客观上成了阻碍欧洲革命的力量时,《新莱茵报》便毫不隐晦地表示反对。例如,在俄国革命者中流行的泛斯拉夫主义事实上帮助了沙俄的扩张,马克思和恩格斯因此对它深恶痛绝。同时,对南方斯拉夫民族主义者充当革命敌人的帮手的做法,《新莱茵报》上恩格斯的文章以猛烈的攻势对其加以痛击。恩格斯在激愤中甚至把这些小民族看作是在历史上毫无希望的、没有前途的,把它们看作是反革命的民族,宣布要对"出卖革命的斯拉夫民族"进行"歼灭战,实行无情的恐怖主义"[①]。这些观点,今天看来当然有较大的片面性,不能认为是正确的,然

[①]《马克思恩格斯全集》第6卷,第342页。

而，其中遵循着的某些基本思想却仍有其道理，这就是：始终从代表时代最先进方向的欧洲革命的利益出发，去看待民族运动，而不是孤立地对待民族问题。

1849年，当匈牙利人民反抗奥地利军队、保卫自己独立的战斗进行到最激烈的时刻，《新莱茵报》对匈牙利民族解放运动倾注了极大的同情和支持。当时恩格斯用一组文章分析了匈牙利人民反对外来侵略的军事行动过程，给匈牙利军队的出色表现以极高赞扬。他和马克思都希望匈牙利民族运动能够再次引发欧洲几大国的革命，同时他们认为，也只有欧洲重新掀起革命高潮，才能使匈牙利人的民族斗争取得胜利。

在革命危机中

在革命的火热日子里，革命家的活动当然是纷繁忙乱的。马克思作为《新莱茵报》的主编，要统管报纸的全局，要处理大量实际的事务，但他仍然参加了革命民主主义的组织，在各种集会上发表演讲。他的活动日程总是满满的，像风车一样忙碌。

不久，燕妮也来了。马克思在报纸编辑部附近安了家。他的家里也总是热闹和忙乱的，同事们、战友们经常到这里来，谈事情，甚至在这里吃住。燕妮整天忙着接待这些客人。

由于共产主义者同盟的成员分散在各地参加运动，无法同他们一一保持密切联系。因此，《新莱茵报》事实上起到了向盟员们指明政治运动方向和指派任务的作用。马克思认为

《新莱茵报》编辑部所在地：科隆下制帽人街17号

要充分利用合法活动的条件,广泛地参加各种群众活动和组织,以促进资产阶级革命。他除了参加工人联合会外,还参加了科隆的民主协会,并成为科隆民主协会、工人联合会、工人和业主联合会三个组织的总委员会委员。

但是,马克思一直受到普鲁士警察机关的"照顾"。他刚回到科隆就向当地市政委员会申请居住权,并很顺利地得到了这项权利。同时,他也申请重新加入德国国籍,但随着反动势力逐渐复苏,当局认为应该拒绝马克思的申请。8月3日,警察厅长盖格尔书面通知马克思说:

> 王国区行政机关鉴于您过去的情况,认为对您不能行使1842年12月31日法案第5条所规定的批准外国人加入普鲁士国籍的权利。因此,您今后仍然应当算作外国人。

马克思气愤地给内政大臣写信,要求取消这项无理决定,恢复他的普鲁士国籍。科隆民主协会全体会议也通过了一项抗议书,要求政府撤销拒绝授予马克思公民权的决定。但这些举动都没有改变事情的结果,马克思只好继续在科隆当"外国人"。而且,随着《新莱茵报》愈来愈被官方看作眼中钉,他们对马克思的监视也愈来愈严密,并开始接二连三地传讯他了。

7月6日,法院侦察员借口说《新莱茵报》在一篇文章中侮辱了宪兵和检察长茨魏费尔,传讯了马克思和报纸发行负责人科尔夫。随后,预审推事、检察员和警察们又到报纸编辑部去搜查了一番。

7月22日,马克思又一次被传讯,当局的目的还是要查出究竟谁写了那篇"侮辱"文章。随后,法院又不断地传讯报纸的编辑、发行人和排字工。当局一心想找到证据,以便名正言顺地收拾这份大逆不道的报纸,连同它的主编一起。

在这些威胁面前,马克思运用上了法学知识,他援引刑法典驳倒了对他的指控,证明所有这些都是非法的政治迫害而已。同时他还提请读者注意,在科隆、杜塞尔多夫、科布伦茨等地都发生了同样的审判案,这表明反动派已在进行有预谋的大规模迫害行动了。

1848年9月,一场新的危机来临了。当时,美因河畔法兰克福的全德国民议会正在召开,传来了普鲁士政府与丹麦缔结停战协定,中止就什列斯维希-霍尔施坦归属问题同丹麦进行的战争的消息。这场战争是得到德国群众广泛支持的,政府之所以急于停战,一方面是屈从于英、俄的压力,同时也是由于它想把军队从前方抽回来对付人民。

民众被激怒了,强烈反对这个停战协定。软弱的国民议会在来自四面八方的愤怒呼声中暂时鼓起了勇气,表示抵制这项协定。当时有大批群众涌向法兰克福,拿起武器,准备一场新的革命。

与此同时,柏林也发生了冲突,起因是政府想把军队抽回柏林郊区来压制革命力量。针对这种情况,柏林国民议会中的左派议员提议,要求陆军大臣警告军官们放弃反动意图,否则便应使他们退役。陆军大臣拒绝了这项提案。旧的内阁垮台了,普富尔的反动内阁组成了。

在这场尖锐的危机面前,《新莱茵报》向人民大声疾呼,希望由人民来保卫革命的成果。同时,报纸不只用言论而且也用行动在组织人民的运动。9月13日,《新莱茵报》、科隆工人联合会和民主协会召集了大规模群众集会,会上选举了由30人组成的安全委员会,马克思、恩格斯、沃尔弗、毕尔格尔斯、德朗克、沙佩尔、莫尔等人都加入了委员会。大会通过了恩格斯的提议,致书柏林议会,要求议员们履行职责,即使在刺刀威胁下也不要擅离职守。

但《新莱茵报》对议会的一贯怯懦退让习惯是很了解的,所以对它一点都不抱幻想。果然,9月16日,法兰克福议会"在混乱和黑暗中"表决,批准了停战协定。

消息传出,愤怒的民众感到自己的荣誉被国民议会出卖了,他们到处举起武器,用行动来保卫自己的权利。但反动派一边太强大了,法兰克福的起义很快被平息下去,其他地方零星的暴动也全都于大局无补。此时在科隆,安全委员会、民主协会、工人联合会和《新莱茵报》在群众集会上发布宣言,宣布法兰克福国民议会的议员们"除了向人民声明准备退出该会的以外,都是人民的叛徒"[①],同

---

① 《马克思恩格斯全集》第5卷,第597页。

时对法兰克福起义的战士则给予高度称誉，并号召向起义者及其家属捐款。

这个行动激起了反动派对《新莱茵报》的更大仇恨。科隆宣布戒严，形势变得像一颗马上要引爆的炸弹，紧张异常。逮捕开始了，沙佩尔等人先后被捕，集会和其他任何工人、民主组织的活动都被禁止，《新莱茵报》被迫停刊。参加了集会的编辑们——恩格斯、德朗克、沃尔弗等——不得不离开此地，逃亡国外。

这时候，沉重的压力加在马克思一个人身上。他要应付当局对报纸的迫害，要在极度困难的境地下勉强支撑这份报纸。由于股东们已几乎全都退出，报纸已没有财力，马克思便拿出了父亲的遗产顶上去。后来人们知道，《新莱茵报》耗尽了他的个人财产，这笔数字达到7000塔勒之巨。

直到10月12日，《新莱茵报》才得以复刊，主编卡尔·马克思感谢人们对报纸的援助并告知：复刊之后的报纸，"编辑委员会原有成员不变。不久前**斐迪南·弗莱里格拉特**参加了编委会"①。

弗莱里格拉特是蜚声国内外的诗人。他曾经是得到国王青睐的、被当年的《莱茵报》嘲讽过的颓废诗人，但为人正直的他很快看清了国王和贵族的反动，义无反顾地投向了革命。他是一个本能的革命者，不是靠理论思考而是靠对人民的深切同情和热爱而行动。他

弗莱里格拉特（1810—1876）

用自己奔放的诗句歌颂革命，揭露反动派的凶残无能。他的加盟壮大了《新莱茵报》的阵容，同时，他与马克思结下了深厚的友谊，这种友谊一直维持到后来马克思流亡伦敦的艰难岁月中。

---

①《马克思恩格斯全集》第5卷，第493页。

法庭上

《新莱茵报》复刊的日期，正好在维也纳十月起义的日子里。

这次起义是为援助匈牙利人民而发动的。当奥地利向宣布独立的革命的匈牙利宣战，派大军侵入匈牙利时，匈军英勇战斗，竟使得奥军遭到惨败。哈布斯堡王朝当然不能接受这样的事实，于是决定增派大军前去援助被击溃的奥军，一举扑灭匈牙利革命。但奥地利的权贵们没有想到，维也纳人民自己起来打破了他们的计划。10月6日，维也纳10万群众拥上街头，夺取了军械库，抢到了武器，并在当晚控制了城市。奥皇仓皇逃往奥里缪茨，军队也退了出去。起义暂时成功了。

马克思在报纸复刊号上撰文欢迎这场革命，但他同时也感到了增长着的危险："由于资产阶级不信任工人阶级"，革命完全可能失败。确实如此。南部斯拉夫人这次充当了反动派的支持者，捷克资产阶级自由派也站在反动势力一边，而匈牙利本该在这时及早出兵援助维也纳人民，但总指挥莫克却贻误战机，迟迟不动，使维也纳起义者的处境十分险恶。

马克思和《新莱茵报》大力呼吁，要求德国民主力量紧急行动起来，给予维也纳起义者以有力的支持。马克思说，他们所能给予的唯一帮助，就是战胜本国的反革命。但是，各派民主主义者却把时间和精力耗在一些次要问题的争论上，没有能够采取实际行动。正当这里辩论不休时，奥地利反动派发动反扑了。11月1日，文迪施格雷茨指挥的军队打进了起义的维也纳，在猛烈的炮击和战斗后，维也纳被攻陷了，随后开始了对起义者的屠杀。

在那些令人心悸的日子里，马克思参加了多次集会，大家一起在会上慷慨激昂，对反动派在维也纳的暴行义愤填膺。但同时马克思也清楚地看到，维也纳的失败是一点也不意外的，它源于资产阶级的妥协投降。马克思写道，维也纳的失败"会提醒我们拒绝一切调和，坚决反对可怜的德国中等阶级，这个阶级在**不斗争**仍能做生意的条件下是甘愿放弃自己的统治的。英法的资产阶级是有荣誉心的。维也纳的失败会证实德国资产阶级是寡廉鲜耻的"[①]。维也纳起义的失败还使马克思预感到，反革命势力的下一次反扑将是在柏林。

确实如此，这次反扑说到就到。11月2日，以立场反动著称的勃兰登堡组成新内阁，它立即开始着手把普鲁士国民议会从柏林赶走，迁到外省城市勃兰登堡去。弗兰格尔将军的近卫军团从外面开进柏林来执行这项命令。士兵们封锁了国民议会会场，逼得议员们不得不把会场从一个地方换到另一个地方。军队解除了柏林市民自卫团的武装，宣布戒严。被逼得无路可退的议会只好做出抵抗姿态，宣布内阁各部大臣为国事犯；然而，它这种抵抗只是"消极抵抗"，绝无要发动人民起来反抗的意思。它声言如果议会不能自由地在柏林开会，就要抵制征税，但事隔不久，议会刚被驱散，议长冯·翁鲁就连忙声明议会要求各地人民抗税的决定无效了。

《新莱茵报》始终站在这场战斗的前线。它批评国民议会软弱的消极抵抗，号召人民群众用暴力来对付反革命的暴力。它尖锐地主张："**消极抵抗应当以积极反抗**为后盾。**否则这种反抗就像被屠夫拉去屠宰的牛犊的反抗一样。**"[②]

《新莱茵报》在一篇由"民主主义者莱茵区域委员会代表"马克思、沙佩尔和施奈德第二署名的呼吁书里，号召莱茵省各民主团体和民众立即行动起来，响应柏林议会拒绝纳税的主张；它要求各地组织民团抗击敌人，由市镇出钱或募捐资金以购买武器，使人民武装起来；各地都应当要求地方当局正式声明它是否承认并愿意执行国民议会的决定，如遭到拒绝，应成立安全委员会，并尽可能同市镇委员会达成协议；市镇委员会如反对立法会议，则应由该地全民投票重新选举。

但是，柏林的国民议会并没有战斗的决心，它很快就为自己一时的勇敢激动后悔了，于是它顺从地迁到了勃兰登堡，各地起来支持它的人民运动便都被出卖

---

① 《马克思恩格斯全集》第5卷，第535页。

② 同上第6卷，第38页。

了。它自己也没能维持多久，在12月5日就被国王解散了。

政府取得了胜利，立即腾出手来迫害革命民主力量。《新莱茵报》特别让当局恼火：这家报纸专门发表革命性的言论，毫不隐晦地鼓动人民拿起武器去反对现存的秩序。必须设法把这家报纸搞掉，首先是要把它的主编送上法庭定罪。于是马克思更加频繁地被一次次传讯，最后在1849年2月7日，他和恩格斯、科尔夫一起作为被告被送上了陪审法庭。

这次审判的罪名是，1848年7月5日《新莱茵报》发表的一篇题为《逮捕》的文章，抨击了科隆检察长茨魏费尔和宪兵的暴行及丑恶言论，检察官据此控告被告触犯了刑法典关于侮辱和诽谤罪的条文。被告方面，马克思和恩格斯的辩护律师是施奈德第二——这是著名的左翼民主派人物、科隆民主协会主席和民主主义者莱茵区域委员会委员，刚刚被选为普鲁士邦议会第二议院的议员；科尔夫的辩护律师是哈根。

马克思在法庭上的发言，引用被指控违犯的刑法典条文对起诉书作了分析，其逻辑和事实详细严密，无懈可击。他证明，第222条根本不适用于《新莱茵报》的文章，因为文章写成时，茨魏费尔并不在场，并没有执行检察长的职务，因此第222条关于国家"负责人员在执行职务时或由于执行职务而遭到某种口头侮辱"的规定用不到《新莱茵报》身上；至于第67条，也不适用于《新莱茵报》那篇文章。因为该条文讲的是"诽谤"，而《新莱茵报》的文章所报道的是千真万确的事实，它只是在履行它的揭露职责，是完全符合第67条关于"本规定不适用于法律允许公布的行为，也不适用于控诉人由于其职务或职责必须加以揭露或阻止的行为"的文字的。马克思通过上面的分析得出的结论是：对《新莱茵报》的指控只不过是反动势力要报复革命报刊对官员恣意专横行为的揭露罢了。马克思进一步指出："但是，《新莱茵报》上的那篇文章的全部实质在于，它预言了随后到来的反革命，抨击了汉泽曼内阁……我们只不过是揭露了汉泽曼内阁和德国各邦政府的系统反革命活动在我们周围的一种明显表现。"[1]

---

[1]《马克思恩格斯全集》第6卷，第275—276页。

第五章 在战斗的年代里

马克思的发言已经不是一般的法庭辩论，而是明确的政治宣言了。听众为他的雄辩发出阵阵叫好声。最后，当被深深打动了的法官们宣布所有被告无罪时，现场气氛达到了高潮，"出席旁听的广大群众发出了一片欢呼声"——审判记录中这样写道。

第二天，马克思再次走上法庭，成为又一个案件的被告。这次是因为民主主义者莱茵区域委员会在1848年11月18日按照国民议会的主张，发表号召拒绝纳税的呼吁书，而被控煽动叛乱。被告有马克思、沙佩尔和前一天刚为马克思辩护过的施奈德第二，旁听者甚众而且"空前踊跃"——《德意志伦敦报》这样报道说。

马克思的发言比前一天更精彩，完全是一篇分析论述当前政治斗争的历史和阶级实质内容的出色的科学演讲。

马克思揭露了以国王为代表的反动封建势力的卑劣：是国王自己用武装政变破坏了三月革命后产生的1848年4月6日和8日的法律，检察官现在却想用4月6日和8日的法律来给这种法律的维护者定罪，这是一种怯懦的法制伪善。马克思针锋相对地说，国王可以绞死自己的敌人，但不能对他们作出法庭判决；可以把他们作为战败了的敌人清除掉，但不能把他们当作罪犯来审判。现在的情况是，这是两种国家权力之间的斗争，它既不属于私法范围，也不属于刑法范围。究竟是国王还是国民议会有理，这是一个历史问题，它是所有陪审员、所有普鲁士法院加在一起也不能解决的。

但是马克思进一步声明，他从不承认4月6日和8日的法律。这个法律是政府与等级制的联合议会协商的产物，有人想用这种办法来保存同旧的法律秩序之间的传统联系。联合议会是旧的、过时的社会关系的代表，它所代表的是中世纪封建社会的大地产。现在的革命是新的资产阶级革命，它既反对专制王权，也反对等级代表制。在这种情况下，怎么能让联合议会这一旧社会的代表对用革命确立了自己权利的新社会颁布法律呢？

紧接着，马克思用历史唯物主义给资产阶级的陪审员们上了一课：社会不是以法律为基础的，那是法学家们的幻想。法律应该以社会为基础，应该是社会共

马克思传

同的、由一定物质生产方式所产生的利益和需要的表现，而不是单个的个人的恣意横行。法典一旦不再适应社会关系，它就会变成一叠不值钱的废纸。不顾社会发展的新的需要而保存旧法律，实质上是要用冠冕堂皇的词句作掩护，维护那些与时代不相适应的私人利益。据此，马克思证明了，现在的审判实际上是用过了时的法律来审判国民议会。

马克思指出，国民议会代表着现代资产阶级社会。但它却软弱无力，缺乏斗争欲望，一味热衷于同国王的势力协商，使自己从革命的立场堕落到模棱两可的协商派团体的地位，当冲突爆发时，还试图和解。但实际上，这里的冲突"不是在一个社会基础上的两个派别之间的政治冲突——**这是两个社会之间的冲突，具有政治形式的社会冲突**——这是**旧**的封建官僚社会和现代资产阶级社会之间的斗争，是**自由竞争**的社会和行会制度的社会之间的斗争，是土地占有的社会和工业的社会之间的斗争，是信仰的社会和知识的社会之间的斗争"[①]。在这两个社会之间不可能有和平，它们的物质利益和需要使得它们只能进行你死我活的斗争。因此，国民议会只能二者择一：或者对旧社会让步，或者作为独立的力量反对国王。

马克思反驳了检察官关于拒绝纳税"动摇社会基础"的指控。他指出，在历史上，赋税是新生的资产阶级社会和占统治地位的封建国家之间的唯一联系。资产阶级用纳税或拒绝纳税来迫使封建国家作出让步，估计到自己的成长，适应自身的需要，实现对政府的监督。英国革命是从拒绝纳税开始的，北美革命也是从拒绝纳税开始的，拒绝纳税确实会导致推翻现政府和现存政治制度，但根本不会触及社会基础。现在，拒绝纳税的国民议会局限于消极反抗，但人民在实行拒绝纳税时却必须站到革命的立场上来。当国王实行反革命举措的时候，人民完全有权利用革命来回答它，这一点人民不需要征得任何国民议会的同意。马克思自豪地宣布："我们在呼吁书中比国民议会跑得更远，这是我们的权利和我们的义务。"[②]

[①]《马克思恩格斯全集》第6卷，第301页。
[②] 同上，第306页。

最后，马克思在结束他的长篇发言时大声指出：目前只是戏剧的第一幕结束了，中世纪社会和资产阶级社会之间的斗争将继续进行下去。"必然的结果只能是：不是**反革命的完全胜利，就是新的胜利的革命**！也许，革命的胜利只有在反革命完成之后才有可能"。①

这篇发言，可以说是一位深谙当前运动历史奥秘的大理论家给资产阶级法律代表们上的一堂课！他向这些人说明了他们所属的阶级本应该完成的革命任务，批评了这个阶级的懦弱表现，宣布了人民的革命权利和决心。马克思发言后，被雄辩折服了的陪审员们宣布被告无罪，而且首席陪审员还为了马克思这一富有教益的演说向他表示感谢。被告们胜利地离开了法庭，在大批民众的欢呼和簇拥中回去了。

在报纸的最后日子里

当三月革命一周年临近的时候，人们愈来愈感到，德国资产阶级在资产阶级革命中的表现太让人失望了。它身上并没有显示出早先英国、北美和法国革命中资产阶级的那种青年人的勇敢豪迈，倒是像老头子那样孱弱无力，似乎总是害怕自己的胜利似的。

《新莱茵报》对资产阶级愈来愈不满意了，对它的评价也愈来愈不客气。《新莱茵报》现在开始让视线离开资产阶级，更多地注意工人阶级。

马克思写了一组文章（《资产阶级和反革命》《孟德斯鸠第五十六》《康普豪森》等）来分析由于资产阶级软弱无力而使封建反革命势力获胜的原因。马克思认为，不能简单地把事情归咎于某一个康普豪森、某一个汉泽曼身上，他们只不

---

① 《马克思恩格斯全集》第6卷，第306页。

过是阶级的传声筒。真正的原因在于德国资产阶级的客观地位和物质利益。德国革命时的资产阶级与英法革命时的资产阶级不同。英法革命时,"资产阶级都是**实际上领导运动的阶级。无产阶级和那些不属于资产阶级的城市居民阶层**,不是还没有与资产阶级的不同的任何单独的利益,就是还没有组成为一些独立发展的阶级或一个阶级的几个部分"[①]。因而这时的资产阶级在斗争中是勇猛的、毫无顾忌的、富于进取的,而1848年时的德国资产阶级在马克思看来却是生不逢时的,它"发展得如此萎靡、畏缩、缓慢,以致当它同封建制度和专制制度对峙的时候,它本身已经是同无产阶级以及城市居民中所有那些在利益和思想上跟无产阶级相近的阶层相对峙的了"[②]。由于这种原因,它"并不是一个代表整个现代社会反对代表旧社会的君主制和贵族的阶级",而是"一开始就蓄意背叛人民,而与旧社会的戴皇冠的代表人物妥协";它"在上层面前嘟囔,在下层面前战栗,对两者都持利己主义态度",它"对于保守派来说是革命的,对于革命派来说却是保守的",它"活像一个受诅咒的老头子,注定要糟蹋健壮人民的最初勃发的青春热情而使其服从于自己晚年的利益……这就是普鲁士资产阶级在三月革命后执掌普鲁士国家政权时的形象"。

马克思对德国资产阶级做了这样的分析后,认为德国三月革命是无法同1640年英国革命和1789年法国革命相比的,它的光芒只不过像一个早已消逝了的遥远星球所发出的光而已。

由于确信德国资产阶级已经完全不中用了,马克思把1849年局势发展的希望寄托到了工人阶级身上。他期盼着"法国工人阶级的胜利的起义"会引发全欧的战争,从而促成各大国的革命,带来柳暗花明的前景。我们有充分理由相信,这也是当时工人阶级组织中相当普遍的看法。1849年3月19日晚,由工人联合会和民主协会举办了柏林街垒战一周年的纪念宴会。大厅挤得满满的,共有五六千人,外面还有好几千人在街上等机会进去。宴会上祝酒者们对工人和下层民众充满了希望,至于对资产阶级这个本来的革命主角,祝酒者根本就没有提到。《新

[①]《马克思恩格斯全集》第6卷,第124—127页。

[②] 同上,第126—127页。

莱茵报》报道了这次盛况。

马克思对德国资产阶级的分析是深刻的。这个阶级确实不堪重任，因而1848年革命只能以失败终结。后来，德国的统一和为资本主义发展扫清道路的任务是采取了"自上而下"的方式，由镇压了革命但又不自觉地充当了"革命遗嘱执行人"的资产阶级化的贵族容克去完成的，说到底是由经济发展中不以人的意志为转移的强制力量完成了的。马克思和恩格斯尽管不喜欢这种方式，但他们后来还是承认了它的意义。至于1848年期间他们对工人阶级的期望，则为历史所证明是一种过高的期望。当时无论法国还是其他国家的无产阶级，都没有达到能够发动革命、建立"社会共和国"的程度。对此，恩格斯晚年也公开承认了。

这样，到1849年春，革命事实上已很难重振先前的声势了，反革命在维也纳和柏林已经取得了胜利，下一步，他们就要发起最后的反击，来彻底扑灭革命的余火。

科隆的形势显然也越来越紧了。一场阴谋正在酝酿中。科隆要塞司令向警察厅长提议，要把马克思作为"危险人物"驱逐出境，警察厅长虽然很希望这样做，但心有顾虑，担心只是由于报纸的危险倾向"而没有特别的外部原因"便驱逐马克思，会引起民主派的抗议。警察厅长去找行政区政府，行政区政府又去内务大臣曼托伊费尔那里寻求指示。曼托伊费尔同莱茵省省长艾希曼经过一轮商议后，表示说并不反对驱逐，但要由科隆政府自己去决定什么时候最适宜。这样，驱逐已定，科隆当局只需要寻找一个最好的时机和恰当的罪名了。

驻科隆当地的那些粗鲁军汉也开始找麻烦。3月1日和2日，第16步兵团第8连有两个军士气势汹汹地跑到马克思家来，要求说出是谁在《新莱茵报》2月28日号上写了揭露他们连长滥用职权的文章。这两个家伙向马克思威胁说，要是不把这个作者交出来，他们将"再也不能约束他们的人"，那时事情就可能严重了。他们正发表这项"声明"时，突然瞥见马克思衣袋中似乎掖了一把手枪，于是相互使个眼色，知难而退了。

为了这件事，马克思致信当地卫戍司令，要求对事情进行调查，"并把这种奇特的蛮横要求给我解释清楚"。

3月15日，马克思又收到一封"第34步兵团士兵"的匿名恐吓信。

在阴影逐渐笼罩过来的这段时间里，马克思和《新莱茵报》反而加紧了宣传鼓动，现在他们的话主要是面向工人阶级讲的，意图是促使工人阶级独立行动起来。从4月5日起，马克思开始在《新莱茵报》上连载《雇佣劳动与资本》一文。这篇文章是他在1847年12月在布鲁塞尔给当地德国工人做的讲座，里面用最通俗的语言讲解了工人与资本家之间关系的经济学奥秘。科隆工人联合会委员会决定建议各分会根据这篇文章讨论"社会问题"，同时也号召德国各工人联合会讨论这篇文章。

4月14日，马克思、沙佩尔、安内克和威廉·沃尔弗发表了一项声明，退出各民主团体莱茵区域委员会，因为"各民主团体的现行组织成分过于庞杂，这势必将妨碍有利于事业的有效活动的开展"，"我们认为最好是建立一个由单一成分组成的工人联合会的更为严密的组织"①。

两天后，工人联合会一致决定参加德意志各工人团体联合会，还决定派代表参加在莱比锡举行的全国工人代表大会；在此之前，已定于5月6日在科隆先召开莱茵省和威斯特伐利亚各工人联合会的代表大会。马克思参加了这次大会的筹备委员会。

可是工人组织已经没有时间实现联合了。5月份，在一场新的较量里，来自反动势力的决定性打击终于降临了。

在反反复复的讨论、斟酌、修改之后，法兰克福的全德国民议会总算在3月28日通过了一部帝国宪法。这部宪法规定了不少民主自由，却又把行政权授给皇帝为首的帝国政府；宪法对于封建租税和劳役也并未废除；宪法确实把民主自由写到了纸上，但并不知道怎么去实行它。

对于这个冠冕堂皇的玩意儿，各邦政府都不屑一顾地拒绝了。普鲁士国王弗里德里希·威廉四世推开了议会献给他的全德帝国皇冠，等于给了法兰克福那些虔诚的议员们一记耳光。

---

① 《马克思恩格斯全集》第6卷，第509页。

第五章　在战斗的年代里

但不管怎样，这个宪法毕竟讲了一些人民的主权，所以各地的民主主义者们还是决定奋起保卫它。在封建势力的威胁面前，德累斯顿在5月3日首先爆发了起义，人民拿起武器，筑起街垒，当地军队也大部分转向人民一边。爱北斐特、杜塞尔多夫、佐林根、伊塞隆等地也纷纷举起义旗。一时之间，仿佛又一次革命运动揭幕了。

科隆市人心激动，纷传又要实行戒严了。种种迹象表明，政府在征集军队，准备大举镇压起义。各民主协会和工人联合会召开了代表大会，决定支持帝国宪法。《新莱茵报》接连发表急如星火的文章，向工人们警告：**"他们是否打算听任普鲁士的那些大人先生们给他们指定发动起义的日期？"**①

"普鲁士的大人先生们"动作确实很快。萨克森和普鲁士的军队以优势兵力同德累斯顿的起义者激战了六天，最后终于弹压了起义。

但是其他地方的起义也很让反动势力手忙脚乱了一阵子。当听到爱北斐特起义的消息时，恩格斯立即赶过去参加，因为这里是他的家乡，他认为自己有责任直接投入战斗。他带去了两箱子弹，并向当地起义者的安全委员会作了关于科隆局势的报告。他被委任负责修筑街垒，安装大炮。他高效率地组织起一支工兵部队，修建和改建了不少街垒，并且跟当地的武装工人们交上了好朋友，得到了他们的绝对信任。恩格斯靠着他的忠实、热情和精干，很受起义领导人的器重，卫戍司令每次召开军事会议总是邀请他参加。

四天过后，爱北斐特的资产者对恩格斯的到来害怕了，时刻担心他会突然率领工人宣布成立"红色共和国"。他们去找安全委员会，一致要求把这个危险的恩格斯赶走。安全委员会的领导人感到很难说出口，但主席赫希斯特最后还是向恩格斯表示了这层意思。

当地武装工人们闻讯后不答应了，他们要求恩格斯"留下来"！他们保证"用自己的生命来保护他"。恩格斯却不愿因个人原因引起起义队伍中间的内讧，于是冷静地安抚了工人的激愤情绪，移交了工作，悄然离开了。

---

① 《马克思恩格斯全集》第6卷，第568页。

马克思传

爱北斐特的起义很快失败了,其他地方的起义也一个接一个失败了。当局成立了特别军事法庭,凡敢于实行武装反抗的,按军法立即处决。普鲁士国王向入选法兰克福的普鲁士议员们发出敕令,宣告他们的委托书已经失效,并要求他们"绝不要再出席议会以后的各次会议"。

全面的反攻开始了。

《新莱茵报》成了第一批报复对象。这次,当局鉴于上两次诉讼的失败,不想再到法庭上同《新莱茵报》较量了,干脆直接给该报纸定罪吧!于是他们给报纸总编马克思送去了下面的命令:

> 查最近几号《新莱茵报》愈益坚决地煽动居民蔑视现存政府,号召暴力革命和建立社会共和国。故该报总编辑卡尔·马克思博士应予被剥夺其外人待遇法,因它已遭彼粗暴之破坏,鉴于彼未被允准继续留居普鲁士国土,应令其于24小时之内离境。若彼对此项要求不服,应着即押送出境。

其余的编辑也都受到各种迫害。有的跟马克思一样作为"外国人"被驱逐出境,有的受到法律追究,恩格斯就因参加过爱北斐特起义被控触犯刑法,当局发出了对他的通缉令。

《新莱茵报》这份一年来让反动势力狂怒不已的报纸,现在终于走到了自己的尽头。

但在1849年5月19日《新莱茵报》用红色油墨印刷的最后一号上,人们读到的却是豪迈的语言,必胜的信心。

弗莱里格拉特的告别诗写道:

《新莱茵报》最后一号

第五章 在战斗的年代里

别了！只是并非永别！

他们消灭不了我们的精神，弟兄们！

当钟声一响，生命复临，我还要生气勃勃地回到你们身边！

当最后的王座倾覆，

当人民走上法庭，

喊出无情的声音："你们有罪"，

那时候我还要重新回到你们身边。

我这个被放逐的叛乱者，

作为一个忠实于到处起义的人民的战友，

将在多瑙河畔和莱茵河边，

用言语和武器参加战斗！

马克思用利剑一样的语言给当局留下了这样的预告：

我们铁面无情，但也不向你们要求任何宽恕。当轮到我们动手的时候，我们不会用虚伪的词句来掩饰恐怖手段。①

《新莱茵报》在向科隆工人告别时，提醒他们不要举行任何起义，因为目前反动派已做好一切准备，起义只会失败。《新莱茵报》的编辑们最后对工人们所给予的同情表示衷心的感谢，并用感人肺腑的语言告别：

无论何时何地，他们的最后一句话始终将是：**工人阶级的解放！** ②

---

① 《马克思恩格斯全集》第6卷，第603页。
② 同上，第619页。

辗转于德法之间

由于财务紧张，在这以前，报纸拖欠方方面面的债务早已堆积如山。现在，这些债务都由马克思义不容辞地担负起来。他迅速变卖了属于个人所有的高速印刷机，加上订户通过邮局寄来的订阅费和从友人那里寄来的钱，所有这些，他都用来偿还各种各样的债了。当把印刷工、排字工、编辑、会计、通讯员、纸商……的工资和欠债付清之后，马克思就变得一贫如洗了。留给他的，只剩下燕妮的一套银器。这套银器由燕妮送进了法兰克福的当铺，换来的二三百盾成了马克思一家仅存的生活费用。后来，他的几个老战友回忆他这时生活的窘迫时说，革命使马克思破产了，《新莱茵报》耗尽了马克思的全部个人财产。

几天后，马克思和恩格斯一起出现在巴登－普法尔茨的起义者队伍里。这里，是保卫宪法运动的最后战场，起义者在卡尔斯鲁厄建立了临时政府，拥有一支军队，但领导者们分歧重重，优柔寡断。马克思和恩格斯尽最大努力劝他们主动扩大起义区域，派军队去法兰克福保卫国民议会，而不要坐等反动势力前来镇压。但这些忠告毫无作用，人们根本不愿采取有效的行动。

最后，马克思拿着临时政府成员德斯特尔给他的民主主义者中央委员会的委托书去了巴黎，职责是作为德国革命者的代表同法国社会民主力量的主力军山岳党保持联系。恩格斯则回到普法尔茨，参加了起义队伍，成为共产主义者同盟盟员、普鲁士前中尉维利希的志愿部队的副官。

对马克思来说，再一次流亡生活开始了。

法国这时是德国革命者关注的中心，马克思和恩格斯都希望法国发生革命，来挽救德国已经陷入绝境的民主运动。但是，法国的情况其实并不好，一场反革命政变正在准备之中。由社会主义者、小资产阶级分子和无产阶级分子组成的山岳党，是国民议会中的左翼，它反对由总统路易·波拿巴为代表的反动势力推行的政策。在国民议会中，山岳党首领赖德律－洛兰登上讲坛，抨击由路易·波拿巴主持的对罗马共和国的进犯，宣布这一行动违反法兰西共和国宪法。山岳党甚至宣布要"诉诸武力"来"迫使人们尊重宪法"。但是，山岳党并没有起义的计划，而只是准备发起和平示威游行。这场游行立刻遭到了政府军队的镇压，轻而易举地就被打垮了。巴黎工人在这场"议会起义"中并没有积极行动，因为他们在遭到1848年6月的惨重失败后，对山岳党也已经不再相信了。

这样一来，全欧洲的革命就失去了最后的获胜希望。对马克思来说，巴黎也已经住不稳了。政府在这里实行了大规模报复行动，像马克思这样的外国革命家，唯一的命运就是再次被驱逐。

尤其让马克思头痛的是，贫困如影随形地紧追着他。现在，燕妮带着三个孩子也到巴黎来了，这个家庭如今真是一文不名，没有进钱的门路，连典当也不可能了。马克思在给魏德迈的信里说："我妻子的最后一件首饰也已经送到当铺里去了。"

在极度的窘迫中，马克思向一些老朋友们求助，其中包括斐迪南·拉萨尔。

拉萨尔是一个犹太富商的儿子，聪明活跃，在大学期间接受了黑格尔哲学。从1846年起，他作为有名的哈茨费尔特伯爵夫人的律师，在这桩轰动一时的离婚案中投入了大量精力。1848年2月他被捕了，罪名是教唆别人盗窃哈茨费尔特伯爵的文件，最后经过审判被宣告无罪。在他坐牢期间，《新莱茵报》曾以同情的态度为拉萨尔辩护。在革命期间，拉萨尔在杜塞尔多夫参加了运动，表现得热烈慷慨。这些使得马克思同他成为了来往密切的朋友。

但是，当马克思向他求援时，拉萨尔的所作所为却很不得体，他没有直接给予援助，而是到处募捐，弄得马克思的生活窘迫成了沸沸扬扬的话题。这使马克思的自尊心大大受损，感到十分恼怒。马克思在给弗莱里格拉特的信里讲述了他的不快心情：

> 我向你承认，拉萨尔的行为使我非常吃惊。我个人曾向他求援，因为我

自己也曾把钱借给伯爵夫人；另一方面，我知道拉萨尔对我是有好感的，所以我根本没有料到他会这样使我难堪。相反地，我曾经请他千万不要张扬出去。我宁愿过最拮据的生活，也不愿公开行乞。为此我给他写过信。

这件事简直把我气坏了。[①]

这件事还只是马克思与拉萨尔的长期相交中种种龃龉的最初一桩。在此后的漫长岁月中，马克思和拉萨尔还有不少交道要打，他们两人在公事和私交上都面临过一次次严重矛盾，直到成为思想上的敌人。本书在后面的叙述中还要多次提及这一方面。

也就在这个艰难时期，忠实的朋友恩格斯焦急的问询信寄来了。信是写给马克思夫人的，因为有传言说，马克思已在巴黎被捕，恩格斯急切地来信想了解实情。

恩格斯在同马克思分手后，就加入了维护帝国宪法运动的战斗部队。在维利希的志愿军里，他参加过四次战斗。在前线的交锋中，恩格斯目睹了老朋友、共产主义者同盟的领导人莫尔的阵亡，也目睹了许多战友的牺牲和受伤。恩格斯本人亲历了多次危险，同一部队的人都称许他的勇敢和机敏，可现在他在信里却满不在乎地写道："我发现，备受赞扬的冲锋陷阵的勇敢是人们能够具备的最平常的品质。子弹飞鸣简直是微不足道的小事情。"当战斗失败后，恩格斯随最后一支部队撤入瑞士。在那里，他立刻想知道马克思在巴黎的处境。他在信中这样说："但愿我能确实知道马克思是自由的！我常常这样想，我在普鲁士的枪林弹雨中所处的地位同在德国的其他人相比，特别是同在巴黎的马克思相比，危险是少得多了。"

当马克思接到这封信时，他确实正处在危险之中。

法国政府的驱逐令来了。7月19日，内政部长通过警察局长要马克思迁往布列塔尼的莫尔比昂省。这里是法国西北部的一片热病流行的沼地，要马克思到那

[①]《马克思恩格斯全集》第2版第48卷，第82—83页。

里去，是一种恶意的"杀人企图"。马克思当然不会屈从于这种迫害阴谋，他上书给内政部长提出抗议，使驱逐令得以暂缓执行。但 8 月 23 日，打击再次来了：警方命令马克思和他的夫人必须在 24 小时内离开巴黎。

马克思只得匆匆收拾行李，动身前往英国伦敦。临行前，他给恩格斯写信，希望他也能到伦敦去，"在伦敦我们将有事情干"。燕妮又正怀着第四个孩子，由于缺钱，马克思只得让她和孩子们先留在巴黎。经过三番五次的努力，法国当局方才准许燕妮暂住到 9 月 15 日，那是马克思家租的房子到期的日子。

1849 年 8 月 24 日，马克思离开巴黎去伦敦。隐藏在海峡对岸的浓雾中的那个国度，能否让马克思找到一个栖身之所呢？

第六章
流亡伦敦的最初岁月

马克思传

艰难困苦的生活

伦敦，250万人聚集的地方，世界最大的城市，世界经济的中心。

各式各样的建筑在这里交错绵延，其中，有数以百计、耸入云端的高塔，有沉静庄严的宫殿，有喧闹的商业和金融中心，也有大片大片简陋无比的贫民区。一边的壮丽豪华与另一边的赤贫凄凉形成尖锐对比，无怪乎许多初到此地的人们要发出"两个国家"的慨叹。

伦敦又是一个被各种工厂包围着的城市。印刷业、机器制造业和火柴、肥皂、服装等消费品工业在这里都很发达。厚厚的烟尘笼罩在城市上空，使伦敦得到一个"雾都"的恶名，废水流入泰晤士河，让居民们大受其苦。

在方兴未艾的工业化浪潮裹挟之下，伦敦的建筑和街区滚雪球一般向四周扩张，今日还是草木丛生的荒野，几年后就变成了人烟稠密的街道。这种惊人的发展速度，让许多"老伦敦"们也眼花缭乱。

城市发展迅速，公共卫生、住宅设施和城市交通却没跟上。于是，如一位历史学家所说，伦敦"像一块肮脏的海绵，一个满布污水池和水井的蜂窝，水源供应来自于作为污水排除口的河流，疫病跟贫民窟结下了不解之缘，成千上万的人死于接连不断地流行的霍乱"。下层民众，尤其是工人，拥挤在狭小低矮的小房子里，几个家庭、几对夫妇共用一个房间，成年子女与父母同居一室的情况并不罕见。个人的隐私和尊严在这样的条件下成了奢侈品，粗野和道德沦落却已司空见惯。

总之，伦敦集中了资本主义工业化的一切特征，它既是工业革命的一首颂歌，又是工业化躯体上生长出的一个肿瘤。

19世纪50年代的伦敦

尽管马克思在这以前已两次来过伦敦，但那毕竟都是匆匆而过，走马观花。当他现在又来到此地时，一切仍然让他感到陌生。他的英语阅读已经没有问题，但会话和写作能力还有不足。英国人沉默、淡漠的性格也使马克思很不适应。应当说，马克思终生都没有真正融入英国社会，他始终都不太喜欢这个国度保守的生活方式和思想习惯。

但是，这个国度毕竟是资本主义世界经济最发达、政治民主发展最充分的地方。它为全世界各色各样的政治流亡者提供了一处相对安全的避难所，他们在这里能够相当自由地发表自己的言论，而不必担心受到迫害。这对马克思来说当然是非常重要的。在此后的几十年中，马克思再没有遇到先前在普鲁士、布鲁塞尔和巴黎的那种刁难和驱逐。同时，英国给马克思提供了观察、解剖资本主义社会制度最好的"实验室"。从这点来说，大陆上的反动势力把马克思赶到英伦岛上，对他反倒成了一件幸事。正是英国、正是伦敦使马克思成为了举世闻名的那个马克思。然而，为此他付出了多么惨重的个人生活的代价！

这种代价，马克思从一登上伦敦的土地就感觉到了。囊中空空的他寄居在小旅馆里，生了病，而怀孕的燕妮和三个孩子以及海伦·德穆特还留在巴黎，等待

马克思传

他筹集来英国的路费。卧病在床、心烦意乱的马克思在1849年9月5日写信给弗莱里格拉特,叙述了他的困境:

> 现在我确实处境困难。我的妻子临近产期,15日她又必须离开巴黎,我不知道怎样才能弄到必需的钱,使她能够动身并在这里安顿下来。①

马克思费尽力气,才筹到了这笔宝贵的钱,让燕妮一行在三个星期之后来了伦敦。关于这段经历,燕妮·马克思后来追忆说:

> 我到达伦敦时,是他去接我的,当时我又病又累,还带着三个疲惫不堪的孩子,他把我安置在莱斯特广场一个裁缝家的供膳宿的小房子里。②

这样的环境毕竟是不适合孕妇的。马克思一家很快又搬到了切尔西区安德森

切尔西区安德森街4号

---

① 《马克思恩格斯全集》第2版第48卷,第98页。
② 《动荡生活简记》,见《摩尔和将军——回忆马克思恩格斯之一》,人民出版社1982年版,第43—44页。

街4号较宽敞的房子里。在好几年的紧张、担惊受怕后,全家人本应多少要享受一下平静的生活了。11月5日是英国传统的"火药阴谋"纪念日,因为在1605年的这一天,盖伊·福克斯等暗杀者曾策划炸毁议会大厦,炸死议员和国王。就在这个满街喧闹、孩子们戴着奇形怪状的面具骑着假驴子到处跑的日子里,燕妮生下了第四个孩子格维多,"为了纪念伟大的暗杀者,我们把刚出世的小孩叫作小福克斯"——燕妮后来写道。这是一个生活异常窘困的时期,连可以典当的东西都没有了,而房租和一日三餐却是耽误不得的。马克思不得不把精力零星地耗在到处借钱赊账以维持生计的可怕折磨里。由于请不起奶妈,燕妮尽管胸背皆痛,仍决定自己给孩子哺乳。这位母亲在一封给友人的信里写道:"……这个可怜的孩子从我身上吸去那么多的痛苦和内心的忧伤,所以他总是体弱多病,日日夜夜忍受着剧烈的痛苦。他从出生以来,没有一个晚上是睡到两三个小时以上的。最近又加上了剧烈的抽风,所以孩子终日在生死线上挣扎。由于这些疼痛,他拼命地吸奶,以致我的乳房被吸伤裂口了,鲜血常常流进他那抖动的小嘴里。"

在度过了烦恼的几个月后,麻烦又降临了。一天,房东来了,要马克思一家支付房租5英镑,因为尽管他们向二房东付了房租,房东本人却没收到这笔钱。这是一个令人难堪的时刻,燕妮给我们留下了对当时场景的描述:

> 由于我们手头没有钱,于是来了两个法警,将我不多的全部家当——床铺衣物等——甚至连我那可怜的孩子的摇篮以及眼泪汪汪地站在旁边的女孩们的比较好的玩具都查封了。他们威胁说两个钟头以后要把全部家当拿走。那时忍受着乳房疼痛的我就只有同冻得发抖的孩子们睡光地板了。我们的朋友施拉姆赶忙进城去求人帮忙。他上了一驾马车,马狂奔起来,他从车上跳下来,摔得遍身是血,被人送回我们家来,那时我正和我可怜的发抖的孩子们在哭泣。
>
> 第二天我们必须离开这个房子。天气寒冷,阴暗,下着雨。我的丈夫在为我们寻找住处,但是他一说有四个孩子,谁也不愿收留我们。最后有一位朋友帮了我们的忙,我们付清了房租,我很快把自己所有的床卖掉,以便偿

付药房、面包铺、肉铺、牛奶铺的欠款,他们听说我被查封财产都吓坏了,突然一齐跑来向我要账。把出卖了的床从家里抬出来,搬上小车——您知道,又出了什么事?当时天气已晚,太阳已经落了,按英国的法律在这个时候是禁止搬运东西的,于是房东领着警察来了,说里面可能有他的东西,说我们想逃到外国去。不到五分钟,我们门前就聚集了不下二三百个看热闹的人,切尔西的流氓全来了。床又搬了回来,只好等第二天早晨太阳出来以后再交给买主;最后,当我们卖掉了一切家当,偿清了一切债务之后,我和我的可爱的孩子们搬到了莱斯特广场莱斯特街1号德国旅馆我们现在住的这两间小屋。在这里我们每星期付5个半英镑才凑合住下来了。

索荷区第恩街64号

但厄运似乎远没有尽头。因为东拼西凑也交不齐每星期的房租,有一天旅馆老板拒绝开早饭,于是马克思一家只好另找住处。他们住进了索荷区第恩街64号一个犹太花边商的两间简陋的小房里,在那里忍受了几个月的折磨后,他们的小格维多死了。"这个不幸的孩子成了家庭生活困难的牺牲品"——马克思在一封信里痛心地说。

在这样的沉重负担下,马克思和他的妻子都没有失去生活的信心。在马克思的通信中可以看到,他对于自己家庭的恶劣处境极为烦恼,但他总能重新振作起来,以乐观豁达的心情去迎接困难。他的通信中时时流露出的特有的幽默,表现了这个伟大人物的宽广心胸。至于燕妮,她要比丈夫承受更多更大的家庭苦难,她的书信文字中描述的那数不尽的遭遇,让后人读了不能不感到心灵上的巨大震颤。但燕妮的坚定和忠诚却更加感人肺腑。她自觉自愿地把自己同丈夫的事业联系在一起,她表示:"我非常清楚地知道,在我们的斗争中我们绝不是孤独的，而且我有幸是少数幸福者中的一个，因为我的身旁有我亲爱的丈夫，我的生命的支柱。"①

对革命的总结

1849年下半年，反动势力已经在欧洲大陆全面获胜，革命之火一处接一处被扑灭，虽然余烬还在零星地燃烧，但已日渐黯淡。反动势力残酷的报复开始了，革命者一批批被迫到英国来避难。

马克思在离开巴黎前夕给恩格斯的信中，催促他尽快来英国，这一方面是为了他的安全（"普鲁士人会枪毙你两次"——马克思说），另一方面也是为了同恩格斯共同开展一项新的工作。马克思告诉恩格斯："我在伦敦创办德文杂志**肯定**有希望。一部分钱已**落实**。"②

马克思这里所说的，是创办一种杂志来总结革命的经验，以便迎接他们认为很快会重新到来的新的革命。这份杂志应当叫作《新莱茵报。政治经济评论》，名称表明了它是先前《新莱茵报》的继续，而且它的发起人希望，虽然目前它只是月刊，但只要经济条件允许，便将其改为双周刊，甚至在可能时改为像英美周刊那样的大型周报；而只要情况允许回到德国，就立刻再把周报改为日报。按照这种办刊方针，马克思多方联络，筹措经费，同汉堡的印刷厂主克勒尔和代销出版商舒贝特签订了合同，并以出版负责人康·施拉姆的名义发出了召股启事，每股50法郎。

然而筹资的事十分艰难。各地的朋友们费尽心力，收效却微不足道。拉萨尔

---

① 以上引文均见燕妮·马克思1850年5月20日给约瑟夫·魏德迈的信，《摩尔和将军——回忆马克思恩格斯之一》，人民出版社1982年版，第69—70、71页。

②《马克思恩格斯全集》第2版第48卷，第93页。

在杜塞尔多夫还没能征集到50个订户，魏德迈预订了100份在法兰克福推销，半年中才收回51盾。革命的失败、反动势力的镇压，使得革命宣传工作几乎开展不起来了。

但这份杂志毕竟没有胎死腹中。百般周折后，它的第一期于1850年3月6日在汉堡出版。这份杂志总共出版了6期，在1850年11月29日出了第5、6期合刊后，《新莱茵报。政治经济评论》的生命终于悄然结束了。尽管在这期间马克思想尽一切办法来支撑它、维持它，但不利的形势使得它无力再延续下去了。

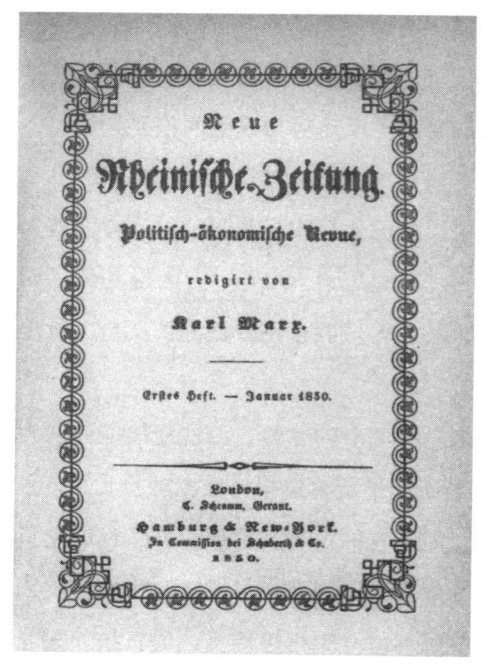

但就是在这6期评论上，马克思和恩格斯（他从瑞士取道热那亚，于1849年11月10日前后来到伦敦）能够发表一系列重要的著作。

最主要的一组文章，是马克思写的关于法国革命的评论，它们刊登在评论的头三期上，1895年恩格斯出版这一著作单行本时，给它加上了总标题"1848年至1850年的法兰西阶级斗争"。这是马克思众多著作中得到公认的一部小型杰作。

现在读这一著作，首先感到的是其中对历史事件进程所作的出色的唯物史观分析。19世纪40年代中后期马克思的一些著作如《德意志意识形态》《共产党宣言》《哲学的贫困》等，确立了唯物史观原理，马克思、恩格斯在随后的大量政论文章中都贯彻了这些原理，但对刚刚过去的一个历史时期就运用这些原理勾画出其基本轮廓，《1848年至1850年的法兰西阶级斗争》却是第一次。

一般说来，在回顾以往的"长时段"历史时，发现其中对历史进程起制约作用的客观力量或许还不算太困难，但在总结当下错综复杂的政治斗争时，情况就

《新莱茵报。政治经济评论》

第六章　流亡伦敦的最初岁月

困难得多了。那时人们要么迷惑在一大堆的主观意志、计划、冲突中，难于找到隐蔽在背后的客观线索，要么容易生硬套用一些概念、原理去剪裁事件，把唯物史观弄成一幅笨拙简单的"讽刺画"。后一种情况，我们在许多半瓶醋的马克思主义者那里见到的实在不少。对于这些人，我们首先应当请他们读读《1848年至1850年的法兰西阶级斗争》。在这部著作里，我们看到的是一群群活生生的人，而不是贴了阶级标签的抽象符号；但正是从这些人的思想、情绪和活动中，马克思让我们看到了他们背后掩藏着的阶级利益，这些利益的彼此冲突构成了一部丰富多彩但又有规

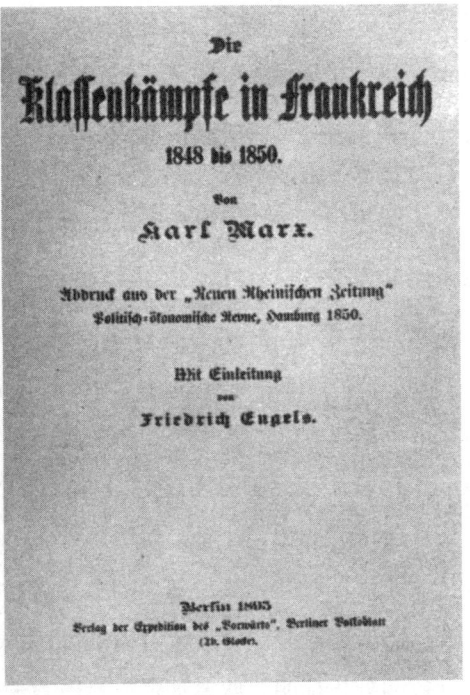

《1848年至1850年的法兰西阶级斗争》

律可循的法兰西1848年革命期间的政治斗争史。它是一幅精心构思但又不着痕迹的鲜明图画，而不是一张由公式连缀起来的机械图纸。

马克思首先从当时的经济条件——金融贵族统治时期的财政困难、国家负债、投机舞弊盛行、腐败堕落、1845年和1846年的马铃薯病虫害和歉收、英国的工商业总危机等等出发论证了二月革命。然后，他用充满个性化的笔调描述了二月革命后各派政治斗争的生动历程。

二月革命"是一个漂亮的革命，是一个得到普遍同情的革命"。在共同反对王权时，各种力量之间的矛盾还没有充分发展起来，因此，二月革命能够以"博爱"为自己的口号。在二月街垒战中产生的临时政府是各个不同阶级间的妥协，但这些阶级的利益是互相敌对的。工人在二月革命中争取到了资产阶级共和国，但他们的要求却越出了资产阶级共和国的范围，这样，就招致了整个资产阶级的法国来和它作斗争。马克思回顾了1848年2月到6月之间的一系列事件，叙述了

· 155 ·

资产阶级怎样一步步地把一切优势、一切最重要的阵地、一切中等社会阶层都掌握在自己手中,怎样把工人的代表逐出临时政府,赶到专门常设委员会中去"探求点金石",怎样逼得巴黎无产阶级别无选择,只有发动起义。这些已注定了无产阶级要失败。

马克思写道,六月起义的失败使无产阶级认识了这样一条真理:"它要在资产阶级共和国**范围内**稍微改善一下自己的处境只是**一种空想**,这种空想只要企图加以实现,就会成为罪行。于是,原先无产阶级想要强迫二月共和国予以满足的那些要求,那些形式上浮夸而实质上琐碎的甚至还带有资产阶级性质的要求,就由一个大胆的革命战斗口号取而代之了,这个口号就是:**推翻资产阶级!工人阶级专政!**"[①]

接着,马克思描写了六月起义失败后法国各阶级间的斗争。掌握了政权的资产阶级共和派与小资产阶级、农民阶级的矛盾怎样迅速尖锐起来,它们怎样围绕制宪工作展开角逐,复杂的形势又怎样把"法国一个最平庸的人"推上总统宝座——所有这些政治斗争背后的客观线索,在马克思笔下都被一一理清了。他以细致的分析证明,曾参加过反对巴黎无产者的农民在共和国中接连遭遇失望,他们的利益受到损害,资产者的盘剥使他们沦落到爱尔兰佃农的地步;而小资产阶级民主派在1849年6月13日事件后,也成了被镇压的对象。马克思通过历史考察得到这样的结论:农民、小资产者、社会的一般中等阶层逐渐站到了无产阶级阵营,逐渐跟正式共和国处于公开敌对地位,从而被共和国当作敌人来对待。马克思相信,这使得无产阶级和它们将为反对资产阶级而结成"普遍联合",无产阶级将站在革命联盟的领导地位。

《1848年至1850年的法兰西阶级斗争》中提出了后来非常有名的"不断革命"的口号:

> **无产阶级**就愈益团结在**革命的**社会主义周围,团结在被资产阶级用**布朗基**来命名的共产主义周围。这种社会主义就是**宣布不断革命**,就是无产阶级

[①]《马克思恩格斯全集》第2版第10卷,第155页。

的**阶级专政**，这种专政是达到**消灭一切阶级差别**，达到消灭这些差别所由产生一切的生产关系，达到消灭和这些生产关系相适应的一切社会关系，达到改变由这些社会关系产生出来的一切观念的必然的过渡阶段。"①

要了解这个口号，就应当先了解作者当时的政治认识。《1848年至1850年的法兰西阶级斗争》是在1848年革命刚刚失败的时候，马克思作为离开战场不久的士兵，以满腔战斗激情写下的。他和恩格斯当时都相信，革命将在短期内再度崛起，这种急迫的心情是可以理解的。在这种心情下，他们两人当时对欧洲革命即将发生的经济条件的估计是过于乐观了。他们在写于1850年三四月间的一篇"国际述评"中就认为，一场"双重危机"即工业危机和农业危机正在向英国逼近，"英国的双重危机，由于大陆即将同时发生动荡而变得更迅猛、更广泛和更危险，大陆的革命，则由于英国危机对世界市场的冲击而将会具有比以往更鲜明的社会主义性质"②。联系到刚刚失败的革命中资产阶级的恶劣表现，他们确信未来的革命将是由无产阶级推动的、由民主革命不断向前迈进、一直达到彻底的共产主义革命的连续过程，就毫不奇怪了。这种战略设想在逻辑上固然是无懈可击的，但证之以事实却是有不小偏差的，其偏差就在于，它是以对资本主义经济发展程度及其矛盾的尖锐性的过高估计为基础的。

马克思和恩格斯的伟大之处不在于他们不犯错误，而在于他们总能从切实的实际分析中及时纠正自己的错误。我们在下面很快就要讲到，仅仅在几个月后，他们就根据最新的经济材料，放弃了近期发动无产阶级革命的想法。45年后即1895年，恩格斯在《1848年至1850年的法兰西阶级斗争》单行本问世之际回顾了他们两人以及其他许多人当时的急躁想法后承认，他们当时都是不对的，因为历史已经表明，那时欧洲大陆的经济发展状况还远远没有达到可以铲除资本主义生产方式的程度。

今天应当根据上述事实来认识马克思1850年"不断革命"的思想。如果不

---

① 《马克思恩格斯全集》第2版第10卷，第220页。

② 同上，第357页。

是这样理解问题，而是盲目地、抽象地到处搬用"不断革命"，结果就会导致不问实际条件一味制造"革命"的"左"的错误。

《新莱茵报。政治经济评论》前三期还刊登了恩格斯的长文《德国维护帝国宪法的运动》。与《1848年至1850年的法兰西阶级斗争》相比，恩格斯这篇文章的笔调是轻松诙谐的，这不仅是由于恩格斯的文笔天生幽默，更是由于马克思和恩格斯都对由小资产阶级扮演主角的德国维护帝国宪法运动持讽刺嘲弄态度。恩格斯在评论第5、6期合刊上发表的《德国农民战争》一书，则用历史唯物主义观点全景式地展现了德国宗教改革时期闵采尔所领导的农民起义。这篇文章虽是讲历史的，但也是对现实有感而发。

马克思和恩格斯还在评论上写了许多时论和书评。时论包括对国际政治、经济问题的评述，对各国时局的分析；书评则涉猎甚广，从评论著名历史学家基佐的《英国革命为什么会成功？》到评价日拉丹的《社会主义和捐税》等等。

威廉·沃尔弗、格奥尔格·埃卡留斯等马克思的老朋友也都被他发动起来为评论写稿。埃卡留斯是一名裁缝，他写的一篇关于伦敦缝纫业的文章，把小手工业企业在大工业的发展下的日趋没落看作是历史的进步，并认为正是大工业为无产阶级的革命创造了现实条件。这种历史唯物主义的观点使马克思很高兴，他和恩格斯一起为这篇文章写的按语中，对其评价极高："无产阶级在街垒里和战场上赢得胜利之前，就以一系列智力上的胜利宣告自己统治的来临。"[①]

重建同盟

在出版《新莱茵报。政治经济评论》的同时，马克思在实际事务上也花费

[①]《马克思恩格斯全集》第2版10卷，第572页。

第六章 流亡伦敦的最初岁月

了大量精力。革命失败后，各色各样的政治流亡者汇集到伦敦来。像往常一样，刚刚经历了挫折的人们很难接受残酷的现实，他们继续沉醉在自己的幻想中，用种种空话来打发无聊的生活，虚无和空想笼罩着他们的情绪。他们大都生活潦倒，朝不保夕，不少人开始自暴自弃，无所事事，靠泡酒馆过活，有的人偷窃、嫖妓、打架。

帮助和救济这些人成了一件大事。尽管马克思自己的生活也处在困难中，但他仍热忱地承担起救济流亡者的工作。

1849年9月18日，马克思参加了德意志工人教育协会全体大会，会上选出了"伦敦德国流亡者救济委员会"。当选为委员的有：安东·菲斯特尔、卡尔·马克思、卡尔·布林德、亨利希·鲍威尔、卡尔·普芬德。

委员会发出的呼吁书号召人们共同来帮助贫困的流亡者：

伦敦德意志工人教育协会会址

朋友们和兄弟们，我们请求你们尽力而为。如果你们希望那化为灰烬的和被束缚的自由重新得到恢复，如果你们同情你们的先进的优秀战士所受的苦难，那么用不着我们特别劝说，你们就会响应我们的号召。

呼吁书还宣布，委员会将每月向全体大会提出公开的报告，同时把报告简要地在德国报纸上发表；为了避免一切谣言，委员会决定今后任何委员都不能从委员会的出纳处领取任何补助金，如果某个委员将来必须申请补助，他就不能同时再做委员。

委员会勤奋工作，尽职尽责，但收入有限。从1849年12月3日委员会的报

· 159 ·

告看，自 9 月 22 日至 11 月 18 日，委员会共收入 36 英镑 12 先令 $5^1/_2$ 便士，发放给流亡者和用于印刷费及捐款簿费的支出为 26 英镑 3 先令 $^1/_2$ 便士。这样微小的款项用于众多贫困者，实在是杯水车薪。在这种情况下，流亡者中的争吵和政治分歧也必然波及救济工作。11 月，在德意志工人协会全体会议上，该委员会改组成新的委员会，称为"社会民主主义德国流亡者救济委员会"，决定今后主要救济社会民主主义者，但在财力允许的范围内，也不拒绝救济其他党派的流亡者。

这个新的委员会的委员有：卡尔·马克思、奥古斯特·维利希、弗里德里希·恩格斯、亨利希·鲍威尔、卡尔·普芬德。马克思在委员会中担任了主席。

委员会的负担很重，工作很忙碌。由于从瑞士和法国不断有人被驱逐出境，伦敦的政治流亡者人数大增。委员会每天都会收到流亡者的申请，他们需要衣物，需要起码的饭钱，所有这些都要靠委员会那微薄的募款。委员会不得不把本身的开支尽量压缩，挤出每一个便士用到申请人身上，同时还开办了宿舍和饭厅，为无家可归的流亡者提供一个暂时的避难所。这一切的一切，给马克思带来了无穷无尽的麻烦，与此同时，他还要为自己家里的日常生活头疼！

在那段最艰苦的岁月里，马克思家中也成了自己同志的救济所。许多人忍饥挨饿，晚上露宿街头，甚至连生病也没钱治。对于这些人，除了让他们住到家里，同他们分享最后一块面包，马克思还能做什么呢？好在马克思夫人尽管自己也贫病加身，却总是以友爱的精神欢迎这些朋友，使他们得到难忘的温暖。

另一件更重要的工作便是重建共产主义者同盟。

革命时期，同盟的组织事实上已不存在了，盟员们都在各地参加运动。当反动势力得胜后，除了被捕的和牺牲的外，他们中的大部分人纷纷逃往英国。这使得同盟有可能在组织上恢复起来。到 1850 年，先前的骨干盟员差不多都已集中到伦敦来了，此外还有一些新人补充了进来。当时聚集在马克思周围的有恩格斯、沙佩尔、亨利希·鲍威尔这些老成员，还有新生力量——前巴登－普法尔茨起义军官奥古斯特·维利希，他是恩格斯介绍来的，还有商人康拉德·施拉姆、教师威廉·皮佩尔、画家卡尔·普芬德，以及年轻的威廉·李卜克内西，等等。通过皮佩尔，哥丁根的律师约翰内斯·米凯尔从 1850 年 2 月起与马克思建立了通信联系，表示自己是"共产主义者和无神论者"，后来他也成为共产主义者同盟盟员。

马克思这时认为，新的革命即将爆发，因此迫切需要重建各地同盟间的联系，以便迎接即将到来的又一场风暴。为了这个目的，马克思和恩格斯在1850年3月写了一份《中央委员会告共产主义者同盟书》。

这份告同盟书确信："革命已经迫近，而这次革命不管将来是由法国无产阶级的独立起义引起的，还是由神圣同盟对革命的巴比伦的侵犯引起的，都会加速这种发展。"[1]

告同盟书认为，德国自由资产者在1848年革命中扮演过的叛徒角色，在即将到来的革命中将会由民主的小资产者来扮演。小资产阶级根本不愿实现整个社会的彻底变革，而只是想使现存社会尽可能改革得让他们感到满意而舒服。告同盟书指出，德国小资产阶级民主派是很强大有力的，它不但包括了城市的绝大多数资产阶级居民、小工商业者和手工业者，跟着它走的还有农民和尚未得到城市中独立的无产阶级支持的农村无产阶级。这个派别一旦实现了自己的温和要求，就会力争尽快结束革命，"而我们的利益和我们的任务却是要不间断地进行革命，直到把一切大大小小的有产阶级的统治全都消灭，直到无产阶级夺得国家政权，直到无产者的联合不仅在一个国家内，而且在世界一切举足轻重的国家内都发展到使这些国家的无产者之间的竞争停止，至少是发展到使那些有决定意义的生产力集中到了无产者手中。对我们说来，问题不在于改变私有制，而只在于消灭私有制；不在于掩盖阶级对立，而在于消灭阶级；不在于改良现存社会，而在于建立新社会"[2]。

从这样一种对小资产阶级的认识出发，告同盟书为工人规定的任务是：不应再度充当资产阶级民主派随声附和的合唱队，而应努力设法建立一个秘密的和公开的独立工人政党组织，在即将到来的革命中勇敢坚定地以自我牺牲精神来争取胜利。工人应当在革命胜利后逼迫小资产阶级民主派接受一些条件，使得资产阶级民主派的统治一开始就埋下覆灭的根苗，以便使他们的统治在以后很容易被

---

[1]《马克思恩格斯全集》第2版第10卷，第387页。

[2] 同上，第389页。

无产阶级的统治排挤掉。工人从胜利的最初一瞬间起，就应针对自己从前的同盟者，"即针对那个想要独自从共同的胜利中渔利的党"[①]表示不信任的态度。工人应当拥有自己独立的武装和组织，应当到处提出工人的候选人来与资产阶级民主派的候选人相并列，并且要用一切可能的手段使工人候选人当选，甚至在工人候选人毫无当选希望的地方也要提出自己的候选人，以保持自己的独立性，估计自己的力量，表明自己的革命立场和本党的观点……工人应当迫使民主派尽可能多地触动现存的各方面的社会制度，破坏现存社会的正常发展，使他们自己丧失威信，并尽量把生产力、交通工具、工厂、铁路等由国家集中掌握……告同盟书的结尾处再次重申，无产阶级的战斗口号应该是"不断革命"。

这份告同盟书与《1848年至1850年的法兰西阶级斗争》是同一时期的作品，作者创作时怀着同样的情绪。他们耳中回响着刚刚过去的战斗号角，胸中燃烧着继续战斗的火焰，因而"不断革命"成为他们这时唯一可能提出的战斗号召。这种号召也反映着当时大部分革命者的共同情绪。当共产主义者同盟中央委员会特使亨利希·鲍威尔带着这份文件回到德国时，他成功地完成了使命，在许多地方都恢复了先前的组织，建立了联系。被革命失败所严重破坏了的共产主义者同盟，现在在德国又得到了新的发展。

然而应当说，告同盟书与《1848年至1850年的法兰西阶级斗争》有着同样的弱点：高估了资本主义经济危机的发展程度，对革命的可能性作了不切实际的预测。今天我们应当根据这种背景去评价"不断革命"的思想，对其错误要有清晰的认识。

在同一背景下，1850年4月中旬，在伦敦产生了一个"世界革命共产主义者协会"，它由共产主义者同盟（马克思、恩格斯、维利希）、宪章派（乔·朱利安·哈尼）、布朗基派（茹·维迪尔·亚当）三个组织联合而成。协会宣布自己的宗旨是："推翻一切特权阶级，使这些阶级受无产阶级专政的统治，为此采取的办法是支持不断的革命，直到人类社会制度的最后形式——共产主义得到实现为

[①]《马克思恩格斯全集》第2版第10卷，第392页。

止。"协会会章共有6款。6份会章由所有创立人签字后,统一由马克思保存。

但是事实的发展却越来越不符合人们的愿望。在欧洲大陆各国,到1850年夏天,革命的前景似乎日渐黯淡了。经济并没有出现全面危机,倒是出现了新的复兴兆头。这些事实显然动摇了马克思先前的预测,他感到需要坐下来,认真研究和分析新近的经济材料。

1850年6月,马克思设法弄到了不列颠博物馆①图书馆的阅览证。他不顾救助流亡者工作中的种种麻烦、纠纷和自己家中的困难,开始勤奋地读书。他认真研究了近十年来的经济史,读了许多期著名的《经济学家》杂志。对时局的一种新的判断逐渐在他脑中形成。

分　裂

这种新的判断就是：危机已经过去,资本主义生产开始了新的繁荣,革命在近期是不可能发生的了。

对于这种新的判断,马克思和恩格斯发表在《新莱茵报。政治经济评论》上的第三篇国际述评作了详细论证。

述评从对19世纪40年代前期的经济分析开始,全面回顾了多年间经济的繁荣与危机,证明了革命的爆发与危机之间有着直接的联系,经济危机造就革命的条件,反之,经济繁荣将使革命迟滞。

对1848年之后的经济分析表明,当危机大规模影响大陆、引起革命时,英国却得到了革命的直接好处：革命促使大量资本从大陆流入英国。从这时起,英国的危机可以说是已经过去了,所有商业部门的情况有了好转,新的工业周期开

---

① 英文原名是The British Museum,中文还有译为"大英博物馆""英国博物馆"的。

始明显地趋向繁荣。1848年和1849年工业大量增产，这在英国和美国都很明显。英美的繁荣很快又反过来影响了欧洲大陆。从1849年底起，德国工商业开始普遍地活跃起来；从1849年特别是1850年初起，法国也出现了这样的征兆，并且正在经历着工商业的繁荣。

马克思和恩格斯得出的结论是："在这种普遍繁荣的情况下，即在资产阶级社会的生产力正以在整个资产阶级关系范围内所能达到的速度蓬勃发展的时候，也就谈不到什么真正的革命。只有在**现代生产力**和**资本主义生产方式**这两个要素互相**矛盾**的时候，这种革命才有可能……**新的革命，只有在新的危机之后才可能发生。但它正如新的危机一样肯定会来临。**"①

这样的结论对于刚刚从失败中走出来的革命者来说是残酷的，但事实就是事实，任何人都不能让事实服从于主观的愿望。

但这样一来，马克思和恩格斯就跟许多先前的亲密战友发生了严重分歧。因为前面已经说过，在流亡者中盛行着革命的急躁病，革命的可能性越是消退，他们处于绝望的情绪就越是要逼迫自己和别人编织出充满豪言壮语的心理安慰。现在，他们却被告知说，他们的这些想法都是没有根据的，不能实现的！这简直让他们反感甚至愤怒了，因为这无异于打碎了他们的理想世界！

从1850年夏开始，这种不同意见的冲突就一直搅扰着伦敦共产主义者同盟的盟员们。争论发生在交谈中、会议上，终于，争论摆上了中央委员会的会议桌。

1850年9月15日的中央委员会会议记录保留了当时的争论情景。一边是马克思、恩格斯、鲍威尔、康拉德·施拉姆、埃卡留斯、普芬德，另一边是维利希、沙佩尔和列曼（弗伦克尔因事缺席）。六个人对三个人，"冷静的"共产主义者对"狂热的"共产主义者。

沙佩尔这位同盟最早的领导人，是在不久前刚从德国监狱中出来的，他怎么也不能接受革命近期已经不可能的见解，在他头脑中只存在"先下手为强，后下

---

① 《马克思恩格斯全集》第2版第10卷，第596页。

第六章　流亡伦敦的最初岁月

手遭殃"的观点：

> 问题在于，是我们自己一开始就动手砍掉别人脑袋，还是让人家来砍掉**我们的**脑袋。在法国快要轮到工人了，从而在德国也快要轮到**我们**了……我是这种见解的狂热的拥护者。而中央委员会却喜欢相反的东西。但是，如果你们不想再跟我们打交道，好吧，那么我们现在就分道扬镳。在下一次革命中我一定会被送上断头台，但是我要回德国。①

卡尔·沙佩尔（1812—1870）

马克思在发言中把两种主张间的分歧称作"原则性的矛盾"。他批评维利希、沙佩尔的"少数派"说：

> 他们用德意志民族观点代替宣言的全面的观点，逢迎德国手工业者的民族情感。他们提出唯心主义观点代替宣言的唯物主义观点。他们不是把现实关系而是把**意志**强调成革命中的主要东西。我们对工人说，为了改变现存条件和使自己有进行统治的能力，你们或许不得不再经历15年、20年、50年的内战，而他们却相反地对工人们说：我们必须**马上**夺取政权，要不然我们就躺下睡大觉。正像民主党人把"人民"这个词只当一句空话使用一样，他们现在使用"无产阶级"这个词也只当一句空话……他们不得不用革命的词句代替实际的革命发展。②

在马克思看来，沙佩尔这种不问客观物质条件，把革命只看作是夺取政权并

---

① 《马克思恩格斯全集》第2版第10卷，第734页。

② 同上，第733页。

· 165 ·

"砍掉别人脑袋"的主张是粗陋可笑的。恩格斯有同样的观感,他恰当地把沙佩尔叫作"原始革命家"。而且马克思进一步指出,在目前客观条件不具备的情况下即使侥幸夺得了政权,那结果也是极不美妙的:

> 我们献身的党,幸运的恰恰是还不能取得政权。无产阶级即使取得政权,它推行的不会直接是无产阶级的措施,而是小资产阶级的措施。我们的党只有在条件允许实现**它的**观点的时候,才能取得政权。[1]

这对于以实现社会主义为目标的无产阶级政党来说,真是至理名言!恩格斯在同一时期的《德国农民战争》中的一段话,在含义上与马克思上面这段话是完全一致的,表明这两位社会主义大师对于自己为之奋斗的事业的理解有多么深刻。恩格斯说,如果当自己所要代表的阶级进行统治的客观物质条件还不成熟时就被迫出来掌握政权,"对于一个激进派领袖来说,这是最糟糕的事情",因为那时他将"不可避免地陷入一种无法摆脱的进退维谷的境地:他**所能**做的事,同他迄今为止的全部行动,同他的原则以及他那一派的直接利益是互相矛盾的;而他**所应**做的事,则是无法办到的"[2]。

然而像沙佩尔、维利希们这样的"情感上的共产主义者"是理解不了这些至理名言的,于是分裂便不可避免了。

马克思——按照他的许多政敌的描写,这是一个热衷于争论和分裂的人——还想尽力团结少数派,使组织不至于最后分裂。他提出了一个建议,包括三点意见:(1)中央委员会从伦敦迁到科隆,把职权移交给那里的区部委员会;(2)现行的同盟章程废除,责成新的中央委员会草拟新盟章;(3)在伦敦组织两个区部,一个由马克思、恩格斯的"多数派"组成,另一个由沙佩尔、维利希的"少数派"组成。这两个区部彼此不发生任何关系,其唯一的联系是双方都属于同盟,都与同一个中央委员会通信。马克思这样做,完全是为了事业的考虑,为了

---

[1]《马克思恩格斯全集》第2版第10卷,第735页。

[2] 同上,第552页。

第六章　流亡伦敦的最初岁月

同盟的统一，为了使走入歧途的"少数派"不致分裂出去。马克思寄望于他们将来在实践中能够逐步认识到自己的错误。

但这个既顾全大局又能使双方都接受的建议却被"少数派"粗暴地拒绝了。沙佩尔宣布说："你们走你们的，我们走我们的。"他把他们自己看成是有牺牲精神和热情的革命家，而马克思们却是"靠笔杆活动的"。即使面对这种粗鲁的侮辱性言语，马克思也尽力做了解释，他是真心实意希望沙佩尔、维利希们不要彻底分离出去。

维利希的态度更加极端。这位前普鲁士部队军官，在巴登－普法尔茨起义的战斗中是个出色人物，但在思想上却是个一团混乱的"真正的社会主义者"。现在，他竟然把马克思、恩格斯的冷静主张看成是"叛卖"，在最后表决前，他和列曼示威性地退出了会场。沙佩尔倒是留下了，但却对马克思的三点建议全投了弃权票，并且拒绝在会议记录上签字。

奥古斯特·维利希（1810—1878）

那一时期争论的激烈程度，竟达到有人要动武的地步：一天晚上，在争论中，维利希激动地向马克思提出决斗。马克思对维利希这种"普鲁士曹长可笑的举动"（按威廉·李卜克内西的说法）嗤之以鼻，但年轻气盛的康拉德·施拉姆却激愤地回骂了维利希。于是在9月11日发生了一场维利希与施拉姆之间的决斗。维利希是久经训练和战阵的军人，枪法不凡，施拉姆却连手枪都没摸过。马克思一家都为这个热情冒失的年轻人深深担心。决斗那天，施拉姆头部受伤，失去知觉，但幸免于死。

争论的结果，是共产主义者同盟一分为二。

维利希和沙佩尔在同盟伦敦区部支持者较多，于是他们召开会议，决定建立自己的中央委员会并把马克思、恩格斯等人开除出同盟。

马克思、恩格斯和他们的拥护者（鲍威尔、普芬德、埃卡留斯、施拉姆、

马克思传

斐迪南·沃尔弗、载勒尔、李卜克内西、豪普特等)则宣布退出"维利希—沙佩尔集团"占多数的德意志工人教育协会和社会民主主义流亡者委员会。不久后，由于法国布朗基派流亡者同"维利希—沙佩尔集团"站在一边，马克思和恩格斯又退出并烧毁了"世界革命共产主义者协会"的协议文件，当时布朗基派的代表茹·维迪尔和亚当都在场。

按照马克思、恩格斯及其拥护者的建议，共产主义者同盟科隆区部担负起新的中央委员会的职责，但维利希和沙佩尔他们却拒绝承认它。

维利希、沙佩尔们的中央委员会主张立即夺取政权。它不断地给德国的盟员发指示、下命令，不顾革命失败后的恶劣条件，要他们立即举行起义，成立临时政府，枪毙先前地方政府和军事机构的成员，总之，是要他们搞一场军事冒险。

马克思、恩格斯则给苏黎世、日内瓦、法兰克福等地的盟员们写信，通报了与维利希、沙佩尔们分裂的消息。

按照伦敦"马克思派"的建议，科隆的中央委员会在9月29日的会议上，决定撤销"维利希—沙佩尔集团"把马克思、恩格斯及其拥护者开除出盟的决定，宣布解散伦敦的组织，并委托埃卡留斯和沙佩尔组织两个彼此独立的伦敦区部——这正是马克思先前的主张。

但维利希、沙佩尔们根本不承认科隆新的中央委员会的权威性。最后，科隆中央委员会不得不宣布把"维利希—沙佩尔集团"开除出共产主义者同盟。

这样，就有了两个"同盟"。维利希、沙佩尔们的那个"同盟"很快就沦为一群流亡者密议冒险、高谈革命的俱乐部，等到连他们自己也已高谈不下去的时候，他们的组织就无声无息地消失了。

至于马克思、恩格斯及其支持者的"同盟"，终结得更早一些，因为它遭到了普鲁士当局的百般压迫，在科隆共产党人被审判之后就无法再存在下去了。这个情况本书在后面还要谈到。

《路易·波拿巴的雾月十八日》

当马克思与维利希、沙佩尔们作激烈斗争的同时，另一个凶猛的敌人——贫困，却让马克思疲于应付，苦不堪言。

从保留下来的信件看，马克思为了弄到一点生活费，几乎动用了所有的亲友关系。他给他们写信，请他们接济。他把自己家里还能找到的一点点值钱东西送进当铺，而燕妮还拖着怀孕的身子到荷兰去找他的姨父求助……

马克思甚至考虑过全家迁居美国。他慎重地请赴美的友人在纽约那里代为找一个立足点，特别是打听一下在那里办报前景如何。在当时，对于贫困交加的流亡者们来说，北美新大陆确实是一个有诱惑力的地方。结果这事没能成功。

恩格斯深知马克思的理论头脑对革命共产主义政党所具有的无比价值。为了维持自己的生活，也为了保证马克思这个理论头脑有进行科学工作所必需的起码生活条件，恩格斯做出了一次决定性的选择：回到他深恶痛绝的"鬼商业"，到曼彻斯特他父亲与别人合开的公司去当职员，这是1850年11月15日前后的事。从那时起，他就开始尽自己所能接济马克思了。恩格斯在公司的年薪起初是200英镑，这笔钱用于一个人倒还是一笔可观的数目，但他却源源不断地把钱寄给马克思一家，从一英镑直到后来上百镑的大额汇款。这"鬼商业"，恩格斯一干就是20年！

而马克思则留在伦敦，在家庭琐事纠缠和流亡者分歧的双重挤压下，奋力读书写作。他现在又开始写那部早在1844年就准备写的经济学巨著。他每天都到不列颠博物馆图书馆去，除了读《经济学家》外，他广泛阅读了大量经济学著作，并写下摘要。仅在他1850年9月底之后读过的书里，我们就可以举出：穆勒的《政治经济学原理》、富拉顿的《论通货的调整》、托伦斯的《罗·皮尔爵士法案原理》、图克的《价格史》第三卷、雷登的《文化的比较统计学》、布莱克的《论调节交换过程的原理》、吉尔巴特的《银行论》《吉米尼书简》、加尔涅的《货币史》、西尼尔的三篇演讲……1851年，他继续在图书馆里加紧准备写作那一巨著。他起初准备在短期内干完这项工作，然后就转向别的研究。但没想到，不列颠博物馆图书馆里那无穷无尽的藏书，遇上马克思那刨根问底的认真习惯，使得这项研究工作变得旷日持久，成了没有尽头的"苦差"。加上他还要经常与流亡者中的敌对派别做斗争，研究工作更是大受干扰。

恩格斯尽管深知马克思的研究态度，但有时也有些耐不住。他经常催促马克思尽快完成自己的著作，不要过分纠缠在细节里。对于总是用流言和党派斗争来搅扰马克思科学研究的人们，恩格斯简直是厌恶透了。有一次在给马克思的信中，他激愤地抱怨说：

其实，我们根本不曾有过任何党，那些我们至少在正式场合将其算作属于我们一党，我们同时又保有权利在私下称他们为不可救药的蠢材的人，连我们的理论的基本原理都不懂。难道像我们这种逃避官职像逃避鼠疫一样的人，适合于有一个"党"吗？

他甚至主张马克思脱离政治党争，将全部精力投入学术研究之中："如果你用经济学加以答复，全体流亡者败类对你散布的一切流言飞语还能起什么作用呢？"[1]

恩格斯的急切心情是可以理解的，但马克思之所以为马克思，正是因为他从不脱离政治斗争。不问政治、埋头象牙塔对他而言是不可想象的。因此，他不能接受恩格斯的劝告，也是可以理解的。

在那个最艰难的时期，马克思的朋友越来越少了，被捕的、迁移北美的、在政治上有歧见而分手或疏远了的……1851年5月中旬，老友弗莱里格拉特由科隆

---

[1]《马克思恩格斯全集》第2版第48卷，第194、195页。

第六章 流亡伦敦的最初岁月

迁居伦敦，使马克思非常高兴。弗莱里格拉特这位著名诗人拒绝了伦敦流亡者各派的争相拉拢，宣布他只拥护马克思以及他的支持者。老友的这种态度，当然使马克思深感欣慰。

然而令马克思感到遗憾的是，他的另一位忠实朋友约瑟夫·魏德迈由于生活极其困苦，移居美国去了。魏德迈到美国后，按照马克思的建议，从事出版业。他准备从1852年1月起出版《革命》周刊，邀请马克思和其他朋友们尽快寄去文章。

马克思立即放下手头的经济学研究，全力为魏德迈的刊物写稿，这样，一部题名为"路易·波拿巴的雾月十八日"①的著作诞生了，它是马克思历史学著作中的又一颗明珠。

1851年12月2日，拿破仑第一的侄子、法国总统路易·波拿巴发动政变，为他恢复帝制铺平了道路。这一事件令全欧洲震惊，有关的评论著作像雨后的蘑菇一样大批冒了出来，"但是所有的人对它都只是感到惊异，而没有一个人理解它"——恩格斯在34年后这样说。

马克思的《路易·波拿巴的雾月十八日》就是在这样一个时刻问世的。恩格斯评价说，这是一部天才的著作。他的评价是公允的。

读这部著作，最初的一个印象就是它的语言辉煌无比，这在马克思本人的著作中也是很突出的。威廉·李卜克内西后来说："《路易·波拿巴的雾月十八日》的语言就是箭和投枪，它的风格是用火烙，用刀杀……这部著作把塔西佗的严肃的愤怒、尤维纳利斯尖刻的讽刺和但丁的神圣的怒火综合在一起了。"② 这样

路易·波拿巴（1808—1873）

---

① 雾月十八日（1799年11月9日）是拿破仑一世发动政变夺得政权的日子，此处用来讥讽路易·波拿巴的政变是对拿破仑一世的拙劣模仿。

② 威廉·李卜克内西：《纪念马克思》，《我景仰的人——回忆马克思恩格斯之二》，人民出版社1982年版，第57页。

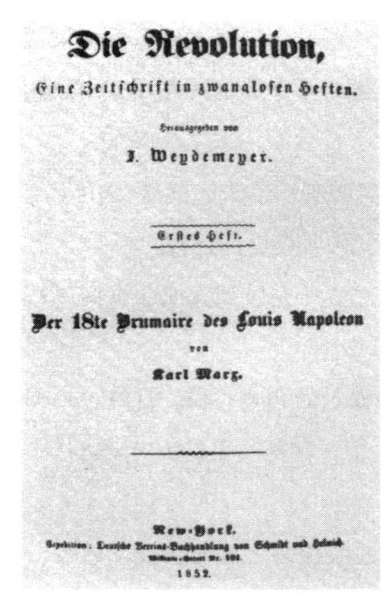

《路易·波拿巴的雾月十八日》

的评价是很确当的。《路易·波拿巴的雾月十八日》中随处可见妙语：庄重华美的格言，简练的警句，幽默的讽刺，引人入胜的叙述，愤怒的揭露，令人发出会心微笑的譬喻……全都绝妙地结合在一起了，它们忽而闪现出这一方面，忽而又闪现出另一方面，让人真有"山阴道上，应接不暇"之感。

如果深入进去，你又会感受到作者那无法驳倒的逻辑。就像透过地表把你引向地心，让你看到层层复杂的地球结构一样，作者把你从喧闹的事件参与者那里带进历史的深层结构，展示了社会政治运动的真正内在脉络。作者之所以能做到这一点，完全是得益于历史唯物主义。

马克思自己后来把《路易·波拿巴的雾月十八日》与同一时期出现、不同作者论述同一问题的两部著作作了一个比较，指出了《路易·波拿巴的雾月十八日》的方法的独到之处：维克多·雨果的《小拿破仑》，只是对政变的发动者作了一些尖刻俏皮的痛骂，却没有意识到，当他把这个事变描写成一个人的暴力行为时，他就不是把这个人写成小人而是巨人了；而蒲鲁东的《从十二月二日政变看社会革命》则相反，他想把政变描述成以往历史发展的结果，但却不知不觉地变成了给政变主人公作历史辩护，从而陷入了那些所谓客观历史编纂学家所常犯的错误。与他们不同，"我则是证明，法国**阶级斗争**怎样造成了一种局势和条件，使得一个平庸而可笑的人物有可能扮演了**英雄的角色**"[①]。

马克思做到了这一点。在他笔下，路易·波拿巴本人不过是一个野心家加无赖，一个对真正伟大的拿破仑的可笑模仿者，一个没有信念的流氓无产者的首领，一个拙劣戏剧的小丑。正是这样一个人，一手制造了1851年12月2日的政

[①]《马克思恩格斯选集》第2版第1卷，第580页。

第六章　流亡伦敦的最初岁月

变,成了法国政治舞台上的"暴发户"。但他之所以能做到这一点,并不是因为他本人有什么过人的本领,而完全是因为过去法国各阶级之间的矛盾和斗争已经给路易·波拿巴铺好了道路。

在马克思看来,1848年革命与1789年法国革命的情形正好相反。1789年法国革命期间,每一个党派都是以更先进的党派为依靠,每当某一个党派把革命推进得很远,以致它既不能跟上更不能领导的时候,它就要被站在它后面的更勇敢的同盟者推开并送上断头台。革命就这样沿着上升路线行进。而1848年革命则相反,是沿着下降路线行进:小资产阶级民主派的背叛使无产阶级遭到了失败,民主派又全靠资产阶级共和派的支持;资产阶级共和国抛弃了它这个麻烦的伙伴,去依靠秩序党的支持,但秩序党却抛开资产阶级共和派,赶忙站到武装力量的双肩上去了,它还一直以为是坐在武装力量的肩膀上,有一天却忽然发现肩膀已经变成了刺刀。"每个党派都向后踢那挤着它向前的党派,并向前伏在挤着它后退的党派身上。"[①]

按马克思的分析,革命所以采取这种沿下降路线行进的方式,是由于资产阶级已不同于早期革命的、勇敢的资产阶级了。这时的资产阶级,由于面对无产阶级的斗争,已经意识到,它为反对封建制度而锻造出来的各种武器都倒过来朝向它自己了。它到处发出反对"社会主义"的声音,甚至把它从前当作"自由主义"颂扬的东西也指责为"社会主义"。这样,它就需要放弃政治权力,以便安逸地享受财产、家庭、宗教和秩序的福利,"要挽救它的钱包,必须把它头上的王冠摘下,而把保护它的剑像达摩克利斯剑一样地悬在它自己的头上"[②]。

这种条件使得路易·波拿巴在与议会权力的斗争中一步步取得了胜利。

路易·波拿巴的政变成功,得力于他在各个阶级之间玩弄平衡术手腕。他讨好军队、收买警察、欺骗农民,同时巴黎无产阶级也不愿意举行起义来反对政变,因为它不愿为资产阶级的共和国作战。结果,法国就接受了一个好像是超越各阶级之上的冒险家的个人专政。

虽然如此,马克思接着指出,波拿巴代表法国社会中人数最多的一个阶

[①]《马克思恩格斯选集》第2版第1卷,第608页。

[②] 同上,第628页。

级——小农。

马克思深刻地分析了小农由于其经济条件的限制而产生的消极心理。小农人数众多，生活条件相同，但彼此间并没有发生多种多样的关系。他们的生产方式不是使他们互相交往，而是使他们互相隔离。他们是自给自足的，他们取得生活资料多半是靠与自然交换，而不是靠与社会交往。这样，法国的国民，便是由一些同名数相加形成的，好像一袋马铃薯是由袋中的一个个马铃薯所组成的那样。由于小农彼此间只存在地域的联系，由于他们利益的同一性并不能使他们彼此间形成任何的共同关系，形成任何的全国性的联系，形成任何一种政治组织，所以他们就没有形成一个阶级。因此，他们不能以自己的名义来保护自己的阶级利益，他们不能代表自己，而是要别人来代表他们。他们的代表一定要同时是他们的主宰，是高高站在他们上面的权威，是不受限制的政府权力，这种权力保护他们不受其他阶级侵犯，并从上面赐给他们阳光雨露。

马克思指出，历史传统在法国农民中间造成了对拿破仑第一的迷信，路易·波拿巴就是利用这种传统迷信夺得了政权。

但是，马克思强调说，波拿巴王朝所代表的不是革命的农民，而是保守的农民；不是农民的开化，而是农民的迷信；不是农民的理智，而是农民的偏见；不是农民的未来，而是农民的过去。马克思认为，受到资本奴役的农民，已经不能像拿破仑第一时代那样从国家那里寻求保护了，"农民的利益已不像拿破仑统治时期那样和资产阶级的利益、和资本相协调，而是和它们相对立了。因此，农民就把负有推翻资产阶级制度使命的**城市无产阶级**看作自己的天然同盟者和领导者"[①]。马克思希望，法国农民一旦对路易·波拿巴失去信心，那时无产阶级领导的工农联盟将会建立起来，如果没有这一联盟的合唱，无产阶级"在一切农民国度中的独唱是不免要变成孤鸿哀鸣的"。

《路易·波拿巴的雾月十八日》中有一段对法国官僚国家机器的特征的著名描述和分析。马克思认为，这个庞大的官僚行政权力是在君主专制时代，在封建

[①]《马克思恩格斯选集》第2版第1卷，第681页。

制度崩溃时期产生的，过去的一切变革都是使这个国家机器更加完备而不是把它毁坏。马克思从历史发展中考察国家权力的演变，认为过去几年的革命先是使议会权力臻于完备，然后再把它推翻；现在它又使行政权力臻于完备，以便以后集中自己的一切破坏力量来反对行政权。马克思的意思是，随着历史的发展而形成起来的、不断扩大膨胀的官僚主义国家终将成为过时的东西而被革命废除。马克思对官僚主义机构是深恶痛绝的，1871年他又提出了革命后用巴黎公社式的政府取代过去的官僚机器治理社会的思想。1917年，列宁在《国家与革命》一书中对这种思想表示了赞赏。但与马克思的这种设想相反，后来的苏联却形成了一个无所不包的官僚主义政治体制。

《路易·波拿巴的雾月十八日》这部杰作，是在极端困难的境遇中写作和出版的。家中没有钱，甚至达到由于上衣送进了当铺，马克思已不能出门的"痛快的地步"（他在给恩格斯的信中这样自嘲）；更不妙的是，马克思生了病，多天不能起床。就是在这样的情况下，他勉力支撑着写出了《路易·波拿巴的雾月十八日》。足以使他欣慰的是，恩格斯及时的接济和书信给他以很大帮助。事实上，恩格斯对《路易·波拿巴的雾月十八日》也提供了自己的思想。从1851年12月13日他给马克思的信中可以看出，他提出了《路易·波拿巴的雾月十八日》中的一些基本观点，马克思在书中则大大发挥了这些观点。

1852年1月1日，马克思写信告诉魏德迈，他把《路易·波拿巴的雾月十八日》的第一章寄出了。此后，下面各章便接二连三寄往纽约。到3月25日，马克思告诉魏德迈，全部手稿都已寄出。

但正在这时候，魏德迈那里却遇到了困难。由于缺少印刷费，魏德迈无法出版这本书。他把这个不利的消息写信告诉了马克思，这对马克思一家无异于雪上加霜：马克思一岁的小女儿弗兰契斯卡在得了严重的支气管炎后，病死了，全家都处于痛苦中。马克思把这个不幸用一句话告诉了恩格斯（1852年4月14日的信），他的夫人则在后来详细记述了当时的凄惨景象：

可怜的孩子与死亡搏斗了三天，受了许多痛苦。失去生命的小躯体停放在后面的小房间里。我们都搬到前面房间，晚上我们睡在地板上，三个活着的孩子同我们睡在一起，我们都为停放在邻室的冰冷而苍白的小天使痛苦。这个可爱的孩子在我们生活上最穷困的时期死去了。我们的德国朋友这时候无力帮助我们。当时经常来我们家的厄内斯特·琼斯曾答应帮助我们，但连他也没有办法。那时躲在我家里、让卡尔修改瑟美列的文稿的匈牙利上校班迪亚，答应暂时给予帮助，但他也是无能为力。当时我迷惘地跑到一个住在附近、常来拜访我们的法国流亡者那里，求他接济我们。他立刻极友善而同情地给了我两英镑，这样才把我的可怜孩子现在安然躺睡的小棺材的钱付清。小女孩出世时没有摇篮，死后也好久得不到最后安息的一席之地。当我们看到她被送进坟墓时，我们是多么伤心啊！①

正当一切希望都似乎已经破灭（马克思语）的时候，峰回路转，出现了一线光明。魏德迈来信说，他意外地遇到了一位来自法兰克福的缝纫工人，这位工人把自己的全部积蓄40美元都交给了魏德迈供其使用。这样，书的出版困难解决了。《路易·波拿巴的雾月十八日》于1852年5月在纽约问世，作为不定期刊物《革命》的第一期，共印了1000册。但是无论在美国还是欧洲，它当时都不畅销。当然，在那个反动势力肆虐的时期，这一结果并不出人意料。

同盟的终结

写完《路易·波拿巴的雾月十八日》后，马克思开始了下一项工作：给伦敦各式各样德国流亡者派别的"大人物"们写"素描"。这件事是在前面燕妮引文

---

① 《动荡生活简记》，《摩尔和将军——回忆马克思恩格斯之一》，人民出版社1982年版，第48—49页。

第六章 流亡伦敦的最初岁月

中刚提到的"匈牙利上校班迪亚"热心鼓励下开始做的。这位班迪亚参加过匈牙利 1848—1849 年革命,革命失败后来到伦敦,与马克思相识,彼此很快就熟悉了。班迪亚现在建议,由马克思写一个小册子来描绘德国流亡者们的种种现状,他担保由他认识的一个柏林出版商出版,付给 25 英镑稿费。

马克思写信向恩格斯征求意见,并认为"这种幽默作品应该由我们合写"[①]。恩格斯回信表示赞成,并愿意尽可能与马克思合写这个东西。他说了一句俏皮话:"25 英镑确实值得干点缺德事。"[②]

于是,这件事就动手干了起来。

马克思、恩格斯之所以乐于写这样一个"素描",是因为流亡者中的各色小资产阶级民主派人物越来越堕落了。这批人夸夸其谈,空喊革命,成立了各种各样的临时政府或委员会,发表了一个又一个宣言和呼吁,其实他们根本不关心怎样去实现自己的诺言;这伙人热心于散布流言飞语,彼此攻讦不休。在日常生活中他们出尽了丑:酗酒抽疯、寻欢作乐无所不为,为了弄到一点钱,简直丢尽脸面。

这些乌烟瘴气的人和事对马克思、恩格斯来说当然是十分不屑的,于是他们遭到来自各方面的攻击,从庸俗诗人金克尔、"德国哲学的看门人"卢格到维利希们,他们给马克思造了许多离奇古怪的谣,甚至因为燕妮是普鲁士内务大臣的妹妹,就编造谣言说马克思是奸细!他们真是让马克思伤透了脑筋,在他那些年的通信中,几乎处处都可以看出他对这些"散播流言飞语的乌合之众"的愤怒回应。他在给魏德迈的一封信里说:"他们甚至**从来也没有**想在实质问题上攻击我,而是企图在生活琐事上诬蔑我,散布关于我的难以言状的无耻谰言,来为他们自己的软弱无能报仇……当然,我对所有这些卑鄙行为都置之一笑,我的工作不会因此受到片刻干扰;但是你知道,我妻子正在生病,她从早到晚都处于极不愉快的日常生活困境中,其神经系统受到损害,当民主派腐臭的阴沟里的恶劣气味由

[①] 《马克思恩格斯全集》第 28 卷,第 58 页。

[②] 同上,第 61 页。

· 177 ·

马克思传

愚蠢的搬弄是非者日复一日地传到她那里的时候,她是不会精神振奋的。"[1]

马克思是想埋头于自己的科学研究,对这些人的喧闹不闻不问,置之不理,可是不久他又不得不承认,"越是不理睬他们,这些未来的哈巴狗就越是狂吠不已"。这样,当有机会给这些人"画像"的时候,他自然不会放过这个机会了。

马克思先在伦敦和他的朋友德朗克合作写出了"素描"的第一篇,然后就到曼彻斯特去,和恩格斯边商量边写作,搞出了后面各篇。回到伦敦后,又由他本人口授,燕妮和德朗克笔录,统一了各篇文字。到6月底,一本包括15篇文章的小册子完稿了。手稿立即寄给了班迪亚。马克思和恩格斯都指望"过三四个星期"就能收到书的样本。

他们的希望落空了。原来,这位"匈牙利上校"班迪亚是一个国际性的密探,他与好几个国家的警察机构有联系。拿到马克思的"素描"后,他根本没有送到什么出版商那里,而是卖给了普鲁士警察局。警方当然指望从这里面得到伦敦政治流亡者内部情况的可靠秘密,但遍览之后,却没有找到多少有用的东西。不管怎样,手稿是不可能印刷出版了。直到1930年,它才公之于世,编者给它加上了标题:流亡中的大人物。

这部著作充满了幽默、戏谑,文学色彩很足,像是一篇篇讽刺性的小品文,把"大人物"金克尔、卢格、海因岑、司徒卢威、梅因、孚赫、鲁·施拉姆、隆格等人的"素描"刻画得活灵活现,让人如闻其声,如睹其面。这些人怎样装腔作势实则不学无术,利用革命搞投机,忽而互相吹捧忽而互相攻击;在私生活中怎样不顾道德,甚至把婚姻也当成获利的买卖;在战场上怎样冒充英雄而实际胆小如鼠,上了法庭又怎样涕泪横流连声忏悔;最后,作为政治流亡者他们又怎样到处发表廉价演说,甚至远渡大洋去美国乞讨……这一幅幅政治漫画,可以说让"大人物"们出尽了洋相。

但由于手稿落到了普鲁士当局手里,流亡者中那些"大人物"又叫喊起来:马克思把秘密出卖给了警察!马克思后来在一篇文章中对事实真相做了说明,并

---

[1]《马克思恩格斯全集》第2版第48卷,第333页。

第六章　流亡伦敦的最初岁月

坦然承认：不错，我们攻击了时髦的空谈家，这当然不是因为他们对国家来说是危险的革命者，而是因为他们起着反革命败类的作用。[①] 同时，马克思也对欺骗他的班迪亚表示了深深的厌恶。

刚批判完"流亡中的大人物"，马克思马上就得跟普鲁士当局一手策划的科隆共产党人案打交道了。

这个案件在这之前早已受到马克思密切关注了。1851年5月10日，共产主义者同盟特使诺特荣克在莱比锡被捕，随身带的文件落到了警察手里。随后，豪普特在汉堡被捕，供出了中央委员会的秘密。警方依靠这条线索，开始了一场大逮捕。几天之后，科隆的共产主义者同盟中央委员会领导人纷纷下狱，其中有毕尔格尔斯、丹尼尔斯、勒泽尔、贝克尔等人。普鲁士当局想抓住这个机会加之以惊人罪名，以便给共产主义运动一次毁灭性的打击。它费尽力气准备了一年半时间，终于在1852年10月4日把11名被告送上了科隆陪审法庭，起诉书指控他们犯有"图谋叛国罪"。

可是用来支持这个罪名的证据呢？警方实在找不到，除了在拘捕被告时查获的《共产党宣言》《共产主义者同盟章程》《同盟中央委员会告同盟书》这样一些文件外，几乎就没有别的什么了。仅凭这些，只能证明被告们参加了对现存政府持敌视态度的秘密宣传团体，却根本无法拿来给他们定罪，因为刑法典里并没有要惩罚秘密宣传团体的规定。于是，在国王的授意下，警官施梯伯指挥一批密探在巴黎、伦敦之间展开了一场行动，想方设法去搜罗共产主义者同盟"密谋"的证据，搜罗不到时，就干脆搞伪造了。

在伦敦，密探力图打进共产主义者同盟，但很快就被识破了，被赶了出去。马克思家周围也经常有来路可疑的人徘徊，他的往来信件时时被拆被盗，他的行动受到严密监视、跟踪。警探们的努力没能逃过马克思的眼睛，他和他的朋友们谨慎小心，结果让密探们一无所获。

但警方在维利希和沙佩尔们那边却有收获。按照施梯伯的指示，一个叫罗伊

[①] 参见《马克思恩格斯全集》第9卷，第46页。

· 179 ·

特的密探撬开了维利希派中央委员会秘书狄茨的写字台，偷走了一批文件。普鲁士官方根本不管"马克思派"与"维利希派"早已因原则性分歧而分裂为两个互不相干的组织的事实，而是按照自己的需要把"维利希派"的东西全部扣到"马克思派"头上。

然而证据仍然贫乏。于是施梯伯在法国警方的协作下，制造出了一个"德法密谋"。经过大概是这样的：普鲁士警探利用在伦敦偷来的文件，在巴黎打进维利希和沙佩尔的地方支部，搞到了一些信件，逮捕了几个人，靠一个奸细舍尔瓦尔，弄出了"德法密谋"。但当局还是没法把属于"马克思派"的科隆被告们跟"德法密谋"联系起来，因为"德法密谋"发生在科隆被告们被捕之后，而且它属于跟被告们完全对立的组织！

这时施梯伯情急无奈，只好直接伪造证据了。他在法庭上拿出一份"'马克思派'的原本记录"，硬说这是科隆被告们被捕后，"马克思派"在伦敦成立的中央委员会的历次会议记录，上面记下了对许多密谋计划的讨论。施梯伯的这份"原本记录"，其实是由几个密探在伦敦编造出来的，施梯伯却把它说成是"用钱从一个同盟盟员那里买到的"。

这样，整个事件从一开始就是一场骗局。当局煞费苦心想要把伪造的罪证弄得天衣无缝，其实却是弄巧成拙。因为时间拖得越久，就越容易引起社会舆论的注意，当局的手脚就越不好做，所以它只好采取两个办法来保证审判不出差错：一是想方设法挑选对政府有利的陪审员，二是拼命控制邮检，以便不让事件真相从伦敦传到科隆。

马克思和他的战友们一起，全力以赴与政府的这些阴谋做斗争。他们首先要在密网般的邮检中钻出一个洞，在他们和科隆案件的被告辩护人之间建立联系。这件事尽管很难，但还是取得了很大成就。马克思通过种种渠道把许多有关材料送到了辩护人手上，其中有关于舍尔瓦尔这个奸细的活动的、关于维利希和沙佩尔等与"马克思派"的区别的……文件和说明，都是这样交给辩护律师的。为了迷惑普鲁士当局，信件都要抄写6到8份，从曼彻斯特等城市的各种商业地址和假商业地址寄出去，或者经过巴黎、法兰克福等地转手寄往科隆。通过这种办

第六章 流亡伦敦的最初岁月

法，确保了信件不致被警方全部截走。特别到了开庭期间，马克思和他的朋友们简直是夜以继日，高度昂奋，大家都紧张得像高速运转的机器。马克思夫人也参加了这项工作，她在给朋友的信中这样描述：

> 我们这里现在有了整套办事机构。两三个人写东西，另一些人跑腿，还有一些人筹集便士，以便使写东西的人能够生活下去，并能把前所未闻的丑行的证据端到旧的官方世界的面前，再加上我的三个活泼的孩子又唱又叫，他们常常被他们的严厉的爸爸赶走，真是热闹极了。①

马克思和恩格斯大力争取在报刊上发表声明，使普鲁士警察局的把戏当众出丑。可是这件事做起来很不容易。当时法国已临近波拿巴的"雾月十八日"，刊登这样的声明已"不合时宜"，以致马克思和恩格斯往巴黎报刊上投寄的声明都没有结果。往英国《泰晤士报》等处投寄的揭露普鲁士政府明目张胆搞违法侦讯的文章也都未能刊出。但是在开庭审判期间，由恩格斯、弗莱里格拉特、马克思、威廉·沃尔弗共同署名的声明，得以在伦敦的五家英文报纸上刊登出来。这份声明呼吁人们注意科隆审判中将被揭发出来的"警察局所干的违反誓约、伪造文件、篡改日期、窃盗等等一切骗人勾当，这些勾当甚至在普鲁士政治司法史册上都是没有先例的"②。

这些努力没有白费，它们让普鲁士当局在公众面前一败涂地。根据马克思提供的材料，被告的律师施奈德第二在法庭上把作伪证者弄得狼狈不堪，追问得张口结舌，坐立不安。法庭上出现了戏剧性场面：施梯伯在被告辩护人连珠炮般的质问下只好一再支吾其词，再不然就是拒绝回答问题。至于那个起初当作法宝的"原本记录"，当庭被证实全系伪造，已变成了检察官避之唯恐不及的大麻烦，他被迫承认这完全是个"不真实"的、"不吉利"的东西，对案件毫无裨益。

事情发展到这一步，人们都充满希望地等待法庭宣判被告无罪。但正像马克

---

① 《摩尔和将军——回忆马克思恩格斯之一》，人民出版社1982年版，第76页。

② 《马克思恩格斯全集》第8卷，第429页。

思随后说的，摆在陪审员们面前的是这样一个毁灭性问题："被告有罪还是政府有罪。被告无罪就等于判决政府有罪。"① 在这个二者必取其一的抉择下，陪审员违背良心，宣判了 11 名被告中的 7 名有罪：诺特荣克、毕尔格尔斯、勒泽尔各 6 年要塞监禁，赖夫、奥托、贝克尔各 5 年，列斯纳 3 年。埃尔哈特、雅科比、克莱因和丹尼尔斯四人被宣告无罪。

还在审判期间，马克思就打算在案件结束后尽快写一篇著作来揭露当局的卑劣。这篇著作写出来了，而且是在马克思连书写纸都买不起，不得不把上衣当掉买纸的境况中飞快地写出来的，它的标题是《揭露科隆共产党人案件》。这是一本"不是对原则进行辩护，而是根据事实和案件进程的叙述来抨击普鲁士政府"（如马克思自己在给恩格斯的信中所设想的）的小册子。小册子写得非常出色，它用大量事实证明了当局和警探们的卑劣无耻，它那讽刺的笔调让人读起来忍俊不禁。出版这本小册子的小沙贝利茨说，他确信它将引起很大轰动，因为它是一部杰作。

但这部杰作却遭到了厄运。小沙贝利茨在瑞士印了 2000 册，将它们在巴登靠国境边上的一个小村子里存放了一个半月，1853 年 3 月 6 日，这些书正准备运往德国内地时，突然被警方查出并全部没收。第二天，小沙贝利茨沮丧地把这个消息写信告诉了马克思，此时马克思刚从一场使他"差点死了"的肝炎中挣扎出来，大病未愈，又遭新创，心情可想而知。

《揭露科隆共产党人案件》

---

① 《马克思恩格斯全集》中文第 2 版第 11 卷，第 541 页。

好在小册子在美国的命运较佳。它先是由波士顿的《新英格兰报》刊登，随后又出了单行本，印数500册。恩格斯自费订印了420册，准备在德国销售。马克思为此事同在德国的拉萨尔商议过，拉萨尔同意帮助，但后来的情况便不得而知了。总之，这部小册子当时并没有能够广为流传，直到1875年再版后，它才拥有了广泛的读者群。

科隆审判后，共产主义者同盟已无法继续存在下去。1852年11月17日，根据马克思的提议，共产主义者同盟宣布解散了。

但善后事宜并没有结束。马克思此后为救济科隆案件中的受害者的家属继续进行努力，他起草了呼吁书，号召人们来帮助"工人政党的先锋战士"的"无依无靠的家属"。幸存的前盟员们都在呼吁书上署上了名字。

33年后，恩格斯写道：从1852年科隆共产主义者被判决时起，德国独立工人运动的第一个时期便结束了。共产主义者同盟的盟员们日后散落欧美，天各一方。有的脱离了政治斗争，经商致富；有的参加了其他党派，当上了议员、市长；也有的死于贫困艰辛；马克思、恩格斯、李卜克内西、普芬德等人则在侨居生活中坚持信念，迎来了后来国际工人运动的新高涨。

至于那个分离出去的"维利希—沙佩尔集团"，在科隆案件后不久也分化瓦解了。沙佩尔这位误入歧途的老战士，还在科隆审判之前就意识到了自己的错误并向马克思表示了重归队伍的愿望。马克思最终也向他伸出了和解的手。此后，沙佩尔一直是马克思忠实的朋友，临终前，他还以忏悔的心情向马克思说起当年自己的那一段"胡闹"。而维利希（1853年马克思还写了一本小册子《高尚意识的骑士》批评他）在移居美国后也在南北战争中为北军建立了功勋。对于他们，马克思后来都在指出他们当年错误的同时，作出了恰当的肯定评价，并宽容地把他们的过失归因于特殊的环境。

第七章

冷寂的 50 年代

第恩街 28 号

19 世纪 50 年代对革命者来说是寒冷的冬季，看上去革命的复苏至少在最近的未来是没有可能的。马克思尤其痛切地感受到这个"反动年代"的严酷。随着共产主义者同盟的解散，他与德国政治生活的联系便基本上中断了：他的著作一再被查禁而无法流传，他的名字被排除在国界之外，他的稿件在欧洲大陆上几乎找不到地方发表。大陆上的各国当局似乎是齐心协力、一致行动，有意用"封杀"的手段把这个"危险人物"隔离起来、"冷冻"起来，让他被人们遗忘并困死在那个岛国的贫穷潦倒之中。

在伦敦几经搬迁之后，马克思一家在 1850 年 12 月住进了第恩街 28 号。

这里属于肮脏混乱的索荷区，遍布小街陋巷，穷人穿行其间。28 号这幢房屋建于 1734 年，是伦敦随处可见的千篇一律的乔治式建筑中的一幢。它缺少卫生设备，厕所是公用的，日常用水也必须到楼下去打。更糟糕的是，由于市政建设的落后，这里极利于疾病的传播。在 19 世纪 40 年代和 50 年代，霍乱、斑疹伤寒在这里都闹得很厉害，夺去了不少人的生命，其原因是下水道通过了 1665 年大瘟疫（黑死病）死者的墓地。直到 1855 年，成立了市政工程局，政府着手建立一个下水道系统，以便使下水道不致流向泰晤士河在本市的河段。

走进马克思的家，就会强烈感到这个家庭生计的艰难窘迫。一些同时代的人曾描写过这个家，我们最好是引用一个普鲁士警探的记叙，此人在 1853 年曾混入马克思家中，把见到和探听到的情况写成报告呈送给了警察局：

第七章 冷寂的50年代

马克思住在伦敦最穷、因此也是最便宜的住宅区。他租的套房只有两间房，一间对着街，这是客房，后面那间是睡房。屋里的家具都糟透了，简直不成样子：都是些用坏了的、摇摇晃晃的破烂货；到处是一层厚厚的尘土，所有东西都七零八落。客房中央放着一张上面铺胶布的旧式桌子。桌上堆满了手稿、报纸、书籍、儿童玩具、破旧衣服和马克思夫人的手工活；除此之外还可以在那里看到有缺口的茶杯、用脏了的勺、刀、叉、大蜡台、小酒盅、墨水瓶、荷兰烟斗、烟灰——这一切都乱七八糟地堆在桌子上。

索荷区第恩街28号

来访的人一走进马克思房里，立刻就会堕入煤炭和烟草的弥漫烟雾之中，开头他必得像在山洞那样摸索着移步，直到眼睛渐渐习惯于黑暗，能够在这滚滚烟雾之中辨别出一些东西为止。所有的东西都很脏，都盖满灰尘，要想往哪儿坐下去是危险的：一张椅子一共才三条腿，另外一张碰巧还完整无缺，可是孩子们在上面玩着做饭菜。递给客人坐的正好是这张椅子，那上面孩子们做的饭菜还没有擦干净，谁要是坐下去，肯定会把裤子弄脏了。但马克思和他的妻子对这一切丝毫不感到难为情。他们会很殷勤地接待您，给您递上烟斗、烟草，随便从手底下抓一杯清凉饮料端给您，交谈很有意思、很愉快，这就补偿了简陋的陈设和不舒适的条件。

马克思一家在这里住了将近6年。在这里，他和他的妻子先后失去了两个孩子：1852年4月14日死去的1岁的小女儿弗兰契斯卡和1855年4月6日死去的8岁的埃德加尔。他们的女儿爱琳娜，则是1855年1月16日在这里出生的。

第恩街28号的日常生活是与奔走借债、躲债和进当铺联系在一起的。马克思尽管很少谈论自己的琐事，但在他给恩格斯的书信中仍然有大量有关这方面的感人叙述。我们看到，这位大经济学家经常为几个先令而发愁。作为学者，他在思考世界历史性问题时，往往还要思考当天全家的面包问题。至于当铺，不仅马克思和他的夫人是那里的常客，就连孩子们也早就对那里烂熟了，她们的童年记忆，总是与"三个救命的球"（英国当铺门前的标记）联系着的。

为了生活，这一家人什么东西没送进过当铺！稍微值钱一点的用具，燕妮的陪嫁，马克思的上衣、裤子和鞋子……马克思曾不止一次在信里说：由于衣服进了当铺，他无法上街，无法去图书馆，被"软禁"在家里了。

马克思本人喜欢和朋友们谈起他在当铺的一次尴尬经历。

那次，当铺老板仔细端详着马克思带来的一套精美银器时，上面刻着的阿盖尔男爵家族特有的纹饰和警句引起了他的注意：这可是苏格兰历史上的名门望族啊！渐渐地，他把目光转到马克思身上来了。这个面色黝黑、衣着陈旧、头发胡子乱蓬蓬的外国人，是从哪里弄来的这套珍贵器皿呢？要不要去找警察呢……最后，马克思不得不在这个老板的盘问之下，从头到尾给他解释银器的来历：这是他的夫人的财产，而他夫人的母亲，祖上正是苏格兰阿盖尔家族。

马克思还要经常同肉铺、食品店的老板们打交道，同房东打交道，为了赊欠一点日用品和食品，他要同他们费多少唇舌，而到期没钱还债，又多么使他为难！为了躲避债主，他不止一次住到伦敦的朋友家或曼彻斯特恩格斯那里。

前面说过，恩格斯自从到曼彻斯特经商后，便全力用自己的收入支持马克思。他寄来的钱一次又一次地把马克思一家从可怕的境况中解救出来。在火烧眉毛的时候，往往得到半英镑就能够摆脱可怕的处境——有一次燕妮这样说。然而，在自己收入也还有限的时候，恩格斯的帮助还不能使马克思一家完全摆脱贫困。马克思仍必须想办法挣钱谋生。

但是，在那个年代，流亡者找一项有稳定收入的工作是非常不容易的。马克思前后想了不少办法，都没有成功。为美国的一家报纸《纽约每日论坛报》定期写稿，所得稿费在许多年中就成了他的重要经济来源。

第七章 冷寂的50年代

《纽约每日论坛报》撰稿人

《纽约每日论坛报》是在北美影响巨大的一家报纸。它由一位新闻出版商和政治活动家霍拉斯·格里利于1841年创办，以宣传美国自由资产阶级的进步理想而享有盛名。到19世纪50年代，它已拥有20万订户，资力雄厚，读者众多，在美国报坛独树一帜。更重要的是，它在编辑部的一位主要人物查理·德纳的领导下，经常宣扬一种"美国式的"傅立叶主义，这使得它比一般资产阶级自由派的进步报纸又高出一筹。

1848年11月，德纳曾访问过《新莱茵报》，结识了马克思，对这位知识超群、风华正茂的总编辑留下了深刻印象。革命失败，马克思流亡伦敦后，德纳以他作为新闻记者的敏感，意识到了马克思这根"笔杆子"对《纽约每日论坛报》的价值。1851年8月8日左右，德纳写信给马克思，邀请他做《纽约每日论坛报》的固定撰稿人。

马克思很痛快地接受了下来。他当时面对着极度贫困，正需要用钱，得到这样一份工作是很不错的。最初的文章是由恩格斯替马克思写的，因为马克思当时正忙于研究经济学，而且他对用英文写作也还没有十足把握。后来是由马克思用德文写出稿件寄给恩格斯，再由恩格斯译成英文寄出。直到1853年1月29日，马克思写信告诉恩格斯："昨天我第一次冒险自己用**英文**为德纳写了一篇文章……只要我有一本很好的语法书并大胆动手写下去，事情一定会顺利地进行的。"[①] 此后，他就一篇篇地给《纽约每日论坛报》寄去自己写的英文稿。恩格斯看到这些发表的文章后，愉快地写信给马克思说："请接受我的祝贺。英文不但写得好，而

---

① 《马克思恩格斯全集》第28卷，第211页。

马克思传

且很出色。"[①]当然，他同时也指出了马克思"有的地方习惯语用得不太合适"。给《纽约每日论坛报》写英文稿锻炼了马克思的英文写作能力，后来，他的英文写得和德文一样出色。

给《纽约每日论坛报》写稿，每星期要交出两篇，每篇稿酬起初是一英镑，不久提到两英镑，这对一个贫困交加的流亡者来说，已经相当可观了。马克思夫人写道："这份固定的收入，使我们可以偿还一些旧债，并安静地生活了。"[②]

但马克思决不满足于靠给报纸写稿换取稿费。尽管要受到报纸的种种限制，马克思还是在文章中表达了自己的观点，宣传了自己的主张。弗兰茨·梅林中肯地评论说，马克思"忠于自己的信念，把借以糊口的文笔生涯也变成了崇高的事业。由于他在写作论文时经过深入刻苦的研究，他就使这些论文具有了不朽的价值"[③]。

在马克思十年期间给《纽约每日论坛报》写的五百余篇文章中，主要是时事评论。它们涉及面极广，包括军事、外交、欧洲各国政治、东方问题、经济问题述评等等。这些文章使马克思有机会纵论天下，其中许多文章很快就引起了极大注意，后来也成为了名篇。例如关于英国帕麦斯顿的对外政策的评论，对沙皇俄国的评论，对英国在印度、中国等地的殖民活动的分析的文章，都是如此。

德纳深知马克思的名声和才智，即使从招徕读者这点来说，马克思对他也是十分重要的。但报纸却和资产阶级老板一样，以雇主对待伙计的办法对待马克思：对马克思寄来的稿子，经常是随意处理，合心意的刊登，不合需要的则扔进纸篓，分文不付。有时候拖延几个星期，迟迟不用，有时候任意增删，全不管作者是否同意。报纸还时常把马克思寄来的文章当成自己的社论刊登，而把一些马克思所说的"无关重要的短评"署上作者的名字发表。当经济危机到来、报纸营业额下降时，他们便毫不犹豫地把马克思的稿子扣压下来。这种种吝啬小业主的做法让马克思恼火之至，但又毫无办法。

[①]《马克思恩格斯全集》第28卷，第252页。
[②]《摩尔和将军——回忆马克思恩格斯之一》，人民出版社1982年版，第49页。
[③] 梅林：《马克思传》，第301页。

第七章 冷寂的50年代

1857年，在报纸长期扣压马克思的稿子不发之后，马克思实在忍不住了。他给恩格斯的信里大骂《纽约每日论坛报》这帮"美国佬"："一个人不得不把能同这类小报为伍视为幸福，这实在令人作呕。像习艺所的赤贫者一样，把骨头捣碎，磨成粉，再煮成汤——这就是一个人在这种企业里完全注定要做的政治工作。我简直是头蠢驴，我不仅最近，而且多年来，为了几个钱而给这些家伙拿出的东西太多了。"①他给《纽约每日论坛报》写了一封"不客气的信"，同时，按照恩格斯的建议，开始向美国其他报纸寻找合作机会。马克思的威胁居然奏效了，《纽约每日论坛报》妥协了，答应每周支付一篇文章的稿酬，不论发表与否，而第二篇文章的稿酬则要视发表与否而定。这样，实际上是把马克思的稿酬减了一半。

德纳在1857年4月的一封信里向马克思建议，为他们编的一套《美国新百科全书》写词条。马克思为此事征询了恩格斯的意见。恩格斯认为，这是一件值得干的工作，来得正是时候。他相信这是一件费力不多（"许多条目只要抄一抄或翻译一下就行了，较大的条目也不用花费很大的力气"）又能对马克思有"巨大的帮助"的事情。恩格斯立刻就行动起来了，提出了一大堆详细的设想和询问。他甚至轻松地向马克思说，最好是让德纳把整个百科全书完全包给我们，"只要能够换来成色足的加利福尼亚黄金，我们提供'成色足'的知识是很容易的"②。

这件工作就这样干起来了。事实上，它远不像恩格斯讲的那么省事。恩格斯自己就不能允许自己草率马虎，"抄一抄或翻译一下"。他为了写军事方面的条目，查阅了大量参考书，因此后来他才能够自信地说，他和马克思提供给德纳的条目，"绝大多数是独创的作品，而不是像他从别人那里得到的那种拙劣的东拼西凑的东西"。恩格斯写了所承担的大部分条目，马克思也写了一部分条目，其中包括拿破仑的几位元帅和外交官、拉美的玻利瓦尔和1848年德国革命中的罗伯特·勃鲁姆等。这项工作最后拿到的稿酬并不像作者们期望的那样丰厚，但由于他俩相当认真，条目写得不同凡响。

---

① 《马克思恩格斯全集》第29卷，第97页。

② 同上，第124页。

· 191 ·

永不知足的学者

为《纽约每日论坛报》以及临时为其他一些报纸（例如 1855 年为《新奥得报》）写稿，加上家事的纠缠、流亡者间的争论，都不能妨碍马克思以惊人的速度扩大自己的知识。熟悉他的人都知道，他最厌恶的是"空谈家"，他不能允许自己对所研究的对象一知半解却信口开河。因此，无论是为他的构思宏大的经济学著作做准备，还是为报刊写时评，他都要研究有关的一切资料，这种研究又总是从一个问题推展到另一个问题，从一个领域扩大到另一个领域，永不知足。恩格斯有一次半开玩笑地说，马克思不把世界上的书读完，他是不会动手下笔的。

不列颠博物馆

自从定居伦敦后，不列颠博物馆图书馆就成了马克思每天必到的地方。可以说，马克思把大半生都交给了这里。

坐落在大罗素广场上的不列颠博物馆，是世界闻名的博物馆。1753 年，英国政府根据国会的法令接收了汉斯·斯隆爵士遗留下来的私人藏书和文物，建立了这座博物馆。它在 1759 年正式开放，包括博物馆和图书馆两个基本部分。图书馆里面藏书宏富,从古代东方的罕见文书到近代各门科学的著作、杂志,无所不包。按照1842年英国的版权法规定,凡在英国出版的书报杂志,都必须送一份给这里收藏。它的藏书量逐年增加,因此在1857年又建成了一座更加宏伟的新阅览室。新阅览室设计先进,使用方便,充分考虑到了读者的舒适、简便。它是圆形的,这是为了使任何一位读者都不致离中心服务台太远并能坐在反光的座位上。所有桌子都彼此隔开,

不列颠博物馆阅览室

以使读者互不干扰。每张桌子均配有一支羽毛笔和一支钢笔。桌面和椅面都覆以皮革。周围的书架上放满各类参考书、工具书,供人使用。这里借书手续十分简单,服务相当周到,图书馆里的光线和温度也都非常适宜,真是一所供学习者用的最理想场所。

自从1850年6月马克思得到不列颠博物馆的阅览证后,他的绝大多数著作就都跟这里联系在了一起。除了生病、天气恶劣和暂时离开伦敦外,马克思差不多每天从早9点到晚7点都在这里查资料,做摘要,写著作,晚上回家后又接着工作,经常通宵达旦。这种过度的脑力劳动在不知不觉中吞噬着他的健康。从19世纪50年代前期起,他先前那强壮的身体就开始出毛病了,后来更是时常闹病。头痛、肝病、多年的痔疮……使马克思大受其苦。医生一再警告他停止夜间工作并注意加强锻炼,不得已时,他也只有照办。但一当身体稍稍好转,夜间劳动又恢复了,一切依旧,直到再次病倒。深知他的工作习惯的李卜克内西在他去世多年后说,如果马克思能早下决心过一种正常的生活,那么他肯定会活到今天。这种说法是有道理的。

除了1854年至1856年期间马克思忙着写报刊文章外,其余时间,他最主要的研究方向一直是经济学。他深入透彻地钻研了政治经济学的历史,从古希腊的

马克思在不列颠博物馆阅览室里常坐的位置

色诺芬一直读到他的同时代人的著作；他研究了各个不同时期的经济史，尤其是资本主义的经济史；他还研究了农艺学，特别是农业化学。他对于资本主义生产中工艺的应用、科学技术的发明等都有精深的了解。在他的笔记摘录中，他对几个世纪以来数学、物理学以及其他科学在生产中的运用，做了详细记录。对于货币与价格理论、流动资本的周转、资本主义企业中的账簿计算等，他都下了极深的功夫。他还读了卷帙浩繁的官方报告，其中包括大量的工厂视察员报告——蓝皮书。这些蓝皮书是被英国议会中的议员们当作废纸卖掉，而马克思又从旧书商那里廉价买来的。

给报刊写国际评论的同时，马克思也对世界各主要国家的历史和现实做了广泛深入的研究。除了先前就喜爱并谙熟的法国历史外，马克思又把目光投向英国、俄国、西班牙、巴尔干……他收集并分析了许多论著、回忆录、官方文件以及史诗、游记，对古代罗马、日耳曼、克尔特、斯拉夫的历史直至近代国际关系、外交史等，也都下了扎扎实实的功夫。19世纪50年代，他的视野扩大到东方和美洲，他把大部头的有关征服墨西哥和秘鲁的书都读遍了，也读了当时所能搜集到的关于印度、中亚、东南亚和中国的著作和记述。明白了这些，人们就不会对《资本论》中居然还有一处提到中国清代户部侍郎王茂荫感到奇怪了。

马克思在语言学方面有过人的造诣。李卜克内西说，马克思是运用自己的母语——德语的最卓越的大师和创造者之一。他瞧不起在学院里靠呆板教学法灌输出来的德语。他一方面竭力主张语言的简洁和正确，有时甚至达到咬文嚼字的程度，另一方面又非常注意语言的独创性。在他的著作中，许多严谨的概念都是用形象生动的譬喻和典故表达出来的。梅林认为，马克思对德语的出色运用，使他成为一位德国语言的大师，以致在把他的文字翻译成外文时不免要失去许多神韵。

我们知道，还在青少年时代，马克思就已经掌握了拉丁语、古希腊语和法语。定居伦敦后，他的英语突飞猛进，很快就能用来写作了。从那时起，英、法、德三种文字就成了他表达思想的基本文字。正像李卜克内西所说，他用英文和法文写作就像真正的英国人和法国人一样：给《纽约每日论坛报》写文章用的是典范的英文，《哲学的贫困》一书用的是典范的法文。

除此以外，马克思也能熟练地用意大利语进行阅读。在伦敦，他读了许多意大利语写成的著作，如但丁、马基雅维利、乔·布鲁诺等人的诗歌和论著。

1854年5月3日，马克思在信中告诉恩格斯，他正在"抽空学西班牙文"。他从卡德龙的《神奇的魔术家》开始，借助于辞典，读了许多有名的西班牙文著作，包括塞万提斯的《堂·吉诃德》。仅仅过了五六个月，马克思就能够轻松自如地研究大部头的西班牙文历史和政治专著了。以后，马克思又陆续自学并掌握了其他几门语言，至此，他已能够阅读欧洲的大多数文字。克里木战争期间，他甚至想学阿拉伯文和土耳其文，但没能实现。他的记忆力惊人，又相当勤奋，所以学会一门语言对他而言并不困难。

对"世界工厂"的观感

定居伦敦后，马克思有机会更加切近地观察英国这个"世界工厂"的经济、政治和社会生活了。在他19世纪50年代写的文章中，有相当一部分是评论英国问题的。

我们前面说过，在马克思寄给《纽约每日论坛报》的文章中，最初的是由恩格斯以马克思的名义写的，那是分多次连载的、论德国1848年期间的革命和反革命的文章。在这之后，马克思从1852年8月6日起亲自给该报写稿。他是从评论英国选举中的党派之争开始的。从分析托利党和辉格党的各自立场及彼此间的异同起，马克思陆续对宪章派、自由派也都作了分析；他还时常就议会辩论、内阁政策、政局变化、财政问题、贸易自由、商业繁荣、国债、预算、金融等发表自己的意见。这些文章除了在《纽约每日论坛报》发表外，还有许多在英国的报刊上进行了转载，引起了公众的注意。

马克思认为，英国传统政治中主要的两大党——托利党和辉格党，实质上一个代表着土地所有者的利益，另一个代表着资产阶级和贵族的利益。托利党人是地租的狂热拥护者，对英国旧的政治制度和宗教制度恋恋不舍，他们力求保持由于资本主义工商业发展而注定要覆灭的制度和政治权力。辉格党人则向资产阶级作一切已被社会和政治发展进程证明是必然的和急迫的让步。当托利党彻底垮台的时候，辉格党也就失去其历史地位了。

对于工业资产阶级的代表即自由贸易派，马克思称他们为"现代英国社会的正式代表者"。领导这个党派的是英国资产阶级中最积极最坚决的部分——工厂主。他们力求使资产阶级取得不受任何限制、不加任何掩饰的统治，以便资本能够畅行无阻地运动。他们的最终要求必然是资产阶级共和国。然而，马克思分析说，这些资产者只是力求实现议会改革，却决不会进行革命。因为，如果说贵族是他们垂死的对手，那么工人阶级却是他们新生的敌人，因此他们宁愿同垂死的对手勾结，也不愿用实在的、并非表面的让步去助长日益成长的、掌握着未来的敌人。但是，马克思仍然相信，资产阶级将在历史必然性的推动下不可避免地完成自己的使命，把旧英国即过去的英国彻底破坏，成为政权的唯一执掌者。那时工人阶级同资本的斗争就会全面展开，最后将走到社会革命。

马克思把宪章派称为"不列颠工人阶级的具有政治积极性的部分"[①]。他们为之斗争的目标是普选权，但是"普选权就等于英国工人阶级的政治统治"。因为，无产阶级在英国占人口的绝大多数，他们已经清楚地意识到自己的阶级地

---

① 《马克思恩格斯全集》第8卷，第390页。

位,因此,"在英国,普选权的实行,和大陆上任何标有社会主义这一光荣称号的其他措施相比,都将在更大的程度上是社会主义的措施"[1]。

既然给宪章派运动以如此之高的评价,那么在实践中,马克思便自然地对宪章派给予了全力支持。

马克思和恩格斯与宪章派中革命派的两个重要领袖乔治·朱利安·哈尼、厄内斯特·琼斯是老朋友了。马克思、恩格斯积极参加宪章派19世纪50年代的活动,不断地给他们的报刊写文章。马克思不光给琼斯的《人民报》写文章不要报酬,而且还跟他一起整天到处奔走为报纸筹集资金。而哈尼,在马克思定居伦敦后就成了他家的不拘礼节的常客。1850年11月,哈尼在他出版的《红色共和党人》上发表了《共产党宣言》的英译本,并加按语称这是历来世界上最革命的文件。这也是《共产党宣言》的第一个英译本。

但在马克思、恩格斯和他们的相处中,也有不少不愉快的争吵。正当马克思、恩格斯与维利希等进行激烈斗争的时候,哈尼却站到了维利希一边。哈尼同维利希他们一起参加会议,一起举行各种活动,这自然让马克思和恩格斯很是生气,于是他们对哈尼的态度也是不客气的。但是,尽管他们之间的关系磕磕绊绊,最终也还是朋友。当他们都已步入老年的时候,哈尼又成为恩格斯的挚友之一。至于琼斯,随着宪章运动在19世纪50年代的日渐衰落,他本人也开始与资产阶级激进主义者接近,热心于同他们一起建立各种协会和委员会。这时候,马克思和恩格斯对他的批评非常尖锐,1859年甚至一度和他断交。因为在他们看来,琼斯通过同资产阶级激进派的妥协,在很大程度上放弃了宪章派的革命精神。马克思甚至预言,琼斯"将毁灭自己并搞垮宪章派"[2]。然而到60年代初,他们的友谊又恢复了。1869年琼斯去世时,马克思和恩格斯都深感痛心。

实际上,马克思和恩格斯与宪章派领袖间的聚散离合,一定程度上反映出他们与英国工人运动的关系。在这个发达的资本主义国家中,工人运动有着很大的

---

[1]《马克思恩格斯全集》第8卷,第391页。

[2] 同上第29卷,第551页。

规模，但由于现实的与传统的种种原因，这个岛国始终对马克思的革命学说保持着距离。工人中间存在着强大的改良主义情绪，以致马克思和恩格斯经常对这里工人中的普遍萎靡状况持尖锐批评态度。但他们仍然非常重视这个国家的工人阶级运动，因为在他们看来，英国毕竟具有实现社会主义的最充足的物质条件。

欧洲政治评析

欧洲国际关系和外交问题，是那些年马克思关心的中心问题之一。他在《纽约每日论坛报》上的许多文章都是论述这类问题的。

当时欧洲政治中的主要事件，都没有脱出他的视野。例如普奥之间对德意志领导权的争夺，法兰西第二帝国的对外政策及其与雄心勃勃的普鲁士之间的矛盾，巴尔干和近东地区的国际冲突，俄国这个东欧大帝国的扩张野心、英国政府狡猾的对外政策手腕等，都在他那支尖刻机智的笔下得到了分析。由于马克思的政局分析是以深厚广博的历史研究为基础的，所以它们不同于一般的肤浅时评，而是具有很强的历史感。

从1853年10月起，马克思写了一组抨击英国政坛老手帕麦斯顿（先后当过外交大臣、内务大臣、首相）的文章。它们被《纽约每日论坛报》作为社论陆续发表了大部分，同时又由宪章派的《人民报》全部发表。这些文章引起了极大反响。

在这些文章中，马克思简练地分析了帕麦斯顿长期以来所推行的对内和对外政策，刻画出一个玩弄手腕、圆滑狡诈、惯于挑拨离间、制造纠纷，假装同情人民独立但实际上从来都热衷于出卖别人的英国政客形象。为了写这些文章，马克思细心地分析了半个世纪的英国蓝皮书、议会报告、外交报告，还有大量的国际条约和外交文件汇编、评论集以及报刊材料。结果他得到这样一个结论，即"帕麦斯顿数十年以前就把自己出卖给俄国了"①。这种说法看来是有些极端过火了，但却揭示出一个事实：英国外交政策长期以来确实同俄国外交政策存在着某种默契，其所以如此，自然是由英国统治阶级的私利所决定的。

有趣的是，由于马克思写了这组文章，他意外地与戴维·乌尔卡尔特这个有名的英国外交家有了往来。乌尔卡尔特是帕麦斯顿外交政策的一贯反对者，在他看来，帕麦斯顿是被俄国收买的奸细，他主张英国应当支持土耳其，全力来反对俄国。反对俄国——他和马克思的共同点就在这里，但也仅仅只有这一个共同点，因为在其他一切问题上，他们两人都是截然对立的。乌尔卡尔特是反社会主义革命的，而马克思却直言不讳地告诉他说自己是一个革命者。

他们两人的会见是在1854年2月初。乌尔卡尔特在这之前已经读到了马克思论帕麦斯顿的文章，大加赞赏，因此一会面他便恭维马克思说，那些文章写得就像出自他所热爱的"土耳其人"之手。马克思眼中的这位外交家却"是一个十足的偏执狂"。但这并不妨碍马克思承认他在揭露以帕麦斯顿为代表的英国外交政策方面的功绩，因而马克思认为可以和这个"主观上无疑是反动分子"的人在唯一的共同点上合作。后来乌尔卡尔特那一派把马克思论帕麦斯顿的政论文出了单行本，大量印行，他们的刊物也发表了马克思的一些文章。

全力号召反对沙皇俄国，甚至主张打一场对沙俄的战争，这是《新莱茵报》时期马克思、恩格斯的立场。19世纪50年代，他们继续坚持这一立场。正因此，对于1853—1856年的克里木战争，他们持一种欢迎的态度，这在他们对克里木战争的评论文章中很明显地表现了出来。他们认为，这毕竟是资本主义民族对落后反动的农奴制民族的作战；英、法战胜俄国，将能削弱这个国际反动势力的最大堡垒在西方的影响。但同时，马克思、恩格斯在分析战争进程时又认为，英、法一方并不愿意完全打垮沙皇制度，因为它们需要保留沙俄这个欧洲革命的死敌。它们对俄作战时战场是摆在俄国边沿，目的正在于不致使这场战争转变成人民起来反对沙皇专制的战争。

---

① 《马克思恩格斯全集》第28卷，第306—307页。

也就在同一时期，为了进一步揭露英国对沙皇俄国的纵容、依赖和"奴颜婢膝"，马克思计划写一本小册子。他在1856年2月研究了许多17世纪末和18世纪初几十年的历史文件资料，得出这样的结论：俄国那时就是在英国支持下成长为一个大国的。根据这些分析，马克思写成了一组题为"十八世纪外交史内幕"的历史论文，发表在乌尔卡尔特派的《自由新闻》上。它们以异常尖锐的厌恶态度描述了沙俄怎样由一个内陆国家抢占出海口，扩大版图，变成威胁西欧进步的大帝国，而在这个过程中西方各大国又起了怎样的作用——顺便说一下，过去的苏联学术界对马克思揭露沙皇俄国扩张的文章是不大喜欢的，因而苏联出版的《马克思恩格斯全集》和为马克思写的传记，常常设法对这些文章转弯抹角地进行批评贬损，例如说马克思掌握的资料不全面、马克思的评论过于尖刻、马克思受到了"对俄国不怀好意"的西欧史学家的影响等等。当苏联官方把先前沙俄统治者的"业绩"视为自己的光荣"传统"时，这样的做法是不难理解的。

东方问题

19世纪50年代马克思写的文章，有不少是评论西方列强与东方落后国家的关系的。它们涉及的范围很广，包括土耳其、伊朗、印度、阿富汗、中国、缅甸等国家和地区。它们虽然都是依政局发展而不时为报刊写的"时评"，但其中仍贯穿着马克思对西方列强的殖民政策以及东方落后国家社会发展问题的一般看法。

我们知道，19世纪中后期是西方资本主义工业化国家向东方加快扩张的时期。争夺巴尔干、瓜分"奥斯曼遗产"、深入中东、进一步加强对印度的控制、接二连三地发动对华战争以砸开中国封闭的门户……都在这一时期。在这个过程中，列强不只是依仗先进的技术所生产出的商品，他们更依仗手中先进的武器，去实现血与火的军事征服。

第七章 冷寂的50年代

马克思对于西方资产阶级在东方的野蛮殖民主义政策，持一种强烈的道德上的谴责。对于一位革命者来说，这是必然的：他正在为了争取自己人民的自由而不懈战斗，对于自己的敌人在另一个地方的罪行，又怎么能不表示出深深的愤恨！马克思在论及不列颠在印度的统治时这样写道：

> 当我们把目光从资产阶级文明的故乡转向殖民地的时候，资产阶级文明的极端伪善和它的野蛮本性就赤裸裸地呈现在我们面前，它在故乡还装出一副体面的样子，而在殖民地它就丝毫不加掩饰了。①

因此，马克思无论是在讲到英印当局对印度民族大起义的镇压时（这方面的文章在1857—1858年时特别多），还是在评述西方列强发动的第二次鸦片战争时，笔下都充满着对东方民族的同情和对西方殖民者的嫌恶。

例如，马克思称1856年开始的第二次鸦片战争为"极端不义的战争"，他谴责说："广州城的无辜居民和安居乐业的商人惨遭屠杀，他们的住宅被炮火夷为平地，人权横遭侵犯，这一切都是在'中国人的挑衅行为危及英国人的生命和财产'这种站不住脚的借口下发生的！"②

正当欧洲报刊上响起一片对印度起义者的"暴力行为"的诅咒时，马克思却力图在文章中"让大家明白，印度的英国统治者，绝不像他们想在世人面前装扮的那样，是印度人民的非常温和的和无可责难的恩人"③。他用丰富的材料叙述了英国统治者对当地人民一贯的残暴冷酷、专横无礼和对人民习俗、信仰的轻侮，通过这些事实他证明，即使起义者真地有英国报刊上所说的那些"暴行"，那也完全是事出有因的。

马克思不仅对殖民地人民反对外来压迫的斗争表示同情和支持，他甚至对这些斗争寄托了很大的希望。当中国发生太平天国起义时，他提出一个"大胆预

---

① 《马克思恩格斯选集》第2版第1卷，第772页。
② 同上，第704页。
③ 《马克思恩格斯全集》第12卷，第291页。

言":"中国革命将把火星抛到现今工业体系这个火药装得足而又足的地雷上,把酝酿已久的普遍危机引爆,这个普遍危机一扩展到国外,紧接而来的将是欧洲大陆的政治革命。"①这是希望落后国家的农民起义能够造成连锁反应把西方的革命发动起来。当然,今天看来这种希望是不可能实现的,因为当时无论中国的农民还是欧洲的无产者,都远不具备造成马克思所希望的那种局面的能力。马克思的这个"大胆预言"显然是过于大胆了。

然而,马克思的这些文章,最重要的还不在于他对列强的殖民政策和当地人民的反抗表示了态度,而在于他从近代世界历史的总体发展中对东方落后民族的未来前途提出了看法。

按照马克思的意见,东方民族之所以在近代以来抵挡不住西方资本主义的扩张而沦为被剥夺宰割的对象,首先有其自身的内在原因。关于这种原因,马克思在1853年6月与恩格斯有过一番通信讨论。

1853年6月2日,马克思根据弗朗斯瓦·贝尔尼埃(法国医生、旅行家和作家)的《大莫卧儿等国游记》,向恩格斯说明:"贝尔尼埃完全正确地看到,东方(他指的是土耳其、波斯、印度斯坦)一切现象的基础是不存在土地私有制。这甚至是了解东方天国的一把真正的钥匙。"②

十天后,恩格斯复信,同意马克思的意见,并就东方各民族没有达到土地私有制甚至没有达到封建的土地所有制的原因,作了详细的分析。这些分析,马克思随后在论述印度社会的文章中便充分地加以利用了。

6月14日,马克思又写信给恩格斯,提出:"亚洲这一部分的停滞性质(尽管有政治表面上的各种无效果的运动),完全可以用下面两种相互促进的情况来解释:(1)公共工程是中央政府的事情;(2)除了这个政府之外,整个国家(几个较大的城市不算在内)分为许多**村社**,它们有完全独立的组织,自己成为一个小天地。"他对这种中央专制政府与封闭孤立的村社的相互作用作了一番详细阐述后,写道:"我认为,很难想象亚洲的专制制度和停滞状态有比这更坚实的

---

① 《马克思恩格斯选集》第2版第1卷,第695页。
② 《马克思恩格斯全集》第28卷,第256页。

基础。"①

根据这些通信中的内容，马克思在公开发表的文章中一再说明，东方社会长期停滞的根本原因，在于它的闭关自守的小农业、手工业与至高无上的中央专制政权之间的结合，使得社会结构具有任何政治动乱都无法打破的稳固性，从而缺少独立走向更高的社会形态的能力。马克思在《不列颠在印度的统治》一文中指出，印度是这一类型的社会的最好例子：

"从遥远的古代直到19世纪最初10年，无论印度过去在政治上变化多么大，它的社会状况却始终没有改变。曾经造就无数训练有素的纺工和织工的手织机和手纺车，是印度社会结构的枢纽。"②

对于中国这个东亚的"天朝大国"，马克思的了解还不像对印度的了解那样多，而且他在中国并没有发现在印度传统社会中起那样重大作用的村社。但他看到在这里有一个重要特征与印度是相同的，那就是小农业与小手工业的牢固结合与高高在上的中央专制并存，这阻碍了中国与外界的积极交往，以致中国人和印度人一样，都充满盲从驯顺、封闭苟安而又盲目自大的心理。马克思多次对东方民族的这种心理不客气地加以评论。例如关于印度，他指出，在这里"人的头脑局限在极小的范围内，成为迷信的驯服工具，成为传统的规则的奴隶，表现不出任何伟大的作为和历史首创精神"③。他还描写过中国人的"不顾时势安于现状"。

这种封闭停滞的社会一旦遇上用近代工业装备起来的西方殖民者，就不可避免地要打败仗。所以马克思在《中国革命和欧洲革命》一文中说："与外界完全隔绝曾是保存旧中国的首要条件，而当这种隔绝状态通过英国而为暴力所打破的时候，接踵而来的必然是解体的过程，正如小心保存在密闭棺材里的木乃伊一接触新鲜空气便必然要解体一样。"④

---

① 《马克思恩格斯全集》，第271—272页。
② 《马克思恩格斯选集》第2版第1卷，第763页。
③ 同上，第765页。
④ 同上，第692页。

在这里，便接触到了一个对我们东方民族来说十分敏感的问题：怎样看待西方资本主义在东方历史发展中所起的作用？

马克思的回答完全是历史唯物主义的，也就是说，他是从历史发展的必然性而不是从抽象的道德情感出发去看待问题的。固然，他承认并称赞落后民族人民反对外来侵略的正义斗争，他深切同情那些地区的人民所遭受的痛苦和不幸，他愤怒地谴责西方侵略者的残暴和卑劣，但所有这些都不能妨碍他看出，站在停滞落后的农业文明基础上反对近代大工业文明是注定无望的。他同时也深刻地看到在这场力量对比悬殊的斗争中道德与历史必然性的错位："在这场决斗中，陈腐世界的代表是激于道义，而最现代的社会的代表却是为了获得贱买贵卖的特权——这真是任何诗人想也不敢想的一种奇异的对联式悲剧。"①

在评价英国在印度的统治时，马克思认为，英国给印度带来了深重的灾难，它破坏了印度社会的整个结构，而且至今没有任何重新改建印度社会的意思，它使印度失掉了自己的旧世界而没有获得一个新世界，这就使它的居民现在所遭受的灾难具有了一种特殊的悲惨色彩，并且使英国统治下的印度同自己的全部古代传统、同自己的全部历史断绝了联系。但是，英国同时却在亚洲造成了一场最大的、老实说也是亚洲历来仅有的一次社会革命。尽管这场革命的制造者完全是被极卑鄙的利益驱使的，在谋取这些利益的方式上也很愚钝，但英国不管干出了多大的罪行，它在造成这个革命的时候毕竟是充当了历史的不自觉的工具。因为，"资产阶级历史时期负有为新世界创造物质基础的使命：一方面要造成以全人类互相依赖为基础的普遍交往，以及进行这种交往的工具，另一方面要发展人的生产力，把物质生产变成对自然力的科学统治。资产阶级的工业和商业正为新世界创造这些物质条件，正像地质变革创造了地球表层一样"②。通过使个人和整个民族遭受流血与污秽、穷困与屈辱，不自觉地为实现历史的进步、人类的自由创造物质前提，原是资产阶级的任务，也不可能指望它做更多的事情。

在那些面对历史的客观性只会发出悲叹的浪漫主义者看来，马克思的这些

---

① 《马克思恩格斯选集》第2版第1卷，第716页。

② 同上，第773页。

论述大概很像是在为西方殖民主义作辩护和唱赞歌。但这种观念只表明他们自己的肤浅而已。对于精通辩证法的马克思来说，一方面历史的现实进步是无可阻挡的，任何抱怨悲泣都没有意义，另一方面任何现实又总是"暂时的"，所以马克思完全可以在承认现实必然性的同时又不致落入为它的暂时形式作"辩护"的可悲地步，而是用发展的眼光关注于它的未来，它的自我否定。立足于这种角度，马克思看到，英国在印度的殖民统治的未来结果，将会是印度"这个巨大而诱人的国家"的"复兴"。这将会通过两种途径达到：一种是英国本国现在的统治阶级被工业无产阶级推翻；另一种是印度人自己强大到能够完全摆脱英国的枷锁。总之，在马克思看来，通过这两种方式，印度人民将会收到英国资产阶级在他们中间播下的新的社会因素所结的果实。

这些论述代表了19世纪50年代马克思对东方社会问题所持的一般观点。在如今我们这个盛行文化相对主义和文化保守主义的世界，这些观点已经被不少人看作是过时的"欧洲中心论"了。但如果人们不是悬浮在从"文化"到"文化"的虚空，而是扎扎实实立足于纷扰"庸俗"然而现实的物质世界，那就不难看到，历史正是按照马克思所说的方式实现自身的进步。道德评判毕竟不能代替客观历史。

"1857—1858年手稿"

1856年10月初，马克思一家终于告别住了五年多的第恩街28号，搬到了汉普斯泰特路哈佛斯托克小山梅特兰公园格拉弗顿坊9号。

这次能够搬家，得益于马克思夫人的母亲去世时留给她的一笔遗产。有了这笔数目不大的款子，家庭生活毕竟暂时宽裕了一些。全家人都认为，第恩街的"旧洞穴"无论如何不能再待下去了。马克思经过两个星期的努力，总算找到了

哈佛斯托克小山梅特兰公园格拉弗顿坊9号

现在的这栋新居。

新居是1849年建造的独门独户的新住宅，年租金36英镑，价钱可以算是相当便宜的。比起先前的"旧洞穴"来，新居"阔"得多了，宽敞、明亮，附近就是公园，绿草茵茵，景色优美，空气新鲜。尽管周围道路还没竣工，每逢下雨泥泞不堪，而且离不列颠博物馆也远了一些，但它还是让马克思一家都快活了一阵子。马克思写信告诉恩格斯说："现在你如果来伦敦，将会看到一个像样的家了。"①

但是好景不常，马克思一家很快就受到了1857年危机的影响。在这次世界性的危机里，欧洲和北美到处都是工厂倒闭、企业破产、失业激增、商品过剩。马克思一家直接受到的打击，就是《纽约每日论坛报》现在每周只登马克思的一篇文章了，稿酬于是下降了一半。"这样一来，我们的钱袋又空了"，马克思夫人写道，"于是债务越来越重"。马克思又不得不向恩格斯写信呼救。

但危机仍然使这两位革命家兴奋，他们以嘲讽的心情看着资产者们怎样因危机而陷入了狼狈。恩格斯简直是有点"幸灾乐祸"地在信中写道："上星期这里交易所的整个景象极其可笑。我的突然的异乎寻常的高兴，使当地的先生们非常生气……当然，这时我总是作令人不愉快的预言；这就使蠢驴们加倍地生气。"② 马克思接连写了几篇文章给《纽约每日论坛报》，根据英、法、德的大量报刊材料和亲身观察，证明这次危机根本不在于种种偶然原因，而在于现代社会经济本身所具有的性质。这两位朋友由此相信，新的一次战斗又将在不久后揭幕。

① 《马克思恩格斯全集》第29卷，第72页。
② 同上，第201—202页。

第七章　冷寂的50年代

于是，尽快完成自己对资本主义经济的研究，"为的是在洪水之前至少把一些基本问题搞清楚"①，就成了马克思的急切心愿。

从1857年7月起，马克思开始使自己的经济学研究进入一个决定性阶段：他要把自己多少年来辛苦脑力劳动积累的浩繁资料和丰富思想，在最短时间内整理、总结出来，最后好把它们变成一部具有高度科学性的巨著。

这是一项无比巨大的工程，马克思把它看得像自己的生命一样重要："哪怕是整个房子塌下来压在我的头上也要完成。"与此同时，马克思又不得不在白天为《纽约每日论坛报》写东西养家糊口，能够给自己留下的只有夜晚。在那段时间里，在马克思给恩格斯的书信里常看到这样的话："我现在发狂似地通宵总结我的经济学研究""我的工作量很大，多半都工作到早晨四点钟"。这种远非常人所能负担的超负荷工作，又几乎从头到尾是在肝病、胆病、痔疮……加上贫困中完成的！

于是给后人留下了著名的"1857—1858年经济学手稿"。

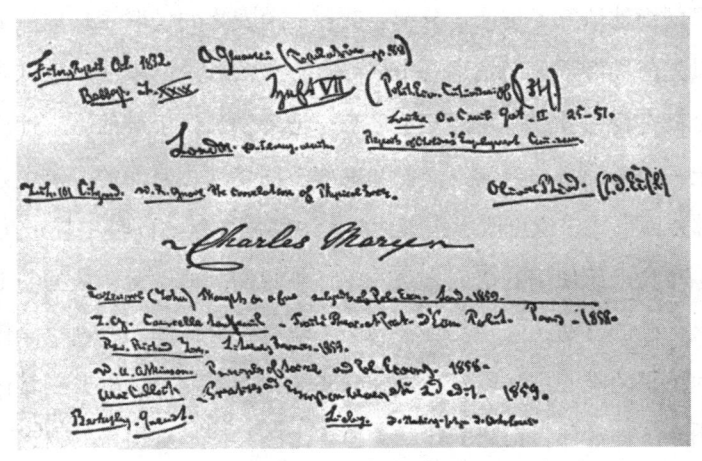

"1857—1858年经济学手稿"第Ⅶ本封里

这是一部篇幅浩大的著作手稿，其中包括对政治经济学对象与方法的阐述、对政治经济学史的一系列重要人物的评析、对马克思自己的经济学发现的详细论

---

①《马克思恩格斯全集》第29卷，第219页。

述和对资本主义以前各种经济形态的极有价值的研究。它还不是一部像后来《资本论》那样精心修琢、条分缕析的艺术品般的著作,但确实是一座堆满了珍贵财富的思想宝库。

仅仅《导言》这部分手稿就足以证明这一点。《导言》是马克思对自己的政治经济学研究的方法论所作的一个总说明,但他后来把它压下来了,"因为仔细想来,我觉得预先说出正要证明的结论总是有妨害的,读者如果真想跟着我走,就要下定决心,从个别上升到一般"①。这是具有高度学术素养的作者对读者提出的高要求,为此他不惜把这篇内容极为丰富深刻的《导言》放弃了。这也体现出作者对科学研究的严谨性。

在《导言》中,马克思首先说明,任何生产都是社会的生产,生产的一切时代都有某些共同标志、共同规定,"生产一般"是一个合理的抽象。但是,在了解生产一般的同时,不能忘记各种不同社会生产方式的本质差别,研究这些差别和各种生产方式的特点,应当是政治经济学的首要任务。

马克思仔细地研究了生产、分配、交换、消费之间的联系。他从辩证的方法出发,反对先前经济学家们把这几个"要素"分割开来的做法。他认为,这些都是统一的生产过程中彼此联系的几个环节。他特别强调生产的决定性作用,一定的生产决定一定的消费、分配、交换和这些不同要素相互间的一定关系。同时,生产就其单方面形式来说也取决于其他要素。不同要素之间存在着相互作用。

马克思对自己所使用的研究方法作了详细说明。他认为,从抽象上升到具体是"科学上正确的方法"。与黑格尔把实在理解为自我综合、自我深化和自我运动的思维的结果的唯心主义幻觉不同,马克思认为,从抽象上升到具体的方法,只是思维用来掌握具体,把它当作一个精神上的具体再现出来的方式,但绝不是具体本身的产生过程。具体是现实的起点,因而也是直观和表象的起点。通过切近深入的研究分析,人们从表象中的具体达到抽象。这时,它就是一个具有丰富规定和关系的总体了。应用这样的抽象于研究,在思维的过程中导致具体的再

---

① 《马克思恩格斯选集》第2版第2卷,第31页。

现，使具体在思维中表现为综合的过程，表现为结果而不是起点，正是马克思在经济学研究中使用的方法。马克思认为，从简单上升到复杂这个抽象思维的进程是符合现实的历史过程的，也就是说，逻辑的方法是与历史相一致的。正如恩格斯后来指出的，实际上逻辑的研究方式"无非是历史的方式"，但它的优点在于摆脱了历史的形式以及起扰乱作用的偶然性。[①]

《导言》中关于艺术发展与物质生产发展的不平衡关系的分析，虽然还十分简略，但是兴味无穷，因为这里把唯物史观的态度与庸俗社会学的态度作了明确的区分。马克思是这样开始的："关于艺术，大家知道，它的一定的繁盛时期绝不是同社会的一般发展成比例的，因而也绝不是同仿佛是社会组织的骨骼的物质基础的一般发展成比例的。"怎样解释这种现象呢？以希腊艺术为例。构成希腊艺术土壤和希腊人幻想基础的希腊神话，是绝对不可能产生在现代大工业的时代的。因为，"任何神话都是用想象和借助想象以征服自然力，支配自然力，把自然力加以形象化；因而，随着这些自然力实际上被支配，神话也就消失了"[②]。马克思把希腊艺术比作儿童的艺术，随着人类步入自身能力大大加强的成年，他们就不再能创造出儿童的艺术了。艺术仍与各个不同时代的现实相关联，但却不能作简单机械的理解。

那么，为什么这种儿童的艺术仍能给现代人以艺术享受，甚至"就某方面说还是一种规范和高不可及的范本"[③]呢？马克思的回答是，儿童的艺术中所表现出的那种纯真性，同时也能使成年人感到愉快；"为什么历史上的人类童年时代，在它发展得最完美的地方，不该作为永不复返的阶段而显示出永久的魅力呢？"[④]这里，实际上涉及审美心理中的超阶级性、超时代性问题。虽然只是以比喻的方式说出的寥寥数语，但已经给后来马克思主义美学家的深入研究开辟了前景。

手稿的主要部分，是密密麻麻写满了七大本的"政治经济学批判"草稿，其

[①] 《马克思恩格斯选集》第2版第2卷，第43页。
[②] 同上，第29页。
[③] 同上。
[④] 同上。

篇幅达到五十多个印张。马克思自己说这个草稿"很乱,其中有许多东西只是以后的篇章才用得上"[1],说明这还只是供作者自己"把基本问题搞清楚"的初稿,并不准备照这样子拿去出版。实际上,它就是后来《资本论》的初稿。但它里面所包含的丰富内容,又有很多是《资本论》中所未收入的,因此这部《资本论》初稿和《资本论》相比,自有其独立的理论价值。

这批手稿分成两大部分:《货币章》和《资本章》。后一章又占了总篇幅的绝大部分。成熟的马克思经济学说的基本内容,都已经包含在这里面了。

《货币章》从批判蒲鲁东主义的"劳动货币"概念开始,详细阐述了构成马克思整个经济学说基础的价值和货币理论。

《资本章》包括从货币到资本的转化、剩余劳动与剩余价值、绝对剩余价值与相对剩余价值、不变资本与可变资本、资本的再生产和流通、资本主义的积累和原始积累、剩余价值如何转化为自己的各种形式、资本主义一般利润率的形成等一系列重要问题的论述,熟悉《资本论》的读者想必对这些概念非常了解,我们也认为最好还是把它们放在后面讲《资本论》时去读。

手稿中的一个部分具有特殊的价值,这就是标题为"资本主义以前的各种形式"的一节。马克思在这一节里考察了资本主义以前的各种经济社会形态,对它们的所有制形式及其演变、解体论述尤深,并且还对资本主义生产关系产生的历史过程提出了决定性的看法。这个部分不仅具有经济学的意义,而且对后来研究古代历史、研究东方社会的学者都有重大启发,如关于"亚细式生产方式"的论述,就成为后来各国学术界广泛争论的课题。可惜"艺术是长久的,而人的生命是短促的",马克思无论在《资本论》里还是在晚年,都已经没有精力和时间专门用长篇来论述这些问题了。

---

[1] 《马克思恩格斯全集》第29卷,第317页。

《政治经济学批判》

马克思的经济学手稿还没有写完,出版的机会来了。于是他放下手稿,开始为出版经济学著作而写作。

在这件事上,拉萨尔在柏林帮了不小的忙。

马克思和恩格斯虽然在19世纪50年代已经远离德国,但关于拉萨尔的种种消息还是经常传到他们耳中。根据了解到的情况,他们认为拉萨尔有才华,也不缺少活动能力,但怀有强烈的虚荣心,他向贵族人物献媚,向工人讨好,都是为了个人目的。所以他们两人认为拉萨尔不足以信任,但有条件的合作还是可以的。当拉萨尔在1857年4月给马克思来信时,马克思并没有回信。但拉萨尔在同年12月17日再次来信,并附上他表弟麦克斯·弗里德兰德邀请马克思为奥地利报纸《新闻报》写稿的信时,马克思回了一封"简短而冷淡"的信,回绝了弗里德兰德的约稿,同时简略地提到了自己正在写的经济学著作。1858年2月22日,马克思在收到拉萨尔寄来的他自己的著作《爱非斯的晦涩哲人赫拉克利特的哲学》后,又复信给拉萨尔,询问能否在柏林找到一个出版商。

拉萨尔在这事上非常热心。不久以后他就给马克思来信,告知他已同他自己的出版商弗兰茨·敦克尔谈妥,要出版马克思的著作。出版计划按照马克思的设计,全部著作分成6个分册:(1)资本;(2)地产;(3)雇佣劳动;(4)国家;(5)国际贸易;(6)世界市场。采取完全学术化的叙述方式(为的是不违反政府的"警章"),每个分册4—6个印张。敦克尔方面承诺的是,一个印张付稿酬三个金币(据拉萨尔说是很高的,一般教授只得两个金币),条件是每隔两个月马克思提供一个分册的稿件,而敦克尔有权停止出版第三分册,且第一分册必须在5月底写完。

马克思传

但第一分册的实际完成是在第二年即1859年的1月下旬。在这期间，马克思先是肝病发作，以致他一度不得不完全放下工作去曼彻斯特休养，后来是家人的贫病交加使马克思不得不先去挣钱谋生，把时间都耽误了。此外，马克思异常认真的习惯又使得他不能对自己这"十五年的、即我一生的黄金时代的研究成果"[①]抱不负责态度，这样，交稿时间就延误了下来。最后，当完稿付邮时，马克思竟窘迫到没有钱把这"倒霉的手稿"寄走。他在当天（1859年1月21日）给恩格斯的求援信中长叹："未必有人会在这样缺货币的情况下来写关于'货币'的文章！写这个问题的大多数作者都同自己研究的对象有最好的关系。"[②]恩格斯及时地寄来了两英镑。

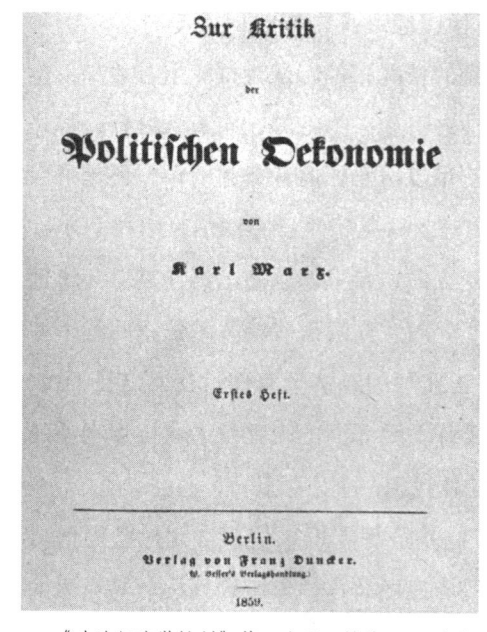

1859年6月11日，《政治经济学批判》第一分册由柏林弗兰茨·敦克尔出版社出版了，印数1000册。

对后人来说，《政治经济学批判》一书最重要的可能是它的序言，因为那里面完整地阐述了马克思的唯物主义历史观，字字金石，落地有声，与其转述，不如全部引用：

《政治经济学批判》第一分册，柏林1859年版

我所得到的，并且一经得到就用于指导我的研究工作的总的结果，可以简要地表述如下：人们在自己生活的社会生产中发生一定的、必然的、不以他们的意志为转移的关系，即同他们的物质生产力的一定发展阶段相适合的生产关系。这些生产关系的总和构成社会的经济结构，即有法律的和政治的上层建筑竖立其上并有一定的社会意识形式与之相适应的现实基础。物质生活的

[①]《马克思恩格斯全集》第29卷，第546页。

[②] 同上，第371页。

第七章 冷寂的50年代

生产方式制约着整个社会生活、政治生活和精神生活的过程。不是人们的意识决定人们的存在，相反，是人们的社会存在决定人们的意识。社会的物质生产力发展到一定阶段，便同它们一直在其中运动的现存生产关系或财产关系（这只是生产关系的法律用语）发生矛盾。于是这些关系便由生产力的发展形式变成生产力的桎梏。那时社会革命的时代就到来了。随着经济基础的变更，全部庞大的上层建筑也或慢或快地发生变革。在考察这些变革时，必须时刻把下面两者区别开来：一种是生产的经济条件方面所发生的物质的、可以用自然科学的精确性指明的变革，一种是人们借以意识到这个冲突并力求把它克服的那些法律的、政治的、宗教的、艺术的或哲学的，简言之，意识形态的形式。我们判断一个人不能以他对自己的看法为根据，同样，我们判断这样一个变革时代也不能以它的意识为根据；相反，这个意识必须从物质生活的矛盾中，从社会生产力和生产关系之间的现存冲突中去解释。无论哪一个社会形态，在它所能容纳的全部生产力发挥出来以前，是决不会灭亡的；而新的更高的生产关系，在它的物质存在条件在旧社会的胎胞里成熟以前，是决不会出现的。所以人类始终只提出自己能够解决的任务，因为只要仔细考察就可以发现，任务本身，只有在解决它的物质条件已经存在或者至少是在生成过程中的时候，才会产生。大体说来，亚细亚的、古代的、封建的和现代资产阶级的生产方式可以看作是经济的社会形态演进的几个时代。资产阶级的生产关系是社会生产过程的最后一个对抗形式，这里所说的对抗，不是指个人的对抗，而是指从个人的社会生活条件中生长出来的对抗；但是，在资产阶级社会的胎胞里发展的生产力，同时又创造着解决这种对抗的物质条件。因此，人类社会的史前时期就以这种社会形态而告终。[①]

《政治经济学批判》第一分册只有《商品》和《货币或简单流通》两章，但这两章却以高度精确的方式第一次阐述了马克思全部经济学说的基础——马克思

[①]《马克思恩格斯选集》第2版第2卷，第32—33页。

亚当·斯密（1723—1790）　　大卫·李嘉图（1772—1823）

的价值和货币学说。在这里，马克思继承了亚当·斯密和大卫·李嘉图以来的英国古典政治经济学的价值理论，但又大大超越了他们。古典经济学的一大成就，就是认识到劳动是价值的源泉，但由于把资本主义生产当作生产的永恒形式，从而不能把创造价值的抽象劳动与创造使用价值的具体劳动区分开来。马克思则由于把资本主义本身看作一个暂时的、历史的社会形态，因而能够高于他的前人，发现商品劳动的二重性。而这对于马克思来说是一个决定性的革命，因为唯有在劳动二重性理论的基地上，才能建构起他的整个经济学体系。后来，《资本论》第一卷重新论述了劳动价值理论，并作了极大的扩充。为了叙述的完整性，我们在后面介绍《资本论》时再谈这个理论。

第二章是马克思对自己货币理论的全面完整的阐发。它说明在商品流通过程中的矛盾如何产生了货币，而货币的职能又怎样在最后固定到贵金属身上。马克思详细研究了货币在历史上依次出现的几种职能：价值尺度、流通手段、贮藏手段和世界货币。在这一章里，还包括对马克思之前各种关于流通手段和货币的学说的评析。与第一章一样，第二章的基本内容后来在《资本论》中也都重新出现过，但却大大压缩了，而关于经济学说史的部分则尽行删去。由于这些原因，即使在《资本论》问世后，《政治经济学批判》也仍然具有独立的科学价值。

第七章 冷寂的50年代

马克思对于自己这部凝聚15年心血的扛鼎之作是非常重视的。书一出版，他就开始留意各种反应。那篇出色的序言最先在伦敦德国流亡者的《人民报》上刊登，随后，美国的许多德国侨民报纸也纷纷转载，并加上了种种按语。这对马克思来说是值得欣慰的。但在欧洲方面，情况很是让人沮丧。不仅资产阶级学术界对这部书毫无反应，而且马克思自己的密友们也都对这部书表示大惑不解。李卜克内西说，从来没有一本书使他这样失望过；另一个朋友比斯康普直接对马克思说，他不明白写这本书"有什么用处"。马克思曾经密切注意德国经济学界刊物的评论，他并不期望得到赞扬，而是期望"攻击或批评"，但最后他不得不承认，他得到的只是"完全不理"。在一片沉寂中，只有恩格斯出来为《政治经济学批判》写了两篇书评，对马克思所使用的全新方法和在政治经济学上的重要发现给予了说明。这两篇书评在《人民报》刊出后，又是美国"从纽约到加利福尼亚的德文报纸都转载了"（马克思在1859年10月5日的信中这样告诉恩格斯）。尽管如此，仍然没能打破欧洲这边的沉默。

在这种情况下，马克思的沉重心情是可想而知的。1859年10月2日，他写信给拉萨尔，说如果德国读者仍旧对这部著作毫不关心，"那么后面的各部分我打算直接用英文写，不再对德国的蠢材们抱任何希望"[①]。《政治经济学批判》第二分册的写作搁置下来了，因为家庭生活的紧迫需要和政治斗争在往后两年里占据了马克思的时间。在19世纪60年代进一步的经济学研究中，他用新的写作计划代替了先前分册出版的设想。

《政治经济学批判》在当时受到冷遇是不奇怪的。马克思曾把原因归于资产阶级用"沉默"来抵制他的阴谋，这种愤激之语不能说没有根据，但很可能夸大了资产阶级的恶意。更重要的原因恐怕在于，这部著作的全新方法和深刻分析大大超出了一般学术界的理解力，教授们和学者们面对着它，不能不感到茫然和不知所措。马克思的研究高出他的一切同时代人，无论他的敌手还是朋友。其曲弥高，其和弥寡，历来都是如此。

---

① 《马克思恩格斯全集》第29卷，第599页。

第八章
"人所具有的我都具有"

马克思首先是一位理论家,一位学识渊博而又思想深邃的学者,他一生中的主要活动就是科学研究。因此,即使是写他的通俗传记,也离不开讲他的著述,否则,写出来的就不是马克思了。但另一方面,又不能造成这样一种错觉:这纯粹是一个整日皱着眉头沉思的哲人,一个不问人间俗事的圣贤先知,一座只能仰视的冰冷雕像。情况并不是这样。事实上,生活中的马克思照样有情有欲,照样谈笑风生,有时还会搞点小小的恶作剧。这是人们见惯了的威严庄重的马克思肖像的另一面,不了解这一面,马克思的形象就不免是单薄的。本章谈的,主要是19世纪50年代的马克思。

家庭悲欢

马克思有一次在给恩格斯的信中说,对于有志于社会事业的人来说,最愚蠢的事莫过于结婚,从而使自己受家庭和个人生活琐事的支配。[1] 后来他又说过,要是他重新开始生命历程,他仍会选择革命道路,但他不会再结婚了。[2]

这么看来,是马克思厌恶家庭生活?其实不然。上面那些话是无奈的感慨,

---

[1] 参见《马克思恩格斯全集》第29卷,第274页。
[2] 《马克思恩格斯全集》第31卷,第521页。

第八章 "人所具有的我都具有"

是他在感到由于自己投身社会事业而无力承负家庭重担，从而陷入深深的烦恼和负疚中时发出的悲怆心声。马克思这个经常被描述为冷漠无情的人，事实上非常热爱自己的家庭，对妻子和儿女都充满了感情。

我们已经知道，马克思的夫人燕妮在少女时期是特里尔城迷人的公主，出名的美人。马克思对此是非常自豪的。流寓伦敦后，燕妮已是好几个孩子的母亲，但这对患难夫妇的爱仍未减当年，随着岁月的推移，这种爱在艰难困苦的磨砺下愈来愈转为生活上的相依为命、事业上的彼此激励。

凡认识马克思夫人的人，没有不对她身上那种高贵庄重的气质表示欣赏的。这是一种天生的气质，也是从小受到良好家庭教育熏陶的结果。应当说，燕妮身上终生保留着一些贵族的习惯，例如她热爱古典戏剧和诗歌，爱好音乐，在给恩格斯这样的密友的信件中也总是以"先生"相称等等。但另一方面，燕妮又义无反顾地把自己的信念与丈夫的事业联在一起，在这方面，她是一个真正的革命者。当她救助马克思的穷困潦倒的战友们时，当她参加他们的会议和工作时，她表现出的是饱经风霜的革命家的坚韧，而丝毫不会让人想到她原是名门出身的贵族小姐。

定居伦敦后，燕妮担负起家庭主妇、马克思助手和秘书这三重职责。生活的日常琐事、照顾孩子、缝缝补补这些事情，都交给她了。她在给女友的信中，曾描写过她怎样亲手缝补、修理、造啤酒，当厨师、司酒官、裁缝、洗衣匠和鞋匠，"总是忙个不停"。同时，燕妮是她丈夫的不付薪水的秘书。马克思的字迹非常潦草，因为他的思想过于丰富活跃，只有用飞快的速度才能把它们记录下来，久而久之，他的书法就"糟"得没法辨认了。因此，他的手稿除非誊写一遍，否则无法拿去发表。燕妮这时便是最理想的誊写员，她不光字迹娟秀，而且文笔流畅，有时甚至可以挑马克思的文字毛病。她又是马克思著作的第一个读者和批评者，她高度的文化修养和鉴赏力，使得马克思总是非常重视她的意见。

马克思对妻子是满怀感激之情的。这一点在他和恩格斯的通信中可以反复看到。他经常感到"对不起我的妻子，主要负担都落在她的身上"[①]。在激烈的政治

[①]《马克思恩格斯全集》第2版第48卷，第328页。

马克思夫人和大女儿燕妮（1855年左右）

争论中，他最感愤怒的就是敌手的诬陷栽赃首先伤害了他的妻子，每当这个时候，他就像狮子一样跳起来马上要去反击敌手，再也不能在博物馆里潜心钻研自己的"纯理论"问题了。

当然，这对夫妇之间也有不愉快的时候，而这多半是由艰难的生活引起的。燕妮出身高贵，从小生活无忧无虑，因而缺少劳动妇女那样的应付生活的足够能力。当整天要为吃饭发愁，债主三天两头来包围的时候，当心爱的孩子们缺衣少穿，无法和别人相比时，家庭主妇的耐心是要受到严峻考验的。像燕妮这样的看重尊严的知识妇女，不免感到烦恼和伤心。这使得马克思异常痛苦，有时也会失去自制力。但过后他便加倍地负疚，在信中痛责自己"缺乏耐性，甚至有些严厉，所以常常不够冷静"[1]。

琳蘅这位忠实的女佣，是家庭中不可缺少的成员。她是家里的"执政者"，马克思夫人是"最高统治者"，而马克思"就像驯羊一般地服从琳蘅的执政"（李卜克内西这样说）。她是马克思的好朋友，她管他的吃喝，和他下棋，了解他的脾气和弱点。当他心情烦躁大发雷霆时，别人都躲得远远的，琳蘅却敢"直入狮穴"，狠狠训他一顿，"于是，狮子就变得像羊一般驯服了"。

写到这里，好像应该谈谈"马克思的私生子"这个早已炒得沸沸扬扬的问题了。1997年，当笔者初次写《马克思传》时，就曾想根据手中掌握的有关资料，稍微提一下这件事。但是，那个时代禁忌重重，最终无法实现。现在情况大不一

---

[1]《马克思恩格斯全集》第2版第48卷，第328页。

第八章 "人所具有的我都具有"

样了。英国学者麦克莱伦的《卡尔·马克思传》中译本出版后，对此事的叙述激起了大众的热心，网络上的评论更是五花八门、层出不穷，有幸灾乐祸的，有痛心疾首的，更有一些是捕风捉影、信口开河的。到了这一步，事情想回避也是不可能的了。堵起自己的耳朵，假装什么都不知道，我们认为是不真诚的，也是愚蠢的。

其实，这件事情对马克思的研究者们来说并不那么陌生。我们在特里尔的马克思故居纪念馆里，早就见到过一些介绍和图片。有关的种种说法汇集起来大略如下：1851年，琳蘅·德穆特生了一个孩子，父亲是卡尔·马克思。孩子出生后就被送到了别人那里，秘密本身则一直保留下来，恩格斯直到晚年才将真相告知了马克思的幼女爱琳娜。关于这件事情，国外早就有一些文章谈论过，不少人确信属实，但也有些学者表示怀疑。所以，马克思故居纪念馆的介绍始终使用了"据说"的字眼，负责接待我们的诺伊女士在我们询问此事时，也句句不离"据说"。我们无法在这儿对事情的始末作详考，只是感到，人们之所以在这件事上表现出异乎寻常的兴趣，是由于像马克思这样的人物许久以来都被塑造成高耸云端、没有常人弱点的神像，而他的学说又被连马克思学说ABC都不懂的人们（这样的人可真不少！）当成道德说教的缘故。在我们看来，如果此事是真实的，那自然没有什么光彩，但也并不具有一些人所渲染的那种爆炸性效果。毕竟，对思想者的评价要以他的思想为依据，而不能以他行止的永远端方无瑕为尺度。

不论如何，可以肯定的是，马克思和燕妮这对夫妇爱情的航程尽管有时被生活的暗礁搅起旋涡，但总的说来却是一路向前。他们谁也离不开对方，偶有小别，但他们的爱情便很快化成抑制不住的思念，这时，他们的话语竟像热恋少年一样浪漫多情。

1856年6月21日，马克思给回到特里尔省亲的妻子写了一封信，激情汹涌有如求爱的情书：

我的亲爱的：

我又给你写信了，因为我孤独，因为我感到难过，我经常在心里和你交谈，但你根本不知道，既听不到也不能回答我。你的照片纵然照得不高明，但对我却极有用，现在我才懂得，为什么"阴郁的圣母"，最丑陋的圣母像，能有狂热的崇拜者，甚至比一些优美的像有更多的崇拜者。无论如何，这些阴郁的圣母像中没有一张像你这张照片那样被吻过这么多次，被这样深情地看过并受到这样的崇拜；你这张照片即使不是阴郁的，至少也是郁闷的，它决不能反映你那可爱的、迷人的、"甜蜜的"、好像专供亲吻的面庞。但是我把阳光晒坏的地方还原了，并且发现，我的眼睛虽然为灯光和烟草所损坏，但仍能不仅在梦中，甚至不在梦中也在描绘形象。你好像真的在我的面前，我衷心珍爱你，自顶至踵地吻你，跪倒在你的跟前，叹息着说："我爱您，夫人！"[①]

马克思在自己孩子们眼中，是一个完全平等的老朋友，玩耍时的大伙伴。他们不是叫他"父亲"，而是叫他的绰号"摩尔"，这是因为他一头乌发，面色黝黑，像个非洲西北部地中海沿岸的摩尔人。威廉·李卜克内西说，马克思是离不开孩子的，和孩子们在一起他就能减少疲劳，恢复精力。[②] 他可以经常和孩子们玩上几个小时，每当这时候，"摩尔"自己也变成了孩子。

马克思是孩子们的一匹出色的"马"。当他写《路易·波拿巴的雾月十八日》时，三个还小的孩子（燕妮、劳拉、埃德加尔）不顾他的精神紧张专注，坐在他身后的椅子上，把他当成拉车的马，不停地用小鞭子驱赶他。后来，他又成了"骑手"们的乘马。他的女儿们在成年后的回忆中多次写到，他和别的大人们怎样在肩上架着她们，在汉普斯泰特草地上展开"赛马"，有时候还进行"骑兵战斗"。

汉普斯泰特荒阜是马克思一家和其他流亡者们的神奇乐园，是艰难生活中的一块绿洲。19世纪50年代住在伦敦的马克思密友李卜克内西曾以动人的文字描写过这里的郊游。汉普斯泰特荒阜空旷开阔，绿草如茵，遍地长满野花和灌木丛，到处是山峦幽谷。风和日丽的星期天（孩子们星期天是不准马克思工作的）到那

[①]《马克思恩格斯全集》第29卷，第512页。
[②]《我景仰的人——回忆马克思恩格斯之二》，人民出版社1982年版，第87页。

第八章 "人所具有的我都具有"

汉普斯泰特荒阜

里去，是让马克思一家和家庭的亲密朋友们兴奋的事，孩子们可以谈论上整整一个星期。从第恩街的家到那里要走一个小时零一刻钟，他们通常上午将近11点动身，队伍可大可小。马克思一路走一路给孩子们讲故事，摘野花。家庭的忠实守护神——琳蘅，提着一只大篮子，里面装上全体人的午餐——通常是一大块烤牛肉，还有茶叶、砂糖，有时还有水果。面包和奶酪在汉普斯泰特现买。到荒阜后先美餐一顿（这对于缺吃少喝的流亡者们可是很大的享受），然后大家各自找舒适的地方或躺或坐，看报纸，聊天，讨论问题，孩子们在树丛里面奔跑、捉迷藏。

大家有时候想让这种恬静的生活起点变化。于是便举行赛跑、摔跤、投石子或别的什么活动。一次别出心裁的活动在李卜克内西笔下是这样的：

> 有一个星期日，我们在附近发现一棵果实已熟的毛栗树。有人喊了一声："看谁打得最多！"于是大家一哄而上便干了起来。摩尔发狂似的敲打，可惜打毛栗子他实在不是一个能手。不过他也和我们大家一样毫不倦怠。直到最后一颗毛栗子在胜利的呼喊声中到手后，才停止了炮击。后来马克思有八天的时间右臂痛得不能动，我的情况也不比他稍好一些。[①]

[①]《我景仰的人——回忆马克思恩格斯之二》，人民出版社1982年版，第100页。

骑驴子的游戏更令人开心。跨上租来的驴子，大家一片笑声喊声。马克思的骑术本来很糟糕，但他却大肆夸口说他对骑术很有造诣，这就让大家更乐了。

马克思是一个讲故事能手。在去汉普斯泰特荒阜的途中，他给孩子们讲一路故事，这些故事不是按章节而是按里程来分段的。孩子们总是说："再给我们讲一里吧！"这些无穷无尽的童话故事往往是马克思自己编出来的，随情况、随"里程"可长可短。有一个故事是"汉斯·勒克勒"，它一个月一个月地讲下去，很长很长，总也讲不完。汉斯·勒克勒是个魔术师般的人物，他开了个玩具铺，欠了不少债。他铺子里都是稀奇古怪的东西：木头的男人和女人，巨人和矮子，国王和王后，师傅和徒弟，还有飞禽走兽、桌椅车辆……汉斯·勒克勒由于欠债，不得不把这些宝贝玩意儿一件件卖给魔鬼。但经过一连串奇遇和曲折，玩具总能重新回到汉斯·勒克勒那里。这些故事里有惊险场面，有可笑的情节，有离奇的幻想，让孩子们听得入了迷。

马克思还给孩子们朗诵，朗诵的有荷马史诗、歌德和莎士比亚的作品等等。他跟孩子们一起读书，一起认真地讨论书的内容。在他的影响下，孩子们从小就能背诵许多名作了。他向孩子们指点书的精辟之处，教孩子们怎样思考和理解，但又能不让孩子们觉察出自己的用意来。

马克思很重视孩子的教育。他和他的妻子节衣缩食也要想办法让孩子们的学习得到保证。他的孩子们个个天资聪颖，在家传父教之下，个个有着广博的知识和良好的修养。马克思是个细心的父亲，他在孩子们面前非常注意谈吐文雅，不愿让哪怕一点粗鲁的东西感染了她们。李卜克内西回忆说，有一次在马克思家里，几个朋友"唱"起一支动听但不大文雅的歌"年青的木匠伙计"，他们以为马克思夫人、琳蘅和女孩儿们都不在家，可以"放松"一下。马克思起初也和大家一起唱，后来他突然不安起来，因为他听到了隔壁房间有动静。好一阵他坐立不安，后来他突然跳起来，红着脸嘘了一声，低声叫道："别唱了！别唱了！姑娘们在呢！"

大家都觉得好笑，因为姑娘们都还小，这首歌不可能对她们的品行有影响。但马克思窘迫地说，让孩子们听到这种歌是不好的。以后，在马克思家里就再也

第八章 "人所具有的我都具有"

不唱这类歌了。

马克思钟爱所有孩子,包括路上遇到的不认识的孩子。路过贫民区时,他会突然走过去抚摸衣衫褴褛坐在门边的孩子的头发,并把一便士或半便士钱塞进他的小手。对于行乞的人他并不完全相信,因为在伦敦行乞已经成了一种赚大钱的生意,上了多次当后,马克思对这种诈骗行为非常气愤。但是,只要行乞的人手里抱一个眼泪汪汪的孩子,他就肯定又得上当。怜爱孩子,同情弱者,是他的天性,因此他也厌恶打老婆的人。要是遇到打老婆的人,马克思恨不得把他痛揍一顿,结果有一次差点给自己惹来麻烦:他没弄清情况就去帮助一个喝醉了酒和丈夫吵架的女人,可那女人并不领情,她怒气冲冲地反过来上前要揪马克思那浓密的胡须。幸好警察赶来才解了围。

马克思夫妇最感伤心的是几个孩子的夭折。在19世纪50年代的贫困中,他们的七个孩子夭折了四个。其中,死于1855年的八岁的埃德加尔,更是在他们心中留下了无法弥合的伤痛。

马克思的儿女们:大女儿燕妮(1850年左右)、二女儿劳拉(1855年左右)、小女儿爱琳娜(1864年)、儿子埃德加尔(1847—1855)

埃德加尔是马克思夫妇唯一的男孩,在家中被叫作"穆希"。他的眼睛长得很漂亮,头脑也非常聪明,他是全家的宠儿和欢乐。马克思在给朋友的信中总是骄傲地提到这个小家伙。

1855年4月6日,这个可怜的孩子在经过长久病痛后,在马克思怀中离开了人世。如果能够早些离开那妨碍健康的狭小住处,把孩子送到有益身体的地方去,他也许还能够得救,但这对当时的马克思一家却是可望而不可即的空想啊!

李卜克内西留下了这样的回忆：

> 母亲扑在死了的孩子身上啜泣，琳蘅站在一旁呜咽；马克思悲痛欲绝，狂暴地拒绝任何安慰；两个女孩偎依着母亲低声哭泣；母亲痉挛地抱住两个女儿，唯恐抢去她儿子的死神也会把她们夺走。
>
> 孩子死后两天才埋葬。列斯纳、普芬德、罗赫纳、康拉德·施拉姆和我都去了，我陪马克思坐在车里，他一声不响，两只手托着头。①

埋葬了孩子，马克思在给恩格斯的信中写道：

> 亲爱的孩子曾使家中充满生气，是家中的灵魂，他死后，家中自然完全空虚了，冷清了。简直无法形容，我们怎能没有这个孩子。我已经遭受过各种不幸，但是只有现在我才懂得什么是真正的不幸。②

马克思家长大成人的是三个女儿：燕妮、劳拉和爱琳娜。三个女孩性格各不相同，但都聪明懂事，她们给尝尽生活苦难的双亲带来了愉快。

与友人在一起

马克思最亲近的朋友当然是恩格斯，他们之间的友谊被公认为古往今来历史上绝无仅有的典范。恩格斯是马克思的"第二个我"，按亲密程度说他差不多就是马克思的家庭成员了。

---

① 《我景仰的人——回忆马克思恩格斯之二》，人民出版社1982年版，第103页。
② 《马克思恩格斯全集》第28卷，第442页。

第八章 "人所具有的我都具有"

自从恩格斯到曼彻斯特干"鬼商业"后,他们两人之间就开始了频繁的通信。在两位朋友分隔异地的20年间,这种通信成了他们各自生活中必不可少的部分,有时候一天一封甚至几封,一个星期不通信的情况极少。这些信件里无话不谈:生活、身体、工作、家事、朋友、趣闻……但最多的还是政治问题和理论研究,从经济学、历史学、哲学、国际政治、工人状况、军事问题、语言学、数学直到地质学、生物学、医学等等。有许多信件的学术价值,不亚于正式发表的学术论文。

马克思的小女儿爱琳娜后来回忆说,她童年时代的最初记忆之一就是

马克思、恩格斯通信中的一页(1851年1月7日)

恩格斯的来信。这时候,她的父亲常常拿着信在那里自言自语,就好像和写信人面对面说话似的:"嗯,不对,反正情况不是这样……""在这一点上你对了!"特别让她忘不了的是,有时候"摩尔"读着恩格斯的来信,笑得连眼泪都流了出来。

这两位朋友也有意见不一致的时候。于是他们就去各自找论据,说服对方。也有这种情况:经过一番往复讨论,最后却是自己被说服了。有一次,为了一个极小的历史问题,马克思想要说服恩格斯,竟然细心地读了好几卷书。

马克思诚心诚意地佩服恩格斯的头脑活跃、才思敏捷和知识广博。他眼中的恩格斯是"真正的百科全书"(这是他在给别人的信中写的评语)[1],而相比之下自己倒是"迟钝的",用他给恩格斯的一封信中的话说,"首先,我对一切事物的理

---

[1]《马克思恩格斯全集》第28卷,第604页。

解是迟缓的,其次,我总是踏着你的脚印走"①。恩格斯则从来都承认马克思的才能胜过自己,对事物本质的理解为自己所不及。他后来有个比喻:马克思是整个事业的"第一小提琴手",他自己只不过是"第二小提琴手"。

实际情况是,恩格斯的敏锐使他总能发现新的事物并迅速作出评论,马克思随后便能从各个方面对事物的内在联系进行深刻的阐述。这样,两位朋友之间便自然形成了一种分工:恩格斯更多地把政论时评等处理当下形势的任务揽下来,让马克思有较多时间去从事理论问题的思索和阐述。但在几乎所有主要问题上,他们总是要交换意见,彼此协调。因此他们各自的著作中,可以说都渗透了共同的心血,例如马克思经济学著作中大量关于资本主义企业实际运行的材料、数据和计算,有许多是马克思反复请教恩格斯的结果,而恩格斯的文章和小册子又都是首先征得了马克思的同意才发表或出版的。

恩格斯的爱好极为广泛。他的一个老爱好是语言学,在这方面他的造诣甚至还胜过马克思。除了熟谙欧洲的一切主要语言外,他还弄懂了不少古代语言和东方语言。后来有人说过,他能用20种语言"结结巴巴地"讲话;按照权威的《不列颠百科全书》的说法,恩格斯掌握了24种语言。另一个爱好是军事科学。恩格斯下过苦功来掌握这门科学,从战术入门、战役指挥、后勤工作、筑城学直到军事历史。因此他写出的军事论文即使从军事专家的眼光去看也无懈可击;他在历史观方面的巨大优势,又使他大大胜过只会从狭隘专业角度看问题的一般军事专家。恩格斯在军事方面的深厚造诣,受到军界不少人士的承认,有些人因为敬佩他在这方面的学问而跟他交上了朋友——尽管他们不能同意这个共产主义者的政治信念。后来恩格斯得到一个有趣的绰号"将军",就是因为他在普法战争期间准确地预言了战争进程。恩格斯的又一个爱好是自然科学。他读过大量的自然科学书籍,平时还紧密追踪最新的科学动态,他有一个宏大的志愿:用辩证唯物主义的精神对自然科学做出总结。

但所有这些爱好,都被繁重且又枯燥的商业活动打得七零八落。每天十小时

---

① 《马克思恩格斯全集》第30卷,第410页。

浪费在公司业务里,晚上回家还要时常帮马克思译文章或写稿子,能留给自己的时间就所剩无几了。但为了自己更有才能的朋友,恩格斯自觉自愿地牺牲了自己的爱好达20年之久。

马克思对恩格斯是又感激,又负疚。他多次在信中表示了自己的这种心情,当然,恩格斯并不需要马克思不断的道谢,他只希望马克思能够早日完成他的科学著作,早些从生活贫困和精神折磨里解脱出来。

马克思、恩格斯和马克思的三个女儿(1864年)

马克思对恩格斯的一项业余爱好——骑马跨越障碍,是不大赞成的。骑马猎狐是英国上流社会的一种娱乐活动,恩格斯作为曼彻斯特受尊敬的绅士,也常被邀请参加。这时候,恩格斯总是奋勇当先,纵马飞奔,不把前面的障碍危险放在眼里。这让远在伦敦的马克思很有些替他担心,生怕什么时候出意外。有一次恩格斯在来信中有点得意地谈到他跳过了五英尺(约1.67米)多高的土堤围墙,马克思的答复却是一盆冷水,他指责恩格斯"过分沉醉于这种骑马的嗜好",劝他"不要做过于危险的跳跃,因为不久将会有更重要的事情需要去冒生命的危险"[①]。

1857年,恩格斯生了一场重病,实在拖延不下去时,只好离开曼彻斯特去滑铁卢、威特岛、泽稷岛等地休养并长期治疗。这段时间里,马克思焦虑不安,专门查阅了英、法、德的大量最新医学文献,提出了治疗办法。当恩格斯病情见轻的时候,马克思和他的全家都高兴极了。恩格斯从疗养地回曼彻斯特途经伦敦时,马克思按照事先约定的地点从上午11点等到下午3点,最后非常失望——由于"铁路公司工作很糟",恩格斯没能在伦敦停留。

[①]《马克思恩格斯全集》第29卷,第270页。

马克思传

马克思对其他朋友也都是热情的。对于马克思来说,这些人虽无法跟恩格斯相比,但都是从革命到流亡期间共患难过来的,所以尽管有些人给马克思带来不少麻烦,甚至让他很是生气,但他还是只要有可能就尽力帮助他们。

这里面首先应该提到康拉德·施拉姆。我们已经知道,这个热情而又冒失的年轻人在与维利希、沙佩尔那一派争论时曾坚决站在马克思一边,但后来却与马克思出现了不睦。1851年7月,为了不愿交出由他保存的共产主义者同盟的文件,他对着马克思和其他人大吵大闹了一番后,离开伦敦到巴黎去了。后来他在巴黎被捕,被驱逐,回到伦敦,又来拜访马克思。1858年1月,他患肺结核在泽稷岛死去。马克思和恩格斯都感到痛惜。

康拉德·施拉姆(1822—1858)

威廉·皮佩尔,另一个共产主义者同盟盟员,19世纪50年代跟马克思一家更加接近。他经常住在马克思家里,吃在一起,帮马克思抄写稿子,也翻译一些马克思的著作。这个人的性格颇有些轻浮,马克思、恩格斯在通信中对他的评价并不客气。但马克思对这个流浪汉似的青年人,仍然提供了许多方便。

威廉·沃尔弗,这是马克思和恩格斯的老朋友了。流亡伦敦后,他生活拮据异常,好不容易在曼彻斯特找到了一个家庭教师的职业。到19世纪50年代,他在政治上已不能给马克思、恩格斯提供多大帮助了,但他为人的忠实、可靠,仍然使他成为马克思为数不多的挚友之一。

威廉·李卜克内西。我们已经在前面多次提到过他。他在19世纪50年代的流亡生活中,几乎天天见到马克思,不仅同马克思,而且同马克思的全家包括孩子们都成了好朋友,因而才能在后来给我们留下了一篇生动而又可靠的《纪念卡尔·马克思——生平与回忆》。从这篇长文中我们看到,马克思不仅在生活上跟自己的同志同甘苦共患难,真可以说达到了分享最后一块面包的地步,而且对于那些愿意在艰苦生活中学习的朋友们,也尽到了教育者的职责:他给政治流亡者

第八章 "人所具有的我都具有"

们讲述政治经济学原理，他为了李卜克内西行文用语不严格而"骂"他，他"强迫"大家去不列颠博物馆，"学习！学习！"……

跟朋友们在一起，马克思显然并没有让人觉得他是高不可及的伟大人物。他是他们中间的一员，也有热情、有弱点，头脑发热时也会干出点"胡闹"的事来。下面说到的事情就有些荒唐。

一天傍晚，埃德加尔·鲍威尔（就是马克思批判过的"神圣家族"里的"第二号人物"，革命后他也流亡伦敦，同马克思是政见不一、私交仍存的

威廉·李卜克内西（1826—1900）

朋友）、马克思、李卜克内西几个人搞了一次"啤酒漫游"，就是漫无目的地游荡，每见一个小酒馆就进去喝一点。正当几个人一路喝去、酒兴方酣的时候，在一家小酒馆里碰上了一群英国共济会会员正在举行宴会。主人们殷勤地把这几个"外国人"请了进去，并且为了博得这些政治流亡者的欢心，便在攀谈中谩骂起德国王公和容克来。"开始一段时间，气氛比较和谐。我们不得不频频举杯，时而接受祝酒，时而回敬别人……"——李卜克内西写道。

但接下来，尴尬事发生了。

正当这些好心的英国人把德国的一切骂得不像样子的时候，几位"没有祖国"的德国流亡者身上的"爱国主义"情绪突然爆发了。埃德加尔·鲍威尔反唇相讥，嘲讽英国的"势利鬼"，马克思也发表了一通议论，热情赞扬德国的科学和音乐，说是没有什么音乐的英国人实际上远不如德国人。这些话把本来十分好客的主人激怒了。最后是几位"该死的外国佬"在一片骂声中"还算体面"地"撤退"了。

憋了一肚子气，这几位恨不得找地方发泄一下。鲍威尔捡起一块石子，

· 231 ·

"砰！""哗啦！"一盏煤气路灯应声变成了纷飞的碎片。马克思也毫不落后，几个人一起动手，打碎了四五盏灯。这时候正是深夜两点，声响惊动了巡夜的警察。

接着的情景是——

> 情况紧急。我们观察了周围地形，幸亏我们对这一地区是熟悉的。我们在前面奔跑，三四个警察在后面遥遥紧追。真没想到马克思竟会那样机智敏捷。这样拼命地追赶了几分钟之后，我们拐进路旁的一条小巷，穿过那里的一条"林荫道"……我们脱险了。[1]

李卜克内西第二天早晨一觉醒来时高兴极了："我还在我自己的房间里，没有跟"神圣家族"的成员埃德加·鲍威尔和未来的《资本论》作者卡尔·马克思一同蹲在伦敦警察局里。此后每逢想起那次夜间的历险，我们总会忍不住大笑一阵。"[2]

马克思的性格

在这里，似乎可以把我们所了解的马克思的外貌和性格描述一下了。

马克思身材中等，敦实粗壮，这是绝大多数有关文献都指出了的（有个别同时代人的印象是：马克思短小瘦弱。不确），从照片上看也正是如此。但他的准确身高是多少？

有各种不同的记录。1844年9月巴黎警察局的记录是"5英尺5英寸"；1848

---

[1]《我景仰的人——回忆马克思恩格斯之二》，人民出版社1982年版，第118页。
[2] 同上，第119页。

年 3 月法国警方签发的马克思护照上标明他身高 1.71 米；1854 年普鲁士警方所描述的马克思身高是"汉诺威量制 5 英尺 10—11 英寸"；1861 年柏林警察局在马克思的护照上写的是"莱茵省量制 5 英尺 6 英寸"。

根据许多有关记录，德国学者曼弗雷德·克利姆认为，马克思"身高在 1.70 米左右，由于马克思的体形敦实粗壮，所以显得比实际身高矮小些"[①]。这应当是符合真实的判断。

马克思肩宽背厚，四肢匀称，只是躯干与两腿比较起来显得略长一些——这是后来马克思的女婿保尔·拉法格告诉人们的。由于这样的体形，马克思显得健壮有力，但事实上，在 19 世纪 50 年代，他的身体已经一再受到病魔侵扰了。

马克思的半身画像是人人熟悉的，所以，再来描述他的脸部特征似乎有些多余。但是不然。通常画像表现的是年纪较大时的马克思，而不是 19 世纪 50 年代以前的马克思。

马克思头大、脸圆，下颌也是圆的，脸色黝黑，眼睛深褐色，前额非常宽大，这些都是能从画像上一目了然的。但他的头发在青年时代是乌黑色，到老年才变成后来人们都熟悉的白色。19 世纪 50 年代这个时期，由于为家庭生活、政治斗争和学术著作而操劳，他的头发已开始花白，但胡子仍是黑的。马克思那一把浓密卷曲的大胡子是著名的，它与头发连成一体，使得马克思的头型很像狮子。

他的动作并不特别灵巧，但很有力，姿势经常十分猛烈，显得精力充沛。

马克思 1861 年于伦敦

[①] 曼弗雷德·克利姆：《马克思文献传记》，河南人民出版社1992年版，第1页。

他的面部表情丰富。见过他的人都说，他在谈话时，目光炯炯，忽而激情洋溢，忽而又转到学者式的平静沉思、侃侃而谈。关于马克思的口才，说法不一。有人说他异常雄辩，富有演说才能，也有人说他不怎么擅长演说。但有一点能够肯定，那就是马克思尽可能把向公众演讲的事让给别人，自己躲在一旁。可能是由于没有机会吧，与马克思有数十年交往的威廉·李卜克内西就从没听过马克思演讲。

马克思衣着随便，不修边幅。这大概在他年轻时就是如此（大学期间，他的母亲曾提醒他注意"清洁和整齐"这样的"小事"），在艰难的19世纪50年代更加突出，因为这个时期他既埋头学术，远离社交，衣服又不时送进当铺，服饰整齐对于他就成了多余而又达不到的奢侈要求了。

马克思的工作习惯，一大特点是勤奋而不怎么有规律。白天睡觉（也是为了躲开家中孩子们的吵闹）晚上工作通宵是常有的事。他的书房给外人的印象是杂乱无章，书桌上、椅子上和地上到处是书和手稿，而且不让别人收拾。但事实上只有主人自己明白：乱中有序，他可以很容易地从书堆里找到自己需要的材料。马克思有惊人的记忆力，这是他的朋友们公认的。他的著作中那种随处可见的文学名句、譬喻格言，也能证明这一点。

他是个急性子，脾气有些暴躁，有时缺少耐性，容易冲动，这是他自己也意识到的弱点。像许多天性善良的人一样，他容易轻信别人。但如果他认真地注意观察某人时，就能表现出锐利的眼光来，那时被观察对象就很难瞒过他了。

马克思平生讨厌声望，对于别人的奉承称颂，他会真地生起气来。他嘴里最严厉的谴责语是"空谈家"，一当他认准谁是"空谈家"，他就再也不会理那个人了。他对自己要求严格，对别人要求也严格。他不习惯于当面称赞别人，但他对真正有成就的人是诚心诚意地敬重的。

马克思不会矫饰和伪装，永远只会"本色"。因此他的夫人开玩笑地把他叫作"我的大孩子"。李卜克内西指出，当马克思进入注重外表并且必须克制自己的社交场合时，就表现得像个孩子，有时会手足无措，面红耳赤。

但又不能理解为：马克思一走出书斋，便到处无法适应。许多和他交谈过的学者、记者、政治人物都知道，马克思谈吐平实而又雅致，渊博学识使他能对各种各样的比喻、引语随手拈来，时时露出的幽默表现了他的机智。马克思与妇女谈话时，彬彬有礼，像有教养的"绅士"，他也会适时地向她们献上一点"殷勤"，使她们的虚荣心得到满足。

在日常生活中，马克思还有一些嗜好。

下棋。他下象棋十分专注，但棋艺不算高明，因此就常靠攻势的猛烈来弥补棋艺的不足。当时德国的流亡者们经常凑在一起下棋，气氛热闹激烈，吵吵嚷嚷。马克思下棋活像好胜的孩子，据李卜克内西说，他"一陷入困境就生气，输一盘就发火"。有一次，马克思得意扬扬地宣布，他发明了一种战无不胜的走法。果然，他把别人一个个都打败了。但人家逐渐琢磨、适应了，有一次李卜克内西胜了他一局。时间已经很晚了，马克思气愤地提出要李卜克内西第二天早上到他家里去，他要扳回这一局。

第二天，两个人在马克思家里摆开棋盘，大战揭幕。马克思头天晚上想出了几着改进的招数，不一会就赢了，于是高兴起来。可下一盘轮到李卜克内西赢了。两人就这样你输我赢，轮换交替，情绪也跟着变换。在鏖战当中，两个人随便抓起些琳蘅送来的东西充饥。直到半夜，马克思还要下下去，被琳蘅断然止住："别下了！"

吸烟。马克思烟瘾极大，抽起烟来又快又猛。他抽雪茄，一半是放在嘴里嚼，说是这样能提高烟的作用，得到双倍的享受。买不起好烟，他就总是抽价廉质劣的烟，结果严重损害了他的健康。后来医生不得不严厉制止他再抽劣等烟。

劣质雪茄还"彻底毁坏了他辨别烟的能力和口味"。但他固执地认为自己是品尝雪茄的行家，于是在一个晚上，他终于"冒冒失失地"上了别人给他设的"圈套"。经过还是请李卜克内西来讲：

> 一个从德国来的访问者，带来了几盒1851年博览会上的高级进口雪茄。马克思进门时，我们点上这些雪茄，抽得津津有味。诱人的香味直往马克思的鼻子里钻。"唷，好香！""地道的哈瓦那货，×带来的！来一支尝尝！"

马克思传

马克思用过的烟嘴

有人说着顺手把烟递给了毫无戒心的马克思，他高兴地接了过去，那是我们从西头的最穷的贫民区圣吉耳街买来的一种最劣的雪茄，不过外观颜色倒像是真的上等货。马克思点燃了一支这种奇特的雪茄，喜滋滋地开始吞云吐雾。他说："起先我还有些怀疑：德国带来的烟好不了，不过这烟确实很好！"我们一本正经地表示同意，但差一点笑出声来。过了几天，这事被他知道了，他并没有生气，却硬说那雪茄是真正的哈瓦那货，说我们这次倒是在欺骗他。再怎么说，他也都不相信了。[①]

喝酒。马克思全家都对品评佳酿有特殊兴趣。马克思在1866年11月2日的一封信里说："我自己出生在酿葡萄酒的地区，过去还是葡萄园主（作者按：指他少时，家中有一个不大的葡萄园），所以能恰当地品评葡萄酒。我和路德老头一样，甚至认为不喜欢葡萄酒的人，永远不会有出息（没有无例外的规则）。"当然，这是有些开玩笑的说法。

马克思好喝酒，在朋友圈子里是尽人皆知的，连19世纪50年代曾在马克思家中混了一段时间的密探也在报告里写了这一条。朋友们来，只要有条件，马克思总愿意用酒来款待他们，如果是恩格斯到伦敦来，两人更是要开怀痛饮一番。1852年初的一次，两人大概是在酒店里遇上了合口味的佳品，再加上有谈兴助

[①]《我景仰的人——回忆马克思恩格斯之二》，人民出版社1982年版，第119—120页。

酒，结果都喝多了。马克思事后患重感冒躺了多天，恩格斯则怀着不安的心情写信向马克思夫人道歉。

恩格斯常给马克思一家寄去整箱的酒，特别是每逢节日时更是如此。1859年圣诞节前收到了恩格斯寄来的12瓶酒，燕妮在回信中简直是抑制不住的高兴："香槟酒会使我们很好地度过通常并不愉快的节日，给我们准备了一个愉快的圣诞夜。当香槟酒冒出泡沫时，可爱的孩子们不会因为今年没有圣诞树而郁郁不乐，她们会'不管这一切的一切'，高兴而愉快。"[①]

在那个年代，酒不光是享乐助兴之物，还被当作医疗的一种辅助手段，用于增强体力。因此，医生有时嘱咐病中的马克思喝一点酒。特别是到19世纪60年代他身上接二连三长痈的时候，排完脓他更是要用酒来加强抵抗力。在给恩格斯的一封信里他自嘲道："从前面看，这人享用波尔图酒、波尔多酒、黑啤酒和大块大块的肉，把这些装进自己的'体内'，是个纵酒作乐的家伙。从后面看呢，在背上——在'体外'，长着一个可恶的痈。"[②]

我们希望通过上面这些叙述，读者已经对生活中的马克思有了大致的认识。最后，还有一份有用的文献——"自白"——能从一个侧面反映出马克思的好恶和精神世界，因此全文引在下面。

"自白"是当时流行的一种带游戏性质的形式。询问者把事先准备好的问题交给被询者，被询者的答复大都轻松诙谐，但从中仍能看出他们的某些性格特征。马克思的"自白"已发现的有三份，一份是1865年4月1日在荷兰他姨父家写的，另两份是分别保存在他的长女燕妮和次女劳拉那里的。几份的内容稍有不同，下面是燕妮的那一份：

您喜爱的优点：

一般人……………………………………淳朴。

男人………………………………………刚强。

---

① 《马克思恩格斯全集》第29卷，第640页。

② 同上第30卷，第373页。

马克思传

女人：……………………………柔弱。

您的特点：……………………目标始终如一。

您对幸福的理解：……………（没有答案）①。

您对不幸的理解：……………（没有答案）②。

您能原谅的缺点：……………轻信。

您厌恶的缺点：………………逢迎。

您讨厌的：……………………马丁·塔波尔、堇菜粉③。

您喜欢做的事：………………啃书本④。

您喜爱的诗人：………………但丁、埃斯库罗斯、莎士比亚、歌德。

您喜爱的散文家：……………狄德罗、莱辛、黑格尔、巴尔扎克。

您喜爱的英雄：………………斯巴达克、刻卜勒。

您喜爱的女英雄：……………甘泪卿。

您喜爱的花：…………………瑞香。

您喜爱的颜色：………………红色。

您喜爱的眼睛和头发的颜色：……黑色。

您喜爱的名字：………………燕妮、劳拉。

您喜爱的菜：…………………鱼。

您厌恶的历史人物：…………（没有答案）

您喜爱的格言：………………人所具有的我都具有。

您喜爱的座右铭：……………怀疑一切。⑤

---

① 另两份"自白"的回答是：斗争。
② 另两份"自白"的回答是：屈服。
③ 另两份的回答只有"马丁·塔波尔"。
④ 在姨父那里的一份是：看小尼达（马克思的表妹）。
⑤ 见《马克思恩格斯全集》第31卷，第709—710页。

第八章 "人所具有的我都具有"

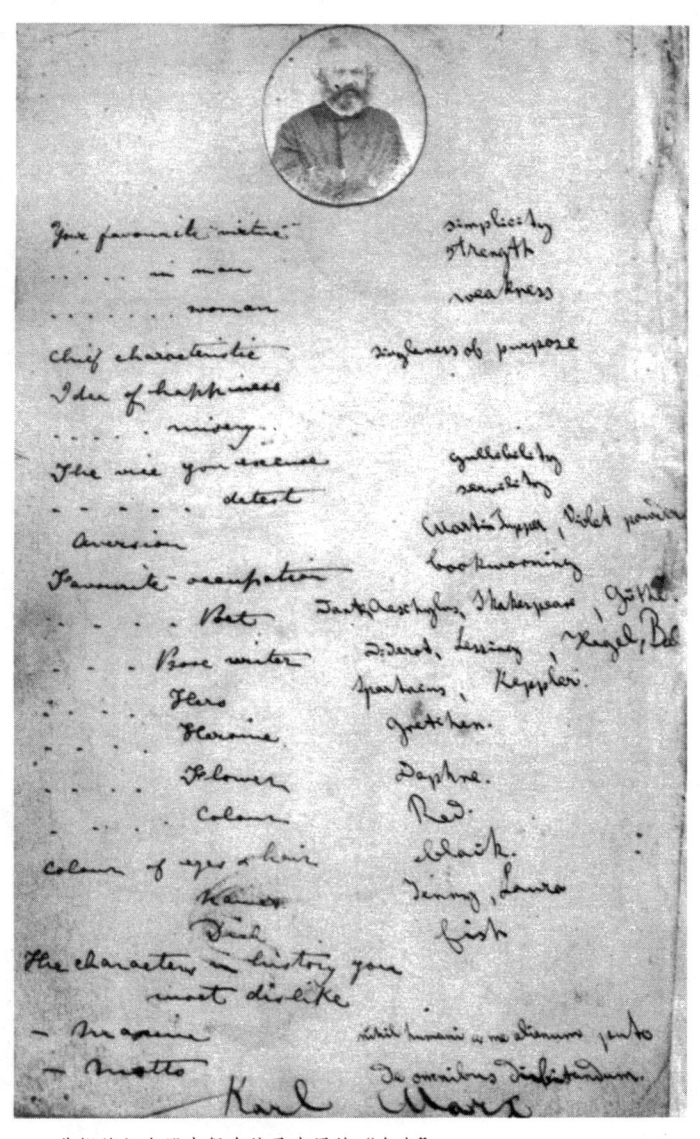

燕妮的纪念册中保存的马克思的"自白"

第九章

60年代初的马克思

《政治经济学批判》第一分册出版后,马克思本该趁热打铁,连续推出后面的各个部分,但他没能如愿。在往后一两年里,一些新的政治斗争牵制了他,并严重伤害了他的家庭安宁和家人健康。马克思似乎又重新回到了19世纪50年代初那个最困难的时期。

自下而上还是自上而下?

19世纪50年代末,意大利和德国的民族统一问题是当时欧洲的大事,它们也吸引了马克思和恩格斯的注意。为了让读者对事情的由来有个大致了解,我们先来讲一点历史。

意大利是辉煌的文明古国,也是近代伟大的文艺复兴的发源地,是出大艺术家的民族。但它却长期处于四分五裂的境地。奥地利、法国、西班牙等欧洲大国在这个岛国里各插一足,把意大利弄得支离破碎,像个弱不胜衣的病夫。随着资本主义工业在欧洲的发展以及自由意识和民族意识的增强,这种可悲的境况必须要改变,意大利一定要实现统一,否则她就无法使自己发展。

因此,整个19世纪前半期,意大利的民族志士们一直在流血奋斗,争取自己民族的独立和统一。他们宣传呼吁,发动起义,但都一次次失败了。意大利仍

第九章 60年代初的马克思

然是小邦林立的局面。

19世纪50年代，北部的撒丁王国在失望的意大利人心中重新燃起了统一的希望。在这个王国里颁布了一部带有自由主义色彩的宪法，推行了许多旨在富国强兵的改革措施，工业、商业和军事都发展起来。这些措施得力于首相卡米洛·加富尔的有力主持。他是资产阶级自由派政策的执行者，他决心用撒丁王国为基地，通过加强实力和采取军事、外交手段，"自上而下"地统一意大利。先前在起义中屡遭挫折的民主共和派们，也都纷纷把目光投向撒丁的举措了，这里面包括著名的民族英雄马志尼和加里波第。

加富尔在外交上有一套纵横捭阖的手腕。他为了赶走意大利统一的障碍——奥地利，而跑去亲近拿破仑第三的法国。他通过会谈、许愿割地直到促成联姻，把路易·波拿巴争取到自己一边来。路易·波拿巴自打"雾月十八日"政变上台以来，在国内一贯玩弄平衡术，扮演各阶级之上的公正调停人的角色，在国际上则到处以支持各民族统一独立的"解放者"形象出现。当然，他的动机绝不是像他自己标榜的那样高尚，而是卑鄙自私的。这一次，他从加富尔那里得到了把萨伏依和尼斯两地割让给他的承诺，于是就决心帮撒丁王国对奥地利打上一仗。

意大利的民族统一问题，与德国的统一也有密切联系。

德国在当时还只是一个讲德语的民族的总称，并不存在一个政治上的统一实体。它内部有好几十个王国、侯国、自由市，还有一个奥地利帝国。把这些邦国统一成一个德意志国家的意愿，随着资本主义工商业的发展而变得越来越迫切了，分裂割据已经是人人都看得见的最大的民族不幸。

但这个本应由资产阶级自由派来承担的任务，现在它却不愿意承担了。为什么？因为从1848年革命中资产阶级已经感觉到，如果以民主革命的方式自下而上地争取民族统一，那就会把无产阶级召唤起来、组织起来，而这对资产阶级自己是异常不利的。因此，资产阶级自由派为自身计，现在认为最好牺牲自己的民主共和理想，满足于安心赚钱，同时仰望王公贵族，希冀由他们中间某个强有力的人物来实行"自上而下"的统一。

在德国统一"自上而下"的道路上，有两个大国似乎可以担负起这副重任，一个是普鲁士王国,另一个是奥地利帝国。奥地利是德国各邦中的大国,但落后、反动,跟不上时代潮流,由它来领导统一对资本主义发展是弊多利少。普鲁士的资本主义经济发达得多,当权的容克贵族也不得不愈来愈多地考虑到资本主义发展的需要。因此,北德资产阶级就把眼光转向普鲁士王国,把它当作自己的希望了。

在这种形势下,德国人在即将发生的意大利战争中应该怎么办?这是个复杂的问题。

马克思和恩格斯是主张用自下而上的民主革命方式来解决民族统一问题的,因为在这种情况下,将能建立起统一的资产阶级民主制共和国,对于未来无产阶级的斗争会有莫大的好处。这是革命家的思路。

从这种思路出发,马克思在文章中表示希望意大利民主主义者能有所作为,能够唤起民众团结起来,通过革命把外族统治者赶出去,实现自己的民族统一。马克思还希望,意大利一旦革命,能够成为一切被压迫民族起来反对奴役者的共同斗争的信号。而对于撒丁王国仰赖路易·波拿巴去对付奥地利的做法,马克思并无好感,他认为在法国庇护下宣布为争取意大利统一而战是民族的不幸。同时他还相信,波拿巴只要达到了自己的目的,就不会再帮助意大利人了,而是会同奥地利媾和,并反过来扼杀意大利人的进一步斗争。

恩格斯根据他和马克思的共同意见,迅速写成了一个小册子《波河与莱茵河》,1859年4月在柏林匿名出版。这个小册子的宗旨是"从纯粹军事观点"来研究德国在意大利战争中应采取的立场。恩格斯在军事科学方面的才华在这本小册子里大放光彩,马克思的评价是"妙极了,就连政治问题也阐述得非常出色"[1]。

这本小册子从军事上证明,德国根本不需要意大利的任何地方来保卫自己,奥地利在北意大利的统治不可能给德国带来任何益处,而只会激起意大利人对德国的仇恨。从这里,恩格斯主张"让意大利自己管理自己的事务",也就是说,

---

[1]《马克思恩格斯全集》第29卷,第391页。

支持意大利摆脱奥地利的统治。但另一方面,恩格斯反对法国插手干涉意大利问题,他认为路易·波拿巴的最终目的不是波河而是莱茵河。据此恩格斯认为,战争如果爆发,德国人民应当支持奥地利保卫波河,打退法国的进攻。这是一种困难的做法,马克思随后在一篇文章里表述为:"德国人民要坚决站在意大利方面来反对奥地利,同时又不能不站在奥地利方面来反对波拿巴。"① 这种设想是建立在这样的思路基础上的:德意志各邦同奥地利参战,可能使王朝战争转为革命,使法、普、奥等国统治者都陷于垮台,从革命中获得民族统一。

意大利战争是在1859年4月展开的。法意联军击败了奥军,加里波第的红衫军也取得了一连串胜利,意大利统一在望。正像马克思预言的那样,拿破仑第三急忙同奥国皇帝会晤,签订了停战协定,并从加富尔手里接过了萨伏依和尼斯这两块地方作"酬劳"。但这时意大利统一的大势已不可阻挡,又经过一系列政治事件和人民运动,意大利终于在1870年全部统一。

至于德国,由于资产阶级并没有自下而上实现统一的热情,也没有人民运动的相应基础,于是它的统一只好在出任普鲁士首相的奥托·冯·俾斯麦的铁血政策下,由普鲁士以王朝战争的方式一步步去实现了,我们在后面还要谈到这件事情。

反击福格特

意大利战争在流亡者中引起的一个事件,使得马克思大伤脑筋,不得不放下一切工作来全力对付它。这就是福格特事件。

卡尔·福格特,德国的一名自然科学家和政论家,1848年革命期间,他是法

---

① 《马克思恩格斯全集》第13卷,第314页。

马克思传

卡尔·福格特（1817—1895）

兰克福国民议会的左翼议员。革命失败后流亡，后来成为日内瓦的地质学教授。此人鼓吹一种庸俗的自然科学的唯物主义，他与马克思之间本来是没有任何交道可打的，但由于一个偶然的原因，他成了马克思的死敌。

1859年4月1日，福格特从日内瓦给弗莱里格拉特等伦敦流亡者写信，信中附有一份政治纲领，其基本精神是主张德意志联邦在即将发生的法意奥战争中保持中立。福格特请收信人按这一精神给日内瓦的一份周刊《新瑞士》写稿。弗莱里格拉特把这封信和"纲领"拿给马克思看，马克思给了个"政客空谈"的评语，但同时也"觉察到有些倾向于波拿巴"[1]。到5月初，马克思读到了福格特的新作《欧洲现状研究》，这本著作使马克思确信，福格特同波拿巴主义的宣传肯定有联系。

不久，又有了新的情况。

1859年5月9日晚，马克思参加了乌尔卡尔特就意大利战争问题召开的一个公开群众大会，并坐在主席台上。大会开始前，"有一位面色阴郁的人物"走到马克思跟前，此人是卡尔·布林德，来自南德，是与马克思有联系的一个政论家。他讲了几句开场白后，就向马克思保证说，福格特是路易·波拿巴的奸细，从法国政府那里领取宣传费用。布林德说自己手中握有福格特叛国活动的证据。

第二天，一家在伦敦新近发行的德文周刊《人民报》的编辑比斯康普，由李卜克内西带着来到马克思家，向他约稿。谈话中又说到了福格特。比斯康普同马克思一样，也认为福格特是受到了波拿巴收买，马克思就顺便向他们两人介绍了

---

[1] 参见1859年4月22日马克思致恩格斯的信，《马克思恩格斯全集》第29卷，第407页。

第九章　60年代初的马克思

福格特的"纲领",并把从布林德那里得到的消息也告诉了他们。不过,马克思补充说,南德人总是喜欢把事件渲染得有些过分。

到目前为止,关于福格特的事情还只是说说而已,但四天后,比斯康普没经马克思同意,就在《人民报》上发表了一篇文章,根据马克思所转述的布林德的话,直截了当地称福格特为叛国者。比斯康普随即还把这篇文章寄给了日内瓦的福格特。

福格特如果不作反应,那就无异于默认自己是叛国者。于是他出来答复了,这就是在俾尔《商业信使报》上的一封公开信《警告》。他在这封"信"里气愤地把对他的指控说成是诬陷,并把比斯康普的文章说成是受马克思的指使;他更把马克思称作阴谋集团的头目,"警告"工人们提防马克思。马克思对这封"信"并没在意,他劝说比斯康普把"信"在《人民报》上发表了。

不久,李卜克内西在《人民报》承印人霍林格尔那里发现了一份也叫《警告》的传单的校样,内容是揭露福格特的,署名"×"。排字工人证实,这传单是布林德送来的,校样上的修改字迹也是布林德的。李卜克内西就把它寄给了奥格斯堡《总汇报》。6月22日,该报发表了这份传单。

这时候,福格特向法庭起诉,控告《总汇报》对他进行诽谤。在这种情况下,《总汇报》需要由写传单人拿出能证明福格特被法国收买的证据来。可是,本该拿出证据的布林德却在这个节骨眼上来了个临阵脱逃!马克思和李卜克内西一再找他,他不是矢口否认他是传单作者,就是干脆不在家。当然,他不敢否认在乌尔卡尔特召集的大会上亲口对马克思说过的关于福格特的话,但他却不承认他跟那份传单有联系。这一套出尔反尔的做法让马克思很气恼:这简直是个言而无信的懦夫!

这样一来,马克思就处在了十分被动的地步。按说,诉讼的事跟他毫无关系,而只会给李卜克内西带来麻烦,但马克思既然面对着福格特的挑战,他就绝不会置之不理的。因此,尽管布林德的胆怯畏缩使事情极为不利,马克思还是毫不犹豫地投入了对福格特的这场战斗。他从排字工费格勒那里取到了书面声明,证实传单原稿确是出于布林德的手笔,又把这声明寄往奥格斯堡《总汇报》,以

· 247 ·

便把这个证据提交给法庭。马克思亲自在《总汇报》上写声明，宣布自己认为布林德是作者……由于在福格特事件中弗莱里格拉特的态度十分暧昧，在关键时刻竟宣布自己与此事无关，马克思和这位老朋友之间也出现了深深的裂痕，几乎达到绝交的地步。

福格特进一步扩大攻势，又写出一本小册子，题为《我对〈总汇报〉的诉讼》。在这个小册子里，马克思被写成一个敲诈团伙的头目，这个团伙专门向当年留在国内的革命者们敲竹杠，如果他们不把钱送到指定地点，该团伙就向政府揭发他们过去的活动。这一切纯属谎言，但在国内收到了很大效果，因为人们是不愿意去了解核实真实情况的；加上一些报刊如《国民报》之类在一旁推波助澜，于是德国掀起了一阵诬蔑诽谤马克思和他身边的亲密朋友的浪潮。

这一次卑劣的攻势针对的完全不是马克思的信念，而是他的名誉和人格，这使马克思更感愤怒。而且这种攻击伤害的不仅仅是他和他的战友，更严重的是伤害了他的妻子和孩子。马克思曾想尽力不让燕妮知道这件事，但那怎么可能呢？而当燕妮一旦了解福格特的无耻谎言之后，她的反应比马克思更为强烈。她决不能听任宵小们把她丈夫和她全家描写成靠敲诈过活的骗子，她全力支持丈夫起来用真相反击福格特。

马克思准备采取两条途径与福格特战斗，一条是就《国民报》的诽谤向法庭起诉，另一条是从文字上对福格特予以驳斥。

马克思经过一番努力，在排字工人们那里弄到了证词，证实揭露福格特的传单的作者确实是布林德，在这种情况下，布林德如果真被弄到法庭上，便很可能要因刑事责任而被捕。但马克思为了布林德的家庭而不愿意让他走到这一步，结果是，布林德的一个叫作卡尔·沙伊伯勒的密友出来发表声明，自称是传单的真正作者。尽管这明摆着是冒名顶替，但马克思毕竟可以满意了。但马克思向奥格斯堡地方法庭起诉《国民报》这件事，却由于"罪证不足"而未被受理。真实的理由当然不是"罪证不足"，而是在于，在德国的各级司法机关眼里，马克思本来就是个大逆不道的人物，《国民报》给马克思泼上了种种污水对他们来说是很开心的。

第九章 60年代初的马克思

此路既已不通,马克思就只能用著作来回击福格特了。

写这样一部著作可不是轻而易举的事情。马克思不得不放下手头的经济学研究,广泛收集资料,研究文件和有关材料,同欧洲和美洲的朋友与熟人们保持密切通信联系。这件工作占去了他整整一年时间。

对于马克思如此坚决地来完成这项工作,不少朋友是不大理解的,认为他是在为一件不值得的事情耗费精力,多少有些得不偿失。就连恩格斯一开始也觉得,目前最重要的是先发表马克思的科学著作,如果做到了这一点,福格特的叫嚣就起不了多大作用了。[1]但他很快就改变了态度,全力支持马克思反击福格特。马克思在1860年二三月间到曼彻斯特去,同恩格斯详细商量、制订了这部著作的写作计划。

在写作中,这部著作的篇幅一再扩大,最后成了厚厚的一本书。1860年,它以单行本在伦敦出版,书名是《福格特先生》。

这本书在福格特的恶意中伤面前为共产主义者同盟以来的工人阶级政党的光荣历史作了辩护,同时以对大量资料的分析对比来证实福格特对路易·波拿巴的卖身投靠。马克思达到了自己的目的。书中的论述令人信服地说明了福格特对波拿巴的政治口号一贯亦步亦趋、鹦鹉学舌。由于马克思学识渊博,文学修养深厚,他在整个论述中穿插了大量的历史譬喻、文学名句,使得全书读来少有枯燥之感。一般说来,马克思并不在自己的著作中表现他那丰富的文学知识,但《福格特先生》是一个例外。

当马克思写《福格特先生》时,他已经能够清晰地感觉到日内瓦的福格特和巴黎的波拿巴之间的那根秘密联络线。到波拿巴的第二帝国垮台后,马克思的揭露完全被证实了:从路易·波拿巴的机密费中人们发现了1859年8月的收条,写明福格特领取了4万法郎的费用。

---

[1] 参见1860年1月31日恩格斯给马克思的信,《马克思恩格斯全集》第30卷,第15页。

60年代初的家事

当马克思用笔向福格特发动反击时,疾病这个凶恶的敌人在背后狠狠扎来了一刀,这一次,首先刺中的是马克思夫人。

马克思现在全力投入写作《福格特先生》,很少有时间再给报纸写稿挣钱,燕妮身上的家务担子更重了。不仅如此,她对《福格特先生》一书的关心,一点不亚于她丈夫。因为,驳倒福格特的诽谤,是关系她全家荣誉的大事。在那些日子里,她心情焦急、激愤,不顾一切地抄写这部书稿,多少个夜晚都是在忧虑难眠中熬过的。

书稿总算抄完了。她松了一口气——也可能正是由于松了一口气,整个紧张的神经就立刻像绷紧的草绳一样拉断了。1860年11月21日,马克思写信告诉恩格斯说,自己的妻子躺在床上,病得很重。两天后他又写信向恩格斯报告了更可怕的消息:"我妻子患的是天花,而且非常厉害。"[①] 请来的医生诊断说,由于病人在这之前过于紧张,抵抗力下降,因而在什么地方受到了感染。

全家最惊恐的时刻到来了。三个女孩必须离家,与病人隔开。李卜克内西在自己那里给她们安排了住处。马克思和琳蘅留下照顾病人。当时的经过,马克思夫人自己后来有详细记述:

> 我的病越来越沉重,出现了可怕的天花的征候。我受了很多很多苦。脸上像火一样疼痛,整晚都失眠,体贴入微地照料着我的卡尔担忧万分,最后,我失去了一切感觉,但神智一直是清楚的。我躺在敞开的窗子的旁边,

---

[①]《马克思恩格斯全集》第30卷,第112页。

第九章　60年代初的马克思

让十一月的寒风一直吹着。房里火炉很热，他们在我发热的嘴唇上放了冰，不时喂我几滴葡萄酒。我几乎不能吃东西，听觉愈来愈迟钝，后来眼睛也闭上了，我不知道是不是长眠的时刻已经来临！①

马克思这个最富于自制力的人，他那坚强的神经现在也快要承受不住了。任何文章都写不下去了，他只好用演算数学来平静自己的内心。"说真的，此刻我感到自己也病了。"他在信里写道。

最危险的日子终于挨过去了。马克思给恩格斯的信一天天乐观起来："我妻子现在脱离危险了""我妻子的健康状况大有好转""我妻子好多了"……到12月26日，马克思告诉恩格斯："孩子们又在家了。"

马克思夫人对当时情景的回忆是感人的：

可怜的孩子们直到圣诞节才回到了她们深深怀念着的家里。第一次会面的情景是难以描绘的。这些小姑娘看到我非常激动，几乎忍不住要流下泪来。

全家都为噩梦过去、重新团圆而高兴，但马克思夫人这位高雅的妇女还是难免为自己的面部悲伤：

五个星期以前我和可爱的孩子们在一起还显得很体面，那时我还没有白头发，牙齿和身段还很好，人们都认为我保养得法，如今，这一切都已成为过去！我觉得自己是一只怪兽，宁愿快放到动物园里去，也不愿在高加索人中间……②

这场病过去了以后，燕妮还在一封信里写道：我的面部使我伤心了好久……可是这位妇女毕竟是意志坚强的，她说：但是现在，我已经能够确信，我又有了正常人的自然面孔……我还希望能经得起命运的一些别的考验呢！

---

① 《摩尔和将军——回忆马克思恩格斯之一》，人民出版社1982年版，第83页。
② 同上，第84页。

命运的折磨还远远没有结束。燕妮刚能起床，马克思立刻又病倒了。照顾妻子那些日子里的劳累、惊恐聚攒在一起，狠命地在他身上报复起来，他的慢性肝病转成了急性。仿佛这些还乱得不够，债主们现在又纷纷上门：前一段时间由于不能抽出时间给报刊写文章挣稿酬，马克思家再次债台高筑了。

　　由于这些原因，马克思在病情好转时，决定到荷兰扎耳特博默耳的姨父莱昂·菲利普斯那里去一趟，看看能不能从母亲未来分给自己的遗产份额中预支一些钱，因为这钱当时是由他姨父管理的。另外他还准备到柏林去一次，跟拉萨尔谈谈出版报纸的事。近来德国发生了一个多少值得注意的变化：普鲁士老国王弗里德里希·威廉四世死了，即位的新国王威廉一世宣布了大赦。许多流亡者感到兴奋，想要告别流亡生活回国去。马克思对大赦本身嗤之以鼻，认为它是"1849年以来任何一个国家颁布的大赦令中最可鄙的"，但拉萨尔准备利用这个机会出版一种宣传性的周报，马克思对这个计划还是有兴趣的。

　　马克思是1861年2月28日动身去荷兰的。他的姨父是一位富有的商人，对外甥的著述活动很引以为荣。他大约是亲戚中与马克思关系最密切的一个，马克思也常以感激的心情谈起这个"很不错的老头"。这次荷兰之行是成功的，马克思从姨父那里"挤"出了160英镑，从而能够偿还大部分债务。对于姨父家的好几个子女，马克思也都与之建立起了良好关系，特别是他的表妹南尼达，成了马克思的无拘无束的朋友，马克思离开姨父家后，还有几封逗趣的信是给这位"小迷人精"的。

　　马克思离开荷兰，进入一别十余年的德国，于3月17日上午7时到达柏林。拉萨尔热情接待了马克思。他现在由于为哈茨费尔特伯爵夫人打官司成功而名声大振，又出版了几本大部头的学术著作，声誉金钱两丰收，生活过得十分奢侈。马克思在柏林见到了一些知名人物，参加了一些有趣的和无趣的活动。哈茨费尔特伯爵夫人这位有名的"老太婆"，给马克思的印象是"希腊雕像"，"胸部还很优美，但是头部却因岁月的变迁而受到残酷的'剥蚀'"[①]。在拉萨尔为马克思回

[①] 1991年3月24日马克思致南尼达·菲利普斯的信，《马克思恩格斯全集》第30卷，第585页。

马克思的姨父莱昂·菲利普斯（1794—1866）

安东尼达·菲利普斯（南尼达）（约1837—1885），莱昂·菲利普斯的女儿，马克思的表妹

国设的午宴上，马克思见到了这样一些名人：1848年时的反动人物普富尔将军，此人现已82岁，早已失宠，"被宫廷视为雅各宾党人和无神论者等等"（马克思在给恩格斯的信中这样说）；"战事画家"布莱布特罗伊；宫廷顾问、有名的普鲁士历史编纂家费尔斯特等等。马克思被安排坐在伯爵夫人和作家柳德米拉·阿辛格小姐之间，"这位对我热情洋溢的小姐，是我有生以来从未见过的最丑陋的人物……"马克思在信里描述说。

拉萨尔把马克思带去看了一场芭蕾舞演出，所在的包厢居然紧挨着国王的包厢。马克思带点嘲弄地把这次经历告诉了几位朋友。似乎芭蕾舞给他的印象倒在其次，因为他觉得它"枯燥得要命"。柏林街上和剧院里到处可见的穿军服的人也给马克思留下了恶劣的感觉。

在柏林，马克思曾设法恢复普鲁士国籍。如果真能办起一份报纸，那么恢复国籍还是很有必要的。马克思夫人和女儿们都对重返德国不感兴趣，尤其是热爱莎士比亚的女孩子们觉得离开英国简直是"可怕的"，马克思夫人则承认，"亲爱的祖国""甚至在我心中最偏僻的角落也找不到丝毫依恋之情"。拉萨尔极其热心地为马克思张罗此事。在拉萨尔家里，马克思给柏林警察总监策德利茨送去了一份申请书，但此事终因当局觉得这个革命家太危险而未能成功。

办报纸的事也没能和拉萨尔谈妥。拉萨尔能筹到大笔的钱，他的目标是办一份大报，提出的条件是同马克思一起担任总编辑。马克思问道："恩格斯呢？""行啊，三个人如果不算多，恩格斯也可以担任总编辑，不过你们两个人的表决权不能比我一个人的大，否则我每次都将是少数。"这样的条件是马克思和恩格斯都不能接受的。马克思当然没有忽视拉萨尔的才能，但他一直对拉萨尔夸夸其谈、爱好虚荣、到处炫耀以及同宫廷贵族、地位显赫者的可疑联系感到厌恶，认为此人只适合于"在有严格纪律的条件下当一名编辑，不然他只会给我们丢脸"。

马克思还拜访了一些老朋友。他的"一大乐事"是跟大学时期的朋友弗里德里希·科本单独喝了两次酒，这位老友丝毫没有改变，只是发胖了。科本把自己著的两卷的《佛陀》赠给了马克思。马克思在科隆看望了1848年革命时的老朋友施奈德第二和克莱因博士，拜访了丹尼尔斯夫人（即科隆共产党人案中主要受害者的未亡人），对于她丈夫因监狱生活而过早去世，马克思曾痛惜不已。科隆案件的另一个被告毕尔格尔斯，现在已经是民族联盟盟员，马克思就没有去看"这个蠢家伙"。

离开科隆后，马克思回了一趟故乡特里尔，见到了自己已届暮年的母亲。母子当年虽曾有过激烈争执，而且母亲一直也不理解儿子的事业，但这次相聚还是高兴的。母亲主动地把儿子以前开给她并已由她支付的几张借据当场销毁了。这也表明母子之间的不快烟消云散了。

又出困境

荷兰、德国之行，给马克思一家带来了小小的喜悦，但在还清各方面的债务后，囊中立刻又空空如也了。才到6月，带回的钱就全用完了。更加不利的是，

第九章　60年代初的马克思

由于美国内战的爆发，马克思在1862年同他为之撰稿十年之久的《纽约每日论坛报》断绝了关系，其原因在于，该报立场倾向于与奴隶制的南方妥协，而马克思却毫不动摇地支持北方，以致报纸不愿发表马克思的文章了。这样一来，马克思的主要收入来源切断了，家庭顿时陷入极大的恐慌之中。

好在在这之前，他和维也纳的一家自由派报纸《新闻报》达成了一项协议，做该报的撰稿人，每篇文章付稿酬一英镑，每篇报道付稿酬10先令。这在当地已是属于高稿酬了，但对解决马克思一家的生计来说，也只能是聊胜于无。马克思给这家报纸写了不少文章，其中有评论法国和英国的政局和社会问题的，更多的是评论美国内战的——美国内战，是这一时期国际问题中马克思关注的中心。他在和恩格斯的通信中反复讨论南北方的战局进度和变化。一般说来，恩格斯以军事内行的眼光对双方的军队部署、实力对比、作战方法、战略和战役指挥分析得头头是道，在这些方面马克思自叹不如，但由于过分专注于军事方面，恩格斯在看到北军的混乱、涣散和指挥笨拙时，有时会得出北方已输掉这场战争的结论。这时候，马克思便更高明一些了。他从对北方经济实力和所代表的历史趋势出发，坚信北军必胜，不论他们暂时遇到怎样的挫折。美国内战还吸引了马克思全家的注意，那段时间大家谈的全是这件事。小女儿爱琳娜（当时大约是6岁）坚信，要是没有她的建议，北方就打不赢南方，因此她给美国总统林肯写了好几封长信。这些信必须经"摩尔"看过才能寄走，当然，他把信都"截留"下来了。许多年后，他把这些充满孩子气的信拿出来念，大家都哈哈大笑。

《新闻报》上刊登的马克思关于美国内战的文章

马克思传

在这些艰难的岁月里，女孩子们已经长大成人了。她们给自己的双亲带来了喜悦和欣慰。两个大点的女孩中学已经毕业，开始选修专科学校为非中学生开设的个别课程，还学习了绘画、唱歌，小女儿也到了上学的年龄。马克思夫人在1861年3月11日写给魏德迈夫人的信中，对她们的描述充满了做母亲的自豪：

燕妮5月1日就要满17岁了。她是一个非常讨人喜欢的姑娘，黑油油的浓发，明亮的温柔的黑眼睛，皮肤黑得像个克里奥洛，而又具有英国女性特有的爽朗的丰采。

……

劳拉去年9月满15岁了，比她的姐姐更漂亮，脸孔更端正，和她姐姐完全不同。她也像燕妮一样，身材苗条，举止文雅，但是更开朗，更潇洒，更坦率。她的脸的上半部可以说很漂亮，棕色的蓬松的卷发非常美丽，闪耀着欢乐光芒的可爱的淡绿色的眼睛又很迷人，额部高雅而漂亮。

……

姊妹俩都长得美如鲜花，但并不轻浮。我往往暗自惊奇，因为当年穿着轻盈纱裙的她们的母亲，也不如她们这样漂亮。

母亲讲述她们的学习：

她们在学校里时常获得一等奖。她们的英文能够运用自如，法文学得非常好，意大利文可以看懂但丁的作品，西班牙文也懂一些。只有德文怎么也学不好。虽然我时刻尽力和她们讲德语，她们总是不高兴学，在这方面，甚至我的威严和她们对我的尊敬也无济于事。燕妮具有特殊的绘画天才，她的铅笔素描就是我们房间最好的装饰品。劳拉对绘画很不用心，所以我们罚她，不让她再学了。然而她对钢琴却很专心，和姐姐合唱德文和英文歌曲非常动听。

她对小女儿爱琳娜的宠爱简直是无法掩饰了：

第九章 60年代初的马克思

小孩子正是在我们可怜的亲爱的埃德加尔死去的时候生下来的。对于小弟弟的爱,对他的温存现在都转移给小妹妹了,大女孩们差不多是用母亲般的关怀来照顾她。天下简直没有比她更可爱、更像画一般美丽、更天真烂漫的小孩了。这个女孩子说话特别动听,也特别会讲故事。这些故事都是她从日夜不离的格林兄弟童话集里学来的。我们全家朗读童话读得头昏脑涨,但是只要在读《妖怪》或《青髯王》或《白雪公主》时读漏一个音节,我们就惹祸了。由于喜欢这些童话故事,小女孩除了听惯了的英语外,还学会了德语,而且说得非常清楚准确。小女孩简直是卡尔的宠儿,她的笑声和唠叨,为卡尔驱散了许多忧愁。①

由燕妮绘画的盘子

马克思夫妇和所有做父母的一样,想方设法让女儿们受的教育好一些,生活得体面一些,将来有美好的前程,至少不再像双亲一样整日为穷困犯愁。但是孩子大了麻烦多。正当她们到了花

燕妮和劳拉

---

① 《摩尔和将军——回忆马克思恩格斯之一》,人民出版社1982年版,第80—83页。

一样的年龄时，家庭的贫困就更显得可怕了。1862年是伦敦历史上辉煌荣耀的一年，它以规模空前的世界博览会迎接各国来的客人，但是在马克思那里，印象却是"博览会真是该死！"因为成群前来观光的客人涌来"麻烦"他，他的夫人不得不打起精神强装门面，而那些客人哪里知道，这好客的一家几乎已到了家无隔夜粮的地步！

正像俗语所说的"福无双至，祸不单行"，这时一家人又接二连三生病。大女儿燕妮患了一种非常讨厌而顽固的咳嗽症，身体眼看着垮了下去，小女儿爱琳娜也一天天消瘦下去，在1861年秋正要上小学时，出现了黄疸病的症状。马克思夫人由于整天忧心忡忡，也经常感到身体不舒服。孩子们因为没有衣服和鞋子（都进了当铺）而没法上学，她们也都意识到了自己双亲的痛苦艰难。懂事的大女儿开始想法分担双亲的负担，她背着他们去剧院找工作，想要靠登台演戏给家里挣些钱。这让马克思这位父亲心疼极了，他毫不怀疑，对家庭困境的忧虑是小燕妮生病的主要原因。恩格斯立即给这"可怜的孩子"寄来了有益于身体的波尔多酒、陈莱茵酒和雪莉酒。他还尽其可能不断寄钱来。但由于美国内战的影响，公司的业务很不好，恩格斯手头也时常拮据，他给马克思一家提供的帮助仍然是有限的。

马克思不得不考虑出去谋职的事了。他经过一些周折，联系到英国的一个铁路营业所。1862年9月10日，他在信中告诉恩格斯，明年初他可能到那里去工作。但这件事后来却失败了——该营业所因马克思字写得不好而没录用他。马克思在给新近结识的一位朋友、他的著作的崇拜者、汉诺威的医生路德维希·库格曼的信中慨叹："我不知道这该说是幸运还是不幸！"当然，可以肯定地说，对后人而言这是幸运：如果该铁路营业所多了一名写不好字的职员，英国铁路运营并不会变得更好些，但后人却毫无疑问要少读到马克思的许多著作。《资本论》是肯定不能按后来那样在1867年问世的，至于它能不能以我们今天所看到的完美样式问世，也是很难说的事。

在债务、疾病和家庭的其他不愉快琐事的缠绕中，迎来了1863年。1月7日，马克思收到了恩格斯的一封简短来信，诉说他刚刚经受的巨大不幸。与他同居十年的玛丽·白恩士，一位善良淳朴的爱尔兰女子，突然去世了。恩格斯向老友写道:"我无法向你说出我现在的心情。这个可怜的姑娘是以她的整个心灵爱着我的。"①

马克思的复信对迫切需要安慰的恩格斯却显得十分冷淡。他只讲了几句对玛丽的死"极为意外、震惊"的话,就开始讲述自己家庭的困难了:学费、房租和"世上的一切",把他逼得喘不过气来,如果弄不到较大的一笔钱,那么全部家业就连两个星期也维持不了……"在这种情况下,工作是完全不可能了"②。

沉默了五天后,恩格斯的信才来了,字里行间压抑着对马克思的不满:

你自然明白,这次我自己的不幸和你对此的冷冰冰的态度,使我完全不可能早些给你回信。

我的一切朋友,包括相识的庸人在内,在这种使我极其悲痛的时刻对我表示的同情和友谊,都超出了我的预料。而你却认为这个时刻正是表现你那冷静的思维方式的卓越性的时机。那就听便吧!③

尽管如此,恩格斯仍然在信中为马克思想办法,提建议,并允诺在最近拼凑几十英镑寄去。看得出,他在尽力不让自己的情绪压倒理智。

马克思立刻意识到自己错了。他在随后的两封回信中老实承认,上次"给你写那封信是个大错,信一发出我就后悔了"④。他以十分抱歉的口气为自己作了解释:这绝不是出于冷酷无情,而是由于被困境弄昏了头。他讲述了这种困境:小燕妮卧病在床,没有煤和食品;收到了肉商的拒付期票;房东打发来的评价员⑤待在家里;再加上夫妇之间因这种困境引起的不快。马克思小心地为自己的妻子辩解说:"女人是一种奇妙的创造物,甚至那些才智卓绝的也是这样。那天早上,我的妻子为玛丽和你的损失哭得这样厉害,以致完全忘记了她自己的痛苦,而这

---

① 《马克思恩格斯全集》第30卷,第308页。
② 同上,第309页。
③ 同上,第310页。
④ 同上,第311—312页。
⑤ 英国的一种官员,有权估价或变卖因欠债而被查封的家产。

马克思传

种痛苦正是在那一天达到了顶点；到了晚上她又深信，除了我们以外，世上没有一个人会感到这样痛苦，如果他家里既没有评价员又没有孩子的话。"①

马克思的道歉使恩格斯平静了下来，他回信说："对你的坦率，我表示感谢。你自己也明白，前次的来信给我造成了怎样的印象。同一个女人在一起生活了这样久，她的死不能不使我深为悲恸。我感到，我仅余的一点青春已经同她一起埋葬掉了。我接到你的信时，她还没有下葬。应该告诉你，这封信在整整一个星期里始终在我的脑际盘旋，没法把它忘掉。不过不要紧，你最近的这封信已经把前一封信所留下的印象消除了，而且我感到高兴的是，我没有在失去玛丽的同时再失去自己最老的和最好的朋友。"②

两位朋友之间的唯一一次不和，就这样烟消云散了。

在这个几乎走投无路的时期，马克思下决心走一步对家庭生活来说是相当残酷的险棋：向债主们宣告破产，把家具给房东抵偿拖欠已久的房租，给两个大女儿找到当家庭教师的工作，把琳蘅打发到别的家庭去，他自己同妻子和小女儿搬到西蒂区的专为贫民修建的模范公寓。这个办法"尽管有使人极不愉快的一面"，但却是摆脱目前局面、重新恢复自尊心的"唯一出路"。这是个办法，但话说回来，这是个没有办法的办法，要是真地采取了这样的行动，一个虽然艰辛但还完满的家就七零八落了。又是恩格斯这位挚友伸出了手，他做出"一个非常冒险的举动"，弄了一张100英镑的期票寄给马克思。正当家庭充满阴郁气氛的时候，收到这笔"如此巨大而意想不到的援助"，孩子们的脸上绽开了欢乐的笑容。马克思的心中百感交集，对老友的深深感激简直无法用语言来表达。

靠着这笔钱，以及稍后由另一位正在经商的旧友德朗克在恩格斯名下开的250英镑期票，马克思总算度过了1863年的困难。他加快速度写作他的经济学研究著作。从1859年出版《政治经济学批判》第一分册后，几年过去了。《福格特先生》的写作使他中断自己的研究达一年之久，当他重又回到经济学领域时，发现自己面对的问题更多了，一系列课题都需要做更深入更细致的探索。从1861

---

① 《马克思恩格斯全集》第30卷，第317页。

② 同上，第304页。

年8月到1863年7月，马克思的经济学研究成果写满了23个笔记本，达到200个印张。在写作过程中，他产生了一个新的计划：不再把自己的经济学著作作为《政治经济学批判》的续篇，而是使用《资本论》这个新的标题，把《政治经济学批判》作为副标题。《资本论》这部伟大著作的轮廓，眼看着愈来愈明朗了。

1863年12月2日，马克思接到他母亲去世的电报，他立即准备动身去特里尔。这时候，除了陈年老病如眼疾、肝病之类外，他在前不久又添上了一样

1864年的马克思夫人

让他此后多年痛苦不堪的新病——痈。现在，他背上的伤口还在化脓，只好带上两大瓶药和恩格斯寄来的10英镑路费，匆匆上路了。

在特里尔，马克思得到母亲留给他的不大的一笔遗产，然后就到荷兰他姨父那里去了。在那里，他背上的痈和疖子发作起来，只好住下治疗。这"真正基督教式的阴险的疾病"简直像毒蘑菇一样，从胸部、腿上和其他各个部位接连冒出来，使他疼痛难忍，站不能站，坐不能坐，连躺着也难受。好在有医生的精心护理，有姨父"这个非常出色的老头"和"那位长着一对厉害的黑眼睛的、可爱而伶俐的表妹"南尼达的殷勤照顾，马克思在这里过得倒也愉快。他直到1864年2月下旬才动身回伦敦。

这笔不大的遗产起了不小的作用。马克思一家摆脱了债务和当铺之类讨厌的纠缠，并且还能找到一所宽敞、舒适、光线充足的新房子，就是梅特兰公园路莫丹那别墅1号。马克思夫人和孩子们都为迁入新居而兴奋。

此后又有两件事，使马克思一家的生活发生了较大改善。穷困虽不免还偶尔来袭击一下，但总的说来，比起先前让人欲哭无泪的处境，已是不可同日而

语了。

一件事是威廉·沃尔弗留给马克思的遗产。

对马克思来说，沃尔弗是恩格斯之外最好的朋友，他从1853年起在曼彻斯特以教书为业。1864年5月1日，恩格斯写信通知马克思：沃尔弗病重。马克思立即奔往曼彻斯特，老朋友这时已气息奄奄，昏迷不醒。病人病情迅速恶化，直至全身衰竭，并于5月9日去世，终年55岁。马克思在给自己妻子的信中沉痛地说：

梅特兰公园路莫丹那别墅1号

我们为数不多的朋友和战友中的一个，就这样离开我们去了。他是一个最完美的人。①

这位为人淳朴、工作勤勉的老友，在长期单身生活中，靠着俭省居然积攒起一笔1300英镑的财产。按照遗嘱，除了各种必付的费用，主要部分赠给了马克思，总数达824英镑。这笔钱在往后几年里对马克思减轻后顾之忧，写完《资本论》第一卷，起了很大的作用。

另一件事是恩格斯的经济状况大有好转。1864年9月，恩格斯成为他所在的恩格斯—欧门公司的合伙人之一。这样，他就能够给马克思一家提供更多更稳定的援助了。从这时起到1869年退出商业活动，他共寄给马克思一家1862英镑，这在当时是个相当可观的数字。

有趣的是，在那个痛病侵身、医生不允许从事紧张脑力劳动的时期，马克思

---

① 《马克思恩格斯全集》第30卷，第652页。

第九章 60年代初的马克思

这位批判资本主义的大思想家，竟走进交易所"玩"起了股票！所用股本，是恩格斯刚刚寄来的威廉·沃尔弗所赠遗产中的 200 多英镑。不久后，他兴致勃勃地告诉荷兰的姨父，自己做起投机生意来了：

> 一部分是做美国国家有息证券的投机，但主要是做英国股票投机……我用这个办法赚了四百多英镑……搞这种事情占去时间不多，而且只要稍微冒一点风险就可以从自己的对手那里把钱夺过来。①

显然是为胜利所鼓舞，马克思想要再接再厉。1864 年 7 月 4 日，他写信给恩格斯，请他把应得沃尔弗遗产中的剩余部分"了结"并寄过来，因为：

> 假如我在最近十天内有钱的话，我就可以在这里的交易所赚许多钱，现在在伦敦又到了可以靠机智和少量的资金赚钱的时候了。②

这样看来，交易所的小试锋芒还是成功的。但马克思并没有让这种"投机生意"影响他的"思辨"（有趣的是，在几种欧洲文字中，这两种意思是用同一个词表示的），写作《资本论》始终是他的"正业"。

关于拉萨尔

1864 年 8 月 31 日，拉萨尔在日内瓦因与情敌决斗受伤，不治身死。消息传到伦敦，马克思大为震惊，心中久久无法平静。

---

① 《马克思恩格斯全集》第30卷，第662页。
② 同上，第409页。

马克思传

拉萨尔（1825—1864）

马克思和拉萨尔是1848年以来的老相识、老朋友，但两人在政治上和理论上很少有过真正的一致，他们的交往真可说是一波三折、荆棘丛生。

从年龄上看，拉萨尔比马克思小7岁，所受教育与马克思大致相同，大学时期也曾仔细研究过并接受了严格的黑格尔哲学。马克思此后的研究大大地超越了黑格尔哲学，而拉萨尔终生没有走出这一步。尽管拉萨尔自认为并且别人也认为他是马克思的学生，但两人的世界观基础其实是大相径庭的。

拉萨尔是有才华的，尽管马克思和恩格斯对他时常持尖锐的嘲弄和否定态度，但对这一点却并不怀疑。马克思曾说他"充满活力和智力"，恩格斯在几十年后还把拉萨尔作为评价别人的标准，例如他曾说当时还很年轻的普列汉诺夫的才能"不亚于拉法格，甚至不亚于拉萨尔"，而人们知道，普列汉诺夫和拉法格这两个人都是国际社会主义队伍中才华横溢的人物。拉萨尔与马克思的一大区别在于，拉萨尔自负，好炫耀，对出人头地极为看重，马克思却厌恶别人的吹捧，把名声看得一钱不值，终生自觉自愿地把自己的才华用于为工人阶级服务上面，此外并无个人目的。因此，马克思对拉萨尔的虚荣心是十分反感的。

马克思所崇奉的准则是"目标始终如一"，在自己的行动中决不动摇，而拉萨尔在政治活动中则可以前后不一、左右逢源。1848年革命期间的老战士，竟然能在后来出入于宫廷华府，周旋于冠盖之下，甚至自以为为了工人事业的利益去同俾斯麦搞政治交易。这些不光是马克思耻而不为的"丑行"，而且是严重违反革命者原则的举动。

马克思和拉萨尔有过互相帮助。当年《新莱茵报》对拉萨尔经手的哈茨费尔特伯爵夫人离婚案颇示同情和支持，而马克思《政治经济学批判》一书的出版则有赖于拉萨尔的热心奔走。但他们之间的龃龉更多，有时矛盾甚至非常尖锐。

第九章　60年代初的马克思

这两个在各方面都有极大差距的人,在19世纪50年代末60年代初有过密切的来往通信和互访。但在理论上、学术上、政治策略上,两人都意识到,对方事实上是自己潜在的敌手。

对于马克思的《政治经济学批判》,拉萨尔说了一些称赞的话,甚至说这本书在论述形式上胜过他自己的得意之作《爱菲斯的晦涩哲人赫拉克利特的哲学》。但这些恭维在马克思看来只是"空话"。确实如此。拉萨尔并不理解马克思全部经济学说的基础——劳动价值论的真正意义。拉萨尔不是把劳动价值论当作揭露资本主义生产方式奥秘的出发点,而是从中径直引出他认为是合乎法律上的合理性的政治结论,这使得他的思想并没有超出19世纪20年代李嘉图学派社会主义者的水平。

对于拉萨尔自视颇高的《爱菲斯的晦涩哲人赫拉克利特的哲学》一书,马克思的打分几乎不及格。他认为这部书喋喋不休讲来讲去,完全没有超出黑格尔早已简明深刻地讲过的思想,是"一部非常无聊的作品"①。

拉萨尔写的历史剧本《弗兰茨·冯·济金根》,也遭到了马克思的尖锐批评。他认为拉萨尔笔下的人物缺少个性和真实性,成了抽象思想的单纯的传声筒。正是在批评拉萨尔的这个剧本时,马克思提出了他对文学创作的重要意见,这些意见中重要的一条,就是主张文学要描写个人的突出性格,反对作脱离人物个性的抽象议论——我们知道,马克思在这里所反对的,正好就是后来历史上大量出现的号称"无产阶级文学"的劣质产品的普遍毛病,这些作品中的人物并不是活生生的人物,而只不过是一些政治符号。看来,马克思是深谙文学三昧的,拉萨尔倒像是这类"无产阶级文学"的先驱了。

在政治方面,马克思和拉萨尔的分歧更多。

对于德国统一问题,拉萨尔与马克思的观点不同。拉萨尔是主张由普鲁士通过王朝战争的方式去实现统一的,因此他支持俾斯麦的外交政策,条件是俾斯麦允诺给工人以普选权。德国统一的道路问题,其实是一个相当复杂的问题。马克

---

① 《马克思恩格斯全集》第29卷,第262页。

思、恩格斯主张用资产阶级民主革命的方式实现统一，是着眼于这种方式更有利于未来的无产阶级斗争。但问题在于，德国的特殊历史条件使得资产阶级缺少革命的能力和勇气，因此统一的任务实际上是被以俾斯麦为代表的普鲁士容克担负起来了。从这点来说，不能不认为俾斯麦客观上是推动了历史进步的。由此去评价马克思与拉萨尔的各自主张，就很难简单说"是"或"否"了。马克思的革命主张固然痛快酣畅，但在当时是难以实现的，而拉萨尔可能对德国资产阶级的软弱无用估计得更充分一些，但他走向了支持普鲁士专制国家反对资产阶级民主革命的道路，则又是不能允许的政治错误。似乎我们可以这样说：在当时错综复杂的历史条件下，要采取一种既不背离革命精神而又符合现实的政策，是一件很不容易的事情。

1862年7月，正值马克思一家最困难的时候，拉萨尔到伦敦来参观世界博览会并拜访马克思。

一年前，马克思在柏林时，拉萨尔对他奉如上宾，所以现在，为了保持体面，马克思也不能不竭尽所能来招待他，为了这个，马克思夫人不得不把所有能拿出来的东西都送进了当铺。然而拉萨尔已挥霍成习，仅雪茄烟和马车费，每天就要花去一英镑两先令。在马克思家中，他大嚼大啖之后，便是高谈阔论，像马克思夫人所形容的那样，"旋风一样在我们的房间里打转，大喊大叫，指手画脚，而且往往把音调提得很高……这是'伟大'人物内心斗争处于尖锐矛盾的表现"[①]。马克思在给恩格斯的信中，用尖刻的语言嘲笑这位不受欢迎的客人。一谈到政治，两人更是针锋相对，各不相让。马克思取笑拉萨尔的国家社会主义计划，说他是"开明的波拿巴主义者"；拉萨尔大嚷大叫，暴跳如雷，说马克思的主张太抽象，不懂政治。

相处了几个星期后，拉萨尔终于注意到主人心绪不宁的样子，问明情况后，他答应帮助马克思。他表示愿在1863年1月1日以前寄来15英镑，此外还同意给马克思开他名下的期票，数目不拘，但必须由恩格斯或其他人担保。马克思能

---

① 《摩尔和将军——回忆马克思恩格斯之一》，人民出版社1982年版，第63页。

通过这种方式借点钱稍解燃眉之急,自然还是很重视的。他想向拉萨尔借400塔勒(60英镑),但拉萨尔却回信说要恩格斯本人写一个保证书,保证在到期前8天付给他清偿期票所需的款项,因为他"为了避免任何意外情况,以及万一有个三长两短"。这种小财主式的做法让马克思很不快,但恩格斯还是满足了拉萨尔的要求。后来为这笔钱的事,马克思和拉萨尔的私人关系弄僵了,在期票到期前,由恩格斯偿付了这笔钱。此后,他们之间基本上便不再通信。马克思一直关注拉萨尔在德国的活动,但他从来没有在公开场合批评过拉萨尔。

从19世纪60年代初起,拉萨尔开始了在工人中间的鼓动。他写了一连串的小册子,发表了许多演讲来批评资产阶级;他主张建立工人政党,通过国家帮助来建立合作社,以实现社会主义。他的这些活动唤醒了长期消沉的工人阶级,有助于工人组织起来,进行自觉的政治斗争。因此,马克思和恩格斯是承认拉萨尔的这些功绩的。但马克思对拉萨尔在鼓动活动中剽窃《共产党宣言》并曲解它的思想,在国家支持下反对资产阶级自由派的做法,是异常厌恶的。对于拉萨尔把普选权和国家合作社当作工人运动全部目标的态度,马克思持一种强烈的否定态度。1863年5月,在拉萨尔领导下成立了全德工人联合会,这是德国工人独立运动道路上的重要一步。但另一方面,这个联合会所具有的宗派主义、改良主义倾向,又让马克思和恩格斯很不以为然。1862年威廉·李卜克内西回国参加工人运动后,成了马克思和恩格斯在德国的重要通讯员和助手。

尽管有这些重大分歧和矛盾,但当马克思得到拉萨尔突然去世的消息时,仍然是痛惜的。他立即给恩格斯拍了电报。恩格斯在回信中说:"你可以想象,这消息使我多么震惊。且不论拉萨尔在品性上、在著作上、在学术上究竟是个什么样的人,但是他在政治上无疑是德国最重要的人物之一。对我们来说,目前他是一个很不可靠的朋友,在将来是一个相当肯定的敌人,然而看到德国如何把极端政党的所有比较有才干的人都毁灭掉,毕竟还是会很痛心的。现在工厂主和进步党的狗东西们将会多么欢欣鼓舞,要知道,在德国国内,拉萨尔是他们唯一畏惧的人。"[①]

---

① 《马克思恩格斯全集》第30卷,第419页。

马克思传

几天后，马克思才回信，字里行间仍充溢着对拉萨尔的痛悼：

> 拉萨尔的不幸遭遇使我在这些日子里一直感到痛苦。他毕竟还是老一辈近卫军中的一个，并且是我们敌人的敌人。而且事情来得太突然，使人难以相信，这样一个爱吵爱闹、非常好动、不愿安宁的人现在却永远无声无息、不再言语了……无论如何，使我感到痛心的是，近几年来我们的关系变暗淡了——当然，这是他的过错。另一方面，使我感到很欣慰的是，我没有受到来自各个方面的挑拨的影响，在他的"得意年代"一次也没有反对过他。[①]

即使在后来，马克思也承认拉萨尔的"不朽的功绩"，但当他知道拉萨尔与俾斯麦订有叛卖性的秘密协议时，他便决定不再回避他与拉萨尔的原则分歧。这些已是后话了。

[①]《马克思恩格斯全集》第30卷，第422页。

第十章

国际的灵魂

成立宣言

在伦敦科文特花园附近，朗－爱克街与恩德尔街交合处，有一座圣马丁堂，它是当时伦敦的17个音乐堂之一，是一座狭长的古典风格的建筑。华美的建筑在伦敦随处可见，所以这个地方并不怎么起眼，但1864年9月28日在这里举行的一次大会却使它载入了史册。

这是一次有几百名英国工人和法国、德国、意大利、瑞士、波兰等国工人活动家参加的盛会。在这之前，英国工联的刊物《蜂房报》已经登出了邀请启事：

圣马丁堂音乐厅

兹定于1864年9月28日星期四晚上在朗－爱克街圣马丁堂举行公开大会，会上将由巴黎工人选出的一个代表团宣读对英国兄弟来信的复函，并将提出加强两国人民之间进一步了解的计划。

会议前后将演出歌曲等节目。请准时于8点以前入场。

第十章 国际的灵魂

这是怎么回事呢？

原来，随着西欧各国资本主义工业化的发展，工人阶级也逐渐成长起来，意识到了自己的力量，并产生了联合起来的愿望。1862年伦敦世界博览会期间，法国的波拿巴出于笼络法国工人阶级的目的，选派了一个工人代表团去伦敦参观。德国资产阶级的"民族联盟"不谋而合地也派出了工人代表。他们没有想到，此举产生的效果与他们的盘算恰好相反，反倒促成了英国工人与西欧大陆工人的联欢、交流和合作。博览会后，这些联系继续加强。1863年波兰发生了争取民族自由的起义，遭到俄国沙皇的血腥镇压。这时，英国工人向法国工人寄去了呼吁书，主张两国工人一起来支持波兰人民的正义事业。法国工人立即作出了积极响应。1863年7月，英国和法国工人代表在伦敦集会，声援波兰。会上，英国工人送交法国工人一封信，热情洋溢地号召各国工人加强有组织的联系。这封信由法国代表带回国后，在巴黎工人阶级中引起了热烈反响，他们决定向伦敦派出一个代表团去向英国工人当面致谢。现在，在圣马丁堂举行的集会就是为欢迎这个代表团而召开的。

爱德华·斯宾塞·比斯利
（1831—1915）

当天晚8点，圣马丁堂里挤得水泄不通。大会主持人是伦敦大学历史学教授、著名的民主主义者爱德华·斯宾塞·比斯利。他在致辞中讲述了英法工人亲密结盟的迫切必要性，谴责了各国政府掠夺殖民地的不道德行为。在德国工人歌咏队唱了一支歌后，伦敦"工联委员会"书记奥哲尔宣读了英国工人给法国工人的信，法国代表托伦宣读了法国工人的回信。他们的声音经常淹没在一阵阵热烈的欢呼声和掌声中。德国、意大利、爱尔兰等地的工人代表也都发了言。大会在火热的气氛中，决定建立一个国际协会，为此，计划先成立一个有权增加自己成员的委员会，来制定国际协会的条例和规章。委员会当场就成立了，成员的大多数是英国工联领导人，也有不少是有影响的外国工人运动活动家。报纸报道了这次大会的盛况，还列举了新成立的委员会的成员名单，其中最后一位是德国工人代表卡尔·马克思。

马克思这时正在用全力赶写他的《资本论》，对于他认为无足轻重的一些会议和活动通常能回避就回避。但从这次盛大集会中，他却看出了希望。大会以前，一个叫作勒·吕贝的年轻法国人来找他，问他是否愿意作为德国工人的代表出席，并且专门推荐一个德国工人在会上讲话。马克思推荐了埃卡留斯，自己则坐在讲台上"扮演哑角加以协助"。他告诉恩格斯："我知道伦敦和巴黎方面这一次都显示了真正的'实力'，因此我决定打破向来谢绝这类邀请的惯例。"[1]

新成立的临时委员会成员有好几十人，它的第一项任务是任命了一个小委员会，由它去起草纲领和章程草案。这个小委员会由九人组成：英国工联的几位领袖即木匠克里默、鞋匠奥哲尔、面包师皮琴、木匠韦斯顿、工会的惠特洛克；波兰教师霍尔托普；法国教师勒·吕贝；意大利马志尼的代表沃尔弗和德国的马克思。

临时委员会和小委员会起初的工作有些混乱。马克思有两次会议没接到通知，加上生病，头几次会议未能出席。在这期间，沃尔弗、韦斯顿、勒·吕贝分别拿出了好几份纲领草案，但从内容到文字都不能让人满意。后来，当马克思接手这件工作时，他下定决心使原来的草案"连一行也不保留下来"。他重新起草了一个纲领，它就是后来大行于世的《国际工人协会成立宣言》。

马克思在写这个宣言时，努力把流行于工人运动中的种种空谈和思想混乱排除出去，阐述自己的观点，但同时也非常现实地估计到，当工人运动还受到资产阶级和小资产阶级社会主义各种思潮的严重影响时，是不能直截了当地把自己的观点摆出来的；唯一的不失原则而又能团结各国工人的做法是，起草这样一份文件，它应该"实质上坚决，形式上温和"。这并不是一件轻而易举的工作，但马克思出色地完成了它。

---

[1]《马克思恩格斯全集》第31卷，第12页。

第十章 国际的灵魂

《国际工人协会成立宣言》从对最近25年资本主义发展和工人阶级状况的阐述开始。这一点是与1847年的《共产党宣言》不同的。《共产党宣言》一开始就展开了对人类社会发展历史特别是近代资本主义发展历史的气势恢宏的考察,而现在的《成立宣言》是用工人的切身经验来说话,这是为了照顾当时英、法等国工人阶级的认识水平而采取的切实的方法。

《国际工人协会成立宣言》指出,1848年以来,工业的发展和贸易的增长是史无前例的。但是,正如英国财务大臣格莱斯顿所承认的,财富和实力的令人陶醉的增长,完全只限于有产阶级。马克思引用英国蓝皮书,翔实地陈述了在劳动生产力飞速增长的同时,工人阶级的健康损坏、道德堕落和智力衰退。马克思用精练的语言指出:"工人阶级的广大群众到处都在深深地下降,下降的程度至少同那些站在他们头上的阶级沿着社会阶梯上升的程度一样。不论是机器的改进,科学在生产上的应用,交通工具的改良,新的殖民地的开辟,向外移民,扩大市场,自由贸易,或者是所有这一切加在一起,都不能消除劳动群众的贫困;在现代这种邪恶的基础上,劳动生产力的任何新的发展,都不可避免地要加深社会对比和加强社会对抗。"[①]

马克思转而叙述工人阶级的政治斗争。他高度称赞英国工人阶级用30年顽强斗争争来的十小时工作日法案,认为这个法案不仅在工人的体力、道德和智力方面引起了非常良好的结果,而且还是工人阶级得到的一个"原则的胜利",因为它涉及"一个大的争论,即构成资产阶级政治经济学实质的供求规律的盲目统治和构成工人阶级政治经济学实质的由社会预见指导社会生产之间的争论"[②]。十小时工作日法案的通过,意味着资产阶级政治经济学第一次在工人阶级政治经济学面前的公开投降。

马克思对工人阶级取得的另一项"更大的胜利"即合作运动,也作了高度评价。他认为合作运动表明,大规模的现代生产在没有利用雇佣工人阶级劳动的雇主阶级参加的条件下也是能够进行的。

[①]《马克思恩格斯选集》第2版第2卷,第603页。

[②] 同上,第605页。

但是，马克思进而指出了资本主义占社会统治地位条件下合作劳动的局限。不论合作劳动在原则上多么优越，在实际上多么有利，但只要它没有越出个别工人的偶然努力的狭隘范围，它就不能使整个工人阶级群众得到解放。要解放劳动群众，合作劳动就必须在全国范围发展，因而就必须依靠全国的财力。但是土地巨头和资本巨头却不仅不会赞助劳动解放的事业，而且只会在它的道路上设置种种障碍。所以，夺取政权已成为工人阶级的伟大使命。

《国际工人协会成立宣言》就这样运用通俗易懂的工人实践的经验说明了马克思历来所主张的事业的基本目标。它在最后部分要求各国工人阶级为了自己的解放而实现兄弟般的团结和合作，坚定地并肩作战。同时他们还有一个任务，要洞悉国际政治的秘密，监督本国政府的外交活动，在必要时用能用的一切办法反抗它，在不可能防止这种活动时就团结起来同时揭露它，努力做到使私人关系应该遵循的那种简单的道德和正义的准则，成为国际关系中至高无上的准则。

《国际工人协会成立宣言》在结尾处重新提出了《共产党宣言》的口号："全世界无产者，联合起来！"

马克思还起草了国际工人协会的《临时章程》。在里面，马克思简明地阐述了他的学说的一些基本原理以及协会的任务、组织等等。但除此以外，他不得不在引言中采纳了"义务""权利"以及"真理、道德和正义"这些他认为没有意思的陈腐空话。不过，马克思说，"这些字眼已经妥为安排，使它们不可能为害"[①]。

经过马克思的这一番精心构思，既阐述了他自己的学说观点，又照顾到各派接受程度的成立宣言和章程，在临时总委员会会议上被"以很大的热情"一致通过，并被译成法、意、德等各种文字。这样一来，马克思虽然不是新成立的国际工人协会的发起人，却用他的《国际工人协会成立宣言》和《临时章程》，一开始就给协会定了调子，从这个意义上说，马克思是国际工人协会的创始人。

---

① 《马克思恩格斯全集》第31卷，第17页。

第十章　国际的灵魂

总委员会中的多面手

总委员会①是国际工人协会的中央领导机构，它的主席和总书记都是英国人，马克思是德国通讯书记，后来又担任了俄国通讯书记。他的共产主义者同盟时期的老战友如普芬德、列斯纳、罗赫纳等也都参加了总委员会。各国工人运动的活动家们汇聚在一起，可谓济济一堂。

总委员会的部分委员［上排从左至右分别为：欧仁·杜邦（1831—1881）、弗里德里希·列斯纳（1825—1910）、海尔曼·荣克（1830—1901）、约翰·格奥尔格（1818—1889）；下排从左至右分别为：乔治·奥哲尔（1820—1877）、本杰明·鲁克拉夫特（1809—1897）、罗伯特·阿普尔加思（1834—1924）、考埃尔·威廉·弗雷德里克·斯特普尼（1820—1872）］

① 起初叫中央委员会，1866年9月以后改称总委员会。本书为了简便起见一律称总委员会。

马克思传

总委员会的工作很忙，日常事务不少，三天两头要开会，而除了总书记一职有微薄的工资外，别的人都是为了尽义务。但委员们都对自己的工作有很高的热情，没有人发出抱怨。马克思在总委员会里是最尽职的一个，他除了生病和偶尔外出，从不错过一次会议。他给大家分析形势，就各种事务出主意，调停各方面的关系，起草各种文件，并且一有机会就向他们解释复杂的理论问题。总委员会的几乎所有文件都是由马克思起草的，恩格斯在1878年说，叙述马克思在国际中的活动，就等于编写这个协会本身的历史。就连许多琐事也都是由马克思干的，比如说填写会员证这样的枯燥工作。

开完会后，马克思和总委员会的大多数委员常常走进一家小酒店，要上一杯啤酒，大家随便谈谈。人们很快就承认，马克思的学识和才华，任何人都是比不了的，他处理各种事务和矛盾的能力，也很让大家服气。于是不知不觉间，马克思就建立起了自己的威信，成了总委员会的灵魂。当然，由此带来的是更重的担子，更繁忙的工作。

有一次，马克思慨叹说：我们在为争取八小时工作制而斗争，可我们自己的工作往往超过这个时间的两倍！这话一点都不夸张，因为总委员会和其中的小委员会的会议，经常开到后半夜，而会后马克思还得挤时间写他的《资本论》，还得想法去弄钱养家，八小时对他怎么够用？

马克思的家也经常被当作总委员会的开会地点。于是在哈佛斯托克小山梅特兰公园路的那幢寓所中，经常有操英语、德语、法语和其他各种语言的人来来往往，这里成了一个国际会议会场。

在日常交往中，马克思是个随便的、容易相处的人，在政治事务和理论问题上，他却是坚持原则的人。他不能不意识到，国际中流行的主要思潮，是有害于工人运动的。在法国和西班牙、比利时、瑞士等地，占统治地位的是蒲鲁东主义；在德国，拉萨尔主义有极大影响；而在英国，工联主义占压倒性优势。所有这些流派，马克思都不能同意，他尽可能地负起教师的职责，向国际工人协会的领导人物们讲解自己的学说。

1865年6月，马克思得到一个机会来讲讲他的经济学观点。当时，总委员会

第十章 国际的灵魂

中的一个成员、"老欧文主义者"韦斯顿确信,工资率的普遍提高对于工人不会有任何好处,因此,工联争取提高工资的斗争不但无用,而且有害。韦斯顿经常在《蜂房》报上写文章宣传这些观点,如果他的观点被接受,那就等于说,工人阶级的罢工以及其他一切经济斗争都不过是白费劲的胡闹。在这种情况下,马克思在总委员会里起来与韦斯顿辩论了。他认为韦斯顿本人是"一个好老头子",但这个人的主张是荒唐的。马克思经过一番准备,在总委员会的两次会议上作了报告,从他本人的经济学原理出发,驳倒了韦斯顿的观点,为工会的经济斗争的重要性和有益性作出了辩护。更重要的是,这篇报告通俗简捷地叙述了马克思的经济学说,它对于后来出版的《资本论》第一卷起到了导读作用。这篇报告后来发表时,加的标题是《工资、价格和利润》,它再次表明,马克思不光能写艰深的大部头理论著作,也是一位搞"科普"作品的能手。

马克思不仅支持工人的罢工、工会活动等经济斗争,他也大力支持工人的政治斗争。这与蒲鲁东主义者是完全相反的。蒲鲁东主义从反对一切国家、反对政党、反对权力、主张无政府状态等论点出发,要求工人阶级拒绝政治斗争。这一套主张在法国等地方有不少信奉者,这些人在国际工人协会中给马克思找了许多麻烦。马克思和他的拥护者们在各种会议上同这些人进行争论,马克思还利用一切机会同他们谈话,尽力说服他们。1865年1月,马克思应德国的施韦泽的请求,写了一封论刚刚去世不久的蒲鲁东的长信。这是一篇出色的科学论文,它全面透彻地分析了蒲鲁东学说的历史和阶级背景,对蒲鲁东的主张作了论述,并且给蒲鲁东的功绩和错误做了一个全面的评价。马克思在国际中对蒲鲁东主义的斗争是很见效果的,一批蒲鲁东学说的信奉者逐渐转到他这边来了,例如,他后来的二女婿保尔·拉法格,就是这样转变过来的。

德国的工人运动始终是马克思最为关心的。当时德国的情况是这样的:拉萨尔已经去世,工人运动正在形成规模,但还受到拉萨尔的宣传的有力影响。在国际成立时,拉萨尔派的全德工人联合会没有加入国际,这一方面是由于受到德国法律的限制,另一方面也有拉萨尔主义的影响。当时支撑着全德工人联合会的是《社会民主党人报》,主编是拉萨尔派人物约·巴·冯·施韦泽。此人虽坚持拉萨尔的政策,但一再表示了对马克思和恩格斯的友好和敬佩。马克思决定与该报保持联系,尽力影响德国工人运动,同时,还通过在德国的李卜克内西等人,在内部与拉萨尔主义进行斗争,扩大马克思学说的影响。施韦泽在《社会民主党人报》的第2号和第3号上刊登了国际的成立宣言。

但是,马克思和恩格斯始终对施韦泽怀有戒心。他们认为,施韦泽所坚持的政策是极其有害的,这种政策在马克思和恩格斯看来是"普鲁士王国政府的社会主义",即在政府庇护支持之下反对自由资产阶级,搞专制国家扶助下的"社会主义",从政府那里得到普选权、结社权、国家对工人合作社的扶持以及其他恩惠。为了这种政策以及其他相关的一些问题,马克思和施韦泽的分歧愈来愈大,终于达到决裂的地步。1865年3月,马克思发布了一篇正式声明:他与恩格斯不再做《社会民主党人报》的撰稿人。

此后,马克思放弃了与拉萨尔派的联系,但仍对德国工人运动的发展保持密切关心,并通过种种途径,争取使德国工人运动加入到国际中来。

很有意思的一件事是,普鲁士"铁血宰相"俾斯麦居然把"收买"的念头打到马克思头上来了。1865年10月8日,马克思收到他几年前结识的一个德国文人洛塔尔·布赫尔的一封信。这个布赫尔当时曾同拉萨尔一起到伦敦拜访过马克思,现在,他已经是普鲁士政府《国家通报》的编辑了。他在给马克思的信里说:

咱们先谈正事吧!《国家通报》需要关于金融市场(不言而喻,也有商品市场,因为两者是分不开的)动态的每月概述。他们问我能否推荐一个人,我回答说,没有人比您更适合做这件事了。后来他们就请我写信给您,文章的篇幅由您自行决定……至于内容,不言而喻,您只依照您的学术信念去写,但是鉴于读者的范围是 houte finance(金融贵族),而不是编辑部,所以来稿应写得只有行家才能明了内在含义,避免争论。

布赫尔劝说马克思归顺政府:"进步在死亡之前,还会多次蜕皮;所以,谁要

第十章 国际的灵魂

是一生中还想在国家范围内有所成就,就必须与政府靠拢。"

这个布赫尔显然是"他们"即俾斯麦们的说客。马克思对这类企图感到可笑,他在与恩格斯商量后,回绝了布赫尔。

国际工人协会成立不久,就遇到亚伯拉罕·林肯再度当选为美国总统这件令世人瞩目的大事。欧洲工人阶级在美国南北战争中,是坚决支持北方民主派反对南部奴隶主的斗争的,而林肯是民主派的领袖和象征。因此,他的再次当选使欧洲工人阶级感到喜悦和振奋。

总委员会决定向林肯发一封公开贺信,这个任务又交给了马克思。马克思对这件事感到为难,因为他觉得应该把信写得有真实内容,"至少要同民主派的庸俗词句有所区别"。尽管这件工作并不容易,但马克思还是做得很成功,他写的贺信热情洋溢地赞颂了林肯的功绩,同时又明明白白地表明写信人是完全站在工人阶级立场上的:

自从巨大的搏斗在美国一展开,欧洲的工人就本能地感觉到他们阶级的命运是同星条旗连在一起的。

贺信表示:

只要作为北部的真正政治力量的工人竟容许奴隶制玷污自己的共和国,只要他们在那些不问是否同意就被买卖的黑人面前夸耀白人工人享有自己出卖自己和自己选择主人的高贵特权,那他们就既不能取得真正的劳动自由,也不能支援他们欧洲兄弟的解放斗争;不过,这种进步道路上的障碍现在已被内战的血浪扫荡干净了。

正是出于这种原因,贺信认为:

由工人阶级忠诚的儿子亚伯拉罕·林肯来领导自己国家进行解放被奴役

种族和改造社会制度的史无前例的战斗，是即将到来的时代的先声。①

可见，这封信贯彻的完全是马克思的历史观和社会主义观：只有在完成资产阶级的社会变革和获得民主后，才能开始社会主义的真正斗争。林肯这位政治家中的俊杰，不囿于阶级偏见的伟大民主主义者，很清楚地看出了这封信与其他一般贺信的区别，因此他的答复是热情而有实质内容的，完全不同于他对一般贺信的应酬式回答。这使国际工人协会感到自豪，而伦敦的资产阶级各组织和新闻界心里却有点酸溜溜。

林肯（1809—1865）

事业在前进

国际工人协会的势力眼看着越来越大了。英国和欧洲大陆各国的工人组织连续不断地加入国际，它们举行的罢工、请愿和争取政治改革的斗争，都得到伦敦总委员会及时而有力的支持。这个好像是从地底下突然冒出来的国际工人组织，现在也开始让各国政府和资产阶级揪心了。它们的报刊很注意国际的活动，政府的警察、密探对国际明察暗访，希望能搞到些国际"阴谋"的线索。人们竟然相信，伦敦的国际总委员会拥有几百万的巨资，向各国支部秘密下达指示，命令它们今天在这里、明天在那里制造事端，给"社会"找麻烦。国际成了想象中一个

---

① 《马克思恩格斯全集》第16卷，第21页。

专干密谋破坏的庞然大物。

马克思认为这类谣传很有趣，也很可笑。后来他讽刺说，既然所有危害事件都是国际阴谋干的，那么，荡平西印度的台风没有被说成是国际用魔法召来的，这倒是令人感到奇怪的！

转眼间国际成立一周年到了。按照章程，1865年应该在比利时召开协会全体代表大会。但马克思确信，这时召开大会为时过早，各国工人运动远不成熟，思想远不统一；他尤其担心，在这种情况下召开代表大会，很可能被西欧大陆上的蒲鲁东主义者占去上风。他在和恩格斯通信商量后，打算说服人们推迟大会的召开，而先在伦敦召集一次代表会议。他费了很大的劲，才做到了这一点。

伦敦代表会议于1865年9月25日到29日召开。除总委员会的代表外，出席会议的还有法国、瑞士、德国、比利时等国的代表。马克思在会议上见到了一些多年的老朋友和新近才知道的年轻人。其中像约翰·菲利普·贝克尔、德·巴普等人，都是马克思的支持者，而来自法国的瓦尔兰虽然是个蒲鲁东主义者，但具有本能的革命意识和过人的工作能力，他后来在巴黎公社期间成为殉难的英雄。

这次会议的财务状况讨论表明，国际第一年的总收入只有微不足道的33英镑。会议现在决定为宣传和代表大会筹集150英镑，这个数字分配给各国——英国80英镑，法国40英镑，德国、比利时和瑞士各10英镑。国际用这笔微薄的费用，办了多少事情！各国来的代表们都报告了他们那里协会的进展情况和所发挥的作用。总起来看，国际工人协会在西欧各地都受到了工人们的欢迎和信任，组织在扩大，影响在增长，成就十分显著。会议决定在下一年5月在日内瓦召开国际代表大会。尽管这次代表会议上有一些议题受到蒲鲁东主义的影响，但总的说来，马克思还是对会议感到满意的。

国际工人协会看来也给马克思家里带来了变化。

随着国际影响的扩大，马克思家中愈来愈多地出现各国社会主义者们。来自法国的沙尔·龙格、保尔·拉法格等人在1865年后都成了马克思家的常客。这两个年轻人都是热忱的社会主义信奉者，但又都是蒲鲁东主义者。起初，马克思还和他们有争论，过了不久，他们便开始追随马克思的思想，再不久，他们竟然

马克思传

追求起马克思的女儿们来了。

1866年8月7日,马克思写信告诉恩格斯说:"从昨天起,劳拉同我的那个学医的克里奥洛人拉法格先生半订婚了。她对他的态度像对其他人一样,但是由于克里奥洛人固有的那种过分的感情,由于有些担心这个青年人(25岁)自杀等等,由于劳拉有些喜欢他但始终保持冷静(他是一个漂亮的、有知识的、精力充沛的小伙子,而且是一个出色的体操家),这一切使得事情多少带有半妥协的性质了。起初这个青年对我有些依恋,但是很快就把自己的依恋从老头子移到女儿身上。"①

这样说来,拉法格对劳拉的追求,有些"死乞白赖"的味道,甚至连"自杀"的要挟都用上了。但不管怎样,他成功了。

劳拉·马克思(1845—1911)　　保尔·拉法格(1842—1911)

---

① 《马克思恩格斯全集》第31卷,第249—250页。

第十章 国际的灵魂

确实，保尔·拉法格是个不错的小伙子。他是巴黎的医科大学学生，由于搞社会主义活动而被大学开除，于是就来伦敦继续学习。他是个混血儿，皮肤黝黑，相貌英俊，聪明热情，为人真诚。但正像马克思夫妇两人都看出的，他过于娇生惯养，性格脆弱，热情过分，以至往往成了冲动。这些，跟温柔娴静、有贵族气派的劳拉恰好形成对照。但是，相反相成，他们成了一对儿。

马克思这位思想上极为激进的革命家，在家庭、婚姻这些私事上倒有不少十分传统的戒条。例如，他要求自己未来的女婿在谋生事业上"成功"，有良好的"经济状况"。他直言不讳地向拉法格要求："您这个坚定的现实主义者，不能期望我像理想主义者那样对待我女儿的未来。"可以这样理解：饱尝过革命家颠沛流离之苦的马克思实在是"穷怕了"，不愿让女儿重走她母亲的老路。因此在自己女儿的婚事上，马克思这位"理想主义者"却表现出普通"中产阶级"的讲求实际的气质来。

马克思也不喜欢拉法格那种法国大学生式的、热血沸腾过于直露的求爱方式。正是在这时候，他说出了那句后来常被人引用的话：在我看来，真正的爱情是表现在恋人对他的偶像采取含蓄、谦恭甚至羞涩的态度，而绝不是表现在随意流露热情和过早的亲昵。他毫不客气地要求拉法格同劳拉"保持一段距离来谈爱情"。

不用说，所有这些，都是出于一位父亲对自己女儿的至爱，他要保护她们，对她们的现在和今后负责。这大概也就是马克思所喜欢说的"人所具有的我都具有"吧。

现在我们回过头来谈"公事"。

1866年9月，国际工人协会代表大会在日内瓦召开了。这是一次各国工人运动的大检阅和大聚会，参加的人很多，讨论的议题十分广泛。马克思本人没有参加这次大会，因为他正在忙于写作《资本论》的最后部分，而这件工作，他认为对工人阶级的利益要比他参加所有任何代表大会都大，是丝毫耽误不得的。

马克思没参加大会，但不等于他放手不管。事实上，他为这次大会耽误了不少时间。他详细考虑了出席大会者可能出现的辩论，起草了大量有关文件，提出了对工人状况进行统计调查的大纲,提出了八小时工作日的奋斗目标,他还与将要出席大会的总委员会代表商谈了许多有关事宜,等等。在日内瓦大会召开期间,他在伦敦关注着大会情况。结果大会开得很成功,马克思提出的许多主张被接受和贯彻,新的总委员会选出来了,原先的成员全都连任。经过这次大会,国际更加成了一种不可忽视的国际性力量,成了工人阶级的国际"政府"。

现在,在马克思的周围,团结了一批他的拥护者。这里面有伦敦的埃卡留斯、列斯纳、普芬德、罗赫纳等人,有德国的贝克尔、库格曼、狄慈根、李卜克内西,有法国的拉法格、比利时的德·巴普……马克思在国际总委员会中的突出作用和他对英国工人阶级运动的支持,也使英国工联领袖们对他深怀崇敬,尽管他们在马克思看来经常采取改良主义政策,但工联毕竟是国际中马克思所倚重的主要支柱。

在国际前进的凯歌声中,一部伟大的著作问世了,这就是《资本论》第一卷。

第十一章
写作《资本论》

马克思传

舐犊之乐

正当国际工人协会大步前进的时候,《资本论》的写作也在迅速接近完成。

我们记得,这部书占据了马克思的盛年时光,耗尽了他的精力,搞坏了他的身体,牺牲了他的家庭幸福,他的整个生命都投入到这部书里来了。现在让我们简短回顾一下书的写作过程。

应当从担任《莱茵报》编辑时期算起,那时他这个黑格尔学派的弟子开始注意到经济问题的重要性。

1843年迁居巴黎后,马克思系统地阅读、研究了前人的经济学著作;在这期间,恩格斯的《政治经济学批判大纲》对他的研究产生了极大的推动作用。

《1844年经济学哲学手稿》,是他流寓巴黎时期的主要成果。

马克思往后的研究成果,除了布鲁塞尔和曼彻斯特的笔记外,出版了的有1847年的《哲学的贫困》和《雇佣劳动与资本》。

1848年革命失败后流亡伦敦,又更加勤奋努力地钻研经济学,长年累月地在图书馆中啃书本,分析资料,写下的笔记堆积如山。

1857—1858年的经济学手稿,应是《资本论》的初稿,但那时他考虑用的标题是《政治经济学批判》。1859年出版的《政治经济学批判》第一分册,只是从这部浩大手稿中整理出的第一部分。

经过短暂的中止,马克思又写出了1861—1863年的第二个《资本论》手稿。这部手稿篇幅更加巨大,达到200个印张。在这个过程中,马克思决定使用新的

第十一章　写作《资本论》

书名:《资本论》,《政治经济学批判》则退居为副标题。全书计划写成四册。

1863—1865年,前三册都已写出,但都还是些未经整理的浩繁手稿。到1866年2月13日,马克思写信告诉恩格斯说:"关于这本'可诅咒的'书,它的情况是:12月底已经完成……手稿虽已完成,但它现在的篇幅十分庞大,除我以外,任何人甚至连你在内都不能编纂出版。"①

所以,到了这一步,按马克思本人的标准,书稿离正式出版的要求还差得远呢。他还需要从未经雕琢的手稿中提取精练,把整个著作加工成一件完美的艺术品,这实际上是要再写出一部新手稿,而以前所有那些手稿都只不过是为了让"自己弄清问题"。

同时,出版商也找到了,这就是汉堡的奥托·迈斯纳。这是个有民主思想的人,他的出版社曾经出版过恩格斯的小册子。马克思觉得在他那里出版《资本论》是很合适的。经过一番协商,双方在1865年3月签订了出版协议。按照协议,马克思至迟应在当年5月底将手稿寄交出版者,10月份以前出书。但这其实是不现实的,马克思不可能按这个期限写完。后来,合同又进行了修改,关键是把交稿时间推后了。

从1866年新年开始,写作《资本论》这个延续了几十年的漫长艰辛的旅程进入了最后的百米冲刺。在经过巨大的努力之后,眷写润饰工作就像是长久阵痛之后的舐犊之乐。马克思是怀着一种希望的喜悦来做这件工作的,一切都很顺利,进展相当迅速……但命运似乎总是要给他增添麻烦,病魔偏在这个时候又袭来了。1866年2月10日,马克思写信给恩格斯:"这一次差一点送了命……如果这东西再以同样的形式重复三四次,那我就成了死人了。"而且马克思自己很明白,医生们也再三警告他,病情复发的主要原因是过度的夜间工作。可是他顾不上这些,失眠、风湿、头痛,身体各个部位不停冒出来的痛,这些都挡不住他了。病情稍好,他"坐"着不行,就"躺着继续苦干"。家庭经济困难这个"老朋友"这时也没闲着,它逼着马克思分神去应付它。有一段时间,他甚至想丢

---

① 《马克思恩格斯全集》第31卷,第180—181页。

马克思传

下工作去大陆想办法借点钱,最后还是恩格斯,一笔笔地汇钱来帮他解决燃眉之急。

后来马克思的女婿保尔·拉法格留下了关于《资本论》写作最后阶段的回忆。

他描写了当时马克思的书房:

> 这房间在二层楼上,有一扇可以俯瞰公园(梅特兰公园——引者)的宽大的窗户,光线很充足。在壁炉的两边和窗子的对面,靠墙放着装满书籍的书柜,书柜上堆着一包一包的报纸和稿件,直挨到天花板。壁炉的对面,在窗子的一边有两张桌子,也放满了各种各样的文件、书籍和报纸;在房间正中光线最好的地方,是一张非常朴素的小小的写字台(三英尺长两英尺宽),还有一把木头的安乐椅。在这椅子和对着窗子的一个书柜中间放有一张皮面的沙发,马克思有时躺在这上面休息。壁炉上也放着书,还放有雪茄烟、火柴盒、烟盒、镇纸以及他的女儿们、他的夫人、沃尔弗和恩格斯的照片。[①]

马克思的书房(模型)

[①]《摩尔和将军——回忆马克思恩格斯之一》,人民出版社1982年版,第91页。

第十一章 写作《资本论》

应该说，这样的条件比起19世纪50年代第恩街住宅的条件来，是好得没法比了。虽然写字台太小，虽然安乐椅只是木头的，但我们记得，第恩街那里却是找不出一把像样的椅子。

马克思就在这个房间里写完了《资本论》第一卷。

根据拉法格的描写，《资本论》的作者睡得很晚，但每天早晨八九点钟就起床。喝完一杯黑咖啡和读过报纸之后，他就进了书房，在里面一直工作到深夜两三点钟。中午他在沙发上睡一两个钟头，天气好的时候，他去外面散一会儿步。他工作起来专心致志，经常忘掉吃饭时间，总是要被呼唤好几遍才下楼去进餐，而且几乎不等咽下最后一口饭就又回书房去了。过度的脑力劳动把负担也转给了胃，他吃得很少，而且胃口时常不佳，深感痛苦。为了增强食欲，他就多吃那些口味重、带刺激性的食物，如火腿、熏鱼、鱼子酱和泡菜等。

他思考时经常下意识地在房间里踱步，天长日久，门窗之间的地毯上留下了一条痕迹，好似穿过草地的一条小路。他的书房里到处乱放着书，好像毫无章法，但其中正隐藏着他自己的章法：他随手就能找到自己需要的材料、引文，因此别人谁也不能替他收拾房间，那无异于破坏他的秩序。马克思工作起来既容易又不容易。说容易，是因为他的知识和思想丰富无比，不论什么问题，都能调动他那深刻广博的智力储备；说不容易，同样是因为他的知识和思想太丰富，太深刻，以致他研究问题和表达思想比别人困难得多，要占去多得多的时间。这样，《资本论》写作起来是那样艰苦，就一点也不奇怪了。何况在这期间，国际工人协会的事务还占据了马克思的大量时间。

不过，到1866年11月，马克思终于把《资本论》第一卷的部分手稿寄给迈斯纳了。当他把这消息告诉恩格斯时，恩格斯的感觉是"真

马克思（1866年3月底）

· 289 ·

像心上的一块石头落了地一样",他放下信马上就为马克思的健康干了一杯!后面的手稿也在飞快地誊写出来。1867年4月2日,马克思写信给恩格斯,以一种尽量平淡的语气说:"现在已经写好了。"然而有趣的是,他把这封信的日期误写成了"3月27日",不知是由于他太激动还是太劳累忘了日子!他告诉恩格斯,他将要亲自带手稿去汉堡。

恩格斯可做不到那样淡然。他马上回信大呼:"乌拉!当我终于在白纸黑字上看到第一卷已经完成,你想立刻把它带到汉堡去的消息时,我禁不住这样欢呼起来。"[1] 他立刻随信寄来35英镑,作为给马克思的旅费。

几天后,马克思从伦敦启程,乘轮船去德国,随身带着厚厚的手稿。

德国之行

亲爱的弗雷德[2]:

我昨天中午十二点到达这里。轮船星期三早晨八点钟从伦敦开出。从这里你可以看出海上旅行的全部经过。天气恶劣,风浪很大。而我在幽禁了很久之后,却觉得"痛快得无以复加,像五百头老母猪一样"[3]……

我们到达以后,我立刻就到迈斯纳那里去了。他的一个手下人告诉我,三点钟(下午)以前他不会回来……晚上迈斯纳来了。他是一个亲切可爱的人,虽然稍微有点萨克森人的气质,他的名字就表明了这一点。经过简短的磋商后,一切都安排停当。手稿便立即送往他的出版社,锁在保险柜里。几天之内就要开印并且会印得很快。随后我们一起喝酒,他声称,能够有幸和

---

[1]《马克思恩格斯全集》第31卷,第285页。
[2] 弗雷德:弗里德里希的简称。
[3] 语出歌德《浮士德》。

我认识，感到非常"兴奋"。他现在想把书分成三卷出版。①

卸下了千斤重担的马克思，现在心情舒畅，对一切都感觉有兴趣。同迈斯纳很快就谈妥了，《资本论》手稿马上送交莱比锡的一个印刷所排印。在等待校样的日子里，马克思去汉诺威探望通信已久但还未曾谋面的库格曼医生。在那里他受到主人夫妇的热情接待。在库格曼家的四个星期，宾主都留下了美好印象，马克思多次把这段时光叫作他"生命的沙漠中的一片绿洲"。

比马克思小10岁的路德维希·库格曼是个出色的妇科医生，在专业方面颇有成就。同时他对马克思的学术活动极有兴趣，早在上大学时，他就狂热地崇拜马克思，后来当他得知马克思在伦敦的地址时，他给马克思写信，就这样开始了他们之间的长期通信。库格曼的妻子是莱茵省人，热情而有教养，由于丈夫的缘故也早就景仰马克思了。这对夫妇都有知识，为人真诚，他们不是党派意义上的社会主义者，他们对马克思的尊敬是出于纯学术方面的原因，而对他的政治活动并不怎么感兴趣。但他们仍然成了马克思的要好的朋友。

路德维希·库格曼（1828—1902）

还在马克思来家做客前，库格曼就断定，和这位大学者相处的日子将留下愉快的回忆。库格曼夫人起初还有些顾虑，怕遇到一位不好相处的"阴郁的革命家"。但顾虑很快就烟消云散了，她见到的是"一位精神愉快、举止文雅的绅士"，他的谈话有礼貌又有朝气，满口诙谐，谈笑风生，很快就对主人产生了吸引力，以至这段相处的日子，连每个细节都给他们留下了难忘的回忆。马克思和男女主人谈艺术，谈科学，谈哲学和其他学术，他的学识和自然流露出的幽默把

---

① 《马克思恩格斯全集》第31卷，第291页。

他们都迷住了。

马克思把这段愉快的经历写信告诉了恩格斯。他还发现，他和恩格斯两人在德国，尤其是在"有教养的"官场中的地位，跟他们两人所想象的完全不同。也就是说，他们本认为在资产者和官场中只会遇到赤裸裸的仇视，但事实并不完全是这样。有一部分"有身份的人"，显然是出于对马克思学术成就的钦佩，向马克思表示了友好。

例如，汉诺威市统计局局长慕名前来拜访，他恭维马克思说，他自己研究货币流通问题多年却徒劳无功，而马克思却一下子就把问题彻底搞清楚了。马克思还被邀请参加北德意志民族联盟——1859年成立的资产阶级组织。当地的铁路管理局局长也邀请马克思去他家做客。马克思去了，局长在客人离开时感谢所给予自己的"无上的光荣"。

在这种气氛中，来了一位律师瓦尔内博耳，转达了首相俾斯麦的意思，说是希望利用马克思和他的大才"为德国人民谋福利"。马克思把这个讯息告诉了恩格斯，他和恩格斯对俾斯麦这一举动的共同评价是"以己度人"。他们俩在通信中把俾斯麦大大地嘲笑了一番。

充分享受着胜利喜悦的马克思，现在向恩格斯表示："我希望，并且坚信，再过一年我会成为一个不愁吃穿的人，能够根本改善我的经济状况，并且终于又能站稳脚跟。"他因恩格斯主要是为了自己而把卓越才华浪费在经商上面，在良心上深感沉重，现在，当《资本论》第一卷终于完成时，他决心在不久的将来做到经济上自立。

然而，这种美好的愿望没有能够实现，《资本论》第一卷这部划时代巨著所得到的稿酬微不足道，像马克思自嘲的那样，甚至不够偿付他写这部书时吸的雪茄烟钱。写完《资本论》第一卷后，进一步的研究探索和政治活动也妨碍马克思去为自己挣钱。这位大经济学家不得不继续靠朋友资助，而且终其一生没能在经济上自立。

马克思是在5月19日回到伦敦的。归途中有一次"奇遇"。在抵达伦敦之前几小时，一位有军人风度，因而早就引起马克思注意的德国小姐向他打听说，她

第十一章 写作《资本论》

当晚要从伦敦到威斯顿－修珀－梅里去，随身带了许多行李，不知怎么办才好，而伦敦星期六又很难找到搬运工人。马克思得知了该小姐要去的车站正是他自己也要经过的，于是他"像一个真正的骑士那样建议送她到约定的地点去"。结果马克思不得不陪伴该小姐6个小时，因为她要搭乘的火车要到晚上8点才开。马克思带她在海德公园游逛了一番，又去吃了点冰激凌，交谈中得知她名叫伊丽莎白·冯·普特卡默，是俾斯麦的外甥女！"她是一个愉快的和有教养的女孩子，但是连鼻子尖上都带有贵族气味和黑白色彩（普鲁士国旗的色彩——引按）。当她知道，她落入了'**赤色分子**'手中之后，不胜惊讶。但是，我安慰她说，我们的会见不会发生'流血事件'，并平安无事地送她上了车。"①马克思把这段奇遇写信告诉了库格曼。看来，这次经历未必像有些传记说的那样是俾斯麦的精心安排，而普特卡默小姐完全是肩负着收买马克思的任务在演戏；说它是一次偶然路遇恐怕更恰当。不论怎样，俾斯麦没有从中得到任何好处，马克思也只是把它当作趣谈。事过以后就完了。

在伦敦家中，马克思根据从德国陆续寄来的校样校对了自己的著作，并随时把各个印张寄给恩格斯阅读。到1867年8月16日凌晨两点，马克思终于放下校完的最后一页，写信给恩格斯：

亲爱的弗雷德：

　　这本书的最后一个印张（第四十九印张）刚刚校完……序言也

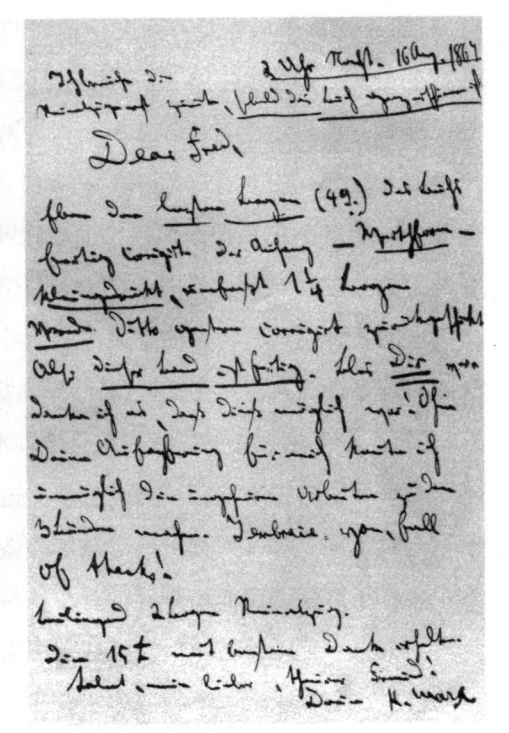

1867年8月16日马克思看完《资本论》清样后写给恩格斯的信

---

① 《马克思恩格斯全集》第31卷，第552页。

已校完并于昨日寄回。这样，**这一卷就完成了**。其所以能够如此，我只有感谢你！没有你为我作的牺牲，我是绝不可能完成这三卷书的巨大工作的。我满怀感激的心情拥抱你！①

揭开剩余价值的秘密

《资本论》第一卷是有高度学术性的巨著，把它拿来在这样一本通俗传记里作简略介绍，既要讲得平易好懂，又要不以文伤意，实在不是件轻而易举的事情。作者只能恳请读者，如果不是抱着游戏的心情，而是真正想弄清一些东西，就一定要去读《资本论》原著。任何"入门""导读""辅导材料""画传"之类的东西，统统不免要把原作搞得简单化或者庸俗化，有时甚至可能是"误导"。在我们这个盛行文化"快餐"的时代，《资本论》第一卷法文版序言（1872年）中的一句名言仍具有特殊的意义："在科学上没有平坦的大道，只有不畏劳苦沿着陡峭山路攀登的人，才有希望达到光辉的顶点。"②

《资本论》第一卷的研究对象是"资本的生产过程"，它的核心任务是揭示资本家发财致富的根本秘密。马克思解决这个任务的方法跟他以前的资本主义批判家们全然不同。那些人都求助于欺骗、盗窃、掠夺之类的原因，说到底只是对资本主义作了道德谴责而不是经济分析，马克思却是从前辈经济学家所达到的最高学术成就——劳动价值论出发，从资本主义生产的内在逻辑中一步步解答问题。在他这里，资本家根本不需要施用欺诈，而是完全立足于契约、合同和法律，就能稳获利润，发财致富。

全书一开始就十分细致深入地研究了1859年《政治经济学批判》中已经研

---

① 《马克思恩格斯全集》第31卷，第328—329页。
② 《马克思恩格斯全集》第2版第44卷，第24页。

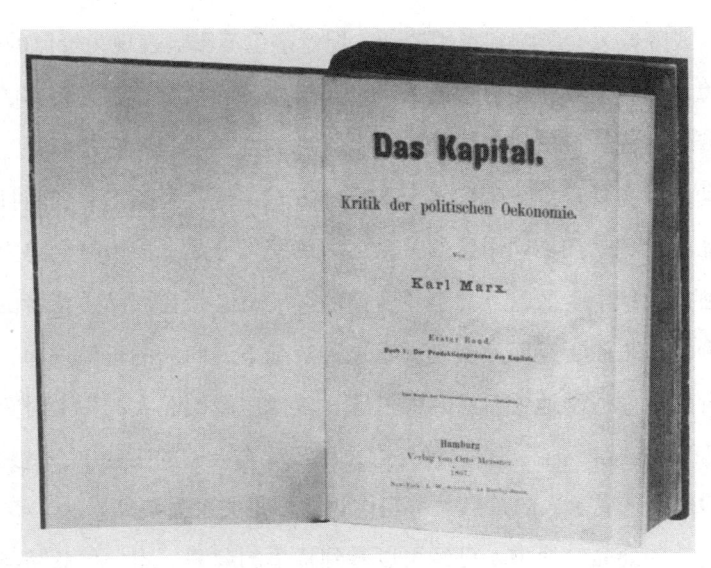

《资本论》第一卷,1867年汉堡第一版

究过的问题:商品与货币。商品是资本主义生产方式中最基本最单纯的元素。任何商品都具有使用价值和交换价值,前者指它的特殊有用性,是在使用或消费中得到实现的,后者则表现为不同使用价值相交换时的量的关系或比例。同一商品在与别的各种商品交换时会有极不相同的比例关系,这就表明,交换价值只可能是隐藏在它背后的某种内容的表现形式,这个某种内容不是别的,正是价值——商品的价值,它是凝聚在商品中的、抽去了劳动的各种具体形式的抽象的人类劳动。

发现商品价值取决于生产它们所耗费的社会劳动,价值量取决于劳动时间,这一功劳属于马克思以前的英国古典经济学。但马克思把劳动价值论大大向前发展了,特别是提出了商品劳动二重性这个"理解政治经济学的枢纽"[1],从而使得劳动价值论成了马克思全部经济学说始终围绕的核心。所谓商品劳动的二重性,是指商品劳动同时具有生产特定使用价值的有用性和抽去一切具体差别的抽象性。这种二重性的对立,按照马克思的观点,会在生产力的变化中表现出来:生

---

[1]《马克思恩格斯全集》第2版第44卷,第55页。

产力的提高或降低只会影响到有用劳动,但丝毫也不影响表现为价值的劳动。

马克思认为,生产使用价值的劳动,是不以一切社会形态为转移的人类生存条件,而劳动表现为价值,却体现着一个特殊的社会形态,它是商品生产条件下社会总劳动借以实现自身分配和调节的特殊方式。他曾经指出,任何社会生产都必须关心社会总劳动在不同用途的劳动之间的正常分配,但当社会总生产分割为许多彼此独立的单个生产时,社会总劳动的调节就必须在商品生产者的交换中,通过转化为价值来曲折迂回地实现。在这种情况下,商品的价值规律"作为起调节作用的自然规律强制地为自己开辟道路,就像房屋倒在人的头上时重力定律强制地为自己开辟道路一样"①。这种外部作用反映在人们的头脑中,就表现为商品拜物教,即把本来属于人的社会关系当作物的神秘关系去崇拜。

在最简单的商品交换中,已经可以看到货币的起源。当一种商品与另一种商品交换时,另一种商品就是它的价值表现材料,是它的等价物。随着商品交换范围的扩大,充当一般等价物的商品越来越历史地固定在一种特殊商品身上,这就是作为货币的黄金。"因此,简单的商品形式是货币形式的胚胎。"② 在此基础上,马克思建立了自己的货币和商品流通学说,他详细地研究了货币的各种职能,从价值尺度直到世界货币。这些分析,被公认为具有经典意义。应当看到,对以货币为媒介的商品流通过程的复杂矛盾的分析,已经包含了对资本主义商品流通过程的分析的要点。当然,马克思同时也很清楚地知道,商品生产绝不等同于资本主义生产,"商品生产和商品流通是极不相同的生产方式都具有的现象,尽管它们在范围和作用方面各不相同"③。

商品流通是资本的起点,作为商品流通最后产物的货币是资本最初的表现形式。那么,货币是怎样转化为资本的呢?马克思详细研究了这个问题。作为资本的货币与作为货币的货币的不同处在于,它能在循环过程中转为更多的货币。换句话说,它能实现价值增值,得到一个超过原价值的余额,即剩余价值。这种价

---

① 《马克思恩格斯全集》第2版第44卷,第92页。
② 同上,第87页。
③ 同上,第136页脚注。

第十一章 写作《资本论》

值增值,不能用贱买贵卖、商业欺诈或特权之类的现象去说明,因为在那种情况下价值总额并没有增加。价值增值只能在价值规律的基础上去说明,这就是马克思给自己提出的条件。他确实严格依据自己的条件解答了这个关键的问题:剩余价值之所以能够产生,是由于货币所有者在市场上找到了一种特殊的商品,它就是劳动力,它是剩余价值的泉源。

在阐述劳动力的买卖时,马克思始终如一地遵循着劳动价值论。劳动力同别的商品一样,也有自己的价值,那是由生产和再生产它所必需的社会必要劳动时间所决定的。货币所有者一旦在市场上购买了劳动力,他就获得了这种特殊商品的使用价值。而对劳动力的消费就是劳动过程,由此产生的价值是完全归属于货币所有者——现在的资本家的。劳动力在使用中所创造出的大于它自身价值的价值,便成为资本家无偿占有的剩余价值。"作为劳动过程和价值增值过程的统一,生产过程是资本主义生产过程,是商品生产的资本主义形式"[①]。

马克思就这样说明了资本主义生产方式的基本秘密。他证明,整个资本主义生产方式都是建立在资本家无偿占有工人的剩余劳动之上的。这是一种剥削和榨取,但马克思并不把这种剥削和榨取简单归结为非道德非正义,而是看成一系列历史经济运动的必然结果。在论原始积累那一章里,马克思详尽阐述了历史是怎样形成这样一些条件的:一边是货币、生产资料和生活资料的所有者,另一边是除了自己劳动力之外一无所有的自由劳动者,正是这些条件造就了西欧资本主义,使得资本家对工人的剥削成为从资产阶级社会的观点看来是极其自然合理的事情。

马克思在《资本论》第一卷中紧紧扣住剩余价值这个中心问题,对它做了令人叹服的研究。他按照资本的不同组成部分在价值增值过

马克思(1867年4月于汉诺威)

[①]《马克思恩格斯全集》第2版第44卷,第230页。

程中所执行的不同职能，把资本划分为不变资本和可变资本两个部分。不变资本是用在生产资料即原料、辅助材料、劳动资料上面的那部分资本，它在生产过程中不改变自己的价值量，而只是把自己转移到新产品的价值里去；可变资本是变为劳动力的那部分资本，它再生产出自己的等价物和超过这个等价物而形成的剩余价值。从此出发，马克思对绝对剩余价值生产和相对剩余价值生产展开了既宏大无比又精细入微的理论的和历史的考察。他把通过延长工作日而生产的剩余价值，称作绝对剩余价值，把通过缩短必要劳动时间、从而降低劳动力的价值而生产的剩余价值，称作相对剩余价值。他以锐利的眼光看出，这两种生产在近代以来的资本主义生产方式发展史上具有决定性意义。前一种生产引起资本家与雇佣工人之间围绕工作日的长期斗争：资本家力图把工作日延长到最大极限，工人则要把工作日限制在合乎人的生理需要和多少符合于人的道德尊严的界限内，这种阶级斗争在英国最后结出了十小时工作日的果实。马克思对工人的这一胜利，早在《资本论》之前就作过极高的评价。后一种剩余价值的生产要求尽可能地提高劳动生产率，从而就要求不断对生产的技术条件和管理条件进行革新。马克思详细地考察了协作、分工和工场手工业、机器和大工业，考察了这些变革对资本家和工人的影响，以及在经济、社会、技术和立法等方面引起的变化。这些章节不仅包含着极精辟的理论分析，而且因穿插了大量的历史叙述而有血有肉。

马克思依据剩余价值学说提出了自己的工资理论。他进一步证明，劳动是价值的实体和内在尺度，但是它本身没有价值。古典政治经济学曾迷惑在"劳动的价值"这个虚假的说法中，从而陷入了无法摆脱的矛盾和混乱。工人事实上出卖的是自己的劳动力，工资便是支付给他的劳动力的价格。但是劳动力的价值和价格转化为工资形式，掩盖了资本主义的现实关系，造成了劳动具有价值和价格的假象，由此产生了"工人和资本家的一切法权观念，资本主义生产方式的一切神秘性，这一生产方式所产生的一切自由幻觉，庸俗经济学的一切辩护遁词"[1]。马克思对计时工资和计件工资这两种基本的工资形式进行了论述，详细地考察了它

---

[1]《马克思恩格斯全集》第2版第44卷，第619页。

们对工人阶级的各种影响。

剩余价值的生产必须持续不断地进行，剩余价值要不断地再转化为资本。对于这个"资本积累"的过程，马克思在《资本论》第一卷最后一篇中做出了详尽透彻的研究。生产出来的剩余价值，除了被资本家消费掉的部分外，其余部分要转化为资本，推动更大规模的剩余价值生产。在这个过程中，全部预付资本，不管它的来源如何，都转化为积累资本或资本化的剩余价值，原预付资本与直接积累的资本即重新转化为资本的剩余价值或剩余产品相比，总是一个近于消失的量。商品生产所有权规律在这个规模扩大的资本主义生产过程中，通过它本身内在的、不可避免的辩证法转变为自己的直接对立物，转变为资本主义的占有规律。现在，等价交换的关系已仅仅成为流通过程的一种表面现象，成为一种与内容本身无关并只能使它神秘化的形式，实质情况是，资本家用他不付等物而占有的别人的已经物化的劳动的一部分，来不断换取更大量的别人的活劳动。所有权对于资本家来说，表现为占有别人无酬劳动或产品的权利，对于工人来说，则表现为不能占有自己的产品。在这里，马克思驳斥了为资本辩护的庸俗经济学家的"节欲说"。

《资本主义积累的一般规律》一章，是关于资本增长对工人阶级命运的影响的一项全面研究。在这个研究中，资本的构成和它在积累过程进行中所起的变化是最重要的因素。马克思对这些变化引起的各种情况都做了分析。当资本构成不变，也就是说，一定量的生产资料或不变资本始终需要同量劳动力时，对劳动的需求和工人的生存基金会按照资本增长的比例而增长，而且资本增长得越快，它们也增长得越快。这时候，资本的积累需要会因为新的市场、新的投资领域的开辟等而超过劳动力或工人人数的增加，对工人的需求这时能够超过工人的供给，这便会引起工资的提高。这是对工人最有利的积累条件，工人自己所生产的、日益增加的并且越来越多地转化为追加资本的剩余产品中，会有较大份额以支付手段的形式流回到工人手中，使他们能够扩大自己的享受范围，有较多的衣服、家具等消费资料，并且能积蓄起小笔货币准备金。但是，所有这些生活上的改善都不会消除雇佣工人的从属关系和对他们的剥削，雇佣工人仍必须不断地提供一定数量的无酬劳动。马克思指出，资本主义积累规律绝不允许劳动剥削程度的任何降低或劳动价格的任何提高有可能严重地危及资本关系的不断再生产和它的规模不断扩大的再生产，它会自行地把工资的提高限制在一定的界限内。

但是，马克思指出，资本的构成是在资本积累过程中不断发生着变化的。社会劳动生产率的增长，使得用较少量的劳动就能推动较多量的机器和原料，这导致资本的可变部分比起不变部分相对减少了。由此必然引起对劳动人手的需求的减少，于是形成了一个相对过剩的人口，即马克思所称的产业后备军。他对这支产业后备军的发展变化及其各种存在形式以及对整个工人阶级的影响等，都做了出色分析。

马克思认为，资本主义积累使得生产力的提高和进步成了进一步压榨和控制工人的手段。劳动生产力越高，工人就业的压力就越大，他们的生存条件就越没有保障。工人畸形发展，成为局部的人，被贬低为机器的附属品……"不管工人的报酬高低如何，工人的状况必然随着资本的积累而恶化。最后，使相对过剩人口或产业后备军同积累的规模和能力始终保持平衡的规律把工人钉在资本上，比赫菲斯托斯的楔子把普罗米修斯钉在岩石上钉得还要牢。这一规律制约着同资本积累相适应的贫困积累。因此，在一极是财富的积累，同时在另一极，即在把自己的产品作为资本来生产的阶级方面，是贫困、劳动折磨、受奴役、无知、粗野和道德堕落的积累。"[1]

对资本主义积累和原始积累作了全面考察后，马克思对资本主义积累的历史趋势提出了总结性的看法。资本的原始积累，是把个人的、分散的生产资料转变成社会的积聚的生产资料，是用"剥削他人但形式上是自由的劳动为基础的私有制"代替先前的个人所有制。但资本主义生产方式一旦站稳脚跟，生产力的进一步社会化就会使得对私有者的进一步剥夺采取新的形式。"现在要剥夺的已经不再是独立经营的劳动者，而是剥削许多工人的资本家了。"马克思认为，这种剥夺是通过资本主义生产本身的内在规律的作用，即通过资本的集中进行的。生产在资本主义制度下不断增长，劳动协作日益发展，科学日益被自觉地应用于技术方面，土

---

[1]《马克思恩格斯全集》第2版第44卷，第743—744页。

第十一章 写作《资本论》

地日益被有计划地利用，劳动资料日益转化为只能共同使用的劳动资料……随着那些掠夺和垄断，这一转化过程中获取全部利益的资本巨头不断减少，贫困、压迫、奴役、退化和剥削的程度不断加深，同时，日益壮大的、由资本主义生产过程本身的机构所训练、联合和组织起来的工人阶级的反抗也不断增长。资本的垄断成了与这种垄断一起并在这种垄断之下繁盛起来的生产方式的桎梏。生产资料的集中和劳动的社会化，达到了同它们的资本主义外壳不能相容的地步。这个外壳就要炸毁了，资本主义私有制的丧钟就要响了，剥夺者就要被剥夺了。

马克思在作了以上所有这些论证后，把从资本主义私有制代替个人所有制再到随后它本身又被更高的所有制形式所代替的过程，称为"否定之否定"的过程。这种更高的所有制，在马克思看来是"在协作和对土地及靠劳动本身生产的生产资料的共同占有的基础上，重新建立个人所有制"[①]。

"沉默"被打破了

《资本论》第一卷在1867年9月出版，印数1000册。马克思把这部书献给"我的不能忘记的朋友，勇敢的忠实的高尚的无产阶级先锋战士威廉·沃尔弗"。

他面对自己的这部呕心沥血之作，十分急切地盼望着得到各方面的反应。恩格斯是朋友中最早读到《资本论》的——他读了马克思寄来的校样。他衷心地祝贺马克思所取得的成就，也针对书的这里那里提出了不少意见和建议。例如关于价值形式的阐述，恩格斯就认为马克思写得太抽象了，还可以从历史角度作一些补充论述；另外他觉得有些章节的划分不够细，使得一般读者不容易理解，等等。马克思对恩格斯的意见是很重视的，后来再版时作了相应修改。库格曼提的意见，

[①]《马克思恩格斯全集》第2版第44卷，第874页。

马克思传

1867年的马克思

马克思也接受了不少。

马克思把自己的这部书分送给一些友人。他们的理解程度和评价各有不同,但显然谁也达不到恩格斯的深刻理解。老友弗莱里格拉特在收到马克思的赠书后,居然回信恭维说,这本书将会有深远影响,因为"我知道,莱茵的许多青年商人和工厂主都赞赏你的书。它在他们中间一定会达到其真正目的"。这种稀奇古怪的评价表明,弗莱里格拉特对《资本论》一窍不通。

马克思当时最担心的是,资产阶级学术界那方面会按照以往惯例,用"沉默"的老法子来封杀《资本论》。不能说马克思的这种想法是杞人忧天,因为在这以前他的一本本著作都没能打穿"沉默"这堵高墙,这一次会不会是旧戏重演呢?

恩格斯及时地想出了计策。他来信问马克思:"你认为,为了推动事情,我是否需要从资产阶级的观点对书进行抨击?"马克思的回答是赞同的:"你从资产阶级观点对书进行抨击的计划是最好的作战方法。"干事情总是雷厉风行的恩格斯立即就行动起来了。他装成一些资产阶级学者,用各种不同观点写出一篇篇书评,刊载在各类刊物上。有时他只是从纯学术角度"客观"评论这本书,而并不完全赞同《资本论》的政治立场。有时他像是个超然事外的中立者,只是在那里欣赏《资本论》,就像是在欣赏无害的艺术品。他有时还特意声明说:

我们不是说这本书的结论是无可反驳的……

我们注意这本书,完全不是为了作者在序言中就已经公开表示出的特殊的社会主义倾向。

有时他又号召"科学界人士"起来保卫被《资本论》从根本上驳斥了的经济理论的规律,号召他们"不要放过机会保卫到现在为止公认的政治经济学的正确性,来反对这个无疑地不能轻视的新的进攻"。

第十一章 写作《资本论》

所有这些正话反说、欲擒故纵，实际上都是在介绍《资本论》第一卷的内容和方法，指出了《资本论》在理论上的重大创新和重要性。与此同时，恩格斯、库格曼等朋友设法给《资本论》登书讯，上广告。所有这些，为的都是"制造轰动"，引起注意。这些"招数"果然有效，而且《资本论》这样的大部头著作也很难让人们再长期"沉默"下去，于是，在施韦泽、狄慈根等社会主义者作出好评之外，学术界那里也终于出现反应了。

柏林大学讲师欧根·杜林首先就《资本论》写出了书评。马克思尽管觉得这个人对实质性内容"显然不懂"，但认为他也还是讲出了一点东西的。然而杜林事实上是出于同柏林大学其他学者的矛盾，才讲了些关于《资本论》的好话的，后来，当马克思学说的影响广泛传布时，杜林就成了最仇视马克思的人。至于其他的资产阶级经济学者们，大都很难接受《资本论》对资本主义社会的猛烈批判，但《资本论》中显示出的前无古人的博学和智慧，也的确让他们在内心里震惊。对于《资本论》的博大精深，几乎没人敢于出来否认。只有一个布伦坦诺匿名写文章，指摘马克思在《资本论》和国际工人协会成立宣言中歪曲地引用了一段引文。由此引起了一点小小风波。事实是，马克思的引证是严谨的、无懈可击的，所有正派的学者对这一点都无异议。

学术界对于《资本论》中应用的方法理解得很差，能够准确地看出马克思的方法的人寥寥无几。在这方面，马克思对于两位俄国经济学家——基辅大学教授季别尔和彼得堡大学教授考夫曼——的评价不错。这两个人都向俄国读者介绍了马克思的经济学说，而且都在一定程度上理解了马克思使用的辩证法，当然，对于马克思学说的革命结论，他们是很难接受的。

与此同时，社会主义工人运动方面对《资本论》表示了热忱欢迎。越来越多的工人运动活动家们意识到了《资本论》的伟大意义，一些人在工人集会上表示了对《资本论》作者的感谢。国际工人协会1868年9月的布鲁塞尔代表大会，根据德国代表的提议，通过了一项决议，建议各国工人都来研究《资本论》这部划时代的巨著。19世纪70年代以后，不少社会主义运动理论家撰文或者写书介绍《资本论》，在使这部著作通俗化方面做了大量工作。《资本论》成了社会主者吸取理论营养的源泉，成了名副其实的"工人阶级的圣经"。

从各国官方的立场来说，《资本论》的革命观点当然是很让人恼火的。但这部书不幸又是用极严谨的科学论证方式写成的，麻烦就麻烦在这里！不好对它查禁，除非你完全撕掉脸皮，不要面子。但这对欧洲各国政府来说，都还是有顾虑的。即使是在德国实行反社会党人非常法的时期，警方也还是认为不宜查禁《资本论》。1878年10月17日的一份警察局文件是这样讲的：

> 尽管这一印刷品（指《资本论》——引者）可以被视为社会民主主义的，或者就是社会主义或共产主义的书籍，但这种旨在推翻现存国家制度和社会制度的意图在书中并不明显。
> 因此找不到理由查禁该书。

这样，《资本论》便得以一版再版，以合法的形式广为流传。

1871年，第一版已经全部售完。出版商通知马克思，准备出第二版。马克思为这个新的版本花费了很大精力，用去了一年半时间，把原书6章改成了7篇25章，并做了大量修改，增加了许多注释，使书读起来大为流畅明晰了，这在很大程度上是采纳了恩格斯等友人的意见。第二版起初分九册出版，然后又装订成一巨册出版。

马克思对《资本论》译成英文出版抱很大希望，但最早的外文译本却是俄文。1868年10月初，马克思收到俄国民粹主义者丹尼尔逊的来信，告知他《资本论》将要译为俄文的计划，并希望他寄去一张照片供译本用。这对马克思来说有些意外，他说这是"命运的捉弄：二十五年以来我不仅用德语而且用法语和英语不断地同俄国人进行斗争，他们却始终是我的'恩人'"[①]。但马克思仍然回信同意译成俄文并寄去了照片。

俄译本于1872年在圣彼得堡出版，在通过沙皇检查委员会的检查时，该委

[①]《马克思恩格斯全集》第32卷，第554页。

第十一章 写作《资本论》

尼古拉·弗兰策维奇·丹尼尔逊（1844—1918），《资本论》第一至三卷的俄文译者

格尔曼·亚历山大罗维奇·洛帕廷（1845—1918），《资本论》第一卷的俄文译者之一

员会的评语是："尽管作者就其观点来说是坚定的社会主义者，而且全书具有十分明显的社会主义性质，然而，鉴于该书的论述绝非所有人都能接受和理解，作者的论证方法又处处具有严谨的数学科学形式，委员会认为不能对该著作提出司法上的追究。"这似乎表明，这个委员会的成员在为沙皇充当思想看守的同时，还是保留了一点对学术的尊敬。这个俄译本马克思认为"很出色"，初版 3000 册很快售完，译者后来也成为马克思的好朋友。

1872 年 2 月，法国一个出版商莫里斯·拉沙特尔和马克思签订了出版《资

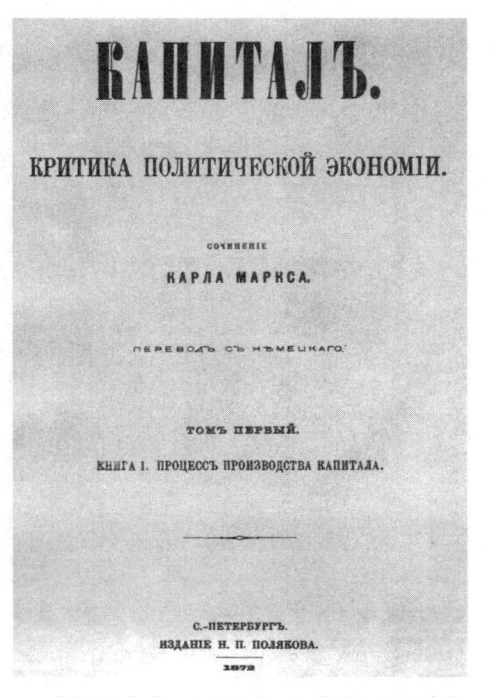

《资本论》第一卷俄译本，圣彼得堡 1872 年版

· 305 ·

马克思传

《资本论》第一卷法文译本

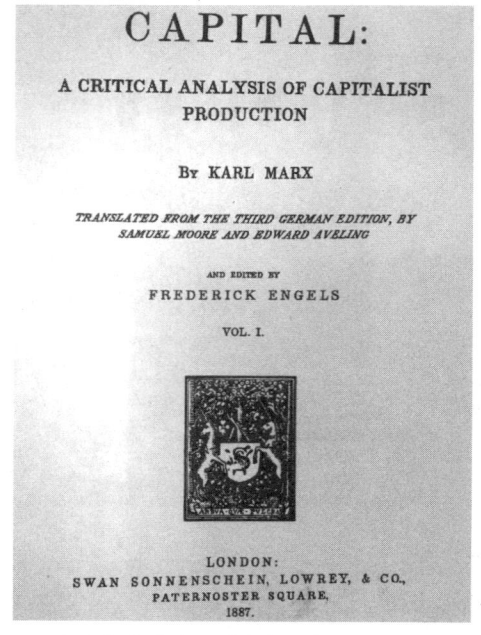

由恩格斯作序的《资本论》第一卷英文译本，伦敦 1887 年版

本论》法文版的合同。法译本的译者是约瑟夫·鲁瓦。此人精通德、法两种文字，曾出色地译出了费尔巴哈的著作，因此马克思对他是信任的。鲁瓦的工作很认真，想尽最大可能准确地转达《资本论》的原意，但这使得他过于拘束，译得太"板"，马克思实在觉得不满意。于是原作者不得不自己也参加到翻译工作里来，有时整页整页地改写鲁瓦的译文。这是件苦差，让马克思觉得还不如自己亲自来翻译轻松些。但这样出来的译本，便具有了很高的价值。马克思在法文版跋中认为法译本"在原本之外有独立的科学价值，甚至对懂德语的读者也有参考价值"[1]。他甚至认为其他文字的译本，都可以法文版为依据。法文版是以 44 个分册在 1872—1875 年间陆续出版的。

在英国这个滋养了《资本论》的国度，这部巨著的传播却不尽如人意。英译本出得很晚，直到 1887 年才由马克思、恩格斯共同的朋友赛米尔·穆尔和爱德华·艾威林翻译出版，而这时马克思已经去世四年了。

---

[1]《马克思恩格斯全集》第2版第44卷，第27页。

第十一章　写作《资本论》

第二卷和第三卷

　　《资本论》第一卷出版后，马克思曾以为后面各卷也将很快付梓，但他的希望落空了。

　　主要的障碍不在别处，首先仍在于他自己的过于认真。随着研究的更加深入，写作变得益发艰难。大量新的问题出现了，而对每一个问题的认真研究总是又引起其他问题，马克思重新陷入了无穷无尽的探索之中。他的时间那么有限，国际工人协会的内部事务、巴黎公社起义的发生以及后来积年的病症，使得他无法专注学术。这样，直到逝世，他也没能拿出完整的《资本论》，只是留下了一大批内容艰深、字迹难辨的手稿。

　　按照马克思的遗愿，恩格斯接过了这项浩大的工作，全力以赴地编辑、整理《资本论》遗稿。

　　1885年，他出版了《资本论》第二卷。

　　1894年，他又出版了《资本论》第三卷。

　　这两大卷，因为是采自马克思的遗稿，缺少最后的修饰润色，恩格斯又出于对亡友的尊重而尽可能保留原稿的风貌，所以在形式上，它们是不如第一卷那样辉煌完美的。然而事实上，这两大卷是整个《资本论》不可缺少的部分。从内容上看，它们继第一卷之后，进一步揭示了资本主义生产方式的复杂结构；从方法上看，它们始终坚持第一卷中贯彻运用的那些理论原则，因而同第一卷一起，构成了一个不可分割的整体。

　　我们已经知道，《资本论》第一卷的核心是揭示剩余价值的来源。为了解决这个问题，马克思紧紧盯住资本主义的直接生产过程，把它翻来覆去地考察，从而证明全部秘密在于工人为资本家提供的剩余劳动。当马克思这样做时，他是把

《资本论》第二卷，1885年汉堡版　　　《资本论》第三卷，1894年汉堡版

资本的流通、利润的分配等问题放在一边暂不考虑的，因为他不能让它们来干扰自己的研究，他这时只关心资本主义工厂企业中的劳动过程。

但是，资本家之所以要工人给他提供这些剩余劳动，为的是把它们卖掉——越快越好，以便从中实现价值增值。换句话说，他要的是获得更多的货币，而不是把剩余产品堆在自己的工厂里。从这点来说，他能不能顺利地把自己手中的产品卖掉，以便继续生产，其重要性一点儿也不亚于监督劳动过程。这样，资本的运动就不能只发生在厂房矿山里，而且还要发生在市场上。考察资本怎样在瞬息万变的市场上循环、周转、"实现"，即把该卖掉的卖掉，该买到的买到，让资本家们各得其所，让整个资本主义生产顺利进行，也就是说，考察"资本的流通过程"，就构成了《资本论》第二卷的内容。

问题到这里还远远没有结束。我们知道，资本主义生产是一个庞大的分工体系，所有资本家，不论他是从事产品的直接生产，是商人，还是银行家，实际上都在这个分工体系中各司其职，共同为资本主义的生产和再生产过程出力。

因此，他们都应当从社会的剩余价值总量中得到自己的一份，无利可图、"做贡献"的事是没人干的。不仅如此，每个资本家得到的那一份，还应当按照自己投下的资本份额，在比例上大致平均，否则，生产也没法维持。试想，如果资本家甲把资本投在机器生产中，结果得到50%的利润，而销售这些机器的资本家乙投入同等价值的资本，到头来却只得到20%的利润，那么乙如何能够平心静气地接受这样的结果呢？所以，剩余价值总额还必须在资本家集团中间实行分配，而这种分配，由于资本主义生产过程的自发性质，是不可能像军队配给那样按计划进行的，它只能在资本主义生产的总过程中由经济规律本身去执行。这样，"资本主义生产的总过程"就构成了《资本论》第三卷的内容。

在阅读这厚厚的两大卷时，人们不能不再次惊佩于马克思经济学说的宏伟和严谨深邃。在这以前，即使是最优秀的经济学家，面对资本主义复杂无比的经济结构，也不免要头晕目眩，陷入自相矛盾的困境中。马克思却仍如第一卷中所做的那样，始终如一地遵循劳动价值论和剩余价值论，一步步地向人们打开这个复杂结构的内部，展示出它的脉络。

例如，在第二卷中，马克思首先从单个资本的生产和流通角度，详细地考察了资本的形态变化及其循环。每一个资本在运动中都要有三种形态变化并经历三种循环，它们是：货币资本、生产资本和商品资本。马克思依次分析了它们各自的特点，然后又从统一的角度对它们进行总的考察，对于处在循环往复中的资本连续性运动所需的各种条件，作了深入研究。然后，马克思又转向资本周转，在这里，依照价值转移方式的不同，揭示出固定资本和流动资本的区别及其对资本周转的影响……所有这些，也都还是从单个资本角度进行的研究。最后，马克思来到了这样一个关键性领域，在这里，必须从社会总资本角度来解决再生产问题。我们就来稍为详细地看看马克思是怎样论述这个问题的。

在这里，必须考虑到以前研究单个资本的运动时未加顾及的一个全新问题。我们知道，当着眼于单个资本时，重要的只是弄清楚资本家怎样从工人劳动中获得剩余价值，然后怎样用剩余价值去积累和再生产，至于资本家如何卖掉自己手中的产品，却不是一个问题。然而一旦把目光移向社会总资本的再生产时，情况就完全不一样了。社会总资本是由许多单个资本组成的，它们都需要卖出自己的商品并购进必要的生产资料，它们的资本家和工人们也需要买进适合于各自生活需要的消费资料，只有这样，再生产才能进行。这样，人们到哪里去卖，又到哪里去买，在这无数的卖与买中必须有怎样一些条件……便成为研究社会总资本再生产时的核心问题。这里要考察的，是"作为社会总资本的组成部分的各个单个资本的流通过程（这个过程的总体就是再生产过程的形式），也就是考察这个社会总资本的流通过程"[①]，价值和实物的补偿在这里都要得到考虑。

马克思在批判继承前人成果的基础上，把整个社会产品的生产按实物形式划分为生产资料的生产和消费资料的生产两大部类，分别称为第Ⅰ部类和第Ⅱ部类。其中每一部类的年产品价值都由当年消耗掉的不变资本 c、可变资本 v 和剩余价值 m 组成。第Ⅰ部类的可变资本（即工人工资）和剩余价值中用于资本家生活消费的部分，必须在同第Ⅱ部类的交换中得到补偿，因为 Ⅰv+m 的产品实物形式全是生产资料，既不能用来吃也不能用来喝，而第Ⅱ部类的不变资本也只有从第Ⅰ部类那里得到补偿，才能由生活资料的实物形式变成生产资料。所以，Ⅰv+m 与 Ⅱc 之间的交换，便成为社会再生产的重要前提；它们之间只有保持适宜的比例，再生产才能正常进行。马克思在《资本论》第二卷第三篇中用几个著名的图式，透彻说明了简单再生产和扩大再生产条件下的这种比例关系。通过这些图式和论述，马克思一方面证明了任何社会化大生产都必须在自己复杂的分工体系内保持适宜的平衡条件，另一方面则引出这样的结论：在资本主义条件下这些平衡关系是经常遭到破坏的，因而社会再生产是经常在比例失调和波动中进行的，危机不可避免。

马克思再生产理论以其宏大和精妙，既让后人叹为观止，又激发了他们无尽的想象力。例如，资本主义市场和"实现"问题，后来就一直是许多马克思主义者思考、发挥和争论的重要课题。再如，当20世纪20年代末苏联的布哈林与斯大林争论时，他正是从《资本论》第二卷的再生产图式中构建了自己的理论依

[①]《马克思恩格斯全集》第2版第45卷，第392页。

据。当然，也出现过大量误用，例如当年苏联长期流行的"生产资料生产优先发展"论。但这些显然是不能让马克思负责的。

《资本论》第三卷重点研究的问题，是被前人发现了却没有能力解决的问题，那就是关于平均利润与生产价格的问题。马克思之前的伟大经济学家亚当·斯密和大卫·李嘉图，已经初步发现了价值规律，按照这个规律，商品的价值由生产它时所花费的社会必要劳动所决定。我们看到，这个理论经过马克思的大大发展，成为《资本论》这座经济学大厦的基石。然而出现了一个难题：在资本主义的实际经济生活中，资本家只要投下等额的资本，不论这个资本有多少投到死劳动（即购买生产资料，马克思称为不变资本）上，有多少投放在活劳动（即购买劳动力，马克思称为可变资本）上，总是能获得大致相等的利润。这与价值理论不是形成明显的矛盾了吗？如果解决不了这个矛盾，理论就要破产。马克思之前的所有经济学家们在这个困难面前一筹莫展，马克思要是解决不了这个矛盾，他的整个《资本论》同样就会变得毫无意义。

然而，马克思解决了困难，而且所使用的方法完全没有违背价值规律。

他首先研究了剩余价值怎样转化为利润。剩余价值是可变资本的产物，这我们在第一卷中已经知道了。但是对资本家来说，可变资本和不变资本一起，都是他的预付资本，因此，剩余价值也就表现为全部预付资本的产物，这时，它便转化为利润，利润率也就表现为剩余价值与预付总资本的比率。

然后马克思就来研究平均利润的形式。他说，不错，由于各个不同生产部门的等量资本所拥有的资本有机构成即不变资本与可变资本的关系不同，利润率也就不同，但是，这种差别却由于市场供求关系的作用，各不同生产部门的资本不断转向有更高利润率的部门而被拉平了。结果就形成这么一种局面：有些部门的商品只能按高于价值的价格卖，有些部门的商品又只能按低于价值的价格卖，只有那些资本有机构成与社会总资本有机构成相一致的部门，才能把自己的商品价格卖得与价值相符。这样一来，所有资本家都只是得到社会总资本利润中他应得的那一份，这个结果是在竞争甚至尔虞我诈中得到的，却"公平"得好像资本家们签署了一份平均分配利润的协议似的。

利润既然转化为平均利润，价值也就转化为生产价格了；商品现在不是按价值而是按生产价格出卖了。但这并不等于说价值规律被否定了（马克思的一些反对者正是在读了《资本论》第三卷之后大呼：马克思自己否定了自己！），而是发生了变形；价值规律仍然在背后起着作用，因为社会的生产价格总额与商品价值总额仍是相等的。

在阐明了平均利润规律之后，马克思根据生产力不断提高、社会总资本有机构成也随之不断提高的事实，推导出资本主义发展的一种重要趋势：利润率趋向下降的规律。他对这个规律作了详细分析，同时也考察了起反作用的各种因素。马克思从这个规律中得出结论：资本主义生产方式由于生产力的不断扩大而变得狭隘，日益显出其局限，"手段——社会生产力的无条件的发展——不断地和现有资本的增值这个有限的目的发生冲突。因此，如果说资本主义生产方式是发展物质生产力并且创造同这种生产力相适应的世界市场的历史手段，那么，这种生产方式同时也是它的这个历史任务和同它相适应的社会生产关系之间的经常的矛盾"[①]。

马克思对参与瓜分剩余价值的商业资本、借贷资本等各种形式都做了详尽研究。他认为，商业利润、利息之类都是生产领域创造的剩余价值的一部分，从根本上说是工业资本家为商业、信贷资本家提供的帮助而转让的剩余价值。对于商业资本的周转、信用和虚拟资本、信用在资本主义生产中的作用，马克思都有详细分析。对于股份公司这个出现不久的"新生事物"，马克思的分析更具有预见性，他说，"在股份公司内，职能已经同资本所有权相分离，因而劳动也已经完全同生产资料的所有权和剩余劳动的所有权相分离"[②]。他把这看作是向"联合起来的生产者的财产，即直接的社会财产"的过渡。

马克思用大量篇幅来研究资本主义地租。地租是资本家向土地所有者缴纳的贡赋，其来源仍然是剩余价值。他对于地租的两种形式——级差地租和绝对地租，做了令人信服的考察。

[①]《马克思恩格斯全集》第2版第46卷，第279页。
[②] 同上，第495页。

第十一章 写作《资本论》

以上《资本论》三大卷作为一个整体，紧紧扣住剩余价值这个核心问题，透彻深刻地揭示了资本主义生产方式的内在矛盾，按照马克思的计划，这些还不是全部，还应当有关于世界市场、对外贸易、国家等问题的研究，可是马克思此后已没有完成这样庞大计划的时日了。

《资本论》是马克思毕生最重要的著作，它以细腻的分析、严密的逻辑和宏大的历史视野，被公认为人类思想史上的不朽巨著。但正如人们常说的，书有自己的命运，《资本论》也不例外。在后世，它受到各个领域、各种派别的关注和评论，其中有赞扬，也有批评。我们不准备在这儿谈论来自学术领域的专业性评价，只就时下许多人所理解的《资本论》讲点看法。

按照如今流行的一种说法，马克思的劳动价值论和剩余价值理论是要证明：商品的价值全是由工人创造出来的，但它却被资本家不劳而获抢走了，所以要鼓动工人劳动者从资本家那里夺回来，这样就实现了公平和正义！

这样的解释是对马克思的曲解，它把《资本论》彻底庸俗化了。这种解释首先来自长期以来我们政治课堂上的简单宣讲，如今催生了一班从来不读马克思的"批评家"对马克思的咒骂。他们喊道：这样的理论，我五分钟就能驳倒！如果没有资本家给你提供生产资料，劳动者靠一双空手就能创造价值吗？这一套哪里是什么经济学说，分明是杀富济贫、"打土豪分田地"的恶意煽动！

从劳动价值论中直接引出对资本主义的批判，并不是出自马克思，而是出自马克思之前的"李嘉图学派社会主义者"。这个学派接过李嘉图的劳动价值论，推出如下的结论：既然一切商品的价值取决于劳动者生产它们所耗去的劳动，那么全部产品就应该归劳动者所得，因此资本主义是不合理的，因此它应该被公正公平的社会取而代之。

然而，在马克思看来，这不过是表达了对劳动者的同情和对社会不公的义愤而已，在科学上是没有说服力的。马克思不允许自己停留在如此简陋的水平上，他要用客观的经济分析去说明问题。《资本论》从头到尾始终贯彻的一个基本出发点是：不错，价值的确是劳动者在生产商品时创造的，但如果他除了双手之外一无所有，那他就只能在把自己的劳动力出卖给资本家之后，才能让他的手与资本家的生产资料结合起来，从而产生劳动过程，创造出价值。而资本家在按照劳动力的价值支付了工资之后，剩余价值当然归他自己所有。全部过程都是在等价交换的规则下进行的，一点也没有违反价值规律。

但是，恰好在这种"契约对契约、权利对权利"的关系中，发展出了一连串的经济和阶级矛盾。通过严格的经济分析，考察这些矛盾的发生、在经济发展中的各种表现和它们引起的后果，就是前面刚刚叙述过的《资本论》三大卷的主要内容。

这里涉及一个基本问题：《资本论》的基本方法是什么样的？

马克思在《资本论》第一卷初版序言中写道："一个社会即使探索到了本身运动的自然规律，——本书的最终目的就是揭示现代社会的经济运动规律，——它还是既不能跳过也不能用法令取消自然的发展阶段。但是它能缩短和减轻分娩的痛苦……我的观点是把经济的社会形态的发展理解为一种自然史的过程。不管个人在主观上怎样超脱各种关系，他在社会意义上总是这些关系的产物，同其他任何观点比起来，我的观点是更不能要个人对这些关系负责的。"①

"把经济的社会形态的发展理解为一种自然史的过程"——《资本论》全书都贯穿了这一思想。马克思是资本主义生产方式的批判者，但他绝不是从"公平、正义"这类伦理原则出发去否定资本主义，而是从经济史演变过程的必然性中去理解资本主义的。过去一系列社会经济形态的更替造就了劳动者与生产资料的分离，从而孕育出了资本主义生产方式。资本主义促进了生产力的巨大进步，这是它的历史功绩。但是，它越是在自己的经济必然性的推动下发展生产力，就越是不自觉地创造着让自己在经济上过时的必然性，使得由社会劳动成员共同占有和管理生产资料成为新的必然性。如果说，资本主义获取剩余价值的方式是"恶"，但正是从这种"恶"中才能够发展出未来的"善"。恩格斯在对《资本论》第一卷的评论中把这一点说得再清楚不过了："正像马克思尖锐地着重指出资本主义生产的各个坏的方面一样，同时他也明白地证明这一社会形式是使社会生

---

① 《马克思恩格斯选集》第2版第2卷，第101—102页。

产力发展到这样高度的水平所必需的：在这个水平上，社会**全体**成员的平等的、合乎人的尊严的发展，才有可能。"

所以，不是用道德义愤去主观地诅咒资本主义，而是用经济运动的逻辑去客观地阐明资本主义的历史使命和未来命运，这才是《资本论》最根本的方法。完全有理由说，《资本论》是一部历史著作，是摆脱了历史叙述形式的历史著作。如果不懂得这一点，哪怕读过《资本论》，也等于白读。这在19世纪晚期的马克思主义者那里本是常识，如今许多人却一无所知。

我们认为，从今天的角度看，《资本论》这样的伟大著作也有自己的局限。其关键局限在于，它对资本主义生产方式的分析尽管深刻透彻、细致入微，但还是大大低估了资本主义的自我调节能力和对生产力的适应能力。这样，简单地沿用《资本论》的结论，就没有办法解释后来资本主义能够长期延续和发展，并且直至今天还能够表现出强劲生命力的事实。这也就是《资本论》和整个马克思学说迄今招致争论和责难的根本原因。然而这部未完成的伟大著作，仍然给人们提供了取之不尽、用之不竭的精神营养，无论是经济学家、哲学家还是历史学家，都能够从中发现智慧的启迪，而这样的启迪，对于了解现代世界是不可缺少的。但遗憾的是，真正懂得《资本论》，能够摆脱各种偏见、歪曲和庸俗化，独立地去理解它特别是理解它的方法论精髓的人，至今还是太少了。我们确信，发展《资本论》的方法，超越《资本论》的时代局限，以深入而又远大的眼光批判地分析现代资本主义经济结构，仍然能够把我们这个时代有志向的思想者引向新的境界。

马克思去世后，恩格斯虽穷十余年之力，仍没能编完《资本论》。《资本论》第三卷在1894年出版时，他已感到了自己精力不逮，时日无多。所以他谨慎地表示了这样一种希望：只要有可能，他就着手去编《资本论》第四卷。但第二年他就逝世了。

剩下的马克思遗稿，由后人编成《剩余价值理论》一书出版，作为《资本论》的第四卷。这又是厚厚的三大册，其中对马克思以前的经济学家们做了大量深刻的历史述评，其范围极为广泛，对于经济学说史研究有重大参考价值。

第十二章

巴黎公社前后

家庭中的变化

1870年,国际工人协会已经存在到了第六个年头。6年来,它召开了好几次代表大会,引起了普遍的注意,成功地把西欧工人阶级的主要部分团结到了自己周围。总委员会并不像心怀恐惧的各国政府和资产阶级猜测的那样,到处秘密策划工人罢工,但它的确到处支持已经发生的工人罢工。它对英国工人争取选举改革的斗争给予热情帮助,它对正在大步前进的德国工人运动不断提出忠告和指导,它在法国工人遭受波拿巴制度迫害时毫不犹豫地谴责了反动派,它大力声援爱尔兰人民的民族独立事业……它到处都赢得了工人阶级的赞誉和信任。

作为总委员会事实上的灵魂人物,马克思有理由感到满意了。

他的家庭生活这两年也有不小的变化。

一件大事是,1868年4月初,他的二女儿劳拉同保尔·拉法格结了婚。婚礼是按世俗仪式而不是宗教仪式举行的,这在当时还是一件少有的惊世骇俗之举。恩格斯和另外几位忠实的朋友参加了婚礼。新婚夫妇随后就到法国去定居了,生活虽然拮据但很幸福。拉法格所学的专业虽是医学,但他把时间大都用在社会主义宣传和鼓动上了,他对他岳父的学说的理解在突飞猛进地提高,终于成了一个出类拔萃的马克思主义者。可是这对夫妇后来的家庭生活十分坎坷。起初,他们一个接一个生孩子的"快速度"让马克思夫人很担心,她表示"希望这种快速度能停下来"。不久,他们的孩子又都接连夭折了,马克思全家都为此十分伤心。

马克思的大女儿燕妮,这时期显示出了她的写作才华。燕妮对历史素来很有研究，又自幼酷爱诗歌、戏剧，她写出的文章感情饱满，有独特的幽默讽刺风格。当时爱尔兰的芬尼亚社——一个争取爱尔兰独立的密谋组织——社员遭到英国政府的逮捕、监禁和虐待。小燕妮愤慨地在报刊上发表了不少谴责政府的文章，它们"全线胜利"，大受欢迎。这些文章用的笔名是"燕·威廉斯"，从此以后，"威廉斯先生"就成了她的绰号。

另一件大事是跟老友恩格斯有关的。

1868年11月29日，恩格斯写信给马克思，请他"尽量十分准确地答复下面两个问题"，即：

马克思和大女儿燕妮

（1）你需要多少钱才能还清你的全部债务，把你完全解脱出来？

（2）你平时的正常开支，每年三百五十英镑是否够用（治病和意外的紧急开支除外）？就是说，这样你是否就无须借债了？[①]

事情是这样的，恩格斯跟他在曼彻斯特的合伙人哥特弗利德·欧门的合同要到期了。他准备退出商业，条件是从欧门那里得到一笔钱。恩格斯准备把这笔钱用来帮助马克思，在今后五六年内每年给他350英镑以供家用。

马克思感激地回信说，350英镑"这个数目是完全够用的"，他对挚友的帮助"十分感动"。他同妻子把全部账单清算了一下，总数是210英镑，他把这个

[①]《马克思恩格斯全集》第32卷，第201页。

数目告诉了恩格斯。

经过与欧门的长久谈判,恩格斯终于在1869年7月1日脱离了商业。他除了用一笔钱使马克思还清了债务外,以后每年还资助他350英镑。也就是从这个时候起,马克思才不必再为生活头痛了。

1870年的夏季,酷热难当。盛暑当中,一场战火就要燃着了。它将给整个欧洲政治带来重大影响,也将向欧洲工人提出新的考验,这就是普法战争。

关于普法战争的宣言

这场战争酝酿已久。在德国,铁血宰相俾斯麦领导着普鲁士,在19世纪60年代一步步统一了北德,1867年成立了北德联邦,下一步行动就是要把南德也纳入联邦之中。而这,必须在同路易·波拿巴的法国一决雌雄后才能做到。

对于路易·波拿巴来说,最大的不幸就是德国的崛起,他决不能坐视普鲁士统一全德而不闻不问。他这个靠政变起家的人物,只有在政治和外交上不断制造新的成就才能维持统治,他怎么能容忍一个雄心勃勃的大国在一旁构成对自己的威胁呢?所以,他使俾斯麦明白地看到,除了战争,两国间的矛盾没别的解决办法。现在所需要的,只是一个打仗的最好时机和适宜借口。

这个时机在1868年西班牙王位继承问题上的争执中来到了。

当时,西班牙女王伊莎贝拉二世被推翻,西班牙议会举荐属于霍亨索伦家族一支的利奥波德亲王接替王位。俾斯麦为促成此事倾注全力,他很清楚此事一旦成功,便会使法国处在两面夹击之中。但法国也不会容忍俾斯麦赢得这关键的一分。当得知此事时,法国满朝轰动,一片喧哗,掀起了狂热的战争气氛:除非普鲁士撤回王位候选人,否则就打仗!

利奥波德亲王不得不让步,宣布自己放弃王位候选人身份。但咄咄逼人的法

第十二章 巴黎公社前后

国政府不依不饶,坚持要普鲁士国王做出一项保证,保证他今后永不赞成霍亨索伦家族的成员接替西班牙王位。在普鲁士国王的疗养地埃姆斯温泉,法国驻柏林代办贝内德蒂向国王当面提出了这个要求。这就把普鲁士硬生生挤到了墙角。

普鲁士国王威廉拒绝了这个要求,但把话说得还算委婉。他把此事的经过电告他的宰相俾斯麦,工于心计的俾斯麦从中立即便发现了最好的战争理由。他删减了国王的电文,按下面这个样子发表了出来:

> 自从霍亨索伦的王储谢绝王位的消息正式由西班牙王国通知法国帝国政府以后,法国大使在埃姆斯居然要求国王陛下授权给他向巴黎发电,说国王陛下承担义务在今后永远不会再赞成霍亨索伦家族的一位亲王登上西班牙的王位……国王陛下拒绝再次接见法国大使,并让一位值勤副官通知他说,国王陛下已经没有什么可说的了。

正如俾斯麦所估计的,法国官方立刻被激怒了。受到这样的污辱,波拿巴除了宣战外,再没有别的路可走。7月19日,法国对普鲁士宣战,积蓄已久的战争干柴点着了。

战争一开始,伦敦的国际工人协会总委员会便发表了一篇宣言,它出于马克思之手。

宣言一上来就谴责了波拿巴制度,称这次法国宣战是一次"军事阴谋","不过是1851年12月的政变的修正版"。宣言引用了国际的法国各支部对战争所发表的言论,指出,"法国工人的真实情感"是反对路易·波拿巴的战

国际工人协会总委员会关于普法战争的第一篇宣言。出自马克思之手

争的。宣言十分有预见性地说道:"不管路易·波拿巴同普鲁士的战争进程如何,第二帝国的丧钟已经在巴黎敲响了。它以一场模仿丑剧开始,仍将以一场模仿丑剧告终。但是不应该忘记,正是欧洲各国政府和统治阶级使路易·波拿巴能够把**复辟帝国**的残酷笑剧表演了18年之久。"①

马克思认为,在德国方面,这次战争是防御性的战争。但是,正是普鲁士、正是俾斯麦自己把德国弄到必须进行自卫的地位。因此,马克思要求德国工人阶级把战争严格地限制在防御的界限内,否则,"那么无论胜利或失败,都同样要产生灾难性的后果。德国在它的所谓解放战争之后所遭到的那一切不幸,将会变本加厉地重新落到它的头上"②。宣言指出,国际的原则在德国工人阶级中间传播非常广,扎根非常深,我们不必担心会发生这种悲惨的结局。德国工人已经在集会和声明中对法国工人的反战呼吁表示了热情的响应。宣言就这一事实得出结论说:"法国当局和德国当局把两国推入一场手足相残的争斗,而法国的工人和德国的工人却互通和平与友谊的信息。单是这一件史无前例的伟大史实,就向人们展示出了更加光明的未来。这个事实表明,同那个经济贫困和政治昏聩的旧社会相对立,正在诞生一个新社会,而这个新社会的国际原则将是**和平**,因为每一个民族都将有同一个统治者——**劳动**!"③

马克思在这篇宣言中所表述的对战争的立场,是同他对王朝战争的一般立场相一致的。作为革命者,马克思从来谴责各国统治者为了争夺私利而把人民拖进流血战争的罪恶行为,他反对对统治者有利的民族沙文主义。但另一方面,他又总是从革命家的立场上具体分析战争可能带来的后果。对于这次普法战争的看法,就是如此。马克思很清楚地看到,德国的统一过程在19世纪60年代普鲁士的铁血政策下已有很大进展,尽管这种自上而下的、反民主的方式不是他所喜欢的,但这已经是一个不可改变的事实,不以人们的好恶为转移。毕竟,德国的统一将有助于德国资本主义的发展,从而有助于德国工人阶级的成长壮大。从这个

---

① 《马克思恩格斯选集》第2版第3卷,第17页。

② 同上,第18页。

③ 同上,第19页。

角度出发，他希望德国能够战胜法国。战争一开始，他在给恩格斯的信里就谈了这种看法："如果普鲁士人取胜，那么国家权力的集中将有利于德国工人阶级的集中。此外，如果德国人占优势，那么，西欧工人运动的重心将从法国移到德国。只要把1866年以来两国的运动加以比较，就可以看出，德国工人阶级在理论上和组织上都超过法国工人阶级。它在世界舞台上对于法国工人阶级的优势，同时也就会是**我们的理论对于蒲鲁东等人的理论的优势**。"[①]

对马克思这里所说的"德国工人阶级在理论上和组织上都超过法国工人阶级"，我们应当作一个简短的解释。

法国工人阶级在1848年革命中以英勇的六月起义为欧洲工人树立了一个光辉的榜样，这是我们早已知道的。但随着路易·波拿巴发动政变，建立起第二帝国，法国工人便长久处于萎靡不振的状态。19世纪60年代以来，工人运动重新振兴，但一直处在蒲鲁东主义的支配下。在国际工人协会的历次代表大会上，马克思和他的支持者们都不得不同法国人进行争论。马克思为了使国际大会否决法国人提出的那些蒲鲁东式的提案而费了不少精力。

德国工人的觉醒较晚。在1848年期间，他们还根本不是一支独立的力量，只是随着19世纪60年代德国资本主义经济的发展，他们才逐渐成长起来，开始了有组织的活动。在这个过程中，拉萨尔的鼓动起了很大的作用。拉萨尔在1864年去世后，运动继续发展，拉萨尔生前创立的全德工人联合会也发生了分化，逐渐形成拉萨尔派和以威廉·李卜克内西、奥古斯特·倍倍尔为首的德国工人协会联合会这样两派工人运动并立的局面。1869年8月，后一派别在爱森纳赫召开代表大会，成立了德国社会民主工党，即人们所称的爱森纳赫派。

威廉·李卜克内西（1826—1900）

---

① 《马克思恩格斯全集》第33卷，第6页。

马克思传

奥古斯特·倍倍尔（1840—1913）

在理论方面，德国工人运动一直与马克思学说有密切关系。无论是拉萨尔派的领导人，还是李卜克内西，都意识到了马克思学说的重要性，都经常写信向马克思请教。爱森纳赫派领导人与马克思的联系更密切一些，李卜克内西、倍倍尔等人都是马克思全心全意的支持者和学生。该派的纲领和活动中虽然还有不少东西是马克思不满意的，但总体看来他们是在马克思主义道路上发展。这使得马克思和恩格斯把该派看作是自己的党，寄予了最大的希望。

这次战争一开始，爱森纳赫派在北德议会中的两名议员李卜克内西和倍倍尔，在对战争拨款进行表决时投下了弃权票。他们的考虑是，如果投赞成票，就等于对普鲁士政府投了信任票；但如果投了反对票，又像是在赞同波拿巴的对外政策。而投弃权票的做法，则是表示了社会主义者对这次两大政府间的战争的反对态度。从这个角度，马克思也对李卜克内西和倍倍尔的行动表示赞许。但另一方面，当德国工人阶级被迫参加这场战争时，仅仅表示言辞上的反对还是不够的，还要有一个更明确的策略。马克思认为这就应当是打好这场防御战争，战胜波拿巴的法国，同时反对使战争超出防御界限而变成掠夺。这种态度，我们刚刚从马克思为国际总委员会起草的宣言和给恩格斯的信里已经看到了。

恩格斯也同意这种态度。他在1870年8月15日给马克思的回信中认为，同宣扬民族沙文主义的情绪比起来，李卜克内西投弃权票的"那种死守原则的狭隘的坚定性"是要更好一些。但具体分析起战争形势，他就不能同意那种做法了。他认为，德国既然已被路易·波拿巴卷入争取民族生存的战争，如果它打败了，波拿巴主义就会有若干年的巩固，而德国就会有若干年、也许是若干世代的破产。那时就再也谈不上什么独立的德国工人运动了。如果德国打胜了，法国的波拿巴主义就会遭到破产，因德国统一而发生的争论就将平息，德国工人就能按照与过去截然不同的方式在全国范围内组织起来。同时,不管法国出现什么样的政府,法国工人总会获得比在波拿巴主义统治下要自由一些的活动场所。因此恩格斯说:"在这种情况下,一个德国的政党要按照威廉(李卜克内西——引者)的那一套去宣传全面抵制,并把形形色色的次要的考虑置于主要的考虑之上,我认为是不行的。"①

恩格斯认为正确的策略是:(1)"参加民族运动","只要这一运动是保卫德国的"(这就是说,德国工人应在保卫祖国的限度内参加战争);(2)同时强调德国民族利益和普鲁士王朝利益之间的区别;(3)反对并吞阿尔萨斯和洛林的一切企图(因为普鲁士统治者阶层对法国的这两块地方一直垂涎);(4)等到法国出现了共和主义的、非沙文主义的政权,就力争同它光荣媾和;(5)不断强调德国工人利益和法国工人利益的一致性。

马克思和恩格斯把他们的共同意见写信寄给了设在不伦瑞克的爱森纳赫派委员会,作为爱森纳赫派在决定自己策略时的参考指针。

这些意见在原则上是正确的,但在德国工人阶级无力按照自己意志行事、统治者的需要决定一切的条件下,困难在于:怎么去实际执行呢?当俾斯麦一旦挟战胜之势准备对法国进行掠夺时,德国工人阶级又怎能迫使他同法国政府"光荣媾和"呢?

这种困难时刻很快就到来了。

双方交战刚一开始,法国政府和军方就暴露出波拿巴政体下积压下来的腐败无能、效率低下的问题。恩格斯作为军事内行,马上看出了战争未来的可能结果。他在7月22日给马克思的信中估计:"根据目前的情况判断,我认为战争对波拿巴不可能有美满的结局。"②

在军事问题上,马克思从来自认为门外汉,而总是推崇恩格斯的军事学造诣。所以战争开始时,当伦敦一家有影响的日报《派尔-麦尔新闻》询问他能否写些文章时,他马上想到的是恩格斯。他写信建议恩格斯为这家报纸写战争评

---

① 《马克思恩格斯全集》第33卷,第41页。

② 同上,第10页。

论，由他负责推荐。

恩格斯以他惯常的快速度立刻写出了第一篇战争短评，对普法两军的兵力对比作了分析。文章在7月29日见报。随后，这些匿名的短评就一篇接一篇从曼彻斯特寄过来了，它们依照战争进程，或分析兵力部署调动，或预测战争发展，或评论作战计划，或总结战役得失……恩格斯用他的细致分析、流畅文笔和准确预测，在伦敦搅起了一阵旋风，让读者们大为折服，《派尔－麦尔新闻》也因此兴高采烈。其他报纸，包括著名的《泰晤士报》，都竞相抄袭恩格斯而丝毫不感到难为情。人们纷纷猜测，这些战争短评是哪一位著名的军事权威写的呢……多半是普鲁士总参谋部的一位将军吧？

马克思对老朋友的成功比别人更高兴。仅仅读了头几篇文章，他就已经赞不绝口："你最近的两篇文章好极了"（8月1日的信）；"如果战争再延续一些时候，那你很快会被公认为伦敦的头号军事权威"（8月3日的信）。他的两个在家的女儿（燕妮和爱琳娜）更是开心。这两个"野姑娘"居然撒娇式地"没收"了恩格斯的头一笔稿酬，作为她们应得的"佣金"。马克思也在信里给她们辩护："鉴于这些'中间人'的刚毅性格，你要是向她们提出抗议，那么抗议很快也会向你发来。"燕妮由于恩格斯对战事进程的准确预测，开始把他叫作"将军"，"圈里人"对这个绰号很快就认可了，从那以后，恩格斯在朋友们的口中就变成了"将军"。

这段时间里，马克思十分忙碌。战争一开始，国际工人协会的大多数通信员都去了法国，马克思几乎是独自一人担负起总委员会的国际通信工作。在盛暑中，他的风湿病发作了，夜间几乎无法入睡。按照医生的劝告，他同家人去了兰兹格特海滨，在那里病情也没有减轻，晚上要靠安眠药维持。但他仍关心法国的情况，在这些日子里，法国在普军的打击下已经全线崩溃、不可收拾了。

在一连串的战役中，普军以它的优势的兵力、高昂的士气、先进的武器和严密的计划，取得了对法军的胜利。8月底在色当，由麦克马洪元帅率领的一支庞大的法军主力被围，几次突围未成，陷入绝境，在9月2日被迫投降，在军中的皇帝路易·波拿巴和几万名法军一起成了战俘。另一支主力被困在麦茨，不久后也全部投降了。第二帝国的军队就这样全军覆没了。

第十二章 巴黎公社前后

色当战役

色当战役后，第二帝国垮台，巴黎宣告成立共和国，组成了国防政府。马克思是在9月5日凌晨4点钟，从龙格拍来的电报中得知这个消息的。他立刻就看出，这个政府中的成员多是有污点的可疑人物，这样一个政府恐怕是把防范工人阶级看得比"国防"更重要的，尽管它暂时还叫喊说它绝不会让出一寸土地、永远不会投降云云。

另一方面，出乎意料的军事胜利让普鲁士当权者们的胃口急剧膨胀起来，他们现在决定要掠夺法国的阿尔萨斯和洛林两地了。但不利的是，战争开始时，国王威廉曾经声明过：他是同法国皇帝作战而不是同法国人民作战。现在怎样才能把对战败者的宰割弄得堂皇一点，不至于让威廉国王在那里自打嘴巴呢？办法很容易就想出来了：布置一次"全民投票"。于是柏林各界的"群众请愿书"递上来了，纷纷请求国王俯察民意，向法国索取阿尔萨斯和洛林，作为防范法国侵略的"物质保证"！国王似乎是在臣民们的汹涌要求中身不由己地顺从了民意。这样，先前那个庄严的、现在却变得碍事的声明便被扔掉了。

在这同时，普鲁士官方对一切反对它掠夺法国领土的言论都无耻地用暴力来对付。德国社会民主党中央委员会发表宣言，坚决抗议兼并阿尔萨斯和洛林。在宣言上签名的人都被当作叛国犯逮捕起来，像刑事犯一样戴上镣铐，解往东普鲁士的勒特岑。倍倍尔和李卜克内西在国会中要求拒绝增加战争拨款，并要求立即

国际工人协会总委员会关于普法战争的第二篇宣言。出自马克思之手

同法兰西共和国缔结不割地的和约。国会一闭幕，他们两人就以叛国罪被捕，全然不顾他们的议员身份！

马克思在为总委员会起草的关于普法战争的第二篇宣言中，严厉谴责了"普鲁士军事上的幕后操纵者"。这篇宣言，是总委员会应国际巴黎联合会委员会的再三请求而委托马克思写的。

宣言一开始就引述了战争开始时总委员会第一篇宣言中的预测，指出："我们对第二帝国生命力的看法没有错。我们担心在德国方面'战争失去其严格的防御性质而蜕变为反对法国人民的战争'，也没有错。"[①]宣言把当前的形势总结如下：对德国方面来说，防御性战争已经以路易·波拿巴缴械、色当投降和巴黎宣告成立共和国而终结了。宣言号召国际工人阶级行动起来，反对德国统治者们对法国的掠夺，支援法国工人阶级。

宣言分析了德国那些当权者以及"更有心计的爱国者们""条顿族的爱国喉舌们"用来为掠夺辩护的种种借口。在这方面，马克思曾向恩格斯求助，要他寄来有关阿尔萨斯和洛林问题的必要的军事述评，以备宣言中使用。马克思根据恩格斯的意见，从军事上驳倒了关于把这两块土地划归德国是防止法国侵略的"物质保证"的说法，认为拥有大批专门对付法国的作战基地的德国，根本没有理由要求这两块土地："如果最近这次战争证明了什么东西的话，那就是证明了从德国向法国进攻较为容易。"[②]"但是，老实说，把军事上的考虑当成决定国界的原则，

[①]《马克思恩格斯选集》第2版第3卷，第22页。

[②] 同上，第25页。

岂不完全是一件蠢事和时代错误吗？……如果国界按军事利益来决定，那么这种要求就会没完没了，因为任何一条战线都必然有其缺点，都可能用再兼并一些邻近地区的办法加以改善；并且这种国界永远也无法最终地和公允地划定，因为每一次总是战胜者强迫战败者接受自己的条件，从而播下新战争的种子。"①

宣言指出，德国工人阶级坚决支持了它所无力阻止的这场战争，把这看作是争取德国独立、争取法国和全欧洲从第二帝国羁绊下解放出来的战争。现在，他们要求给法国以光荣的和平并承认法兰西共和国。但不幸，不能指望他们马上获得成功。可是历史会证明，德国工人绝不是像德国资产阶级那样由柔软的材料制成的，他们一定会尽到自己的责任。

宣言"为法国建立共和国而欢呼"，但又不安地指出，这个共和国的临时政府的成员，一部分人是声名狼藉的奥尔良党人，一部分人是资产阶级共和党人，他们中间某些人在1848年六月起义时期留下了洗不清的污点。从这个政府的最初几个步骤中已可看到，它"不只是从帝国那里继承了一大堆残砖断瓦，而且还继承了它对工人阶级的恐惧"②。

宣言警告说，法国工人阶级正处于极困难的境地，在目前，一切推翻新政府的企图都将是绝望的蠢举。宣言号召法国工人执行自己的公民职责，镇静而且坚决地利用共和国的自由所提供的机会，去加强他们自己阶级的组织。"这将赋予他们以海格立斯般的新力量，去为法国的复兴和我们的共同事业即劳动解放的事业而斗争。共和国的命运要靠他们的力量和智慧来决定。"③

这篇宣言于1870年9月9日在总委员会一致通过，并迅速印成传单广为发放。在法国宣言传单遭到国防政府的封锁，但仍有一部分工人知道了它的内容；在德国，它也受到了工人的热烈响应。

---

① 《马克思恩格斯选集》第2版第3卷，第25页。
② 同上，第29页。
③ 同上，第30页。

马克思传

与公社站在一起

法国的事变和伦敦总委员会的繁杂事务,让马克思忙得不可开交。他在信中告诉别人说,他这一段时间从来不能在夜里3点钟以前睡觉,忙碌劳累之状,可想而知。

让他高兴的一件大事是,恩格斯终于离开曼彻斯特,在9月20日搬到伦敦来了,家就安置在离马克思步行只有10分钟路程的地方。这对老朋友现在可以每天见面了。事实上,从这时起,除了外出,他们没有一天不会面,不是他到他家,就是他到他家。当然,这样一来,他们留给我们的通信就少多了。

恩格斯的到来,给马克思大大减轻了负担。按照马克思的建议,恩格斯立刻被增补为总委员会委员,这个精力充沛的人立刻就作为马克思的"第二个我"投入了工作。他把马克思先前不得不亲自干的一大部分事情接了过去,还担任了好几个国家的通讯书记。这样,马克思在总委员会里的工作就比原来顺利多了。

马克思在这段时间里,大量阅读关于法国的消息,做剪报,写摘录。他还通过一些私人渠道,了解到法德双方政界和军界的秘密。在这方面,他掌握着一个极有用的"内线",此人就是当年共产主义者同盟的成员约翰·米凯尔。这个过去的革命者到后来当上了民主自

瑞琴特公园路122号,恩格斯移居伦敦后的住所

由党的领导人,现在又成了普鲁士的要员。他知道马克思手中保存着他过去的革命活动的材料,有赖于马克思替他保密,因此力求跟马克思保持良好关系。为了表示他的善意,他不时提供些可靠的内部机密。现在,他把普军在法国的情况告诉了马克思,而马克思又设法把这些情况转给了法国方面。

从各方面的材料看,巴黎的处境是愈来愈恶化了。普军围困了它,隔断了同外省的联系。城市内部闹起了饥馑,居民以猫、狗、老鼠为食。而这种困境,又都与国防政府的无心抵抗、蓄意投降有关。

国防政府一成立,马克思便敏感地意识到,该政府中的那些可疑成员,很可能为了对付巴黎已经组织起来的工人阶级而有意勾结普军,把城市出卖给外敌。要知道,战争期间,巴黎的国民自卫军(正规军之外的民军)已经猛增到30万人,其中绝大多数是工人,这样一支庞大的武装,对于资产阶级的国防政府来说,远比普鲁士军队可怕!

1870年9月12日,马克思在一封信里断定:"我认为巴黎将不得不投降,从我接到的来自巴黎的一些私人信件中可以看出,临时政府中某些有影响的成员已对这种事变做好准备。"[1]

这个判断很快被事实所证明。国防政府的首脑们一边叫喊"永远不会投降",一边却在为投降做铺垫。他们知道马上投降会为巴黎工人所不容,于是他们决定用有意制造失败的办法让巴黎人饥寒交迫、意志崩溃,最终听从他们的安排。这的确是狠毒的一招,带来的结果就是几次突围出击均遭败绩,巴黎陷入绝境。在此期间,政府两次镇压了巴黎民众的起义,激起了民众更大的反感。

1871年1月28日,国防政府向普鲁士投降,签订了停战协定,巴黎守军除保留一个师外,其余都解除了武装,全部工事、炮台、武器弹药移交给普军。但国民自卫军不在缴械投降之列,他们得以保存自己的武装。

随后,在2月召开的国民议会上,推选出混迹法国政界近半个世纪的权术老手、政客、历史学家梯也尔为执政首脑,他组成了一个由各类保皇派占多数的政

---

[1]《马克思恩格斯全集》第33卷,第152页。

马克思传

阿道夫·梯也尔（1797—1877）

府，这个政府立刻对外办理了投降手续，对内则策划解除国民自卫军的武装。

3月18日，梯也尔派了几个团的士兵夜袭蒙马特尔高地等处，想要夺取停放在那里的大炮。这些大炮是由巴黎人民自己出钱购置的，属于国民自卫军所有，梯也尔却把它们说成是国家财产。战斗就从这里揭幕了。

晨曦中，国民自卫军和妇女、老人、儿童们阻止军队劫走大炮。带队的军官下令向群众开枪，但士兵不但不服从命令，反而倒向人民一边。军官们被逮捕起来，国民自卫军转入进攻，一天之内便控制了巴黎。梯也尔和他的内阁成员们仓皇逃出城市，投奔附近的凡尔赛。巴黎现在留给巴黎人民自己了。

巴黎工人和妇女们在蒙马特尔高地保卫自己的大炮

巴黎公社由此产生。3月28日，公社宣告成立，巴黎全城欢呼。一连串的社会措施颁布了，一系列的改革实行了，巴黎人民破天荒地自己管理自己的一切。自由、平等这些响亮的口号、伟大的理想，在这一刻成为现实，崇高的情感和战斗的激情把巴黎人民紧紧地维系在一起，只有亲身经历过人民革命的人才能感受到那种纯真的气氛。

· 332 ·

第十二章 巴黎公社前后

巴黎公社宣告成立

作为1848年的老革命家,马克思虽然远在伦敦,但仍深切地感受到了这种气氛。他和恩格斯一起很快作出判断:这是一场工人阶级的革命。

3月21日,总委员会开会讨论巴黎3月18日的事件。恩格斯按照他和马克思的共同意见来叙述巴黎的情况。他证明,真实情况并不像所有报纸上宣传的那样,是少数人夺取了大炮并不肯交出来,而是国民自卫军保护自己的大炮,并抵抗政府的进攻。他着重强调巴黎革命的工人性质:"中央委员会的委员没有一个是名人……但是他们在工人阶级中间却是很出名的。委员会里有四个国际会员。"[1]

从巴黎工人起义那一天起,马克思就以加倍的热情关注巴黎方面的动向。他收集所有能找到的关于巴黎事件的材料,逐日制成剪报;他抓住一切机会向法国来的人询问巴黎近况。在1871年4月12日给库格曼的信里,看得出马克思对这场革命的极大钦敬:

> 这些巴黎人,具有何等的灵活性,何等的历史主动性,何等的自我牺牲精神!在忍受了六个月与其说是外部敌人不如说是内部叛变所造成的饥饿和破坏之后,他们起义了,在普军的刺刀下起义了,好像法国和德国之间不曾发生战争似的,好像敌人并没有站在巴黎的大门前似的!历史上还没有过这

---

[1]《马克思恩格斯选集》第2版第4卷,第599—600页。

马克思传

种英勇奋斗的范例！①

马克思甚至把巴黎起义称作"我们党从巴黎六月起义以来最光荣的业绩"。这样的评价就更高了，把巴黎公社直接列进了马克思的"党"的行列之中！这里所说的"党"应从广义上理解，它是指在各国范围内从事反对资本统治的社会主义者队伍，而不是我们今天意义上的严密的党组织，因为马克思从来没有过这样一个党。从这个意义上说，尽管巴黎公社事先根本没有得到过国际工人协会总委员会的任何指令，而是在内忧外患逼迫下自发产生的，但它却完全应属于国际自己的事业，而且它也确实受到国际的影响。马克思清楚地看到了这一点。当着各国资产阶级纷起诬蔑国际发动了巴黎"叛乱"，而总委员会中有些英国委员们对巴黎公社避之唯恐不及时，马克思却站出来承认他与公社的精神联系，这正是革命家的本色。

马克思也看到了巴黎公社的弱点。公社并不是在一种严整科学的学说指导下诞生的，它是各种学说思想的信奉者的混合体。公社委员们主要分成两派：布朗基派和蒲鲁东派。前一派别的教义主要是鼓吹少数人的密谋，后一派别则反对联合，主张分散自治。正像恩格斯在20年后指出的，这两个派别当时都在形势的需要下，做出了许多与他们的教条不相符的正确决定。但这只是事情的一方面，另一方面是，他们的教条也引导他们干出了许多错事，有些错事对于公社简直是灾难性的。例如，由于过于迷恋自治，公社没有及时出击凡尔赛，消灭残存的梯也尔势力；再如，由于蒲鲁东学说的影响，公社一直没有没收法兰西银行，等等。

马克思在上面刚刚提到的那封给库格曼的信里继续写道：

如果他们（指巴黎人——引者）将来战败了，那只能归咎于他们的"仁慈"。当维努亚和随后巴黎国民自卫军中的反动部队逃出巴黎的时候，本来是应该立刻向凡尔赛进军的。由于讲良心而把时机放过了。他们不愿意**开始**

---

① 《马克思恩格斯全集》第33卷，第207页。

内战,好像那邪恶的侏儒梯也尔在企图解除巴黎武装时还没有开始内战似的!第二个错误是中央委员会过早地放弃了自己的权力,而把它交给了公社。这又是出于过分"诚实的"考虑!①

的确,巴黎人是过于仁慈和诚实了。他们珍视自己的理想信念,不愿让自由、民主、平等这些美好的字眼片刻蒙上灰尘,以致经常到了天真的地步。放弃向凡尔赛进军,宁肯忙着搞自己的选举,是为了这个信念;国民自卫军中央委员会急切地把权力移交给公社,以免受"军事篡权"的诟病,也是为了这个信念。这一切做得这样光明磊落,却又这样不合时宜,以至马克思这个毕生酷爱自由的人都要责备他们了。

马克思在3月18日革命后就设法跟公社方面建立了联系。由于巴黎被严密封锁,联络起来是非常困难的,马克思只能委托可靠的人往来辗转传递消息。

一条重要渠道,来自一位经常往来于法、英之间的德国犹太商人。此人名叫艾劳,是马克思事业的同情者。他秘密地把公社方面的最新消息口头带给马克思,也把一些信件、报刊来回传送。马克思对此事守口如瓶,在与友人通信及在总委员会中绝不提及此人姓名。

巴黎公社委员会中有一些国际工人协会会员,他们都亟盼听取马克思和总委员会的意见。公社委员列奥·弗兰克尔几次写信给马克思,请马克思"出出主意",因为他感到了单枪匹马在公共劳动部门推行改革的困难,他希望马克思"对我们的事业大力支持"。

当然会大力支持。马克思告诉弗兰克尔和另一位公社委员:为了维护你们的事业,我已经向世界各地凡有我们支部的地方写了几百封信……

不只这些,马克思还直接向公社委员们提供建议。看得出,他对公社委员内部的无谓争执是很担心的,希望他们能以大局为重,团结起来。他对公社的许多经济、财政和政治措施,也都提出了看法。

---

① 《马克思恩格斯全集》第33卷,第207页。

马克思传

让马克思最感痛心的,就是公社的军事措施一误再误,软弱无力,以致失去了大好时机,让凡尔赛军队卷土重来。

3月18日革命后,逃到凡尔赛的政府方面仅有一些散兵游勇,时势不利,梯也尔只好满足于虚假地声明"不管发生什么情况,我决不派军队到巴黎去"。公社方面天真地以为这就表明内战打不起来,人民选举的结果终会得到承认。4月初,梯也尔通过向普鲁士乞怜,在得到了放回的数万战俘后,胆气立刻壮了起来。向巴黎的反扑开始了。4月3日的一场战斗中,公社一方损失重大,2000人被俘,其中许多人被枪杀,余下的遭到无耻的侮辱。几天后,凡尔赛军队进攻巴黎,由麦克马洪统领的这十几万战俘,现在表现出了在色当战役中从未表现过的凶猛。公社的国民自卫军缺少正规训练,又兼寡不敌众,无法抵抗正规军的攻势。

4月6日,马克思在一封信里说:"看来巴黎人是要失败的。这是他们的过错,但这种过错实际上是由于他们过分老实而造成的。"①

不利的消息愈来愈多。整个4月里,凡尔赛的军队以优势力量向巴黎推进,并炮轰巴黎。在城市外围的守卫战中,公社战士尽管多数表现英勇,但仍节节失利。5月上旬,凡尔赛军队逼近市区,公社处境恶化了。

5月13日,马克思焦急地致信公社委员弗兰克尔和瓦尔兰,提出了一些至关

公社社员构筑的街垒

---

① 《马克思恩格斯全集》第33卷,第202页。

第十二章　巴黎公社前后

重要的建议，包括：

（1）"把那些能使凡尔赛的恶棍们声名狼藉的案卷放到安全的地方去"。凡尔赛的政府中，好几个主要成员的历史都劣迹斑斑。这些人作伪、诈骗、掠取他人财产的罪行一旦公布，就是不折不扣的一帮刑事罪犯，这是马克思提这项建议的原因。靠这批案卷在手，或许能使凡尔赛恶棍们有所顾忌。

（2）"要当心"普军让路给凡尔赛分子，使他们从背后进攻巴黎。这一项警告是非常英明的。俾斯麦这时已经和梯也尔达成秘密协定，允许凡尔赛军队经过普军控制的地区包抄巴黎了。口称持中立立场的俾斯麦作出这个卑劣的决定，是为了什么呢？这里面有一个非常实际的原因：德帝国（在这之前，1871年1月18日，德意志帝国已经宣告成立，俾斯麦成了帝国宰相）急切地希望梯也尔快点打下巴黎，好得到巨额战争赔偿。

可惜这些建议公社全没能采纳。公社委员们的头脑实在太简单了，竟不相信德国会允许梯也尔借道，给公社背后捅上一刀！在灾难到来的前不久，公社居然还派代表去找德军谈判，想请他们在巴黎和凡尔赛之间调停！这真可以说是"与虎谋皮"。马克思的苦心没有得到结果，直到公社失败后，他还万分痛心地说：如果公社当初听了我的警告，那该多好！

到5月下旬，公社短暂生命中的最后时期降临了。马克思在伦敦也感到了这一点。

5月23日，他在总委员会的会议上说：他担心结局快要到来了。但是即使公社被搞垮了，斗争也只是延期而已。公社的原则是永存的，是消灭不了的。在工人阶级得到解放以前，这些原则将一再表现出来。

当马克思讲这些话的时候，凡尔赛军队像一只巨大的怪鸟正飞临巴黎上空，它那黑色的翅膀遮没着城市。巷战展开了。市区街道上充满枪声和炮声，火光熊熊中，不足2万名公社战士抵挡11万名装备精良、训练有素的正规军的进攻，妇女和少年也都参加到巷战里来。但守卫者的英勇也弥补不了他们的劣势，公社的覆亡已成定局。

5月28日，在一周血战之后，巴黎全部失陷。在遍布尸骸的城区里，凡尔赛军队对战败者的狂暴大屠杀开始了。

仅仅两天后，即1871年5月30日，马克思就向总委员会提交了他对巴黎公社的长篇辩护和总结，这就是《法兰西内战——国际工人协会总委员会宣言》。

《法兰西内战》

我们前面说过，马克思从3月18日革命以来一直在搜集巴黎公社的有关材料。4月间，他认为应起草一篇新的总委员会宣言，来评论巴黎的工人阶级革命。这个主张在4月18日总委员会会议上得到赞许，又是马克思受委托来写这篇宣言。

在往后的一个多月里，马克思先用英文写了两份草稿，然后又写出第三稿，也就是《法兰西内战》的定稿。具体写作进程我们不清楚，因为关于这方面没有多少文字记录，但三份手稿加起来篇幅如此之大，工作必定是夜以继日、十分辛苦的。自从恩格斯迁居伦敦以来，他每天总要拉上马克思去户外散步，为的是让他有逸有劳，而这个活动这时也很可能停顿了。总委员会的成员们大概不了解马克思的工作习惯和工作态度，几次询问过宣言起草的实际进度。5月9日，恩格斯在总委员会中告诉众人，宣言还没草拟好，马克思病得很重，宣言的起草工作使他的病情更加恶化了，但是他说，宣言在星期六可以草拟出来。然而正像通常的情况一样，马克思把脱稿时间一推再推。5月23日，他向总委员会委员们说明，他由于生病而没有能完成答应起草的宣言，但他希望宣言可以在下星期二草拟出来。结果又推迟了一个星期。当5月30日马克思终于拿出《法兰西内战》定稿来时，内容和篇幅都足以让总委员会成员们明白，马克思在这段时间完成了多么繁重的工作。而这时，巴黎上空战斗的硝烟还没散尽，资产阶级对公社社员的大屠杀正在进行，拿出这样一篇宣言是再及时不过了。

第十二章 巴黎公社前后

按照弗兰茨·梅林的评价,《法兰西内战》是出自马克思手笔的"最辉煌的文件之一,并且直到今天仍然是历来论述巴黎公社的全部浩瀚文献中最卓越的作品"①。从近百年前梅林写下这些话以来,又有更多的关于巴黎公社的作品问世,但仍然没有一部能够超越《法兰西内战》。原因何在呢?

首先是在于,《法兰西内战》用充满战斗性的文体,把对梯也尔政府残暴行径的愤怒谴责,对巴黎人民革命的热情颂扬和对公社历史意义的深刻总结,完美地结合在一起了。它既是一部激情澎湃的政治论战性著作,又是一部视野广阔、论述独到的"当代史"著作。

《法兰西内战》1871 年英文版

《法兰西内战》以极度嫌恶的心情把镇压巴黎公社的刽子手政府要员们描述了一番。马克思通过一些秘密方式,掌握了这伙政府要员的肮脏个人历史,因此毫不犹豫地把他们称为"假释犯",而梯也尔便是这帮假释犯的首脑:

> 梯也尔是一个谋划政治小骗局的专家,一个背信弃义和卖身变节的老手,一个在议会党派斗争中施展细小权术、阴谋诡计和卑鄙伎俩的巨匠;在野时毫不犹豫地鼓吹革命,掌权时毫不犹豫地把革命投入血泊;他只有阶级偏见而没有思想,只有虚荣心而没有良心……②

正是这些人,为了要达到把巨额战争重担转嫁到财富生产者肩上的目的,为了要销毁证明他们卖国勾当的文件,为了要得到他们的"几亿佣金",必须把巴

---
① 梅林:《马克思传》,第562页。
② 《马克思恩格斯选集》第2版第3卷,第40—41页。

马克思传

黎变成废墟。因为，巴黎是阻碍他们阴谋实现的巨大障碍。

在对付革命的巴黎时，这伙人挑衅、撒谎、欺骗，卑躬屈膝地向德国主人乞怜……《法兰西内战》把他们的一出出滑稽剧揭露得入木三分。当他们把反攻所需的一切都准备好，宣布要"手持法律走进巴黎"时，马克思的笔变得像鞭子一样凌厉，他把这些"维护'秩序'的嗜血恶狗"口称的文明和正义叫作"赤裸裸的野蛮行为和无法无天的报复行为"。而当写到他们对战败了的公社的大屠杀时，马克思的字字句句简直就是喷射出来的烈火：

> 要想找到可以同梯也尔和他那些嗜血豺狼的行为相比拟的东西，必须回到苏拉和罗马前后三头执政的时代去。同样是冷酷无情地大批杀人；同样是不分男女老幼地屠杀；同样是拷打俘虏；同样是发布公敌名单，不过这一次被列为公敌的是整个一个阶级；同样是野蛮地追捕躲藏起来的领袖，使他们无一幸免；同样是纷纷告发政治仇敌和私敌；同样是不惜杀戮根本和斗争无关的人们。不同处只在于罗马人没有机关枪来进行大规模的处决，他们没有"手持法律"，也没有口喊"文明"罢了。①

对于只存在了72天的巴黎公社，马克思并不想掩饰它的错误和过失，但他以全部力量，用最美好的语言来颂扬公社的丰功伟绩和它的保卫者的英勇光荣、视死如归。当全世界资产阶级一哄而起，竞相厚诬巴黎的革命者为罪犯时，马克思向世界宣布：他们是敢于起来反对自己的压迫者的奴隶，是为自己的事业而不惜牺牲的真正英雄。

从理论上说，《法兰西内战》的第三部分是最重要的。在这个部分里，马克思用冷静的历史学家的态度，分析了法国近代以来的阶级斗争史，证明了巴黎公社是以往斗争的结果，是过去阶级统治的对立物。

马克思在这里提出了一个重要论点："工人阶级不能简单地掌握现成的国家机

---

① 《马克思恩格斯选集》第2版第3卷，第74页。

器，并运用它来达到自己的目的。"① 这句话在过去我们举国"反修防修"的那个年代里非常有名，被解释成无产阶级必须打碎旧的国家镇压机器，并建立起新的国家镇压机器。直到如今，许多人还是这样理解的，不过已经往往是用厌恶的心情去理解了，他们认为马克思的这句话是在主张建立新的残暴的镇压机构，永无休止地搞"阶级斗争"！

在这里，我们必须对这个问题谈上几句，澄清一些误解。

这个论点，马克思此前不久（1871年4月12日）在给库格曼的一封信中已经提到过，当时他说："如果你读一下我的《雾月十八日》的最后一章，你就会看到，我认为法国革命的下一次尝试不应该再像以前那样把官僚军事机器从一些人的手里转到另一些人的手里，而应该把它**打碎**，这正是大陆上任何一次真正的人民革命的先决条件。这也正是我们英勇的巴黎党内同志们的尝试。"②

为什么不能简单地掌握现成的国家机器并运用它来达到自己的目的，而应该把它打碎呢？

马克思用近代国家的历史回答了这个问题。中央集权的国家政权及其遍布各地的机关——常备军、警察、官僚、僧侣和法官——是起源于君主专制时代，当时它充当了新兴资产阶级反对封建制度的有力武器。在以后的发展中，国家的政治性质随着社会的经济变化而发生了变化，越来越具有资本压迫劳动的阶级统治机器的性质。1848年六月起义被镇压后的议会制共和国是统治阶级共同管理的形式，路易·波拿巴的第二帝国则是"资产阶级已经丧失统治国家的能力而工人阶级又尚未获得这种能力时唯一可能的统治形式"③。

所有这些形式都不适用于无产阶级的目的，因为它们都是用一整套高高凌驾于社会之上的官僚国家机构去执行阶级统治的功能。革命后的无产阶级并不是要用一种新的阶级统治代替旧的阶级统治，而是应该消灭阶级统治本身。马克思认为，公社正是提供了一种引向这个目的新的形式。

---

① 《马克思恩格斯选集》第2版第3卷，第52页。
② 同上第4卷，第599页。
③ 同上第3卷，第54页。

综观马克思对巴黎公社的分析，可以看出，他认为公社是由全体人民自己实行社会管理的、普遍民主制的无产阶级自治形式，这正体现了无产阶级专政的真意。这样一种形式的"真正秘密就在于，它实质上是工人阶级的政府，是生产者阶级同占有者阶级斗争的结果，是终于发现的可以使劳动在经济上获得解放的政治形式"[①]。

马克思对公社具体措施的分析，处处都着意突出这种无产阶级普遍民主制的实质，如：

——废除常备军，用武装的人民来代替它；

——实行普选制，公社委员由直接选举产生，只领取相当于工人工资的薪金，随时可以撤换；

——宣布教会与国家分离，一切学校对人民免费开放，不受教会和国家的干涉；

——法官由选举产生，对选民负责，并且可以撤换；

——使公社这种政治形式成为整个民族的普遍形式，以消灭过去的脱离民族、驾于民族之上的国家政权；

——其他一些初步的经济的和财政的措施，它们"只能显示出走向属于人民、由人民掌权的政府的趋势"[②]。

等等，等等。

由上可见，马克思所总结的巴黎公社的实践经验，正是他心目中所认为的无产阶级革命之后应当立即实行的无产阶级政权建设措施。他认为，为了实现共产主义的历史目标，最终建立起由生产者自己管理社会的"自由人的联合体"，巴黎公社的工人直接民主的政治形式是"终于发现的"、唯一适宜的政治手段，因为这种政治形式一开始就组织得使国家具有消亡的性质了。

这样看来，"工人阶级不能简单地掌握现成的国家机器，并运用它来达到自己的目的"这句名言，不只意味着要抛弃旧的国家机器，更重要的是，还意味着

[①]《马克思恩格斯选集》第2版第3卷，第59页。

[②] 同上，第64页。

要用完全不同于以往国家形式的全新政权形式——人民自我管理——去替代国家机器,而不是在"无产阶级"招牌下由一批新的统治者把"打碎"了的官僚机构再重建起来,因为那样仍然不能避免旧国家的弊病,仍然不能导向"自由人的联合体"。这一点,后来却往往被人严重忽视了。苏联的实践建立起来的还是新形式的全能官僚体制,因此,马克思的上述名言也就被曲解成对旧的国家机器实施"打碎"之后,建立起新的更加严厉的集权制,这句本来与民主自由相联系的名言,于是在一般人心目中变得阴森可怖了。

有人说,巴黎公社的这些经验只是无政府主义的空想,是必定不能成功的。我们承认,在行政职能高度复杂化的现代社会里,古代希腊小城邦式的直接民主制确实无法简单移用,因此,不能照搬《法兰西内战》中的这些主张。但是,我们早已知道,马克思的一切政治主张都只是基本的原则,从来没有要求人们把它们当作具体的政治设计去对待,而这里的问题恰好不在于具体的形式而在于问题的实质。对于我们,最重要的问题始终是:社会主义社会怎样保证国家管理机构不致脱离劳动人民的监督而重新凌驾于社会之上,换句话说,也就是怎样保证劳动者大众真正在国家管理中贯彻自己的意志?在这个重大问题上,《法兰西内战》所揭示的巴黎公社经验——抛弃官僚机构,人民的自我管理——始终是有着极宝贵的意义的。

《法兰西内战》用一段金石般的语言作为结束:

> 工人的巴黎及其公社将永远作为新社会的光辉先驱而为人所称颂。它的英烈们已永远铭记在工人阶级的伟大心坎里。那些扼杀它的刽子手们已经被历史永远钉在耻辱柱上,不论他们的教士们怎样祷告也不能把他们解脱。[①]

[①]《马克思恩格斯选集》第2版第3卷,第81页。

马克思传

在一片围攻中

  1871年6月13日，总委员会宣言《法兰西内战》在伦敦出版，35页的小册子印了1000册，很快销售一空，迅速引起轰动。于是再版、三版，以低廉的价格面向工人销售。同时，德文、法文、俄文、意大利文、西班牙文、荷兰文等各种文字的版本也都纷纷问世了。《法兰西内战》畅行全欧。

  伦敦的各家报纸也都转载或摘登了这篇宣言，并且，不论它们对宣言有多么敌视，都不得不承认宣言的文字不同凡响，于是有聪明的报纸编辑们出来猜测了：作者很可能是卡尔·马克思，那个有名的德国蛊惑家！

  现在，各国政府和资产阶级都看到了国际工人协会是它们的头号敌人，全力对付这个敌人，打垮它！剿灭它！成了它们不谋而合的想法。它们的出版物掀起一波接一波反对国际的浪涛，政府威胁要把国际连根拔除，挖掉这棵革命的祸苗，仿佛消灭了国际，它们便能从此太平无事似的。

  这个围剿大军的前锋，就是刚刚扼杀了巴黎公社的法国政府。《法兰西内战》中揭露的个人经历肮脏不堪的"假释犯"之一、外交部长茹尔·法夫尔向各国发出通告，号召大家一起来对国际工人协会做斗争。部长们被《法兰西内战》中对他们卑鄙人格的毫不客气的揭发弄得很是狼狈，于是威胁说要诉诸法庭，同《法兰西内战》的作者对簿公堂。

  马克思冷眼旁观着这些攻击、造谣、诬蔑和威吓，在给库格曼的信里居然能用戏谑的语言谈论此事：

  现在再谈谈宣言（指《法兰西内战》——引按），这你大概已经收到了吧！它引起了一片疯狂的叫嚣，而我目前荣幸地成了伦敦受诽谤最多、受威胁最大的人。在度过二十年单调的沼泽地的田园生活之后，这的确是很不错的。①

现在马克思公开承认，他是《法兰西内战》的作者，关于对梯也尔政府中那些成员的揭发，责任概由他一人承担，他建议"茹尔·法夫尔之流向法院控诉我诬蔑他们"。遇上马克思这种毫不退让的强硬对手，法国政府方面也只好骂骂咧咧地嘟囔一阵就算了。

公社失败后，马克思的另一件困难工作，是组织对逃到国外来的公社战士的援救。

梯也尔政府是一帮迫害狂，他们竟要求别国政府把公社流亡者当作刑事犯引渡。国际总委员会坚决抗议这种无耻要求。公社社员聚集最多的地方是英国和瑞士，这两个国家的政府顾及民主传统和民主舆论，都没有答应法国政府的要求。公社流亡者总算能在这里找到安身立命之地了。

但流离失所、生活无着是又一大威胁。这时，国际总委员会伸过来的友谊的手就特别珍贵了。国际成立了一个专门委员会，想尽办法筹集经费，来帮助公社社员们渡过贫困难关，同时还帮他们找工作。马克思全家都是这项事业的积极参加者。在这段时间里，马克思家中经常接纳衣衫破旧、一文不名的公社流亡者，房子挤得像个大蜂箱。多亏了马克思夫人的热情无私，这些流亡者才能在这里吃上点热的，找到一个暂时栖身之地。马克思的女儿们是法兰西民族这个近代民主革命中心的热烈崇拜者，对公社社员们更是当作英雄一样来接待。马克思本人到处奔走，写信求助，设法募捐，在集会中为他们呼吁，营救还陷在国内的公社社员，他成了流亡者的保护神。像以往通常发生的一样，流亡者们由于贫穷、失望、焦躁而发生了内讧，在这时候，马克思又成了调停人，他的耐心是别人没法相比的。举个例子，有一次，有个公社流亡者缠住马克思东拉西扯，整整占了他三个小时时间。最后，还是别人实在忍受不下去了，不得不提醒这个人，说马

---

① 《马克思恩格斯全集》第33卷，第236页。

克思时间很宝贵，还有许多工作要做呢。这位流亡者才站起身来，宽容地表示理解："亲爱的马克思，我原谅你！"

公社流亡者救济委员会捐款签名单

这段时间里，各国警方都在加紧监视马克思，盯他的梢，拆他的信，瞪大眼睛要找到点这位国际的"首领"的罪证。

大陆上那几个国家的警察局都建立起马克思的档案，并决定加强互相联系来对付这个危险的敌人。法国是不能去了，因为那里的警察正张开大网准备着。德国也不能去，因为马克思已得到秘信：俾斯麦下令一俟马克思登上德国国土，即行逮捕。就是在英国，马克思的一言一行也非常谨慎，他早已发现处处都有可疑的家伙在尾随着他了。

有一次，马克思决心给老是跟踪他的一个密探一点提示。在街道拐角处，他停下脚步，转过身去，和正紧张地只顾盯他梢的那家伙打了个照面。马克思透过长柄眼镜，用轻蔑的眼光打量一下那张脸。那个人显得手足无措了，恭顺地摘下了帽子，此后就再不敢跟踪马克思了。

马克思的女儿们也由于父亲的缘故遭到迫害。公社失败后，燕妮和爱琳娜正在法国南部山区巴涅尔－德－吕雄疗养，和拉法格夫妇住在一起。8月初拉法格得到朋友传话，告知警察将要来逮捕他，于是他和妻子劳拉越过国境，逃往西班牙。燕妮和爱琳娜被一群警察拘捕了，尽管她们有英国护照，仍然被无法无天地关押起来，受到粗暴审问。当最后她们被释放回到伦敦时，燕妮写了一篇平实中见锋芒的文章来记录这段经历，报道了法国政府的胡作非为。马克思把它寄给美国的《伍德赫尔和克拉夫林周刊》发表了。

第十三章
国际最后时期的马克思

内部分歧的由来

1871年9月上旬,一个惊人的消息在许多报纸上刊登了出来:国际工人协会的首脑,《资本论》《法兰西内战》等著作的作者卡尔·马克思去世了!

焦急的询问信甚至吊唁信纷纷寄到了马克思家中。远在纽约的一个民主主义组织"世界主义协会"开了追悼会,会上通过一项决议,称马克思"是一切被压迫阶级和人民最忠诚、最无畏和最无私的捍卫者"。决议说,"我们为这位为改革而斗争的伟大战友的逝世感到悲痛,不能不承认这是我们的巨大损失,但我们并不因此沮丧",我们将继续斗争,等等。

马克思呢?他这时不但没有去世,而且正在为准备国际工人协会的代表会议忙碌。他像谈论玩笑一样把他"死了"的噩耗在信中告诉正在疗养地休息的恩格斯,还把刊登美国"世界主义协会"决议的报纸寄给也去了那里的马克思夫人。

这次代表会议计划开展的工作是很繁重的。在这个非常时期,总委员会临时决定召开这次会议,用来代替本应在美因茨召开的国际代表大会。这种临时的更改是很正确的。巴黎公社的旗帜刚刚倒下,大陆各国政府疯狂地镇压工人阶级,国际工人协会的会员们首当其冲。此时如果召集代表大会,他们怎能派来足够的代表呢?即使来了少数代表,他们又怎能避免受到政府的追究呢?所以,从保存已遭到很大损失的国际工人阶级的力量来说,也还是以暂缓召开代表大会为好,何况,由于援助公社的流亡者,总委员会近来在财力和人力上都

第十三章 国际最后时期的马克思

已不堪重负了。

除了巨大的外部压力，国际内部这时也出现了明显的分化。

分化的征兆在《法兰西内战》发表后就已经出现了。当马克思5月30日在总委员会中宣读《法兰西内战》时，获得了到会的委员们的一致通过，于是按照以往的惯例，所有总委员会成员都在这篇宣言上面署名。当时有两名委员奥哲尔和鲁克拉夫特缺席，但他们的名字也位列其中，因为前面说过，这是惯例，谁也没对此事在意。

可是问题马上就出来了。《法兰西内战》一问世，便招来资产阶级方面的狂暴攻击。满脑袋阶级偏见的资产阶级庸人们，除了相信梯也尔政府报纸上对公社的诬蔑，把公社战士们看作是杀人凶手和纵火犯外，再不能作别的理解。在他们的一片咒骂和叫喊声中，英国工联的一些领袖决定，还是与《法兰西内战》脱离干系为妙。

于是奥哲尔和鲁克拉夫特两人就出来在报刊上发表声明，说他们不同意《法兰西内战》的观点，不对它负责，并宣布退出总委员会。至于上面的署名，他们说，那是在他们不在场的情况下由别人加上去的。这两个人都是工联有名的领导人，以前在国际总委员会中都是积极人物，奥哲尔还曾是总委员会主席。但是现在，他们和总委员会分道扬镳了。

总委员会严厉斥责了这两个人的行为，并且在一份声明中驳斥了他们对署名问题的解释。马克思本人对这两个人更是不能原谅，因为奥哲尔竟然说镇压巴黎公社的刽子手茹尔·法夫尔的声誉无可疵议！马克思在总委员会中驳斥说，奥哲尔在对外政策问题上极端无知，在国际中五年来从未履行过自己的义务。他的谎话是毫无根据的。总委员会毫不犹豫地宣布了跟这两个人的决裂。

这两个人的行为其实具有象征意义：反映了英国工联对国际工人协会的态度。工联领袖们最热心的事情是在合法范围内争取更多的议会改革，以便得到对工人工资的提高和工作条件的改善等。当国际工人协会在这些方面能给他们以支持和帮助时，他们愿意同国际站在一起，但当他们确实得到一些改革的实际利益时，他们开始不愿意和国际的革命主张一道走了。1871年春，政府提出了一项法律草案，宣布工会合法。但与此同时，该法案又对工人罢工作了许多限制，以致工人只要保卫自己的权利就必定违法。就是这样一项东西，使得工联领袖们上了钩。他们大概指望，随着时间的推移，那些不利的限制也会越来越宽松的，于是他们便打定主意与当权者合作了。在巴黎公社问题上奥哲尔们退缩的原因也正在这里。他们害怕与国际一起为巴黎公社申辩，因为那样会使他们在资产阶级眼里失去体面。

奥哲尔和鲁克拉夫特两人退出去后，总委员会里其他的工联领导人很快也要与马克思闹分歧了。这种分歧，其实是具有深刻的社会条件方面的原因的。

在英国工联领袖与国际离心离德的同时，总委员会的另一个大敌——巴枯宁派，也加紧了自己的活动。

来自俄国的民粹主义革命家巴枯宁是马克思和恩格斯的老相识了。早在19世纪40年代《德法年鉴》时期他们就是朋友，后来历经聚散离合，此处无法细言。巴枯宁在被沙皇长期监禁、流放后，终于逃脱出来，在1864年到了伦敦。马克思与他会了面，印象颇佳，觉得他是16年来少数几个没有退步反而有所进步的人之一。嗣后，巴枯宁离开英国前去意大利，马克思仍然关心他，还曾给他寄去自己的《资本论》第一卷。当时马克思绝对没有想到，这个人后来会成为国际中自己最危险的反对者。

在意大利，巴枯宁先后到过佛罗伦萨和那不勒斯。正是在那里，他最后成了一名无政府主义者。作为一个俄国人，他迷信从落后的社会经济条件中产生出来的破坏性力量；意大利的流浪汉们、意大利遍布民间的密谋团体，更使他以为自己找到了真正的革命力量。他猛烈地抨击不平等现象，但他不是像马克思那样通过深入的经济和历史分析，把目光关注在随着资本主义大工业发展而兴起的无产阶级身上，他是把消灭剥削、实现他的理想的希望寄托在落后的农民、流氓无产者暴动和少数人的密谋上。他反对一切国家，认为国家是带来所有灾难的根源，因而要求立即废除国家。

马克思的理论主张成了巴枯宁实现自己目的的最大障碍。1867年，巴枯宁迁往瑞士，开始了与马克思争夺国际工人协会主导权的多年斗争。

第十三章 国际最后时期的马克思

起初，巴枯宁想让自己在日内瓦建立的"国际社会主义民主同盟"进入国际，他向伦敦总委员会提出申请，要求接纳他的"民主同盟"，但这个民主同盟却提出了与国际的宗旨根本不同的另一套纲领。总委员会拒绝了这个申请，理由是，国际只接纳地方性或全国性组织为自己的支部，而不接纳国际组织。

巴枯宁和他的组织玩了一个手腕。巴枯宁写信给马克思说："我的老友！……我现在比以前更加理解你是正确的。你选定了一条阳光大道，招

米哈伊尔·亚历山大罗维奇·巴枯宁（1814—1876）

呼我们追随你的足迹，嘲笑我们当中那些在民族的或纯政治的事业的羊肠小道上迷失了方向的人。我现在做的，正是你早在二十多年前就已着手的事情……现在国际就是我的祖国，而你是国际的主要创始人之一。所以，我亲爱的朋友，你看，我是你的学生，而且我是以此自豪的。"

"民主同盟"向总委员会保证，接受国际的条件，解散自己的组织，把自己的各支部改成国际的支部。这样，巴枯宁的日内瓦支部被国际接纳了。但事实上，巴枯宁的"民主同盟"明散暗不散，仍然保留了下来。此后，巴枯宁派利用一切机会，与总委员会、与"马克思派"进行理论的、政治的争论，这种挑战迫使马克思不得不认真应战。巴黎公社起义前，马克思就已把许多精力花费在这上面了。巴黎公社失败后，巴枯宁派的活动更加活跃，他们把公社的经验宣布为是无政府主义性质的，他们已经不只是在理论和纲领上挑起争端，而且力图把国际的组织权力夺过去。他们成了一股分裂势力，而由于中欧和西南欧资本主义经济的落后，小手工业者仍占多数，巴枯宁主义就大有扩展蔓延的势头。

所有这些问题，都是伦敦代表会议应当讨论的。

伦敦代表会议

代表会议是从 1871 年 9 月 17 日开始的，此时马克思早已经忙了许多天了。事情不但繁多，而且琐碎，从制定会议议程、讨论会议任务、酝酿会议报告、起草各种文件，到处理会议财务、为会议代表寻找旅馆……所有这些事，都是由很少几个人担负起来的，也就是说，他们把我们今天要由一个专门会议班子担负的所有事情集于一身了。

参加过这次会议的西班牙代表安·罗伦佐后来有过与马克思会面的回忆，那是在他初到伦敦的晚上：

> 不一会我坐的马车已停在一所住宅的门前，车夫去叩门，从门里走出一位长者，在路灯的照耀下，很像伟大艺术家笔下的一位尊贵的大主教。

把这位旧世界的伟大反对者同尊贵的大主教联系起来，可算是一种有趣的联想。也许，大胡子的马克思在半明半暗的灯光下大概真是有些像大主教？

马克思拥抱了"畏缩而恭敬"的来访者，一边说着欢迎的话，一边把他引进住宅。

晚餐后，两人一面喝茶，一面交谈，从西班牙的宣传、组织工作一直谈到西班牙文学。罗伦佐在回忆中着重提到，他们两人是用西班牙语交谈的，他的印象是，马克思的西班牙语讲得很好，只是发音不太准。他感到在马克思的渊博、深刻和敏锐面前，自己有"难以应付"的感觉，为了不至于显得太浅薄无知，便只好搜索枯肠，把卡德龙、塞万提斯这些西班牙文学大师谈了一通，而马克思对这些简直了如指掌。最后，他就住在马克思家了，马克思把他引进了预先为他准备

第十三章　国际最后时期的马克思

好的房间。

罗伦佐的回忆，再一次证明被描述成"恶魔般的"、冷漠尖刻的马克思，其实是待人亲切、易于相处的。

到会成员并不多，只有23人，其中仅总委员会成员就有13人，但多是著名的国际活动家。会议开得十分紧凑，因为是不公开举行的，参加者又少，所以大家都是开门见山、直奔主题，用不着像公开演说那样修饰雕琢。马克思是会议的中心人物，他在几天的会议里发言竟有近百次之多。

会议要解决的一个主要问题是国际的政治活动。巴黎公社失败后，国际工人阶级面对着各国资产阶级的进攻，处境困难。事实证明，他们只有坚决地参加政治活动，才能保卫自己的权利，并达到自己的目标。马克思在会议中的发言，主张"必须用我们所拥有的一切手段给它们（各国政府）以反击。每一个被选进议会的工人，都是对政府的一次胜利"[1]。会议通过了一项决议，根据以往的国际文件，证明工人阶级的政治解放和社会解放是分不开的。工人阶级只有组织成为与有产阶级建立的一切旧政党对立的独立政党，才能作为一个阶级来行动。代表会议提请国际的会员们注意：在工人阶级的斗争中，它的经济运动是和政治行动密切联系着的。

马克思对工联追随资产阶级政党的做法是不满意的，他在会上也表明了这种态度，他把工联称作少数工人贵族的组织，低薪工人是加入不了的。他认为仅靠工联的做法是不行的，应当向各国政府声明：在我们有可能用和平方式的地方，我们将用和平方式反对你们，在必须用武器的时候，则用武器。

此外还通过了许多决议，涉及国际各方面的事务。

会议再次对巴枯宁组织反对国际的分裂活动进行了斗争，并且声明，国际工人协会与"涅恰耶夫阴谋"完全无关。

涅恰耶夫是巴枯宁的密友，一个年轻的俄国人。他是个不择手段的革命阴谋分子，为了达到他的目的，欺骗、威胁、谋杀，在他看来都是正当的，他头脑

---

[1]《马克思恩格斯全集》第17卷，第697页。

中没有道德的概念。这个人往来于巴枯宁和俄国之间，用一个革命"委员会"的名义，也滥用国际的名义，到处煽动、组织密谋，做了无数卑劣的坏事。巴枯宁不但无条件地信任这个人，而且在他的卑鄙行为败露时还为他辩护。这是不奇怪的，因为巴枯宁把俄国的盗匪现象以至阴谋都看作是革命的动力。

涅恰耶夫的行径成了沙皇政府反对革命者的最好口实。沙皇政府还要把"涅恰耶夫阴谋"跟国际联系起来，这就迫使国际作出上面的声明。

马克思是革命家，但他是比谁都坚定的反对"革命密谋"的革命家。在他看来，革命如果不是由人民自己发起的，而是由少数"革命家"煽动、组织起来的，那就根本不是革命，而是阴谋。"革命家"如果不顾道德、不择手段，那不论他有怎样无私的信念，他也仍然是个无耻之徒。所以在他眼中，涅恰耶夫的名字"都不值一提"（见马克思1871年1月13日给娜塔利亚·李卜克内西的信）。巴枯宁和这样的人搅在一起，使马克思愈加坚信，他还不配是自己的思想对手，充其量只是个专门干卑鄙勾当的阴谋家。

要知道，巴枯宁派对马克思这时早已使用最粗暴的咒骂了。"食利者""阴谋家""马克思小集团""独裁作风""暗箭伤人""卑鄙阴谋""肮脏侮辱""下流诽谤"这样的诅咒在巴枯宁派那里层出不穷。伦敦国际会议结束后不久，巴枯宁派在瑞士的桑维耳耶召开了代表大会，对总委员会和伦敦会议用上了所有攻击的语言。他们宣布说伦敦会议是非法的，并且还说国际工人协会由于马克思的理论已经走在危亡道路上了。

巴枯宁派的这些举动，正好大大有利于国际的敌人们，他们兴奋地抓住巴枯宁派大会的通告，当作攻击国际总委员会的炮弹。

这样，马克思便只有一种选择：继续与巴枯宁派做斗争，直到彻底清除它。

第十三章　国际最后时期的马克思

国际代表大会之前

伦敦代表会议后,忙碌的国际事务仍然不容马克思稍作喘息。他每天都要看信——各国来的信堆积如山——和回信、开会、接待来访,为公社流亡战士奔走求助,属于自己的时间几乎被挤光了。他原准备为《资本论》俄译本的出版修订第一章,现在只好告知译者不可能了;《资本论》德文第二版出版在即,他也只能勉强抽点时间出来做修改工作。

他的大女儿在给友人的信中无奈地感叹:"他多么需要休息啊!我很奇怪,他怎么能经受得住最近几个月的操劳和忧虑。"[1] 好在燕妮和爱琳娜这两个姑娘现在都能为父亲担当秘书,有不少回信是她们代笔的,这不仅能减轻父亲的劳累,而且对做父亲的更是个安慰。

忙乱之中,马克思有时忍不住也发点牢骚,抱怨杂务太多,把搞研究的时间占光了。他确实常常在想一个问题:是不是该退出总委员会了?因为,"协会发展得越快,我的时间就花得越多,可是最后,总还得把《资本论》写完"[2]。

但不论如何,马克思强烈的责任心使他必须对国际有个交代,他不可能为了自己的著作而对国际撒手不管。

首先,是要在下一次国际代表大会前把巴枯宁的影响清除掉。

在马克思看来,与巴枯宁派作较量,在理论方面是没有什么可争的,因为巴枯宁在理论上一无可取,"他的纲领是东一点西一点地草率拼凑起来的杂拌"——马克思在一封信中这样评价说。同巴枯宁派的斗争,只能是政治方面的,是揭穿巴枯宁派阴谋的问题:

---

[1]《马克思恩格斯全集》第33卷,第663页。

[2] 同上,第333页。

马克思传

> 对巴枯宁先生来说，学说（从蒲鲁东、圣西门等人那里乞取而拼凑成的废话）过去和现在都是次要的东西——仅仅是抬高他个人的手段，如果说他在理论上一窍不通，那么他在干阴谋勾当方面却是颇为能干的。[①]

本着这个精神，马克思和恩格斯用法文写出了题为"所谓国际内部的分裂"的小册子。1872年3月5日，马克思在总委员会中介绍了小册子的基本观点，得到一致通过。小册子作为国际总委员会内部通告印成单行本，分发给国际工人协会的各国分支组织。

这个小册子是对巴枯宁派的活动的"一个历史的概述"。它用激烈的语言历数巴枯宁派所干的宗派主义活动，对巴枯宁派的桑维耳耶大会通告作了详细分析。小册子认为，巴枯宁派的全部活动，反对总委员会的全部阴谋，正好配合了资产阶级报刊的诬蔑和各国警察的怨恨。

说实在的，我们今天的读者，如果不是专门研究那段历史，对于这份内部通告中所列举的大量实际资料和活动过程未必还会有兴趣。但在当时，马克思和恩格斯收集和叙述这些事实，对于证明巴枯宁派一贯的无原则的阴谋却是有用的。而且，由于马克思和恩格斯深邃的历史眼光，在这篇纯事实的控诉书中，也仍然可以看到理论分析的光芒，如其中对宗派主义的分析便是一例。

"无产阶级反对资产阶级斗争的第一阶段，带有宗派运动的性质。这在无产阶级还没有发展到作为一个阶级来行动的时期是有其理由的。"在这个阶段，由于无产阶级的不发展，情况只能是，思想家在批判社会矛盾的时候，提出一些解决这些矛盾的幻想的办法，而工人群众则只有接受、宣传和实现这些办法。这种由思想家代替工人群众去思想的现象，是"无产阶级运动的童年"的合理现象，"正像占星术和炼金术是科学的童年一样"。但是，在无产阶级已经成长起来、联合起来，为自己的共同目标而进行阶级活动的时候，宗派就成为有害的了，宗派的时代已经过去。

[①]《马克思恩格斯全集》第33卷，第333页。

第十三章　国际最后时期的马克思

这样富有历史感的分析在今天读来仍是新鲜的。马克思和恩格斯把他们自己的学说看作是对工人阶级已经发展了的阶段上的历史经验的总结，而不是由"思想家"头脑中想出来的药方。他们的学说理应随着历史的前进而补充、修正、发展。但是我们看到，在后来的历史上，自觉不自觉地总想把马克思主义也变成宗派教条的做法还是层出不穷。不少人总想把这一主义封闭起来、垄断起来，使它成为与历史的新鲜经验和人民群众的生动创造格格不入的东西。这种企图，不折不扣是马克思主义的大敌。

现在我们回过头谈历史。在写作《所谓国际内部的分裂》时，马克思和恩格斯还想尽力维护国际的统一。但不久后他们得知，由巴枯宁派自己宣布已经解散了的社会主义民主同盟不仅继续存在，而且仍在活动。这时他们愤怒了：巴枯宁派已经不能再待在国际里，必须清除，这应当是即将召开的国际代表大会上要做的头等大事。

对马克思和恩格斯来说，这次代表大会是有特殊重要性的。用马克思的话说，这次大会关系到国际的生死存亡。这话并不夸大，因为有好几个理由决定了这一点：

——巴枯宁的支持者们势力不小，在意大利、西班牙、瑞士、比利时都有相当气候，这次代表大会如果不能打败他们，国际就可能落到他们手里。

——总委员会方面的情况也是令人忧虑的。巴黎公社失败后，总委员会里的矛盾愈来愈激烈，会议上下经常发生争吵，这里面有法国人的吵闹，英国工联领袖们的离心离德……马克思、恩格斯的老朋友、多少年来的忠实伙伴埃卡留斯，这时也因为一连串事情离职而去了。他留下的总书记一职由英国人黑尔斯接替，不久，由于黑尔斯在重大问题上与总委员会不一致，他的职务又被解除了。

——英国工联现在已不像以前那样是总委员会的有力支柱。工联领导人在迅速改良主义化，这在爱尔兰问题、土地国有化问题上都表现出来了。

——马克思、恩格斯私下已经决定，本次代表大会后他们不再参加总委员会。这样，他们就应该在退出之前把一切安排妥当，用马克思本人的话说，"在

· 359 ·

我退出以前,我至少要使国际不被腐败分子所占据"①。

经过反复考虑和讨论,6月的总委员会会议决定:近期将在荷兰海牙召开国际代表大会。

马克思在海牙

1872年9月初,来自各国的65名代表齐集海牙,他们中有许多是知名的社会主义领袖。

马克思是在9月1日到的海牙。同船来的有恩格斯、来自纽约的左尔格、伦敦总委员会以及英国各支部的代表。马克思的夫人和小女儿爱琳娜也一起来了。

在这里,马克思高兴地见到了许多老朋友和老战友。库诺、狄慈根、拉法格、龙格、赛拉叶、约·菲·贝克尔这些马克思的支持者都来了。库格曼医生这位忠实的老朋友虽然不愿参加实际斗争,但这次也来了,为的是同马克思再次相会。

会议的日程安排得很紧,但比大会代表们还紧张的是各国警探。法国派出

约翰·菲利浦·贝克尔(1809—1886)

---

① 《马克思恩格斯全集》第33卷,第503页。

第十三章　国际最后时期的马克思

了八名密探跟踪马克思，连他去用餐时都紧盯不放。德国也派来密探，当地的警察机关更是不敢懈怠，临时"整"出了一份花名册，把代表们的下榻旅馆一一记录在册。警察们的这种国际"联合行动"，把气氛弄得十分神秘，好像海牙真地集中了一批恐怖人物，即将掀起什么大风浪似的！

代表大会在伦巴特街一家舞厅召开。会上自始至终充满了争论、冲突。在国际的历史上，这是斗争最激烈的一次代表大会。

一开始就在代表资格审查上发生了争论。马克思以绝大多数票被选进七人组成的代表资格审查委员会，他们的职责是逐个审查代表们所持的委托书是否有效。这项工作是很烦难的，几乎占去大会一半时间。审查委员会确认了57个代表资格有效，其余的交给大会讨论。

问题之所以弄得这么复杂，是因为在代表资格上也展开了不同派别的斗争。巴枯宁派来的代表吉约姆攻击法国代表、巴黎公社委员瓦扬是保皇派和资产者，反对巴枯宁派的拉法格作为西班牙代表，也遭到巴枯宁分子的质疑。结果，拉法格的代表资格以多数票通过，只有几个人弃权。

当讨论来自伦敦、代表芝加哥支部的巴里的代表资格时，更严重的争论爆发了。黑尔斯等人说，巴里的资格是不合法的，他根本不是英国工人的领袖之一，而且相反，他还被英国联合会委员会开除过。

马克思愠怒地出来给巴里辩护。他说，某个支部选什么人，这谁也管不着。但是如果巴里不是所谓的英国工人领袖之一，这是他的荣幸，因为那些人或多或少都被资产阶级和政府收买了，巴里遭到攻击，只是因为他不愿充当黑尔斯的工具。

这些话里反映出马克思对英国工联改良主义政策的不满。从奥哲尔到黑尔斯，事实上都把同资产阶级自由派结盟争取议会地位看作头等大事，革命是他们非但不愿考虑而且视为灾难的可怕事情。马克思同英国工联领袖们一而再再而三的分歧，根本上正在这里。

可是马克思尖锐的批评惹火了英国人。巴里的代表资格得到了通过，但黑尔斯等工联领袖同马克思的冲突加剧了。大会开完后，回到英国，他们竟想策动一

· 361 ·

场反对马克思的战斗，把马克思开除出去。

代表资格审查完后，在代表大会第一次公开会议上，宣读了马克思起草的总委员会报告——由塞克斯顿、马克思、龙格、阿贝勒等几人分别用英语、德语、法语、荷兰语宣读。这篇报告回顾了上次代表大会以来国际的历史，历数了法国、德国、奥地利等国政府迫害、镇压国际的暴行，对英国政府迫害爱尔兰支部的行为也作了抨击。报告还激烈地揭露了各国资产者对国际的"诽谤战争"。

报告指出，国际尽管承受着巨大的迫害，但还是在各处都获得了广泛的发展，它巩固了自己在合众国的组织，在布宜诺斯艾利斯、澳大利亚和新西兰也有了分支。报告说，如果回顾一下1848年时期，工人阶级在没有国际组织时和有了国际组织时的区别显得特别明显。当时工人阶级需要很长时期才认识到1848年六月起义是它自己的先进战士的事业，而巴黎公社却立即受到整个国际无产阶级欢欣鼓舞的声援。

总委员会的报告受到热烈欢迎，得到批准。大会还根据比利时代表布里斯美的提议，向一切由于参加无产阶级解放斗争而遭到迫害的人表示同情和敬意。

接着讨论关于总委员会的问题。这是争论最尖锐、最激烈的问题。巴枯宁派主张取消总委员会，当然，他们说的不是取消，而是把总委员会变成一个纯事务性的、只负责往来通信联络的信箱式的机构，这和取消是没有多大差别的。在巴枯宁派看来，目前的总委员会是"日耳曼人"在统治，他们把总委员会变成了维护权威的独裁机关。吉约姆在发言中就表达了这些意思。他的反对总委员会的讲话确实有一些支持者，比利时的一个代表也主张，对总委员会的权力应予以限制。

马克思的拥护者恰恰相反，要求扩大总委员会的权限。拉法格和左尔格在发言中都认为，为了无产阶级反对资本的斗争的利益，总委员会的存在是绝对必要的。拉法格激动地说，如果现在还没有一个总委员会，那也应该再创立一个！

马克思作了长篇讲话，主张总委员会的权限不仅要保留，而且还要扩大。他说，与其把总委员会变成信箱，那还不如干脆取消它，因为在这种情况下协会的领导权就会落到新闻记者的手里，而不是落到工人的手里。总委员会没有军队，没有预算,它只是一种精神力量,如果得不到全协会的赞同,它将永远是软弱无力的。

马克思的主张胜利了。代表大会以多数票通过了修改共同章程的决议,授权总委员会开除任何一个违反章程的团体、支部和联合会,听候应届代表大会的裁决。大会同时还要求,在开除某一地方支部之前,总委员会应当将此事通知其他联合会,如果大多数联合会提出要求,应该由总委员会召开非常代表大会来解决问题。

这样一来,巴枯宁派想要夺取国际领导权的打算就全落空了。

在整个大会期间,马克思和恩格斯都是最引人注目的中心人物。人们都知道他俩是最亲密的朋友,但两人的行为举止、言语风格大不相同。身材颀长的恩格斯始终是一派军人风貌,说话很快,像大学生一样随便,时常使用讥讽和幽默。恩格斯的脾气有些急躁,常常因在会上的激烈发言而引起争论。马克思通常坐在恩格斯后面,说起话来缓慢而有条理。马克思待人亲切,更像一位可敬的长者。他身穿一件黑色呢外套,每当他要注意某人时,就拿起他的单片眼镜,从容地贴到眼睛上。马克思、恩格斯的语言知识让人们惊佩不置。他俩都能操许多种语言流利地跟人交谈,英、法、西班牙、意大利这些语言用起来更是得心应手。尽管大会代表中不少人都懂不止一门语言,但马克思、恩格斯这方面的才能是谁也没法比的。

加强总委员会权力的决议通过后,人们松了一口气。这时,他们出乎意料地听到了恩格斯的提议:把总委员会驻在地由现在的伦敦迁往纽约。

这个令人吃惊的建议,是马克思和恩格斯早就商量好的。我们在前面看到,他俩在给别人的信中,一再表示过在海牙大会后退出总委员会的意思。恩格斯更是力劝马克思早日摆脱繁杂的政治事务,好全心全意完成《资本论》。在这种个人考虑之外,大概巴黎公社失败后各国政府和资产阶级力量的加强,也使得他俩认为,短期内不再会有新的革命发生了,因此他们直接参与国际领导事务的必要性也就减弱了。另外,马克思可能还认为,他退出总委员会,是对那些攻击他贪权的人最有力的回击。

总之，恩格斯提出驻地迁往纽约的主要理由是，总委员会内部过去并不是始终团结一致的，在伦敦，分歧已经很尖锐，所以必须改变总委员会的驻地。总委员会八年来都留在一个地方，也终究需要换一换地方，"以免出现我们不希望出现的僵化现象"。而纽约是最合适的地方，在那里，"我们的文件是会安全的，在那里我们有一个强大的新的组织，在那里我们的党比在任何其他地方都更具有真正的国际性质"。

不管怎样，这个建议让许多代表既吃惊，又恼火，简直有点不知所措。一批法国代表激动地站起来反对，这些人是相信密谋政党、主张靠革命毅力去战斗，但却不愿或不懂得考虑现实社会条件的幼稚病患者，其中最愤怒的是前巴黎公社委员瓦扬，他把总委员会迁移的建议说成是逃避革命。

争论变得有点不可开交了。最后分三段投票，也就是先决定是否需要迁移，再决定迁移地址，最后决定新的总委员会的成员。投票的结果是，同意总委员会迁往纽约，选出了由12人组成的新的总委员会，并授予它加聘人员的权利。

在这个问题上失败的瓦扬等代表愤怒地离席而去，退出了大会。

现在轮到从组织上解决巴枯宁派阴谋组织的问题了。由事前组成的一个五人特别委员会来报告对巴枯宁派的调查。这个五人委员会经过几天的连夜工作，把关于巴枯宁派阴谋的大量材料进行整顿、鉴定，最后确信，巴枯宁的秘密同盟确实存在，它的章程与国际的章程是相违背的，巴枯宁企图在国际内部建立一个与国际的宗旨完全不同的密谋组织，以便分裂和毁灭国际；巴枯宁和他的同伙们品格恶劣，企图非法侵占别人财产并用恐吓手段逃避债务等。委员会向大会提议，开除巴枯宁、吉约姆等人。

大会的气氛沉滞、紧张到了极点。当听到五人委员会建议开除巴枯宁时，一个西班牙的巴枯宁分子气呼呼地大叫大喊起来，抓起手枪对准了报告人，好在他立即被别人缴了械。当时的争执就是这么激烈。

表决结果，以27票赞成、6票反对、7票弃权，从国际中开除了巴枯宁；以25票对9票（8票弃权）开除了吉约姆。

海牙大会以马克思的拥护者对巴枯宁派的全胜结束了。

第十三章　国际最后时期的马克思

1870年前后的海牙

马克思已十分疲惫、困顿，确实需要休息一下了。

大会闭幕的第二天，代表们都到阿姆斯特丹去了，当地支部邀请他们去同工人们见见面，谈谈大会的情况。邀请人租了一个大厅，地方狭窄，没有凳子，到会的人只能站着听，但来的人还是很多，不少记者也来了。当然，人群中也少不了无处不在的密探。

马克思是第一个演讲人。他简短地回顾了刚刚结束的大会，说明了国际应当从事的任务，在最后讲到他个人今后的抱负时，他不胜感慨，对过去多年自己参与领导的轰轰烈烈的国际事业充满留恋："至于我个人，我将继续自己的事业，为创立这种对未来具有如此良好作用的所有工人的团结而不倦地努力，不，我不会退出国际，我将一如既往，把自己的余生贡献出来，争取我们深信迟早会导致无产阶级在全世界统治的那种社会思想的胜利。"[1]

---

[1]《马克思恩格斯全集》第18卷，第180页。

尾　声

　　总委员会迁往美国后，国际工人协会虽然还维持了几年，但事实上它已经不能再发挥作用了。

　　海牙大会后不久，巴枯宁派召开了自己的国际代表大会，拒绝承认海牙大会的决议和新的总委员会。在他们的旗帜下，汇集起了一切反对马克思的势力，从真正的无政府主义者到因敌视马克思而投奔过去的英国工联领袖们。国际的分裂已成定局。

　　马克思虽然已经退出喧闹的政治场所，因为疾病迫使他深居简出，但他仍关心着国际，尽最大努力来支持它。他和恩格斯在1873年8月出版了一本小册子《社会主义民主同盟和国际工人协会》，对巴枯宁派在欧洲各国的阴谋活动作了详细的以事实为依据的揭露。同时，马克思仍然与纽约的总委员会保持着密切联系，不断给他们出谋划策。

　　然而，在19世纪70年代的形势下，国际的历史使命已经终结了。各国工人运动正在按照本国的具体条件成长起来，发展壮大，国际旧的形式毕竟过时了。1876年7月，国际工人协会宣告解散。它在后来以第一国际的称呼载入史册。

　　回顾1864年以来的九年，马克思有理由感到自豪。他领导了这个影响遍及欧美的工人阶级国际组织，使它成为让资产阶级和当权者们担惊受怕的欧洲"第七强国"；他大力把工人阶级引上了为争取自身解放而斗争的道路，为后来的国际社会主义运动打下了基础。

第十四章
伦敦老人

马克思传

老年马克思

从国际中退下来的马克思,快要满55岁了。

后来人们经常见到的那几张"标准像",大致都是这个时期照的。先前乌黑发亮有如狮鬃的头发和胡须,现在已经大半变白,只有嘴唇以上的胡子还是黑色的;一张宽阔饱满、额头隆起的方脸膛,整个被"包围"在头发和连鬓胡中间;深邃的目光凝视着前方:历经艰难、洞悉世事的哲人形象。

但这远不是马克思的全部。这些"标准像"留给人们的主要印象是庄重、智慧,甚至有点严厉。而实际上的马克思,如果不是面对他鄙夷、厌恶的人,总是宽厚豁达、谈锋甚健的,老年时也是这样。

这位老人在广交友好、外出休养、含饴弄孙中找到了自己的晚年乐趣。

巴黎公社失败后,他的二女婿保尔·拉法格偕妻子躲开法国政府的追捕,匿居西班牙一年多后,最后总算来到了伦敦。马克思夫妇松了一口气。公社流亡战士中的沙尔·龙格,现在则成

1875年的马克思

第十四章　伦敦老人

了马克思的大女婿。

大约读者还记得，早在普法战争以前，龙格就作为国际法国支部的成员之一，同拉法格一起经常进出马克思家。巴黎公社起义时，他是公社委员，起草了许多公告和社论。凡尔赛军队血洗巴黎时，他靠一个朋友冒死相救方才逃出来，到了伦敦。再后来，他就和马克思家的燕妮订了婚。

马克思夫妇对这门婚姻是满意的。马克思夫人在信中说："龙格是个很有才华、很好的、可爱而又正派的人，这一对年轻人观点和信仰都一致，我认为这是他们未来幸福的保证。"

另一方面，这位母亲又不能不为女儿未来的生活担心："燕妮作为政治活动家的妻子，也会遭到那种与此分不开的操心和痛苦的命运。"① 写这些话时，她想必回忆起了自己颠沛流离的一生。

1872年10月，沙尔·龙格和燕妮·马克思结婚。马克思现在有了两个都从事社会主义活动的女婿。他们是马克思的政治活动方面的助手，而他们的家庭生活也都是艰难贫穷的。

拉法格夫妇生的几个孩子先后都夭折了。可怜的劳拉的不幸给马克思夫妇带来一次次打击，他们只好尽力安慰自己的女儿，设法给她一些帮助，给她一些体贴。

龙格夫妇的第一个孩子只活了一岁。但后来的几个孩子都成长起来了，活蹦乱跳，让外祖父和外祖母喜笑颜开。只要有几天见不到小外孙，马克思

燕妮与沙尔·龙格举行婚礼

---

①《马克思恩格斯全集》第33卷，第684页。

马克思传

就坐立不安，于是就要吩咐把他们接来。外孙们简直都被他宠坏了。

李卜克内西描写过，有一次，小外孙琼尼在外祖父家里，别出心裁地要把马克思变成一辆马车，而他稳坐在驭手的座位，即马克思的肩上。恩格斯和李卜克内西被指派为拉车的马。当车马套好后，便疯狂地奔跑起来：

"Go on！Plus vite！Hurrah！"〔"冲啊！快跑，好啊！"〕琼尼赶着我们，用德语、法语、英语这些国际语言吆喝着。马克思跑得汗流满面，我和恩格斯只要步子稍微慢一点，驭者的鞭子便无情地打在我们身上："You naughty horse！Enavant！"〔"你这匹懒马！前进！"〕像这样继续下去，直到马克思再也跑不动了，于是便和琼尼谈判，并达成"停战协议"。①

爱琳娜·马克思（1874年左右）

马克思的两个女儿出嫁以后，家里只剩下小女儿爱琳娜。这是个聪明、率直、顽皮，简直有点任性的姑娘。现在她成了父亲的秘书，替他回信，陪他外出，照料他的生活。

爱琳娜身边也有了一个追求者：巴黎公社的参加者、记者利沙加勒。爱琳娜看来也爱他，在他俩的通信中，利沙加勒对她的称呼是："我的爱妻！"但马克思对这位利沙加勒的印象不佳，怀疑他行为不端、名声不好。父亲想方设法说服女儿，开导她，带她出去散心，让她把那个人忘掉。爱琳娜最后不得不服从了父亲。从以后的情况看，马克思

---

① 《我景仰的人——回忆马克思恩格斯之二》，人民出版社1982年版，第88页。

第十四章　伦敦老人

对女儿这桩婚事的干预未必是好事。因为利沙加勒虽然其貌不扬，岁数也比爱琳娜大得多，但为人倒是忠诚的。1876年他写出一部《1871年公社史》，此书成为对巴黎公社起义的忠实记录。而爱琳娜后来找到的伴侣艾威林，却是个地地道道的登徒子，他给爱琳娜的生活带来极大不幸，迫使她四十多岁就走上了自杀的绝路。父亲若地下有知，必定会痛悔不止。

大女儿和二女儿出嫁后，马克思的寓所顿时空了下来。现在家中只有马克思夫妇、爱琳娜和勤勤恳恳几十年跟随他们的老琳蘅，再就是几只可爱的狗、猫和小鸟。全家人都爱这些小动物，在信中可以谈它们谈得津津有味。19世纪80年代初，马克思已垂垂老矣，爱琳娜的一个经常来访的女友，后来在回忆中讲到了马克思与这些小动物：

爱德华·艾威林（1849—1898）

> 卡尔·马克思喜欢狗。那三只说不上是哪个品种的小动物是马克思家里的重要成员。它们的确是杂交品种……这三只温顺的小动物到处跑来跑去，而且对人非常眷恋。我在苏格兰待了六个星期后，有一天又去看爱琳娜，我发现她和她的父亲在客厅里正和威士忌（一只狗的名字——引者）玩。威士忌一看见我马上就跑过来，热情地向我问候，接着又马上跑到门边呜呜地叫着，要我们打开门放它出去。
>
> 爱琳娜说："威士忌下去找托迪了，因为托迪给它下了小崽。"
>
> 她的话音刚落，就听见外面有窸窸窣窣的抓挠声。威士忌冲进屋来，后面跟着托迪。这个小妈妈径直向我跑来，非常亲热地向我致意，然后又赶回

马克思传

"家"去。在此期间,威士忌站在地毯上扬扬得意地摇着尾巴,看看这个看看那个,好像在说:"瞧,我知道该怎样做。"

狗所表现出来的这种才智给马克思留下了很深的印象。他说,这条狗显然跑到它的小伴侣那里,告诉它家里来了一位老朋友,现在应该马上去问个好。托迪是个模范妻子,它马上扔下呜呜叫着的孩子,满足了威士忌的要求。①

这位大革命家,这时竟像个孩子般天真了。

19世纪70年代,马克思的身体愈来愈差,面容也明显地衰老了。除了先前的老毛病外,现在又加上了一样折磨人的病症:头痛。遵照医嘱,他只有减少工作量,少抽烟少喝酒,每天散步,并经常出去疗养。

散步,现在有了恩格斯这个好伙伴。两人住得近在咫尺,只要天气好,两人总是在附近的草地、荒原慢慢踱步,走上很长时间。这对于几十年来伏案工作、缺少体育锻炼的马克思来说,确是一种必要的锻炼方法。如果早先他能注意加强锻炼,他的身体一定会比现在好得多。

烟和酒这两样嗜好,对于马克思本来是必不可少的,可是现在为了自己的身体,加上马克思夫人的监督,烟居然奇迹般地戒掉了。对于这一点,马克思颇为自豪,常对来访的朋友得意地谈起此事。至于酒,他渐渐也喝得较少了。但当他同女儿在疗养地时,看着女儿愉快地喝黑啤酒,而自己只能喝白水时,他不由地感叹道:"这真使我羡慕。"

马克思从年轻时起的一大爱好,是读文学作品。读小说、诗歌和剧本,是他在紧张的工作间隙用来放松的娱乐。他的阅读面极其广泛,从古希腊戏剧、史诗,到中世纪民间文学,直到近代欧洲各国文学,无所不读。他对所有最伟大的作家和诗人充满敬意,这里面有埃斯库罗斯(据拉法格说,他每年都要重读一遍埃斯库罗斯的希腊原文作品)、荷马、但丁、莎士比亚、塞万提斯和歌德。莎士

---

① 《人间的普罗米修斯——回忆马克思恩格斯之三》,人民出版社1983年版,第177页。

第十四章　伦敦老人

比亚在马克思看来是人类的伟大戏剧天才,他能把莎士比亚作品整段整段背诵出来。对于巴尔扎克的《人间喜剧》,他认为是反映了整整一个时代。他曾打算在《资本论》完成后写一本书来评论《人间喜剧》,可惜后来没能如愿。马克思是个小说爱好者,他在休息时常躺在沙发上读小说,而且间或两三本小说同时开始,轮流着读。他读了大量的小说,特别喜欢探险故事和幽默的短篇小说。

1869年10月底,马克思开始自学俄文。尽管他这时已经50岁开外了,而俄文又与任何一种西欧语言大为不同,但他仍然在半年多的时间里掌握了它。于是他便津津有味地读起俄国的文学作品了。普希金、果戈理和萨尔蒂柯夫－谢德林是他特别敬重的几位俄国作家和诗人。至于杜勃罗留波夫,马克思说:"我是把他跟莱辛和狄德罗同样看待的。"①

马克思自学俄文时写的语法表解

在常人眼中实属枯燥之至的数学,居然也被马克思用来当成自我放松的一种休息方式。当他遇到痛苦和不幸,无法正常工作时,他就演算数学寻求解脱。代数成了他精神上的安慰。早在19世纪50年代时,他就精研了数学史,熟悉数学

---

①《马克思恩格斯全集》第33卷,第318页。

马克思传

大师们的成果,并写下了大量的札记。他认为,一种科学只有在成功地运用数学时,才算达到了真正完善的地步。他对数学有着特别的偏爱。他遗留下来的上千页数学手稿,在20世纪陆续被发表了。

19世纪70年代,马克思在欧洲已经有了很大名气,想来拜访他、与他探讨疑难问题、向他讨教或者纯粹出于好奇想要见见他的人——从学者、政治家、记者到各种流亡者——络绎不绝。马克思只有挑选着接待他们。对于那些抱着无聊的好奇心的人,他是很厌烦的,从不愿跟这些人谈自己的学问。不少有名的作家和学者也都被他拒之门外。但对那些确实真诚地想研究问题的人,他是乐意与之交往的,这样的朋友,包括志同道合者和并不赞成社会主义的学者。

志同道合者就不用说了,各国社会主义政党的领导人们这个时期几乎都和他有联系。非政治的、"学术上的朋友",马克思这时也交了一些。例如俄国学者柯瓦列夫斯基、英国学者比斯利(从国际成立以来他就是马克思的朋友了)等人,都和马克思常有交往,并有书信往来。对于这些政治信念不同的人,马克思是看重他们的学术品质和成就,并不同他们计较政治差异。也正是出于这个原因,马克思对1879年11月给他写信并寄来著作的一个意大利后生晚辈阿基尔·洛里亚作了非常客气的答复,并一再设法给此人提供帮助,因为马克思觉得此人还是有才能的。但在马克思去世后,洛里亚在尊崇马克思的外表之下,却歪曲、批驳起马克思来。愤怒至极的恩格斯马上给了他一顿轻蔑尖刻的反批评。

《资本论》第一卷德文第二版出版后,马克思在1873年9月底给英国著名科学家、进化论的创始人达尔文和著名社会学家斯宾塞各寄去一本,他们两

马克西姆·马克西莫维奇·柯瓦列夫斯基
(1851—1916)

人都很客气地回信表示感谢。这两个人都不懂马克思的学说，但马克思仍把他们作为值得尊重的学者看待。马克思是相当尊崇达尔文的，他认为达尔文为他自己的学说建立了自然科学基础。确实如此。后人常把达尔文与马克思相提并论，认为前者是在生物学领域内推翻了物种不变的陈说，提出了发展进化的理论；后者则是在社会历史领域中推翻了"永恒的人性"之类的陈说，建立了社会发展变更的理论。两者同样伟大。

查理·达尔文（1809—1882）　　　　赫伯特·斯宾塞（1820—1903）

可是达尔文并没有自觉地意识到这一点。他在接到《资本论》这本书后，在回信中敬重、礼貌地表示了自己不懂马克思的研究：

亲爱的先生：

　　承蒙寄赠巨著《资本论》，谨致谢意。诚愿对政治经济学如此高深而又重大的课题能有较多的了解，以无愧于您的惠赠。尽管我们的研究领域是如此不同，但我相信，我们两人都热诚期望扩大知识领域，而这无疑将最终造

马克思传

福于人类。

亲爱的先生，我仍然忠实于您。

查理·达尔文

1880年10月，马克思致信达尔文，表示愿把《资本论》第二卷献给他，但达尔文谢绝了，他的理由是，他不愿伤害自己家里人虔诚的宗教感情。伟大的自然科学家毕竟不是为新的社会制度而战的斗士。

马克思到了老年，对他的政敌们的批评仍如同以前一样尖锐、严厉，但他对于一些已经不在人世的人物，似乎表现出了适度的宽厚和温和。

拿蒲鲁东这个当年最大的论敌来说吧。1880年3月，马克思为法国《平等报》写了一篇短文，作为该报重新发表1847年《哲学的贫困》一书时的编者按语。马克思在这篇短文中，用当时思想斗争的尖锐性解释那本著作的"明显的倾向性"，然后，他谈到了蒲鲁东"这位战士的伟大品格""1848年6月的日子以后的英勇行为"以及"这位政治作家的才华"。

这就是说，争论中的尖锐辩驳，不应影响到对论敌的人格和才能的全面评价。用我们中国人常说的话就是：对事不对人。这本是思想争辩中的基本规则，可惜在我们的论坛中至今还并不熟悉这个规则，许多人遇到批评就一触即发，本能地把对他们的批评看成是对他们个人的恶意。

再举另一个例子：莫泽斯·赫斯。不知读者是否还记得，他是马克思和恩格斯青年时代的朋友，后来几十年则是他们尖刻嘲讽的对象，因为赫斯先后当过"真正的社会主义"的思想家、"维利希—沙佩尔集团"的成员、德国19世纪60年代的拉萨尔派，也就是说，在各个时期，他经常站在与马克思、恩格斯意见相左的队伍里，因而总是被马克思、恩格斯划入"可怜的庸人""糊涂虫"之列。1875年赫斯去世了。1877年，赫斯的遗孀给马克思寄来亡夫的著作《物质动力学说》。马克思在回信中真挚地表示了感谢，然后说：

我们两人（指他本人与恩格斯）都认为，我们的亡友的这部著作具有十分重要的科学价值**并且为我们党增添了光荣。因此，不管我们和多年盟友的私人关系怎样，我们都将把阐明他的这部著作的意义和尽力协助它的传播看作自己的职责。①

"有十分重要的科学价值"！"为我们党增添了光荣"！完全是对"自己人"的亲切口气。在不熟悉马克思性格的人们看来，这可能是十分奇怪的吧！

还要提到马克思晚年生活中比较重要的一件事：1875年春天，马克思一家又搬了一次家，原先的房子因女儿们出嫁而显得太大了。新居仍在附近：梅特兰公园路41号。马克思在这幢房子里度过了他一生的最后岁月。

伦敦梅特兰公园路41号

疗养中的马克思

当马克思在1872年海牙代表大会之后，从充满争论的政坛回到家中时，他确实打算闭门谢客、潜心书房，把已经耽搁了好几年的《资本论》第二、第三卷尽快整理出来。

但他似乎没有充分估计到，毕竟一切方面都今非昔比了，能归他自己自由支

---

① 《马克思恩格斯全集》第34卷，第284页。

配的时间,是远远不如以前多了。

海牙大会后的最初一段时间,马克思虽忙,但他仍充满信心,想着在完成大会交给他的工作后,将能完全退回到书房。不久他就看明白了,事情非但没有减少,反倒越积越多了:

需要用大力气来修改《资本论》法译本;

需要同英国联合会内的反对者们做斗争;

需要补充、校改《资本论》德文新版;

需要不时参加各种社会集会和纪念活动;

还要阅读世界各地寄来的各种信件,回答各式各样的问题;

还要准备出版自己早先著作的新版本;

…………

多年来使用过度、早已严重耗损的身体,显然经受不住这种压力。脑充血、严重失眠又来折磨他,而且这一次比以前哪一次都严重。马克思很快发觉,越是勉强工作,工作能力就越弱。他已经处于很危险的境地了,弄不好便可能中风。

这一次他是真地紧张起来了。听从恩格斯的劝说,他专程去曼彻斯特找了龚佩尔特医生——恩格斯和他的多年朋友。医生诊断之后,郑重地给他立下了一条严格的规定:工作时间上午不能超过两小时,下午也不能超过两小时;必须早餐,早餐后必须散步,多活动。马克思这次是个模范病人,由于他知道情况严重,所以,用恩格斯的话说,"他几乎是过分严格地在执行规定"[①]。

可是病情刚缓,他又忍不住干起事来,起初是试探着读、写,很快便忘乎所以地读起俄国书籍、校改起《资本论》法文版了。于是几个月后,他再次落入灾难。头已经疼得不那么厉害了,但是大脑出现了一种慢性抑制状态,使他痛苦之至,完全没有办法写作。终于只有去疗养——到哈罗格特去见医生。龚佩尔特医生给他做了检查,发现马克思除上述症状外,肝也有些大。医生要他喝矿泉水,完全不做工作,并"命令"他去中欧的卡尔斯巴德——那是个最适宜的

[①]《马克思恩格斯全集》第33卷,第596页。

疗养地。

经过一番波折，马克思在 1874 年和小女儿一起去了卡尔斯巴德。

由于担心奥匈政府找麻烦，马克思在行前考虑申请加入英国国籍。必需的文件送上去了，证人也都找好了，但正像马克思担心的那样，申请被内务大臣拒绝了，理由是马克思"对自己的君主不忠"。

不管怎样，原定计划不变。1874 年 8 月 15 日，马克思父女从伦敦起程，前去卡尔斯巴德。库格曼医生全家也正在那里休养，已经把旅馆都订好了。

卡尔斯巴德的矿泉远近闻名，来休养治疗的人很多。马克思在这里的一个多月很轻松，也很开心。他暂时忘掉了观察资本主义社会，观察起不同国籍的人们的疗养生活来了。按照他的"老习惯"，他给那些引人注目的疗养者们分别起了外号。

卡尔斯巴德疗养地

白天，他陶醉在绿树成荫的山间。艾盖尔山谷里有怪岩奇石，人们根据想象，把它们当作各式各样的传奇人物，称它们为汉斯·海林岩石。这里面有个动人的传说。汉斯·海林是个年轻的牧童，他得到了美丽的河神艾盖尔的爱情。艾盖尔要他起誓永不变心，否则便会遭到可怕的报应。牧童照办了，但后来他忘掉了誓言，和一个年轻的村姑结了婚。婚礼那天，河神从汹涌愤怒的河水中出现，全体婚礼行列被变成了石头。

马克思传

马克思在泛着泡沫的河流边，倾听淙淙的水声。他津津有味地从岩石的形状中辨认着，认出了走在前面的乐队中吹号的和吹喇叭的，认出了婚礼用的马车，认出了身着节日盛装小心翼翼地撩起衣裙准备进入马车的老太太。

他还参观了艾赫的一个有名的瓷器制造场，观看了瓷器制造的整个过程：灰色泥块被压进模型，在工人的操作下，最后变成精美的杯子。焙烧，着色，描金，再焙烧，成品出炉。这让这位资本主义生产的研究大师想起了协作分工。

他愉快地欣赏着疗养所乐队的演奏，他参加人们的交谈，但不谈严肃的政治，只谈轻松的话题，谈得最多的是艺术。

他兴致勃勃地从这里给留在伦敦的恩格斯写信，讲述了此地的一切：

> 到星期三我来这里就满两个星期了……我们两人严格遵守生活制度。早晨六点到各自的矿泉去，在那里我必须喝七杯水。每喝完一杯就休息十五分钟，在这段时间里可以来回散散步；喝完最后一杯以后，散步一个来小时，最后喝咖啡。晚上临睡以前，还要喝一杯凉水。
>
> ……
>
> 我是用伦敦的"食利者"查理·马克思这个名义登记的。这个"食利者"带来的后果是，我必须替自己，还要替爱琳娜向可敬的市财库交双份**疗养税**，然而却清除了我是恶名昭著的卡尔·马克思的嫌疑。但是，昨天我的身份被维也纳爱造谣的《喷泉报》（疗养区的报纸）揭露了，跟我一起的波兰的爱国者普拉特伯爵（善良的天主教徒，自由派贵族）被当作"俄国虚无主义者的首领"。但现在这样做大概已经晚了，因为我已有市里的交付疗养税的收据。

他描述此地的景色说：

> 这里的近郊很美丽，在绿树成林的花岗石山上散步，是不会感到厌倦

的。然而，树林中没有一只鸟。鸟儿是健康的，因而不喜欢矿泉的水蒸气。①

有一件煞风景的事，让马克思兴趣大减：他和库格曼之间发生了不快，原因并不十分清楚。按照库格曼的女儿弗兰契斯卡·库格曼后来的回忆，情况大概是这样的：库格曼企图劝说马克思放弃一切政治宣传，集中精力来从事《资本论》的著述。他过于热心的劝说，使得马克思不能容忍，于是发生了争执。这是很可能的：马克思一向让自己的学术活动自觉地从属于政治事业（尽管他不会为了政治信念去歪曲学术结论），把自己首先看作是为无产阶级解放而斗争的战士，因而他从来都热情地参加政治活动；库格曼之景仰马克思，却完全是着迷于他的学术成就。在库格曼看来，政治活动只会损害马克思的学术活动。这是一个政治家和一个"为学术而学术"的"自由派"之间的分歧。马克思当然会感到恼火。

但按照马克思给恩格斯信中的解释，情况似乎是另一个样子：

> 由于矿泉水的作用，我变得极易动怒。因此你可以理解，很长时期来库格曼使我难以忍受。出于好意，他把我的房间安排在他和杜西的房间之间，这样，不仅当我和他在一起的时候，而且当我单独一人的时候，我都感到有他在场。我对他那种用热情的声调郑重其事地发表的滔滔不绝的无稽之谈还能忍受，而对那帮纠缠不休的汉堡—不来梅—汉诺威的庸俗男女，已经有些不耐烦了。但当他因闹家庭纠纷使我过于厌烦时，我就再也忍受不住了。这个学究气十足的资产阶级浅薄之徒认为，他的妻子似乎不懂得、不理解他那专注于最高宇宙问题的浮士德式的禀性，因而以极其恶劣的方式来折磨这个在各方面都比他强的女人。因此，我们之间终于发生了一场争吵；我搬到了上一层楼，完全摆脱了他。②

这样说来，争吵是纯私人性质的：库格曼过于自负，挑剔他的妻子；而马

---

① 《马克思恩格斯全集》第33卷，第117—119页。
② 同上，第123页。

克思由于矿泉治疗变得脾气暴躁，于是他那路见不平、保护妇女的老习惯又发作了。不管怎样，这两位多年的老友后来关系就冷淡下来，此后再也不通信了。

卡尔斯巴德的矿泉对治马克思的病有奇效：体重减轻了，肝肿大消失了，失眠和头痛也都大有好转。当他回到伦敦时，简直像一个容光焕发的健康人了。

后来两年，这个地方他又去了两次，直到1877年俾斯麦迫害社会党人导致他去不成了为止。

"顾问"马克思

国际工人协会停止活动以后，它的成就却开花结果了。在它的哺育和培养下，欧洲各国的社会主义者纷纷成长起来，并积极地展开建立和发展社会主义政党的活动。他们只要有可能，就向伦敦的马克思和恩格斯求教，提出的问题，从理论方面的到策略和组织方面的，所在多有，应接不暇。马克思成了"顾问"。

与马克思、恩格斯关系最密切的是德国社会民主党（爱森纳赫派。正式的名称是德国社会民主工人党）。这是他们故乡的社会主义政党，又是当时最成熟、最发达的社会主义政党，当19世纪70年代前半期其他国家的社会主义者还在为政党的建立做准备时，德国社会民主党已经拥有发行量很大的报纸，并在议会中取得了重大成就。

德国社会民主党的领袖们如威廉·李卜克内西、奥古斯特·倍倍尔等人，和马克思、恩格斯书信频频，往来不断。马克思、恩格斯虽然不是这个党的正式成员，但几乎所有的党务，从基本方向到报刊创办、人事安排，他们都过问，都提出建议。他俩对这个党的亲切感，是不言而喻的。

由于马克思身体不佳，又要集中力量整理出版自己的主要著作，恩格斯便承担起大部分通信事务来。马克思把大半精力用在再版旧著和准备《资本论》后几卷上。但有些信件他也亲自动手来答复。

总起来看,他们两人对德国社会民主党的活动是满意的,尤其对普法战争和巴黎公社时期及以后德国社会民主党的表现,可以说很赞赏。李卜克内西坐牢期间,他们两人不时写去关切的信,同时还不忘写信给李卜克内西夫人表示慰问。

马克思和恩格斯最不满的是对拉萨尔派的关系。

我们前面说过,19世纪60年代后期,德国社会主义运动中有拉萨尔派和更接近马克思的爱森纳赫派这两派。随着普法战争后德国的统一,这两派先前的政治分歧减少了,合作增加了,在实际行动中愈来愈多地采取了联合行动。两派共同在议会中组成反对力量,在1874年1月的选举中一起取得了胜利。它们越来越接近了。

这样一来,两派联合的问题自然就要提到日程上来。联合将会使社会主义力量大大加强,

使活动更加协调统一,联合比分裂好。这是马克思和恩格斯也承认的。

分歧在于:怎么统一?用什么方式统一?在什么时候统一?

对于爱森纳赫派的领袖们来说,组织上的统一是头等重要的,因为这样可以使他们的实际力量增强,得到的好处是"看得见摸得着的"。至于理论上的差别,这些惯于从事实际活动的人并不怎么特别看重,更确切地说,他们并不怎么弄得清楚。因为在这个时期——19世纪70年代前期——党内成员们大都对理论问题还不甚了了,只是到了19世纪70年代晚期以后,靠了恩格斯以及其他一些人的更通俗的著作,马克思的学说才逐渐被人们弄懂。

但在马克思和恩格斯看来,组织的联合应当建立在科学的理论基础之上。我们知道,他们两人对拉萨尔的一整套理论信条持强烈否定态度,因而他们认为,如果没有经过一个时期的思想准备,便贸然同拉萨尔派合在一起,就会在好不容易才刚刚获得成果的运动中造成思想混乱。特别是,他们认为随着时间的推移,拉萨尔派的处境将越来越不妙,那时失去工人支持的他们将会不得不跑过来,主动寻求联合,用恩格斯1873年6月20日给倍倍尔的信中的话说,"无论如何,我

相信，拉萨尔派中的优秀分子将来会自己来投靠你们，所以，在果实成熟以前，就像团结派所希望的那样把它摘下来，那是不明智的"①。

可是党的领导出于实际考虑，已经不愿意等到那个"将来"了。在联合问题上，他们，特别是李卜克内西，认为马克思和恩格斯并不了解德国现实情况；他们认为拉萨尔派远没有走到山穷水尽，而是正在和爱森纳赫派并驾齐驱。两派现在已经合作得很愉快，为什么不能在平等的基础上合并成一个党呢？于是当拉萨尔派领导人提出合并时，出狱不久的李卜克内西毫不犹豫地表示了同意。10月28日前后，他简略地向马克思吹了一点风，十余天后，党的另一领导人奥古斯特·盖布通知马克思说，两派的合并谈判正在顺利进行，即将召开一次合并的代表大会，会上将通过"国际纲领的基本条例"。12月中旬，马克思从爱森纳赫派机关报《人民国家报》上看到了关于两派合并的通告。

直到这时，一切看来都还正常，马克思和恩格斯也并没有说什么。而在德国方面，合并的活动正在进行。1875年3月7日，合并而成的德国社会主义工人党（1890年改称德国社会民主党）的纲领草案在《人民国家报》和《新社会民主党人报》上发表。几天后，马克思和恩格斯在伦敦读到了这个草案。

这个草案让他俩震惊、恼怒，他们的担心全都被证实了。用恩格斯的话说，"在这个连文字也写得干瘪无力的纲领中差不多每一个字都应当加以批判"。恩格斯激愤地给还在狱中的倍倍尔写去一封信，详细地谈了他和马克思对这个纲领草案的否定性意见，认为它是对拉萨尔派的全面投降，并且用一种斩钉截铁的口气说，"一旦它被通过，马克思和我**永远不会**承认建立在这种基础上的**新党**"②。

恩格斯这封尖锐的信投出不久，1875年5月初，马克思又拿出了他对纲领草案的一份理论批判。这是对拉萨尔思想的一个全面清算。如果说在这之前的多年中，马克思尽量在公开场合避免对拉萨尔的观点进行批评，那么在现在，积蓄已久的炮弹就全部倾泻而出了。

这就是那篇《德国工人党纲领批注》，也就是后来著名的《哥达纲领批

---

① 《马克思恩格斯全集》第33卷，第594页。
② 《马克思恩格斯选集》第2版第3卷，第325页。

第十四章 伦敦老人

判》。这是马克思老年时最重要的著作之一。马克思把这篇"批注"和一封说明性的短信在5月5日一起寄给了爱森纳赫派领袖之一威廉·白拉克,请他阅后转交其他领袖——盖布和奥尔、倍倍尔和李卜克内西过目。

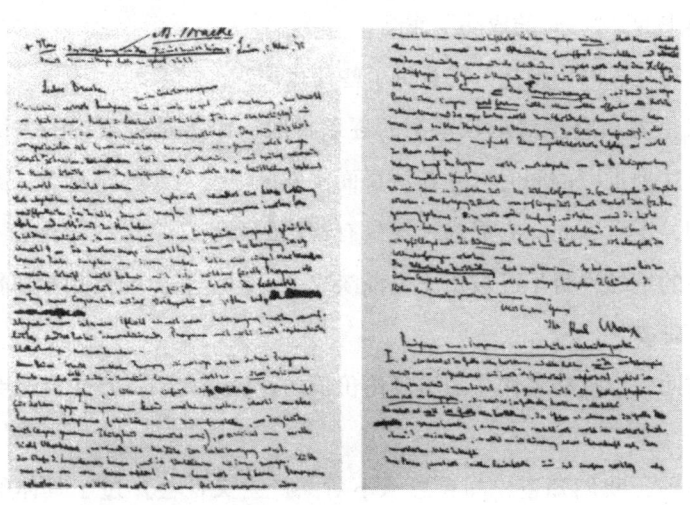

1875年5月5日马克思给白拉克的信

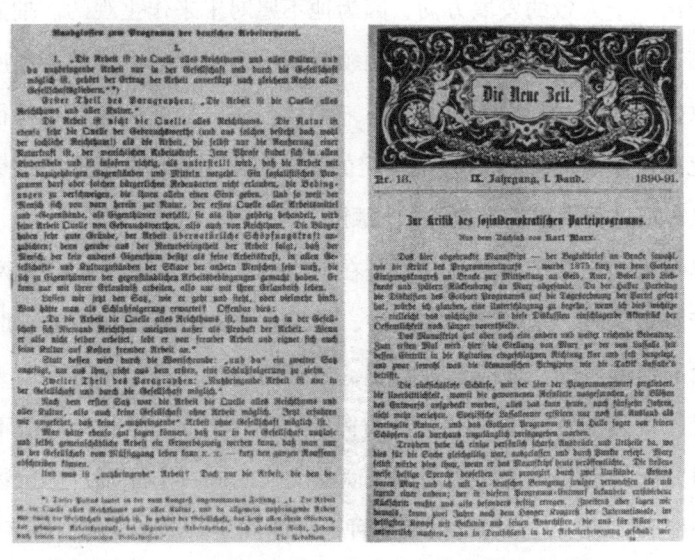

《新时代》1891年第一卷第18期发表的《哥达纲领批判》

大概是马克思对这个糟糕的纲领草案已经愤慨之至,完全不抱希望了,所以他在给白拉克的信中简单地声明,写这份"批注"没有别的目的,只是"为了使党内朋友们以后不致误解我不得不采取的步骤",这个步骤就是:"在合并大会以后,恩格斯和我将要发表一个简短的声明,内容是:我们同上述原则性纲领毫不相干,同它没有任何关系。"[①] 纲领草案让马克思确信,合并本身只不过是"用过高的代价换来的""一时的成功"而已。

那么,马克思的"批注"究竟讲了些什么呢?

从形式上看,它是对纲领草案的逐条批驳,而不是对理论的系统阐述。但是,在进行这种批驳的同时,它就从正面阐发了一些对于科学社会主义极为重大的理论原理,正是因此,它成为一篇具有普遍的和长久意义的马克思主义重要文献。被批判的纲领本身早已被历史逐渐淡忘了,但它引出的批判却留传于世,至今值得人们研读。

从各方面看,这篇名作中最富理论价值的,应当是对共产主义社会两个阶段的分析。

在这以前,我们知道,马克思从不对共产主义社会作过于具体的描述,而只是限于指出一个大致的发展方向,因为他不愿对未来作主观的、抽象的预测。可是在这篇"批判"中,为了要分析纲领草案中关于"公平分配劳动所得"的条文,他比以往任何时候都详细地谈到了未来社会在分配方面的基本特征。这些特征,在马克思看来,不是由他主观设定的、"应该如此"的戒条,而是根据历史发展对未来客观进程提出的有根据的预测。

马克思认为,当共产主义社会不是在自身的基础上发展,而是刚刚从资本主义社会中产生出来时,是不免"在经济、道德和精神方面都还带着它脱胎出来的那个旧社会的痕迹"的。适应这种状态,尽管商品生产已经不存在了(马克思在这里完全是以发达的资本主义社会为前提的——作者),因此劳动也不再表现为价值了,但分配却仍必然地要遵循调节商品交换的同一个原则:等价物交换的原则,即"一种形式的一定量劳动同另一种形式的同量劳动相交换"[②]。

这是什么意思呢?按照马克思的说明,这就是说,在那个共产主义社会的

[①]《马克思恩格斯选集》第2版第3卷,第295页。

[②] 同上,第305页。

初期阶段,生产者的消费资料分配应当遵循这样的原则:他为社会提供了多少劳动,就凭社会发给他的证书,在做了各项必要的扣除之后,领回多少消费资料。

人们后来把这种分配方式通俗地叫作:按劳分配。

马克思承认这是一种历史进步,因为现在除了提供劳动以外,再不能凭别的什么去参与消费品的分配了,所以这是一种平等的权利。但马克思认为,这种**"平等的权利按照原则仍然是资产阶级权利"**。为什么呢?因为生产者的权利是和他们提供的劳动成正比的,提供的劳动多,享受消费品的权利就大。可是因为人们的工作能力是天然不同的,家庭条件也是不同的,所以这种平等的权利在实施中仍会带来事实上的不平等,如贫富不均之类的问题。

读者们不会忘记,马克思的上述论述,在我国的"文化大革命"中,曾经被歪曲地用来当作"无产阶级专政下继续革命"的理论依据。当时在"限制资产阶级法权"的响亮口号下,"按劳分配"成了一种祸害,必须不断与之斗争。于是形成这样一种美妙的状况:一边是"干多干少一个样,干与不干一个样",劳动者谁也别指望靠自己的勤勉生活得更好些,而只能大家一起安于贫困,另一边是把"革命"高唱入云的人却享受着劳动者不敢想象的各种特权!不错,在这种情况下"资产阶级法权"倒是反掉了,代之而来的却是一种更野蛮得无比的……中世纪法权[①]。

那么,这些罪过应当归诸马克思吗?

在"批注"中,马克思在指出"按劳分配"的"弊病"之后,马上说:

> 但是这些弊病,在经过长久阵痛刚刚从资本主义社会产生出来的共产主义社会第一阶段,是不可避免的。权利决不能超出社会的经济结构以及由经济结构制约的社会的文化发展。
>
> 在共产主义社会高级阶段上,在迫使个人奴隶般地服从分工的情形已经消失,从而脑力劳动和体力劳动的对立也随之消失之后;在劳动已经不

[①] 可悲的是,如今一些健忘者和对真实历史一无所知的人,居然把那个时代当成一个没有特权、没有差别、一片平等和谐的时代去怀念。

仅仅是谋生的手段,而且本身成了生活的第一需要之后;在随着个人的全面发展,他们的生产力也增长起来,而集体财富的一切源泉都充分涌流之后,——只有在那个时候,才能完全超出资产阶级权利的狭隘眼界,社会才能在自己的旗帜上写上:各尽所能,按需分配!①

原来如此!

马克思看出了"按劳分配"具有弊病,但他完全承认这种形式在"共产主义社会第一阶段"上的必然性和合理性;要消灭这种弊病,不是要"限制"它,而是要保证"个人的全面发展",从而使生产力得到高度发展,使社会走向一个更高的阶段。马克思完全是以历史唯物主义的态度来对待问题的,而我国当年那些"革命派"却以浅薄无聊的道德叫嚷把马克思改造成空想主义者。罪过在谁身上,应当是很清楚的了。

1875年的马克思

从这里面我们还顺带得到了另一个启示:任何社会进步的基础,归根结底在于生产力的增长,离开这一物质基础,任何设想都不过是空洞的说教。从这点来看,在生产力极为落后的国家里产生出来的"东方社会主义"社会,不但谈不上"限制"按劳分配,而且也离不开商品生产,而因此也就必然有商品生产的一整套范畴。一切以生产力的具体状况为转移,这才是历史唯物主义的态度。

我们上面谈到的这些,还只是《哥达纲领批判》的部分内容;在它的简明

---

① 《马克思恩格斯选集》第2版第3卷,第305—306页。

扼要的文字中，包含着许多极深刻的思想，在这里是不可能一一介绍的。

然而这篇重要的文献，不但没有对爱森纳赫派的领导人们产生影响，反而被他们隐匿了足足16年。这一方面是因为他们急于与拉萨尔派合并，顾不上考虑马克思、恩格斯的意见，另一方面也是因为这些意见远远超出了他们的认识水平，他们根本不理解它。他们想必认为，伦敦的两个老头儿过于吹毛求疵了，于是他们没怎么理会马克思和恩格斯的意见，只对纲领草案做了不大的修改，就在1875年5月的哥达合并大会上正式通过了，此后这个纲领就作为"德国社会主义工人党纲领"，沿用了16年之久。在这种情况下，马克思的"批注"当然以秘而不宣为好。

1875年的哥达代表大会

马克思事后没有公布这份批判，而且也没有和恩格斯发表那份宣布他们俩与哥达纲领毫不相干的声明。他们默认了这个既成事实。以马克思、恩格斯在理论和政治上一贯的毫不含糊态度，这次怎么居然不声不响地让步了呢？

因为据他们自己说，他们发现了一个出乎意料的可笑现象：在德国，工人、资产者和小资产者都郑重其事地把这个荒唐的纲领当成一份严肃的社会主义纲领看待，从里面领会出其实并不存在的思想来，谁也不懂得像马克思、恩格斯那样去分析纲领条文中的谬误。这就使得马克思、恩格斯可以"将错就错"，对纲领保持沉默。恩格斯在 1875 年 10 月 11 日给白拉克的信中对这一点作了说明。

于是一场本来在所难免的决裂在不声不响中避免了。伦敦方面和德国社会民主党方面都在一种心照不宣的状态中，让那份纲领供公众去"领会"，而把针对它的"批注"压了下来。直到 1891 年，德国社会民主党将要制定新的纲领时，恩格斯才不顾各方面压力，以"哥达纲领批判"的标题把马克思的这一"批注"发表了出来。这时，马克思已经去世八年了。

从"收拾杜林"到反驳"苏黎世人"

在两派合并和纲领草案引起的争论中，马克思和恩格斯最感不满的人是威廉·李卜克内西。他俩的这位老朋友，为人忠诚、坚定是不用怀疑的，但他在理论水平上远不能跟马克思、恩格斯相比，因而他办的许多事情一再导致马克思、恩格斯的不快。这次合并事件，更使他俩很长时间都没有原谅他。

然而李卜克内西毕竟没有糊涂透顶，他还是非常清楚并且尊重马克思和恩格斯的巨大理论才能的。因此当合并不到一年、党内思想出现混乱时，李卜克内西再三请求马克思和恩格斯出来写文章批判欧根·杜林。此举表明他还是有头脑的。

我们在前面提到过杜林。此人作为激进学者，多年来一直以柏林大学编外讲师的身份在文坛上著书立说。他的个人命运是不幸的，早年双目失明，常因个人观点受官方学术界的排挤。这使得他容易得到社会主义者的同情。但他的学术主张实在是庸俗不堪，他的狂妄更是让有头脑的人齿冷。他不知天高地厚地否定绝大部分前人的贡献，异想天开地想在哲学、经济学、社会主义等一系列领域实现全面的"变革"。对于马克思，当《资本论》第一卷问世时，他还讲过几句好话，后来就把马克思同其他所有社会主义思想家一起归入咒骂之列了。

第十四章 伦敦老人

对于这个人的活动,马克思在很长时间内不闻不问、听之任之,不屑于跟他去计较。但在哥达大会后合并的德国社会民主党内,杜林的市场居然越来越大了。许多不学无术却又自命不凡的浅薄文人,竞相把杜林的学说当作一种新思想来欢迎,以致形成了一阵"杜林热"。这在当时是不难理解的:社会主义政党正在发展,很希望得到科学界的支持,而马克思学说还远没有在人们心里扎根,因此人们就对各式各样的社会主义"新学派"不加分辨地欢迎了。

欧根·杜林(1833—1921)

在李卜克内西和党内其他领袖们的再三敦请下,马克思感到问题确实已经有点严重了,"收拾杜林"势在必行。可是他的身体和时间、精力都不允许他亲自干这件事情,于是他在1876年5月25日从疗养地写信给恩格斯,提议由恩格斯来作一次"对杜林的彻底批判"。

恩格斯已经在考虑此事了,但还是有点不情愿,因为他正在写一部关于自然辩证法的巨著。他发牢骚说:"亲爱的摩尔:你说得倒好,你可以躺在暖和的床上,研究具体的俄国土地关系和一般的地租,没有什么事情打搅你。我却不得不坐硬板凳,喝冷酒,突然把一切都搁下来去收拾无聊的杜林。"[①] 可是牢骚归牢骚,忠实的恩格斯立即行动了起来,扔下自己的工作就去"收拾无聊的杜林"了。

这样便产生了一部公认其重要性仅次于《资本论》的伟大著作:《反杜林论》。它先是作为系列文章从1877年1月起在德国社会主义工人党的机关报《前进报》上连载,到1878年连载完毕后,又合成单行本出版,它的正式书名是《欧根·杜林先生在科学中实行的变革》。这部书最大的特点是内容广泛,既深刻又通俗。用恩格斯在序言中的话说,因为是与杜林论战,所以不得不跟着杜林到处

---

① 《马克思恩格斯全集》第34卷,第18页。

跑，从世界模式论直到社会主义分配。这样，无意中它成了一部马克思学说的百科全书。如果说《资本论》对一般读者来说过于艰深，那么《反杜林论》则相对易于理解，因此它比《资本论》拥有更大得多的读者群。后来的许多马克思主义者，都是从读《反杜林论》开始登堂入室接受马克思主义思想的。

1877年1月3日《前进报》刊登的恩格斯反杜林的系列论文中的第一篇

《反杜林论》第一版扉页

像以往的情况一样，这部书也是两位朋友合作的结晶。不过这次是恩格斯在前面呐喊厮杀，马克思在后面输送弹药。马克思帮恩格斯查找参考书，提供意见和建议，还直接给第二编写了一章，即评论杜林《国民经济学批判史》的那一章，这一章是对近代经济学说史的出色论述，恩格斯出于刊登时篇幅的限制，不得不把它删减了一些，作为《反杜林论》第二编的第十章发表。此外，恩格斯全书的所有章节在发表前都读给马克思听过。

这两位朋友这段时期的通信（为数不太多，因为只有在其中一人离开伦敦时才有）中，也时时提到《反杜林论》的写作。他俩在信中尽情嘲笑杜林，把他当成了一个可笑的大丑角。起初，恩格斯在没有真正深入去读杜林的那些大部头著作时，似乎还对此人有些尊重，说他"总还是一个有学问的人"。后来便发现不

第十四章 伦敦老人

是这么回事了，原来杜林的学说"尽是些夹杂着十足的胡说八道的高傲而庸俗的言论"。马克思和恩格斯的看法显然一致，因为他读了杜林的文章之后说："读这个家伙的东西而不当即狠狠敲打他的脑袋，我是办不到的……当你潜心阅读，对他的手法了如指掌的时候，你会觉得他是一个多么令人可笑的下流作家。"①

就是对这样一个人物的批判，竟至在德国社会主义工人党内引起轩然大波。杜林的拥护者们在1877年5月党的代表大会上怒气冲冲地要通过一项提案，禁止恩格斯反杜林的文章再在《前进报》上发表，说是这些文章对报纸和党都造成了巨大损失。幸亏李卜克内西这次顶住了杜林派的压力，争取到使代表大会同意在《前进报》附刊上继续刊载恩格斯的文章。否则，这部名著很可能就被德国社会主义工人党自己"腰斩"了。由此也可见，杜林所造成的混乱当时已有多么严重。

对于这场风波，不光恩格斯气愤，马克思也很恼火，他在给白拉克的信里强调说，恩格斯反杜林的文章是非常重要的：不仅普通工人和……自以为在很短时期内就能知道一切并学会评论一切的曾经是工人的人，而且真正有科学知识的人，都能够从恩格斯的正面阐述中汲取许多东西。

马克思评杜林《国民经济学批判史》手稿的一页

1877年的恩格斯

---

① 《马克思恩格斯全集》第34卷，第37—38页。

马克思传

1878年6月，一个惊人的消息从德国传到伦敦：诺比林谋刺德皇未遂！

这时，马克思还根本不知道这个诺比林是什么人，谋刺又是出于什么样的目的。但他把最近的两起谋杀事件联系起来，感到政府必定会抓住这个机会来迫害德国社会主义者。

果然如此。不久就弄清楚了，诺比林是个无政府主义的信奉者，他和前一个谋杀者赫德尔都跟社会民主党没有关系，但官方还是宣布这是社会民主党危害国家安全的恐怖行动。官方的和半官方的报纸全都起劲地叫喊起来：镇压他们，取缔他们！

刺杀德皇事件对于俾斯麦来说真是再有利不过了。德国社会主义运动近年来以惊人迅速的发展，让俾斯麦和整个德国统治阶层都感到不安。他们早就想找到一个借口来宣布戒严，迫害社会民主党。现在这样的机会不找自来，这不是太称心了吗？

1878年10月21日，在帝国国会多数议员的支持下，俾斯麦的政府颁布了反社会党人非常法。根据这个法令，一场大规模的迫害异端的运动揭幕了。转瞬间，所有的社会主义组织被查禁，它们的报刊被没收，成员有的被捕，有的被驱逐。许多优秀的工人一下子成了失去工作、不受法律保护的流浪者。

这是德国社会民主党遇到的一次大灾难，但也正是由此，它开始了自己历史上的英雄时期。在突如其来的打击下，党内一时出现了混乱，有些人惊惶失措，主张投降，有些人头脑发热，走向盲动……但克服了这些混乱之后，德国社会民主党不但没有被摧毁，反倒在艰难中受到磨炼，愈战愈勇。在整个19世纪80年代，德国社会民主党把国内的报刊宣传和国内的鼓动结合起来，把议会内的反对活动和议会外的群众运动结合起来，走出挫折，稳步前进，终于迎来了90年代初反社会党人非常法的

奥托·冯·俾斯麦（1815—1898）

废除，那时，党已经由一个易受惊吓的孩子成长为结实雄壮的巨人了。

现在看来，德国社会民主党能在反社会党人法的致命打击面前那么快就站稳脚跟、恢复自信，开展了新条件下的斗争，确实大大得力于马克思和恩格斯的帮助。

反社会党人法颁布前，马克思密切关注着德国国内政治形势的变化。一拿到帝国国会关于反社会党人法的讨论记录，马克思就打算给《每日新闻》写一篇揭露性文章，但最终没有写完，只保留下了草稿。马克思在这篇文章里认为，工人阶级的解放斗争，在革命之前是必然要经过和平发展阶段的，只要社会的统治者不使用暴力来阻碍历史发展，那么工人阶级就不会放弃和平发展的努力。俾斯麦以暴力来对付德国社会民主党，所持的借口居然是社会民主党人使用暴力，这在马克思看来纯粹是欺骗。

马克思的主张是：一方面，党应当坚持革命立场，决不能在俾斯麦的高压面前放弃斗争，背离原则，畏缩退让；另一方面，又不能不顾形势的困难，失去冷静，贸然鼓吹革命，甚至走向无政府主义个人恐怖的道路，那同样会给整个事业带来危害。事实证明，马克思是对的。后来德国社会民主党能够迅速摆脱困境，走上正轨，正是采取了这种方针。

在那段时间里，马克思、恩格斯和德国社会民主党的领导人们比平时有更频繁的通信和会面。持各种主张的人都来伦敦拜访他们，想要争取支持。

先来的是约翰·莫斯特。他曾写过介绍《资本论》内容的通俗小册子，并由马克思修改过。马克思说他把这件事"搞得谬误百出"，但考虑到在实际宣传中该小册子毕竟能起一些积极作用，也就还是肯定了这本差强人意的小书。后来莫斯特热烈地拥护杜林，曾在党的代表大会上猛烈反对恩格斯的《反杜林论》。马克思和恩格斯对他的评价是：有些才能，但动摇变化太快，像风向标似的随风转。现在，在反社会党人法公布后，他又变成了一个激烈的"革命"鼓吹家。他被驱逐出境、来到伦敦后，办起一份小报《自由》周报。起初，马克思和恩格斯还怀着同情的心情"希望他一切顺利"（1879年1月30日恩格斯在给约·菲·贝克尔的信中这样说），只是和他的报纸保持距离，并不多作批评。但没多久，莫

马克思传

斯特便不顾一切地反对合法活动，主张放弃议会斗争，准备起义，并支持搞恐怖活动了。这就使得马克思对他异常反感，认为他是一个革命的空谈家。莫斯特还到处宣传说马克思和恩格斯支持他，使马克思和恩格斯终于只能把他当作散布谣言和扯谎的无赖看待。再后来，莫斯特作为无政府主义者被德国社会民主党开除了。

与此同时，德国社会民主党的领导人们克服了反社会党人法刚颁布时的慌乱，决定在国外出版自己的机关报。马克思和恩格斯对此事十分关心，出主意，提建议，并答应给新报纸撰稿。他们还推荐卡尔·希尔施为编辑。希尔施是一个年轻、头脑清晰、有写作能力的党内作家，他以自己的才能和坚定立场，使马克思、恩格斯感到放心。希尔施本人也愿意接受这项任命。

新报纸定名为《社会民主党人报》，预定在苏黎世出版。这些都没有问题。但当马克思和恩格斯得知新报纸要由一个监督委员会来经管时，他们愤怒地给德国社会民主党领导人写信，宣布他俩决不会为这份报纸撰稿，因为他们认为这个监督委员会的成员是地地道道的机会主义分子、鼓吹阶级妥协的糊涂虫。

该委员会的三名成员是苏黎世的赫希柏格、施拉姆和伯恩施坦。

卡尔·赫希伯格是法兰克福一个富商的儿子，是当时众多社会主义赞成者中的一个。看来此人在个人品格方面还是值得称赞的，至少他在钱财方面是慷慨大度的，因为他为德国社会民主党资助了不少钱，他本人也在1876年入了党。身为富有的资产者而同情并加入社会主义运动，无论如何是一件值得嘉许的事情。但可惜他所信奉的社会主义却是资产阶级社会主义，他对马克思和恩格斯的学说一窍不通，他所理解的社会主义纯粹是一种由慈善家和有知识的人推行的和平运动。正因此，马克思和恩格斯从知道他起就对他极不信任，马克思在1877年给恩格斯的一封信中称他"是第一个——在我看来他怀有最良好的意图——捐资入党并想按照自己的面貌改造党的人"[1]。

卡尔·奥古斯特·施拉姆是原来爱森纳赫派的理论家，此人写过经济学著

---

[1]《马克思恩格斯全集》第34卷，第64页。

作,也评论过马克思的经济学说,却居然完全不懂价值理论。马克思对他的评价是:"施拉姆尽管精明能干,但始终是个庸人。"①

委员会中的第三人,爱德华·伯恩施坦,后来成为大名鼎鼎的人物,历史上被称作修正主义的"鼻祖"。但在这个时期,他还只算得上一个初出茅庐的小小著作家。他曾经热烈地拥护过杜林,现在,他在瑞士又成了赫希柏格的秘书。

马克思和恩格斯对这三个人的反感,起初让德国社会民主党的领导人

伯恩施坦(1850—1932)

们颇感不快,觉得这两个老头真有些不近人情,不久后,事情就明朗了,因为这三个"苏黎世人"在他们出版的《社会科学和社会政治年鉴》上发表了一篇文章——《德国社会主义运动的回顾》,文章署名是"三个星花"。在这篇文章里,作者用忏悔的心情要求党反省自己的所作所为,说党是由于自己讨好群众,轻视有教养的阶级,并由于不必要地挑逗资产阶级才给自己招来了反社会党人法的。文章主要的意思是说,社会主义运动应当由有教养的资产阶级分子来领导,应当是和平的、改良的,等等。

马克思、恩格斯怒不可遏,他们马上计划写一篇文章来反驳。就在这个时候,赫希柏格本人却跑到伦敦来向他俩寻求支持来了。这个糊涂蛋(恩格斯有点怜悯地说他"本来是个好小伙子,但天真得惊人")显然只会得到没趣。他只见到了恩格斯,恩格斯毫不客气地把自己的观点告诉了他。赫希柏格大吃一惊,他本来以为包括马克思、恩格斯在内的所有人都会支持他的意见的!因为他听李卜

---

① 《马克思恩格斯全集》第34卷,第104页。

马克思传

克内西说,大家都同意他的主张。

马克思和恩格斯的反驳文章在1879年9月中旬写出来了,是给党的领袖倍倍尔并转给李卜克内西、白拉克等人传阅的一封长信。这就是后来人们所称的"通告信"。

这封信是反对阶级合作的改良主义的一份重要文件。它尖锐地嘲笑"三个苏黎世人",逐条地批驳他们那篇《德国社会主义运动的回顾》里面的观点,把那些要同有产阶级和统治者实现和解、大谈博爱的意见称作"胡说八道",认为所有这些做法都是想实行一些补补缀缀的改良,企图以此阻碍革命的发生。"通告信"干脆称这些主张的拥护者是"冒牌货"。

"通告信"的总结是:"至于我们,那么,根据我们的全部经历,摆在我们面前的只有一条路。将近40年来,我们一贯强调阶级斗争,认为它是历史的直接动力,特别是一贯强调资产阶级和无产阶级之间的阶级斗争,认为它是现代社会变革的巨大杠杆;所以我们决不能和那些想把这个阶级斗争从运动中勾销的人们一道走。"[①]

这封信在德国社会民主党领导人中引起了震动。他们认真考虑后,认为马克思和恩格斯是对的。"三个苏黎世人"的职务被倍倍尔、李卜克内西等人代替了,格奥尔格·福尔马尔做了《社会民主党人报》的主编。此后一段时间,报纸虽然仍不能让马克思、恩格斯满意,但至少还是在困难境地中起到了宣传的作用。于是,终于可以指望"伦敦二老"和德国党内领导人达成相互谅解了。

1880年12月,倍倍尔带上原"三个苏黎世人"成员之一的伯恩施坦,去伦敦拜访马克思和恩格斯。他们在那里受到两位老人的亲切接待。一些重大的党内问题经过协商解决了,伯恩施坦本人由于这段时间的良好表现,先前的过错也被马克思、恩格斯原谅了。结果,伯恩施坦被任命为《社会民主党人报》的新主编,代替了福尔马尔。此后多年中,伯恩施坦不负众望,把报纸办得很有生气,他自己也因此成为公认的正统马克思主义理论家之一。至于19世纪90年代后期

[①]《马克思恩格斯选集》第2版第3卷,第685页。

他走向修正主义，对马克思学说进行尖锐批评，则又另当别论，我们在这本关于马克思的传记里就不多说了。①

一场激烈的争论过去了。恩格斯后来在一篇文章中这样写道："反社会党人法给了党不可估量的帮助，它巩固了党，教会了党很多东西，总之，在教育的意义上对党起了极好的影响，**而顺便说说，所有社会民主党人在这方面是一致的。**"②

这自然也是马克思的意见。

西欧工人运动的新景象

在其他西欧和中欧国家中，情况也可以使马克思感到欣慰。

在法国，工人阶级的力量在巴黎公社的覆亡中似乎已消耗殆尽，但让资产者万万没料到的是，仅仅几年之后，它就像凤凰涅槃一样，从前一次战斗牺牲者的灰烬中重新站起来了。在19世纪70年代后期工人运动的复兴中，涌现出了一些有火一般热情、具备耀眼才华的领袖，茹尔·盖得是他们里面最突出的代表。

盖得本是巴枯宁无政府主义的信徒。在瑞士和意大利侨居期间，他对无政府主义失去了信心，开始找寻另外的道路。1876年他回到法国，创办了《平等报》，这时他还没有站在马克思学说的稳固基地上，但是已经在向马克思主义者转变的路途中大步飞奔了。《平等报》在传播社会主义的活动中功劳显著，它虽遭政府迫害，却仍坚持不懈，在伦敦的拉法格也被吸引过来，成了它的主要撰稿人。

拉法格和盖得有密切通信。这样一来，马克思也就从拉法格那里间接地得到了法国工人运动的消息、动态和盖得本人的情况。看得出，马克思虽然对盖得的

---

① 读者如果有兴趣，可以参看张光明的《布尔什维主义与社会民主主义的历史分野》一书（中央编译出版社1999年版）第二章，那里有比较详细的评论。

②《马克思恩格斯全集》第19卷，第350页。

观点也有批评，但他还是很赏识这位有写作和演说才能，并且对事业充满热忱的人物的。他仔细读过盖得写的文章，还做过摘录。

茹尔·盖得（1845—1922）　　　保尔·拉法格（1842—1911）

1879年10月，在马赛召开了第三次工人代表大会，会上决定建立独立的工人政党。盖得受委托起草纲领。这样，他在第二年5月来到伦敦，向马克思求援。

马克思、恩格斯是第一次见到盖得，总的印象相当不错。用恩格斯后来一封信中的评价说，盖得有极其清晰的头脑，在理论方面远远超过其他巴黎人，而且为人爽直而可靠。但盖得的缺点也被他们发现了。恩格斯说他"有巴黎的偏见，似乎必须经常反复地说'革命'这个词"，而且还"非常急躁"，有"病态的激昂情绪"。这些评价应当是马克思和恩格斯两人共同的意见。还应当说，这些评价真是非常准确的。马克思逝世之后的盖得，表明自己是宣传、运用马克思学说的能手，在后来的第二国际中，也是受人尊重的突出人才之一，但他那爱说"革命"的急躁情绪，在日常实践中不止一次把他推到宗派主义立场上去。

在恩格斯的房间里，马克思、恩格斯、拉法格和盖得一起讨论了法国工人党草案。阐述理论问题的导言是马克思向盖得口授的，这一部分用简练的语言说明了法国工人党的宗旨：使用无产阶级所拥有的一切手段实现集体占有制。导言的其余部分盖得和拉法格事先已经拟好，大家也都作了些修改。有些条款马克思并不同意，例如关于法定最低工资这一条。但盖得坚持自己的意见，恩格斯后来说,"我们只得随他的便"。但总的来看,马克思对这个纲领十分欣赏。这个纲领,后来在法国工人党代表大会上只作了不大的改动就通过了。

在这个时期,马克思还高兴地看到,比利时、荷兰、西班牙等国的社会党纷纷建立,他的学说得到越来越广泛的承认。甚至远在大洋彼岸的美国,工人运动也在发展。对于一位为无产阶级事业奋斗了几十年的老战士来说,没有什么比这幅景象更使他满意了。

英国的情况是比较特殊的。这里是资本主义的"世界工厂",资本主义经济发展走在前面,工人运动发展很早,但也早就具有改良主义的倾向了。在这种情况下,大陆上的社会主义学说最难以对这个发达、富裕而又闭塞平庸的岛国产生影响。但尽管如此,19世纪70年代末80年代初,马克思学说像一股强劲的风,终于吹开了这扇封闭的门。

马克思和海德门的交往和断交,是很有象征意义的一件事,一定程度上反映出英国工人运动领导人与马克思学说的关系。

海德门是个有才能的政论家,1880年与马克思相识。他常去马克思家,从跟马克思的谈话里学了不少东西,也讨论过在英国建立工人党的问题。这使得他在见识上高出他的同胞们一头。海德门说过这样一件事:在一次座谈会上,英国著名经济学家里维演讲之后,海德门对里维的观点提出质疑,并引用了《资本论》作论据。里维的回答是:我还没有听说过有这样一部著作。海德门可以自豪了。

海德门和其他人一起在1881年春建立起一个"民主联盟",几年后该联盟成为社会民主联盟。同时,海德门出版了他刚写好的一本小册子《大家的英国》。这本书里面有几章几乎原封不动地照抄了《资本论》,却根本不提《资本论》和它的作者,海德门只是在序言里含糊

亨利·迈尔斯·海德门(1842—1921)

地说，他这本书的理论内容和很多材料应归功于一位伟大的思想家和有创见的作家。这是一种明目张胆的剽窃行为。

马克思得到这个消息后当然感到愤怒，而当海德门作出解释时，马克思就更不能容忍了。海德门说是由于英国人对社会主义感到恐惧，"不喜欢外国人教训他们"，还说马克思的名字令人憎恨等等。这些胡言乱语促使马克思毅然决然与他断了交。但这没有妨碍马克思承认，海德门的小册子"作了很好的宣传"。

这事件除了表明海德门品质不佳之外，还透露出一种信息，即便是英国人中的激进者，也有意无意地想与大陆上的革命社会主义思想保持距离。马克思和恩格斯对英国人的这种心理早有了解，于是他们把希望寄托在英国在世界市场上垄断地位的丧失，认为这将会改变这种心理。

晚年马克思的视野进一步拓展了，对于像俄国这样的半欧半亚的落后国度，他也产生了浓厚的兴趣。俄国并没有什么像样的工人运动，但却有一小批充满革命毅力和决死勇气的知识分子正在和沙皇专制制度作斗争，他们也时时希望马克思能够给他们提出建议。对他们的事业该怎么评价？这个问题非常特殊。马克思的回答也十分耐人寻味，激起了延续至今的大量猜测、争论和发挥。我们在下一章里就要谈到这方面的情况。

第十五章
不断的探索

《资本论》的继续写作

很长时期里人们一直有一种印象,认为马克思自退出国际工人协会的工作以后,创造力就明显衰退了。在逝世前的十几年里,好像他除了留下一大批信件外,在理论上并没写出多少有分量的著作。比照 19 世纪 70 年代创作精力旺盛的恩格斯,晚年马克思甚至曾被人看作是在病痛的无奈中经历着"慢性死亡"。

许久以后人们才知道,所有这类印象都是不正确的。疾病的反复折磨确实迟滞了马克思的研究,但并没有折断他思考的翅膀。他在继续阅读、研究、写作,直至最后闭上眼睛。

写完《资本论》始终是马克思的最大心愿。我们知道,当《资本论》第一卷问世时,其余两卷草稿都已写出,马克思当时以为它们像第一卷一样,只要从形式上和文学上整理饰润一番就行了。但当他在 1872 年后再次拿起那些厚厚的手稿时,他相信还应作大规模的补充和改动才能与世人见面。

艰难的新一轮探索又开始了。

《资本论》第一卷的丰富材料主要取自英国,因为英国是分析资本主义生产方式的最纯粹最典型的标本。现在写《资本论》后面各卷,马克思就不能再满足于英国了。现在需要广泛研究跟地租理论有关的土地关系,还要研究资本主义的最近发展,甚至研究农业学、农业化学和植物学等等。而研究这些复杂的问题,又遇上马克思罕见的严谨认真的态度,就决定了这项工作是浩大到永无边际的。

仅收集资料就是一件惊人的工作。现在,马克思把目光转向俄国、美国这些国度，大量收集有关资料，包括书刊、统计资料、官方报告等等。

马克思最初学俄文，就是为了这方面的目的。1870年7月6日，他告诉库格曼，为了写好《资本论》第二卷，"我发现有必要认真学习一下俄文，因为在探讨土地问题时，就不可避免地要从原文材料中去研究俄国的土地所有制关系"①。我们前面说过，他在不到一年的时间里就把俄文学到能够快速阅读的程度了。

于是从19世纪70年代初起，他的书架上便出现了一批批的俄文书籍和杂志。他依靠俄国的朋友丹尼尔逊、柯瓦列夫斯基等，成箱成箱地从俄国国内搜集有用的书刊资料，阅读并做摘要后再寄回俄国。在几年工夫里，他不仅熟悉了俄国的历史和社会状况，而且对俄国学术界和思想界的最新争论，都有了深入的了解。事实上，在西欧学术界中，当时懂俄文并系统研究过俄国社会的著作家寥若晨星，达到如此精深理解的大概除了马克思外再无第二人。

马克思最先阅读的一本俄文学术书籍，是弗列罗夫斯基的《俄国工人阶级的状况》，作者是俄国民粹主义者，他作了大量的社会调查，收集了众多材料，对俄国社会、俄国农民作了细致描写。民粹主义观点是反资本主义工业化、颂扬俄国落后的农民的，但这些都没有妨碍马克思的阅读兴趣。他在1870年2月10日给恩格斯的信中这样评价此书："这是第一部说出俄国经济状况真相的著作""无论如何，这是继你的《工人阶级状况》这一著作（按：指1845年恩格斯的《英国工人阶级状况》）问世以后的最重要的一本书。"

像这样高的评价，出于马克思这位苛刻的读者之口，真是罕见。

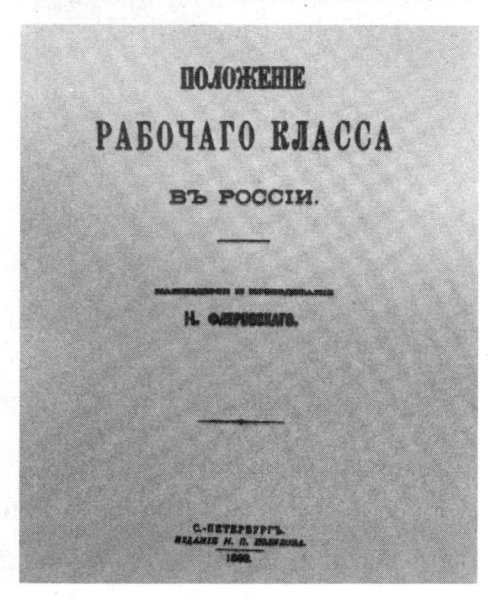

弗列罗夫斯基的《俄国工人阶级的状况》

---

① 《马克思恩格斯全集》第32卷，第673页。

马克思传

对车尔尼雪夫斯基的著作，他读得就更认真了。马克思一再给丹尼尔逊等人写信，请他们帮忙寄车尔尼雪夫斯基的著作来。车尔尼雪夫斯基对约翰·穆勒的著作的注释、对俄国公社土地所有制未来前景的论述等，马克思都反复读过，而且评价极高。

了解俄国社会思想史和文学史的读者都知道，车尔尼雪夫斯基是19世纪60年代以后最受人爱戴的俄国作家，他是坚决反对沙皇专制统治的无畏斗士，即使被监禁、被处以"假死刑"、被流放也决不低头。这种伟大的人格首先就博得了马克思的崇敬。车尔尼雪夫斯基在多方面表现出的过人才华、深刻的分析力和锐利的文笔，更让马克思称赞不已。有一段时间，他甚至请友人为他收集车尔尼雪夫斯基的传记材料，以便为这位流放中的伟大人物写一篇传记，后来终因有关材料太少而作罢。

马克思还研究了不下好几十位俄国学者的著作，这些著作的内容，从农村公社状况的描写直到1861年改革后俄国经济发展的分析。

他下力气搞到了许多俄国官方做的统计资料。就像从前写《资本论》第一卷时分析大量英国国会蓝皮书一样，现在他又埋头于这些枯燥乏味的数字、表格里面，还做了为数惊人的摘要。

尼古拉·加甫里洛维奇·车尔尼雪夫斯基（1828—1889）

马克思到底读了多少俄文书？实在不太容易弄清楚。人们只知道，在他1881—1882年的笔记本中，有六页半是他开列的"我的藏书中的俄国书籍"，里面用俄文印刷体以及德文、英文和法文写出了150种版本的俄国书籍。这些书，包括俄国官方的年鉴、统计汇编、银行报告、各省不公开的统计资料、学者专著……毫无疑问，这还仅只是这一时期他手头的俄文书刊，而以前读完并已经寄还给别人的，大概就更多了。

除了俄国资料外，他从美国、比利时、西班牙等国弄到的有关材料也不少。从长住美国的老友左尔格那里，他弄来了美国金融、信贷、农业和土地所有制关系的资料，从比利时的德·巴普那里，他借来了当地土地所有权结构的有关资料。

研读这些让一般人看了书名就要头晕的书刊资料，成了晚年马克思专心致志的事业。他在浩瀚的书海里游得太久，以致他夫人担心他完成不了《资本论》。她半开玩笑半认真地"威胁"给她丈夫不断寄书来的那些俄国朋友：你要是影响了我丈夫完成他的著作，我就不再请你吃羊肉饼了！①

马克思藏书中的俄文书

在这里就出现一个问题：仅仅为了写《资本论》中关于地租的章节，值得下这么大功夫、花这么多时间去研究这么多国家的文献资料吗？因为毫无疑问，这种无止境的研究会耽误太多的时间。要是稍为粗疏一点，少读一些东西，或许马克思在世时就推出了《资本论》第二卷和三卷？

恩格斯就是持这种意见的人中的一个。当马克思指责（当然是善意的、多少有点戏谑的）恩格斯兴趣太广泛，为了个人爱好去研究许多科目，以致分散了精力，"没有考虑到为人类工作"时，恩格斯回敬说："我倒很乐意烧掉那些关于农业情况的俄文书刊，这些书多年来使你不能写完《资本论》！"

然而，马克思就是马克思，过于认真正是他的风格，他的特点。他完全可以对别人说："你不可改变我。"

---

① 柯瓦列夫斯基的回忆，见《人间的普罗米修斯——回忆马克思恩格斯之三》，人民出版社1983年版，第53页。

但是按年代考察一下晚年马克思的阅读和研究范围，恐怕还可以说，马克思对俄国的兴趣，后来渐渐已不再与完成《资本论》相联系，而是发展成一项独立的研究了。就像一个探险者在接近预定目标的路途中，发现旁边岔道上另有一番胜景，于是便转身走进去，并在那里找到了新的目标一样。

不管怎样，马克思虽在19世纪70年代奋力工作，但《资本论》后面各卷的出版工作却年复一年地推迟了。

1875年，他从数学上计算了剩余价值率与利润率的关系；第二年，他写出了《级差地租和地租只是投入土地的资本的利息》，这些都构成后来恩格斯所编《资本论》第三卷的内容。

1877年起，他想要全面恢复写作《资本论》。他先从第二卷第一章入手，整理誊写了一小部分。可是他夫人这时患病，而他本人的健康看来也不允许做这件工作。1878年11月他在一封信里还提到，希望1879年底以后就能把第二卷付印，可是到1879年4月，他已经表示，第二卷在目前德国的形势下不可能出版，而且他本人也不愿意马上出版。此后，工作仍在时断时续地进行，从1879年直到逝世前，又写了四部手稿。直到他终于感到筋疲力尽、将要不久于人世时，他才把《资本论》手稿转交给恩格斯，希望这位老朋友能根据里面的材料"做出点什么"来。

这些就是马克思最后十年写作《资本论》的情况。

如何跨越资本主义"卡夫丁峡谷"？

前面刚刚说过，马克思在19世纪70年代愈来愈关心俄国的情况。这是出于什么原因呢？

其中的主要原因，是马克思认为19世纪70年代的俄国社会中正在积累起大堆的革命易燃物，随时都可能给这个专制国家点起熊熊火焰。作为革命家，他自然会对这个东欧大帝国寄予热切的希望。

了解俄国史的读者必定知道，1861年，俄国沙皇颁布了一项诏令，宣布农奴解放，这就是在俄国近代社会历史进程中有决定性作用的"农奴制改革"。从此以后，资本主义在俄国发展起来，给俄国社会的一切，从经济、政治、思想到社会生活，都带来了巨大变化。

可是，这种资本主义道路与西方的一般情况不同，它缺少各种必要的历史准备，是靠政府法令打开大门引进资本主义并扶持发展起来的，因此就遇到了比当初西欧资本主义刚刚迈步时更大的困难，发展得更加艰难，造成的破坏和痛苦也更大。

这种破坏和痛苦首先落到了俄国农民头上。在这之前，俄国农民都生活在历史上长期延续下来的农村公社中，这种农村公社的特点是土地公有，由公社社员们个人耕种，收获归他们的家庭私有。农村公社的生活停滞、落后，但相对公平、宁静。1861年的大改革打破了这种状况。它把公社土地中最好的土地划给了贵族，而为"解放"而缴付的巨额赎金却落到农村公社头上。这样一来，农村公社遇上了空前的灾难，越来越难以为继，许多农民破产、流亡，不得不进入工厂做工。传统的农村生活方式被严重动摇了。

于是便出来了一批悲天悯人的知识分子，他们反对在俄国发展资本主义，主张保留并发展农村公社，他们想做农民的代言人。但正因为他们是知识分子，了解西方的社会思想发展，所以就把他们自己所理解的西欧社会主义拿过来，跟俄国农民的情感结合起来了。他们说：在俄国发展资本主义是一个历史错误，因为资本主义在西欧已经快要灭亡了；西欧社会主义者如今正在为实现社会公有制而斗争，而我国农村公社恰好正是一种公有制的现成样式，我们为什么要摧毁它呢？不，我们的任务是要保护它，使它成长为社会主义，这样，我国就能避免资本主义，比西欧更快地达到社会主义社会。

这批人被称作民粹派，他们在19世纪70年代特别活跃。他们发起了"到民间去"的运动，穿上农民服装，面向农民宣传；他们主张推翻沙皇专制，把这看

马克思传

作是保证农村公社发展的前提,甚至想依靠个人的英勇行为密谋杀掉沙皇。他们掀起了一场人数不多但声势不小的运动。

这批人大都对马克思很友好,《资本论》俄文版一出,就受到他们的热烈欢迎。他们感到,马克思对西欧资本主义的尖锐批判很合他们的口味,也加强了他们关于不能在俄国发展资本主义的思想。他们中有一些人在19世纪70年代成了马克思的朋友,例如《资本论》的俄文版译者洛帕廷、丹尼尔逊,还有属于民粹派中"宣传派"的拉甫罗夫等等。

彼得·拉甫罗维奇·拉甫罗夫(1823—1900)

但同时还有立场、感情全不相同的另一批俄国知识分子,他们也从《资本论》中找到了论据。这批人是自由派知识分子。他们是资本主义和民主宪政的拥护者,他们把农村公社看作是必然灭亡的一种过时现象。他们认为,按照《资本论》的观点,资本主义的发展是历史上必然的、合规律的,因此资本主义在俄国的发展,同样是必然的和进步的"事业",应当鼓励和支持俄国资本主义的发展而不是阻挡它。

这两派就俄国所应走的历史道路问题不断地进行激烈的争论,在争论中往往都引用《资本论》来支持自己。这些争论都被能读俄文书的马克思看在眼里。到1877年11月,他终于感到有必要出来说话了。

1877年9月号的圣彼得堡《欧洲通报》上发表了经济学家尤利·加拉克季昂诺维奇·茹柯夫斯基的文章《卡·马克思和他的〈资本论〉一书》,其中攻击了马克思。民粹主义理论家尼古拉·康斯坦丁诺维奇·米海洛夫斯基在10月号的《祖国纪事》刊物上以《卡尔·马克思在尤·茹柯夫斯基先生的法庭上》一文来反驳。这篇文章是为马克思辩护的，但马克思在其中却发现了若干对他的主张的误解，于是他在11月写了一封给《祖国纪事》杂志编辑部的信，在里面提出了自己的看法。

这封信明确表示，《资本论》中"关于西欧资本主义起源的历史概述"不是"一般发展道路的历史哲学理论"。这就是说，马克思不同意把《资本论》中关于西欧资本主义历史发展必然性的论述套用到俄国，并判定俄国以及"一切民族"都必然先经历资本主义统治，然后才能进入社会主义社会。马

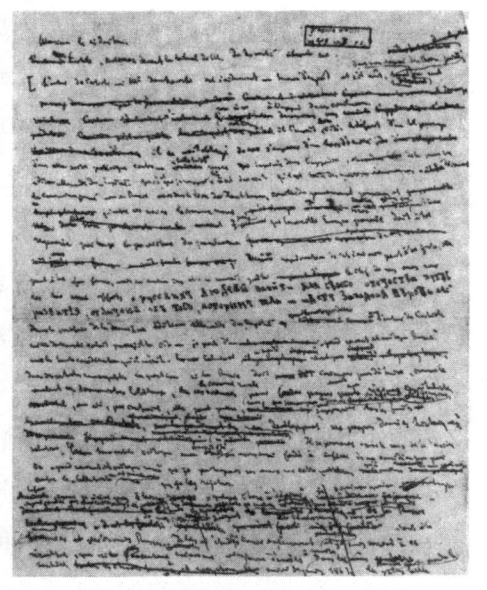

马克思给《祖国纪事》编辑部的信

克思认为，不能作这种"超历史的"抽象判断，而必须对各个民族所处的不同的历史环境进行具体的研究，然后才能弄清它们将要走什么样的道路。

马克思在信中对俄国未来的发展方向表述了一个非常简略的意见：

> 为了能够对当代俄国的经济发展作出准确的判断，我学习了俄文，后来又在许多年内研究了和这个问题有关的官方发表的和其他方面发表的资料。我得到了这样一个结论：如果俄国继续走它在1861年所开始走的道路，那它将会失去当时历史所能提供给一个民族的最好的机会，而遭受资本主义制度所带来的一切灾难性的波折。[①]

这段话的意思非常含蓄。它表明：（一）马克思承认俄国已从1861年起开始走上资本主义道路；（二）但如果及时出现一种力量，还可能使俄国避免经历这

---

① 《马克思恩格斯选集》第2版第3卷，第340页。

· 411 ·

条道路。正是由于有这两重意思，后来信一发表，就引起了俄国思想界不同派别之间的热烈争执。其实，马克思的真正想法是，他看到了俄国正在向资本主义迈步，但他寄希望于俄国民粹派能发起一场革命，使处在历史"十字路口"的俄国走一条更少痛苦的发展道路。

确实，马克思在19世纪70年代至80年代初对俄国民粹派抱有很大希望。其实对民粹派理论本身，马克思并没有看出有多少可取之处，因为这种理论不顾历史发展规律，鼓吹个人意志，往往反对与资本主义联系着的西方先进成果，迷信俄国的落后农民的本能。这些都是马克思一向嘲笑鄙夷的。可是，他根据自己对俄国经济状况的多年研究，深信俄国社会矛盾已经积累、尖锐到了一触即发的地步，这时即使是民粹派，只要能推翻沙皇，也能引起一场深刻的大革命，在这场大革命中，客观的力量将可能把俄国和西欧都带上新的道路。

刚刚提到的那封给《祖国纪事》编辑部的信，马克思并没有寄出去，原因可能是怕给该刊物带来危险。直到马克思去世后，恩格斯发现了这封信，并把它寄给了俄国友人，方才使它与世人见面。

19世纪80年代中，马克思结识了不少俄国民粹派的新朋友，同当时民粹派组织"民意党"执行委员会建立了联系。一些民粹派的活动家经常出入马克思家，民粹派的书籍、文件也纷纷摆到了马克思的案头上。马克思总是十分热情地接待他们，并尽可能给他们的事业提供帮助。

马克思和恩格斯从原则上说是反对个人恐怖活动的，但他们认为俄国这个专制主义国家情况特殊，在那里没有政治自由，反沙皇的革命者们把恐怖当作武器是可以理解的，西欧人对此不应多作指责。所以，尽管"民意党"是以个人恐怖为主要活动方式的秘密组织，他俩还是很赞赏这个组织成员的英勇奋斗精神，并且对他们抱有很大希望。

民意党人在俄国发动了一系列暗杀活动。1881年3月13日，他们终于刺杀了沙皇亚历山大二世。但这一举动并没带来民意党人所期待的结果，反而使许多勇敢的成员们被捕和被审判。在1882年4月的审判中，热里雅鲍夫、彼洛夫斯卡娅等出色的青年民意党人都被处死。"民意"遭到了重大打击。

马克思对这些人评价极高,说他们"没有戏剧式的装腔作势,而是一些普通的、实干的英雄人物"①。与此同时,他对民粹派的另一派别组织"土地平分社",却抱着严厉斥责的态度。他认为这一派人物是抱着巴枯宁主义不放的空谈家,是糊涂的无政府社会主义者。但不久之后,正是从这一派别里成长出了俄国最早的一小批马克思主义者(普列汉诺夫、阿克雪里罗得、查苏利奇等人),他们后来创建了"劳动解放社",以自己的杰出才能和艰苦努力把马克思的理论传播到了俄国,这是马克思没来得及看到的。

事实上,就在这一时期,民粹派内部正在出现怀疑和分化。当时民粹派的活动屡遭挫败,"到民间去"想与农民"打成一片"的成员被农民捉拿起来送给警察,个别人物暗杀统治者的行动只是给自己的组织带来了损害,资本主义根本没有被民粹派分子们的英勇行为阻遏住。痛苦的经历促使人们去反思。这样,便有一小批头脑清醒、长于反思的民粹主义者开始自问:我们这条道路是正确的吗?仅靠我们自己的孤立活动,能阻挡得了资本主义,保护住农村公社吗?

带着这些疑问,流亡日内瓦的一些俄国革命青年,开始向马克思主义转变,并决定写信向马克思请教。信是由查苏利奇执笔写的。查苏利奇是一位勇敢的民粹主义青年革命家,她因不久前刺伤暴虐的沙皇官吏而蜚声国内外。

查苏利奇在1881年2月16日的信中,热切地请马克思为她和她的同志们解决一些重大理论问题:

维拉·伊万诺夫娜·查苏利奇(1851—1919)

---

① 《马克思恩格斯全集》第35卷,第173页。

马克思传

　　假如你能说明你对我国农村公社可能的命运的看法和世界各国由于历史的必然性都应经过资本主义生产各阶段的理论的看法,给我们的帮助会是多么大。

　　查苏利奇提问题的这种方式,表明她所代表的这些俄国革命者正在离开民粹派信念,向马克思主义靠拢。但马克思收到信后,感到了回答所提问题的复杂性。他既要说明俄国资本主义和农村公社的未来命运,又不想削弱俄国民粹派青年们的斗争信心,这不是一件易事。他极其认真地先后写了四个草稿,然后才在1881年3月8日慎重地压缩成一份简练的正式回信。①

　　这封回信的中心思想是:

　　在《资本论》中所作的分析,既不包括赞成俄国农村公社有生命力的论据,也不包括反对农村公社有生命力的论据,但是,从我根据自己找到的原始材料所进行的专门研究中,我深信,这种农村公社是俄国社会新生的支点;可是要使它能发挥这种作用,首先必须肃清从各方面向它袭来的破坏性影响,然后保证它具备自由发展所必需的正常条件。

　　信显然是有意说得简略甚至模糊,"破坏性影响"是指什么?"正常条件"又有哪些?都语焉不详。但是在信的前三个草稿中,针对这些却有大量不厌其详的阐释。特别是对农村公社的内部结构,以及它在不同历史环境下所具有的不同发展可能性,分析得相当仔细。

　　对于今天的一般读者来说,这些分析可能过于沉重枯燥。但由于最近二三十年来我国理论界对这封信的草稿表现出了极大兴趣,所谓"晚年马克思的跨越资本主义'卡夫丁峡谷'设想",已经成了许多人一再提起的热门话题,而在人们的津津乐道中,可以看出对马克思的许多误解——由于这些原因,我们在这里也只好用最简单的方式来谈谈它。

　　归总一下这几个草稿中的论述,马克思大概讲了下面几层意思:

---

① 这封信和草稿直到1924年才发表。

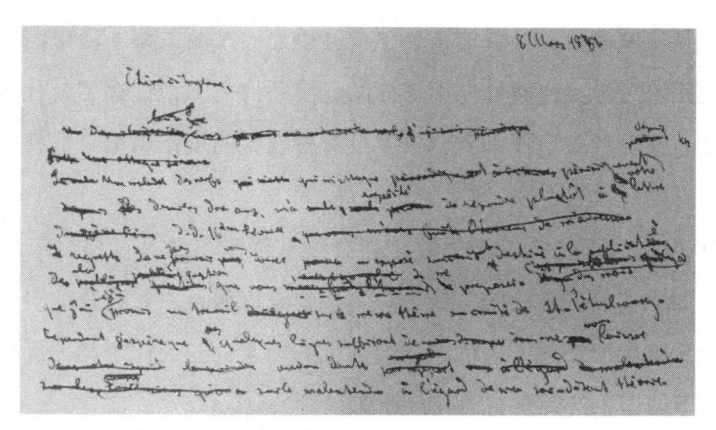

马克思给查苏利奇的复信草稿

——农村公社在古代许多民族中都存在过，但它们在西欧随着社会的进步都消灭了，只有在俄国，由于各种情况的特殊性，它们保留到了现在。

——农村公社是从更早的原始公社那里发展而来的。农村公社内部结构既有公有的因素（土地公有，定期重分），又有私有的因素（房屋、小块土地耕种及产品私人占有）。这种"固有的二重性"使农村公社具有向公有制和私有制发展的两种可能性。究竟往哪个方向发展，要取决于它所处的历史环境。

——俄国是在全国范围内把农村公社保存到今天的欧洲的唯一国家。农村公社的土地公有制和在此基础上形成的农民的习惯，都有助于向公有制社会过渡。"另一方面，和控制着世界市场的西方生产**同时存在**，就使俄国可以不通过资本主义制度的卡夫丁峡谷，而把资本主义制度所创造的一切积极的成果用到公社中来。"①

——在西欧和美国，资本主义制度正经历着危机，这种危机只能随着资本主义的消灭、"现代社会回复到'古代'类型的集体所有制和集体生产的高级形式而告终"②。这是对俄国农村公社的一个十分有利的情况。也就是说，使农村公社的公有制得到正常发展"是符合我们时代历史发展的方向的"③。

---

① 《马克思恩格斯选集》第2版第3卷，第765页。

② 同上，766—767页。

③ 同上，第769页。

——但是俄国农村公社目前正处于危险境地。改革以来,沙皇国家使用各种手段不断地压迫公社,使它处在不正常的经济条件之下,加速了公社内各种瓦解因素的发展。这种种破坏性影响,只要没有被强大的反作用击破,就必然会导致农村公社的灭亡。

——结论是:"要挽救俄国公社,就必须有俄国革命……如果革命在适当的时刻发生,如果它能把自己的一切力量集中起来以保证农村公社的自由发展,那么,农村公社就会很快地变为俄国社会新生的因素,变为优于其他还处在资本主义制度奴役下的国家的因素。"[1]

上面这些思想,看起来的确与民粹派的主张十分接近:大力阐发农村公社的优越性,痛陈"国家"即沙皇政府所推行的资本主义对俄国的不适用性,鼓励人们走一条通过革命拯救农村公社并与西方资本主义"积极的成果"相结合的道路。这些都是民粹派不仅能够接受而且乐于宣扬的。

那么,是不是就可以说,马克思在晚年改变了自己先前的观点,倒向了民粹主义呢?

不能这样说。

仔细考虑一下,人们就会发现,给查苏利奇的复信及其草稿中阐发的思想其实是不完整的。马克思的核心论点是,俄国只有把古代遗留的农村公社与西方资本主义所创造的先进成果结合在一起,才会使俄国跨过资本主义阶段直接向社会主义过渡。可是,俄国人怎样才能把西方的先进成果转移到俄国公社来呢?这是个关键问题,而复信和草稿中对此未置一词。

好在不到一年后,即1882年1月21日,马克思和恩格斯给《共产党宣言》俄文第二版写了一个不长的序言,其中回答了这个问题。这一版《共产党宣言》是正在努力研究马克思主义以代替自己的民粹主义旧信念的普列汉诺夫(他后来成为俄国马克思主义的开创者)翻译的,由拉甫罗夫出面请马克思和恩格斯写序。他俩欣然应允了。

---

[1]《马克思恩格斯选集》第2版第3卷,第773页。

第十五章　不断的探索

马克思和恩格斯只用一句话就清楚无误地说出了答案：

> 对于这个问题，目前唯一可能的答复是：假如俄国革命将成为西方工人革命的信号而双方互相补充的话，那么现今的俄国公有制便能成为共产主义发展的起点。①

这就是说，仅仅靠俄国民粹派革命获得成功还不行，它还必须能够引发西欧无产阶级革命，才能使俄国土地公社得到西方的先进成果，从而与西方工人阶级一起迈向社会主义，否则就是不可能的。尽管俄国公社有着向社会主义发展的可能性，但决定性的、现实的动力还是要来自西方无产阶级革命。这才是马克思（当然还有恩格斯）的真实思想。

事后来看，马克思当时对爆发俄国革命的可能性和民粹派的能力都估计过高了，他希望俄国能在民粹派的引领下推翻沙皇，并把西欧革命也一起引发起来的想法，是不切实际的。其实，当时俄国尽管局势动荡、矛盾尖锐，但离革命还差得远，没有任何力量能阻挡俄国资本主义的前进。马克思在这个问题上应当说是犯了错误的。

格奥尔基·瓦连廷诺维奇·普列汉诺夫（1856—1918）

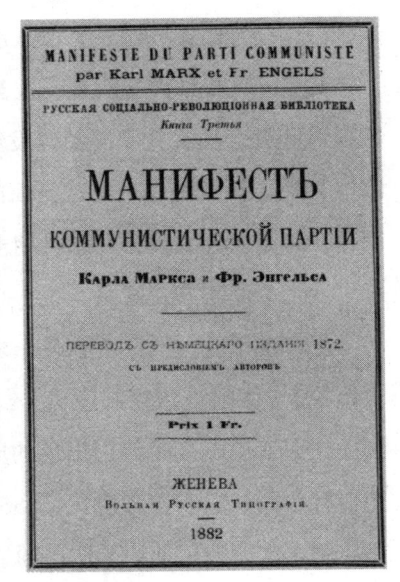

《共产党宣言》1882年俄文版

可是，像俄国这样的落后国家，革命即使发生，也只有依靠西方无产阶级革命的成功才谈得上改造农村公社并向社会主义过渡——这个思想是重要的，它使

---

① 《共产党宣言》，中央编译出版社1998年纪念版，第46页。

得马克思主义从根本上区别于民粹派的农民社会主义。今天的人们,不应忘记或有意曲解这一点。

人类学笔记与历史学笔记

当马克思回答查苏利奇的询问时,他对世界几大洲各民族农村公社的状况正在做广泛深入的研究,并写下了篇幅巨大的摘要。正是在这个基础上,他才能在谈到俄国公社时厚积薄发,深入浅出,条分缕析,娓娓道来。

19世纪70年代的欧美,人类学这门新的学科正在迅速发展,关于世界各地区各民族社会的文化状况及其发展、演化的著作层出不穷。它们引起了马克思的浓厚兴趣。马克思读过的这方面的书籍,可以开出一个长长的清单,其中有许多书籍,都是研究农村公社和早期土地关系的。

我们只举出马克思最重视并总体上肯定的几本书:

毛勒的著作《马尔克制度、农户制度、乡村制度、城市制度和公共政权的历史概论》《德国马尔克制度史》《德国领主庄园、农户和农户制度史》《德国乡村制度史》等。毛勒是德国出色的历史学家,他的研究成果对马克思深入了解人类史前社会的状况有很大启发。1868年,马克思读了他的书后评价极高;1876年,马克思再次研究了他的著作;到了1881年已是第三次研读。

柯瓦列夫斯基的《公社土地占有制,其解体的原因、进程和结果》。作者是年轻的俄国学者,对早期历史上的公社制度有深入研究。这位比马克思年轻33岁的俄国人在19世纪70年代成了马克思的忘年交,并且他自己也承认在学术研究上受到了马克思的影响。他常把自己和别人的著作寄给马克思。他的这本《公社土地占有制,其解体的原因、进程和结果》,马克思认为非常重要。

摩尔根的《古代社会》。摩尔根是美国学者,他为了研究印第安人的社会组织和习俗、文化心理、家庭关系等，曾长期在印第安人部落中生活。他的《古代社会》一书材料极为丰富、扎实，论述独到深刻，给马克思印象极深。对马克思来说，摩尔根是在美国完全独立地从对家族的研究中重新发现了历史唯物主义。他甚至打算写一部书来论述摩尔根的研究成果。

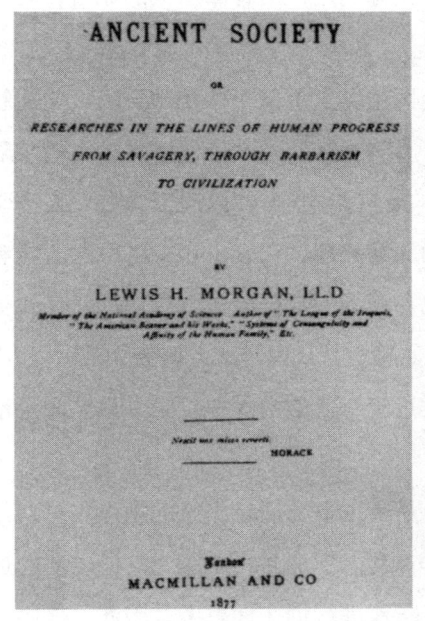

摩尔根《古代社会》1877年伦敦版　　路易斯·亨利·摩尔根（1818—1881）

不要忘记，现在已到了马克思生命中的最后几年，他的身体状况每况愈下。但是马克思那读书必做摘要的老习惯仍坚持不辍，这样，后人便有幸读到他在19世纪80年代初写下的几份详细摘要，它们在今天以"人类学笔记"的名义而闻名。

这几份摘要是：

柯瓦列夫斯基《公社土地占有制，其解体的原因、进程和结果》摘要；

摩尔根《古代社会》摘要；

梅恩《古代法制史讲演录》摘要；

拉伯克《文明的起源和人的原始状态》摘要；

菲尔《印度和锡兰的雅利安人村社》摘要。

这些摘要或"笔记"在马克思逝世后，长期压在马克思的大堆遗稿中，无人知晓。恩格斯作为马克思的遗著执行人，把主要精力用在整理、编辑和出版《资本论》第二、第三卷上了，也无暇顾及这些笔记。唯独其中有一份笔记，即摩尔根《古代社会》一书的摘要，恩格斯作了充分利用，结合摩尔根的原著，写成了《家庭、私有制和国家的起源》一书。

后来，马克思的遗稿转到了德国社会民主党人手里，这些摘要仍然压在箱子中；再后来，它们又辗转到了苏联那里。直到20世纪40年代以后，它们才陆续发表出来。马克思本人恐怕也没有料到，20世纪70年代以后，这些"人类学笔记"无论在西方和东方都激起了学者们的无尽兴趣，引发出各式各样的分析和评论！这里面固然有认真严肃的研究，但也有相当一部分是误入歧途的钻牛角尖，还有的是不着边际的穿凿附会、随意发挥，总之，众说纷纭，蔚为大观。

我们这本传记不愿意把读者拖进这类过于专业的学术争论中，只是简单地介绍一下"人类学笔记"本身就行了。

马克思所做的读书笔记，主要部分是从所读书中摘录出来的论点和材料。但这位大思想家不是读死书的书虫，书对他来说只是他的"奴隶"。他在读的过程中，也在不断地分析、比较、判断——不断地进行创造性思考。因此，他的摘要中不时夹杂着他本人的议论：或补充，或质疑，或总结，或反驳，如此等等。这些简短、片断的文字，便成了后人发掘、研究马克思思想的材料，当然，这样也就往往会导致猜测，会让人自觉不自觉地按照自己的需要"改造"马克思，以致"过度解读"、望文生义甚至无中生有。所以，我们觉得有必要向读者进一言：阅读和分析马克思的"笔记"时，最大的危险是来自我们自己的主观意图，必须努力克制它，排除它，尽可能根据马克思本人的思路去体验，去把握本来的东西，否则很容易走进歧途，误己误人。

为了让读者对"人类学笔记"有一个基本印象，我们用马克思对柯瓦列夫斯基《公社土地占有制，其解体的原因、进程和结果》一书的"摘要"来举些例子。

柯瓦列夫斯基的这部著作很受马克思重视，摘录得相当详细，而且同其他几份摘要不同，完全是依照原书的结构顺序，而没有打乱并重新组合。

马克思在摘要中插入了许多他自己的话。比如，柯瓦列夫斯基在考察英属东印度时，说到在《那罗陀法典》中载有关于私人占有地界的争执，还有许多细节谈到划定私人地界和恢复侵占的占有地地界的规定。马克思补充说：

> 但所有这些情况也可能在并非私有财产的个体份地中发生！

柯瓦列夫斯基谈到，英国殖民当局在印度采取措施促进公社所有制迅速瓦解，到处都实行了大土地所有制和小租佃制。马克思用鄙夷的口吻写道：

> *把英国和爱尔兰结合在一起。妙极了！*

柯瓦列夫斯基写道，由于与公社毫不相干的资本家阶级侵入公社内部，公社的宗法性质就消失了，同时公社首领的影响也消失了。马克思的评论是："一切人对一切人的战争开始了。"（这是他惯常用于描写私有社会的话，原出17世纪英国政治哲学家霍布斯）

可是读者会问：从这样的一鳞半爪中又能看出多少思想呢？

让我们再来举一些例子。

柯瓦列夫斯基讲到，土耳其人除拥有常备的地方民军外，还建立了军事移民区以防叛乱。马克思在此处评论说："柯瓦列夫斯基把这种军事移民区命名为'**封建的**'，理由不足……"

柯瓦列夫斯基讲到，在穆斯林征服者的统治之下，军功田的授予使先前的土地占有者由自由人变为依附人，他们的占有也由对自主地的占有变为封建的占有。马克思对这种说法不能接受，认为：

> 柯瓦列夫斯基整个这一段都写得非常笨拙。

马克思传

柯瓦列夫斯基详细描述了印度莫卧儿帝国时期的土地关系变化，他把这些变化称为"封建化过程"。马克思再次表示反对，他评论道：

> 由于在印度有"采邑制""公职承包制"（后者根本不是**封建主义的**，罗马就是证明）和"荫庇制"，所以柯瓦列夫斯基就认为这是西欧意义上的**封建主义**。**别的不说**，柯瓦列夫斯基忘记了**农奴制**，这种制度并不存在于印度，而且它是一个基本因素。①

综合上面这些，是不是可以认为，马克思不同意把西欧的"封建主义"概念用来概括东方古老民族的社会关系呢？看来，是可以这样认为的。

我们知道，马克思从来都反对把西欧的社会发展道路变成万能的"一般历史哲学"，套用到完全不同的另外地区、另外社会中去。他那著名的"亚细亚生产方式"概念，就是用来指称长期与欧洲历史发展平行，以农村公社、土地国有和专制主义相互补充、三位一体为特征的另一种社会形态的。在马克思看来，由于早先历史的隔绝，亚洲、非洲、美洲的许多民族的社会发展道路是与西欧根本不同的，简单作比附毫无益处。这种彼此隔绝、独立发展的情况，只是随着近代以来资本主义造就了"世界市场"，才发生了决定性的变化，各民族的历史才变成了统一的世界历史。从上面的摘要看，马克思晚年仍坚持这种观点。

马克思当年所能掌握的材料在今天看来是相当不足的，但他在方法上比起后来那些不问青红皂白、认为全世界都要经历"五种社会形态"的马克思主义者不知要高明多少倍！那种机械的、单线的社会发展观事实上几乎把我们的历史研究引进了死胡同，不能前进半步。中国历史的研究者们，是不是可以从马克思本人的启发中，摆脱马克思主义的赝品，走出那些自己制造的永远纠缠不清的无谓争论，开辟一条新的马克思主义史学研究之路呢？希望有更多的人来关心这个问题。②

---

① 以上几段引文均出自《马克思恩格斯全集》第45卷。

② 写于十多年前的这段话，今天似乎又有了某种新的意义。当今不少人轻蔑地嘲笑马克思的唯物史观无法解释中国历史，然而他们所理解的马克思历史观，恰好就是刚说到的那种"五种社会形态"说。他们是把马克思学说和对这一学说的曲解混为一谈了（2010年注）。

第十五章 不断的探索

这位年迈体衰的大学问家,在人生最后几年中又勤奋系统地研究起世界史来。

读史,是马克思年轻时就养成的习惯。他读过的史书远远多过专业的历史学家。他不是只读简史、通史之类的著作,泛泛地了解一般历史,而是深入到各种专史、国别史、地区史、民族史,把事件细节和人物经历都弄得一清二楚。晚年读史,他仍是这样。而且这一次他还编写了详细的编年大事记,看来是想把自己几十年的历史研究全面地总结一下。

这些编年史笔记,后来陆续被人们整理出来,其中的两部最常被人们提到。

一部是"印度史编年摘录",大概写于 1879 年较晚时候到 1881 年之间。马克思对印度史、印度社会过去和现在的状况从来都十分关心。在这段时期里,他再次搜集了大量历史资料,根据泽韦耳的《从古代至 1858 年消灭尊严的东印度公司止的印度历史分析》、埃耳芬斯顿的《印度史》等著作,编成了这部摘录。

另一部是可能稍晚一些编成的四大本世界通史笔记。这四大本约合 105 个印张的笔记,主要是按编年顺序整理出的世界史,时间跨度从公元前 1 世纪初到 17 世纪中叶,涉及地区从西欧到亚洲,纵横数万里,内容以各民族、各国的政治、军事事件为主。编写这部浩大的笔记时,马克思使用的著作主要有施洛塞尔的 18 卷本《世界史》、博塔的《意大利人民史》、科贝特的《英国和爱尔兰的新教改革史》、休谟的《英国史》、马基雅维利的《佛罗伦萨史》、卡拉姆津的《俄罗斯国家史》、塞居尔的《俄国和彼得大帝史》、格林的《英国人民史》等。这部通史笔记今天以"历史学笔记"而闻名。

从这些历史笔记中人们可以看出,马克思是多么注意活生生的、具体的历史。这位在总览人类社会发展长河时目光深远、气势宏大的思想大师,在观察历史时又是精细入微、毫不含糊的。相比之下,后世的许多马克思主义"史学工作者们"(也包括笔者在内)的确应该感到惭愧。因为他们所写出的历史,往往是一堆堆互无关联的残片,中间由几根扭曲了的"规律"的筋牵引着,缺血少肉,没有呼吸,找不到脉搏,马克思所记录的那大量事件和人物,在他们的著作中甚至就没有出现过!更可悲的是,当人们终于发现了缺陷时,往往又不负责任地把

马克思传

这归咎于马克思。

真正有希望的路,是像马克思那样去具体生动地运用唯物史观。马克思的史学笔记,我们认为应能在这一方面起到启示的作用。

第十六章
走向生命的终点

晚年时光

岁月无情地侵蚀着人的生命，到 19 世纪 70 年代末，马克思已经是六十开外的老翁了。长年劳累，多种疾病，使他的面容看上去比实际年龄更显苍老。1879 年 12 月《芝加哥论坛报》通讯员访问他时，竟以为他的年龄在 70 岁以上。

不过这位通讯员发现，马克思的身体还是健康的："他很结实，肩膀宽，腰板直。他有着学者的头、文明犹太人的脸、花白的长发和大胡须，浓眉下有一双炯炯有神的黑眼睛。"

其实，在这种健康的外表下面，马克思的各种陈疾，到这时已让这位老人经常感到力不从心了。他非常容易感冒，咳嗽多痰，气喘，失眠，这些老毛病折磨着他，使他痛苦不堪。在他最后几年的通信中，谈论病情的文字越来越多。

他的夫人，这位坚强、勇敢、高贵的妇女，比他更早地感到了风烛残年的威胁。她时常消化不良、虚弱乏力，不得不多方延医求药，但都无济于事，病情也日渐严重。

燕妮·马克思在历尽几十年的坎坷、贫穷、担忧等等折磨之后，在 70 年代后期毕竟得到了生活的补偿。她的丈夫的著作冲破各种偏见和仇视的封锁，在欧美各国以各种文字流传；他被公认为社会主义思想的最高权威，无数有才智的人向他求教。而她本人，除了分享丈夫事业上的成功外，还从外孙们的欢笑嬉闹中享受着天伦之乐。

现在她拿起笔来，把过去被烦琐家务压抑了的文学才华显露了出来。她接连

第十六章　走向生命的终点

燕妮·马克思《动荡生活简记》手稿　　老年时的马克思夫人

在报刊上发表了好几篇文章，评论英国戏剧和英国文化生活。燕妮本人从年轻时起就爱好戏剧，到英国之后，更是对莎士比亚的戏剧着迷。她对戏剧大师们的名言佳句的谙熟，一点不亚于她丈夫。在家庭和朋友们的聚会上，她时常整场整段地朗诵莎士比亚和歌德的作品。可惜她的出色才华那时只是在小圈子里才为人所知，而当她一拿起笔来，公众便发现了一个文字幽默轻松而又内藏机锋的老练评论家！

可是，这些短暂的幸福和喜悦，都在1880年秋天被无情的诊断结果冲得冰消瓦解。医生发现，马克思夫人患的是绝症。这意味着，她在饱经数十年风雨冰霜之后，就要在不治之症的疼痛折磨下死去。

马克思心情异常沉重，这可以从那一时期他写的信件中看出。他想方设法给妻子治病。1880年8月至9月，他和妻子儿女们在兰兹格特休养，并且他还想把妻子送到卡尔斯巴德去做温泉治疗。可是这一计划被大陆政府的封锁破坏了，他得到的回答是："前男爵小姐冯·威斯特华伦不能前往该地，因为她是卡·马克思的妻子。"

马克思只好写信向卡尔斯巴德的医生求教。医生寄来了询问表要病人回答。可惜，这种治疗的效果微乎其微，这一点所有人心里都是明白的，马克思夫人自己更是清楚。但大家都还抱着一线希望：万一能够出现奇迹呢……马克思夫人向医生恳求："我真希望还能稍微多活一个时期。奇怪的是，一个人越是接近死亡，就越是留恋'尘世'。"

马克思本人的情况也很不好。医生要求他不去做任何事情，只准"优哉游哉"（像他在一封信中自嘲的那样）。可是马克思这样一个人又怎能"优哉游哉"，无所事事地消磨生命呢？他向医生的妥协，也只是减少了一些工作时间而已，而对理论和当前世界政治经济形势的关心，一点也没有减少。

在这段时间里，马克思接待了一些新朋友。

俄国的几个学者在1881年1月来到伦敦，他们中间有季别尔教授和卡尔鲁柯夫教授。他们访问了马克思。季别尔曾写过许多介绍、评论马克思经济学说的著作，他本人对马克思非常尊重。马克思赞赏季别尔的理论才华，在《资本论》第二版跋中就提到过他。这次季别尔来访，马克思热情地接待了这位年轻的朋友。

同年4月份，马克思家里来了一位只有二十六七岁的德国社会民主党人，他的名字叫卡尔·考茨基。他的母亲敏娜·考茨基是个有声望的作家，他自己在维也纳接受完大学教育后，参加了当地的社会主义运动，后来才来到了德国，给社会民主党的刊物写稿。这个年轻人兴趣广泛，写东西很快，当时已经是个小有名气的笔杆子了。

马克思和恩格斯起先对这位考茨基印象不佳。但考茨基对他俩倒是十二分的敬重爱戴，处处执弟子之礼。恩格斯首先和他通信，回答了他的一些问题。不久后，他就来伦敦拜访他俩了。

马克思初次见到考茨基时，仍然没有获得好的感觉。他给自己大女儿的信中是这样说的："当这个可爱的人（考茨基——引者）第一次到我这里来的时候——我是说这个 Kautzchen（怪人，和考茨基的姓发音相似——引者），我脱口第一句就问他：您像不像您的母亲？他保证说一点也不像，我就暗暗为他母亲庆幸。他是一个平庸而目光短浅的人，过分聪明（他才26岁）自负，在某种程度上是勤勉的，对统计学下了不少功夫，但收效不大，是个天生的俗种，不过，在他那种人当中他还算个正派人；我尽可能地把他打发到我的朋友恩格斯那里去。"[1] 马克思对于后辈似乎有些过于严苛以至挑剔了。不过，他还是和考茨基见了几次面，讨论了一些学术和政治问题。看来，这位"威严的但又毫不计较小事的家长"（这是考茨基对他的最初印象）始终没能成为考茨基的亲密朋友。恩格斯和考茨基的关系则要密切得多。

熟悉国际社会主义运动史的人都知道，考茨基后来成为阐释马克思学说的最大权威，第二国际时期欧洲社会主义的思想领袖。1914年世界大战爆发和1917年俄国革命之后，他是列宁和布尔什维克的头号论敌，社会民主主义的精神支柱。他一生写下了大量的著作，在数十年的国际社会主义运动中留下了深深的印迹。

马克思夫妇最感难受的事，是同女儿和小外孙们的告别。

1880年7月，法国宣布了对巴黎公社社员的大赦。政治流亡者纷纷动身回国。马克思的两个女婿也都要回去参加政治斗争。这虽是一件好事，可是，离别却使人痛苦，尤其在马克思夫人病势沉重的日子里，痛苦更是加倍的。

龙格和拉法格夫妇先走。1881年4月，大女儿燕妮和她的孩子们也启程前往法国。年迈的马克思夫妇依依不舍，既为自己心爱的女儿的未来生活担忧，又舍不下那三个朝夕不离身边的小外孙。人生就是这样，离合聚散，悲欢无常。马克思这位大哲人以惆怅的目光送走了

卡尔·考茨基（1854—1938）

---

[1]《马克思恩格斯全集》第35卷，第171页。

亲人，他心中感到了悲凉。

没过几天，这对老夫妇便感觉寂寞难耐了。家中失去了生气，生活也变得索然无趣。马克思给女儿写信诉说这种心情，老人的挚爱之情点点落在纸上：

我亲爱的小燕妮：

你们走了以后，这里就变得寂寞起来了——你不在了，琼尼、哈拉和"茶"先生（马克思的一个外孙的绰号）不在了！当我听到与我们的孩子们相似的声音时，我往往就跑到窗子跟前去，刹那间忘记了孩子们已在海峡的彼岸。①

痛失伴侣

三个月后，马克思夫妇动身去法国看望女儿和外孙们。

在这段时间里，马克思夫人的病情在加重，医生们无计可施。她看上去时好时坏，有时能整天坚持下来，晚上还能去看戏，有时却又忍不住剧痛，一连几天不能起床。就在这反反复复的病痛中，燕妮日益消瘦下去，虚弱无力，有时连穿衣服都感到很困难。但她仍用极大的毅力克制着，让自己表现出像往常一样的样子。后来有人在回忆中说，那时"她那干枯的皮肤像蜡一样苍白，我看见她眼睛下面有些紫褐色的斑点，但她仍有着某种贵族的高贵气质"②。

医生本来是不让马克思夫人在这种状况下旅行的，可是病症已无药可医，剩下的只有让病人在去日无多的时间里享受一下生活。于是，所有人都同意满足她的愿望：去巴黎看看女儿和外孙。这实际上是一项冒险的举动，马克思忧心

---

① 《马克思恩格斯全集》第35卷，第170页。
② 《人间的普罗米修斯——回忆马克思恩格斯之三》，人民出版社1983年版，第169页。

忡忡。

除马克思夫妇外，琳蘅这位老守护神也一起前往，照顾病人。启程的时间是1881年7月26日。

旅途中，马克思夫人虽有几次不适，但都挺过来了，总的情况还算顺利。他们到了巴黎附近的阿尔让台镇，大女儿燕妮一家就住在那里。

马克思对阿尔让台的印象不错，只是他们住的那条街的名字叫梯也尔林荫路，着实有些让人不痛快。他们在阿尔让台一直住到8月中旬。他把这里耳闻目睹的事情一一写信告诉给恩格斯，恩格斯则首先关心他们生活得怎样，钱够用不够用。他回信说，如需用钱，请告诉大致数目，因为，"你的夫人绝对不应克己了。她想要什么或者你们知道她喜欢什么，都应该使她得到满足"[①]。

马克思在这里整天和妻子、女儿、外孙们在一起，极少外出，偶尔会一会朋友——拉甫罗夫、希尔施、利沙加勒等几个人。当妻子精神稍好时，他们一起去了一趟巴黎。他们坐在敞篷车子里观看了城市，马克思夫人很喜欢这座永远热闹的城市，尽管中途不得不休息好几次，但她还是兴致很高，并且还想下次再来。

后来，留在英国的三女儿爱琳娜病了，马克思只好匆匆赶回去，夫人和琳蘅也在随后回到伦敦。在阿尔让台这边，龙格和一个外孙此时又病得很厉害。马克思一心多用，心力交瘁，他抱怨说，"目前家里尽是不幸的事"。

马克思夫人得的是肝癌，从法国回来后就倒下了，从此卧床不起。马克思本人的支气管炎又发作了，随后又是肺炎并发胸膜炎，随时有生命危险。整个秋天和冬天，这对患难一生的老夫妻都在同死亡抗争，这真是最悲惨的时候。爱琳娜·马克思给我们留下了令人难忘的回忆：

> 1881年秋天，我们亲爱的母亲已经病得很厉害，很少下床了，摩尔害了沉重的胸膜炎。他一向不注意自己的病情，所以病情日趋恶化。医生（我们的挚友唐金）认为他差不多没有希望了。那真是一个可怕的时期，前面那个

---

① 《马克思恩格斯全集》第35卷，第9页。

马克思传

  大房间里躺着我们的母亲，旁边那个小房间里睡着摩尔，他们俩平时朝夕相处，相亲相爱，现在再不能同住一屋了。[①]

  琳蘅和爱琳娜本人都成了昼夜护理的护士。她俩有三个星期没好好睡过觉，白天黑夜地陪着，实在太累时就轮流休息个把小时。

  马克思终于从死亡边缘回来了：

> 摩尔又一次战胜了病魔。我永远忘不了那天早晨，他觉得自己强健得能到母亲房间去。他们在一起又都年轻起来，她像一个热恋中的少女，他像一个热恋中的小伙子，他们又恢复了生命的活力，而不像一个在死亡线上挣扎的老人和一个即将被病魔夺去生命的老妇，彼此在作最后一次话别。[②]

  在半掩的窗幔下，暗淡的光线中，满头银色狮鬃的大哲人，颤巍巍地搀扶着气息微弱的伴侣，这该是怎样的一幅图画！

  1881年12月2日，燕妮·马克思去世。这位品格高尚的妇女，在病痛缠身的情况下，还总是想着周围的人。她尽量掩饰自己的疼痛，用一些说笑来让大家开心。她关心德国社会民主党在最近选举中的情况，对结果感到欣慰；她得知在伦敦最近刊登了一篇盛赞她丈夫毕生业绩的传记文章时，是多么高兴啊。弥留之际，已经说不出话了，她握住她的卡尔的手，尽量露出笑容。

  三天后，在伦敦的海格特公墓安葬了这位妇女。她伴随自己的丈夫走完了艰难困苦、充满起伏的斗争之路，在她所热爱的莎士比亚的国度找到了安息之所。

  没有烦琐的葬仪，没有长长的送殡队伍，只有恩格斯和其他几位忠实亲近的老朋友护送她到墓地，一切都宁静、朴素。这正是她所希望的，在去世前夕，她对别人说："我们不是那种重表面形式的人。"

  马克思没有去墓地，因为他的病情根本不允许他走出房门，所以医生绝对禁止

---

  ① 《我景仰的人——回忆马克思恩格斯之二》，人民出版社1982年版，第134页。
  ② 同上，第135页。

他去送葬。恩格斯在墓前发表了简短的讲话。他称颂她一生表现出了极其明确的批判智能、卓越的政治才干、充沛的精力、伟大的忘我精神。他这样总结了她的一生："如果有一位女性把使别人幸福视为自己的幸福，那么这位女性就是她。"①

辗转疗养

马克思夫人断气时，恩格斯说的一句话几乎使爱琳娜对他发火。他说："摩尔也死了。"

这不幸确是事实。

安葬了妻子后，马克思的生命差不多也一起逝去了。他正像一株伤痕累累的老树，滋润枝叶的汁液都已枯竭，虽然在寒风中用劲挺直躯干，但那力量已经是非常微弱了。

头些天，他根本没法写信，更别说看书了。他的病情曾使他差点"离开这个邪恶的世界"，现在又遭到了精神上的致命一击，他感到自己已经是双重残疾："精神上是由于失去了我的妻子，生理上是由于病后胸膜硬结和支气管应激性增强。"②

他反复地读那些从各地寄来的吊唁信，这些信，都是来自同志和挚友的。读这些信，对他来说是精神安慰，因为人们都向他表示了真挚的同情和对他夫人品质真正的了解和赞扬，没有哪封信是虚应故事的。他尤其为赫斯夫人的来信所感动。赫斯夫人写道，由于马克思夫人的逝世，"自然界毁坏了它自己的杰作，因为我一辈子没有见过这样聪慧而慈爱的女人"。

当他稍稍从悲伤中摆脱出来时，他感到，他更有必要活下去，仅凭各种资产

---

① 《马克思恩格斯全集》第19卷，第324页。

② 同上第35卷，第239页。

阶级报刊迫不及待地宣布他死了或将要死了，他"'这个与世界失去联系的人'也一定要重新成为有活动能力的人"[①]。

于是他配合医生，积极治病。

从1882年初起，他就按照医生的盼咐外出疗养，可是病情时好时坏，他一生的最后15个月就在这种状态中慢慢逝去。

先是和爱琳娜一起到威特岛的文特诺尔去。医生认为那里新鲜洁净的空气对他有好处。可是到了那里后才发现，情况并不美妙。天气寒冷阴郁，雾气弥漫，白天下雨，夜间刮风，附近海面上狂风怒吼，很少能见到像样的天气。在这里疗养的许多病人都沮丧地要走。马克思本人在那里待了半个多月后，终于也挨不过那恶劣的天气，回伦敦了。

但他的身体还是有些好转。刚到那里时，咳嗽十分厉害，几乎得靠吃药才能稍稍睡几个小时。到回来时，他已经能跟恩格斯一起不停歇地散步整整两个小时了。

马克思很想恢复工作，用他的话说，"试着干点事"。他又读起俄国书籍来。他给朋友的信中也重新纵谈政治，恢复了他所特有的那种尖锐和嘲讽口气。但是医生不允许他随心所欲，不久就又把他赶上了通往阿尔及尔的旅程。

到阿尔及尔去，也是恩格斯等几个老朋友的意思。欧洲大陆原先那些对马克思适宜的地方，现在都无法去了，只有南方的阿尔及尔，让朋友们抱很大希望，因为那里暖和、温润，对患呼吸系统疾病的人是有好处的。马克思并不怎么情愿，但也只好照办。

他先是到阿尔让台大女儿家里去，爱琳娜这时也在那里。本想尽快去马赛并转赴阿尔及尔，但法国工人党的一些内部情况，迫使他不得不"让步"，同盖得、杰维尔等人见了面，作了一次长谈。由于话说得多了，导致夜间失眠，并且呕吐。

坐火车去马赛和坐船去阿尔及尔，旅途一直在和这位风烛残年的老人作对：

[①]《马克思恩格斯全集》第35卷，第247页。

第十六章　走向生命的终点

火车不断出故障，天气寒冷，凉气刺骨。马克思穿上了所有衣服，还是顶不住，他只好用"乙醇"（用他信中的话说）御寒，"并一次又一次地求助于它"。在开往阿尔及尔的轮船"赛义德号"上，船舱里吵得要命的机器声加上风声，弄得他两夜没睡好觉。

最后抵达阿尔及尔时，却又发现了"和威特岛同样的误会"：这里的气候反常地寒冷潮湿。他长叹道：看样子，命该如此！他靠着龙格在这里的一个朋友、当地民事法庭法官费默的帮助，住进了"维多利亚旅馆"。

好在这里的景色让他很满意。走廊对面的海景，他就总是看不够：

> 我的房间面对着地中海的一个海湾，阿尔及尔港，以及像罗马剧院那样沿着小山坡层层高起的别墅（这些小山的山脚下是谷地，上边是另外的一些小山）；远处是群山，而且可以清清楚楚地看见麦提福角后面——卡比利亚山脉中——的雪峰，朱尔朱腊山脉的最高峰（上面所说的小山全是由石灰石构成的）。再也没有比这里早晨八点钟的景致、空气——欧洲和非洲奇妙的混合——更迷人的了。[①]

他每天早晨从9点（或10点）起到11点，都到谷地和比他住的地方更高的小山上去散步。他的咳嗽一天比一天严重，"痰多得厉害"，睡眠少，感到身体左侧似乎完全瘫痪了。当地最好的医生斯蒂凡医生为他诊断，并开了药，还要他坚持做规定的体操，除了消遣性的阅读，禁止任何正式的脑力工作。这一切马克思都只好照办，但总还是忍不住发发牢骚："一个人任何时候都不应以过于美好的希望来安慰自己！"

同时，他抑制不住对自己妻子的怀念。"你知道，没有人比我更讨厌随便动感情的了；但如果不承认我的思想大部分沉浸在对我的妻子——她同我生命中最美好的一切是分不开的——的怀念之中，那是骗人的"[②]。他在给恩格斯的信中这

[①]《马克思恩格斯全集》第35卷，第41页。

[②] 同上，第42—43页。

样诉说着自己的孤凉心情。

　　由于身体与精神上的双重折磨，这位熟练运用多种文字写作了一生的大著作家，现在感到自己在写信时，构词法、造句和语法方面竟会不时出现错误；由于精神恍惚，他总是事后才能发现它们。这使他再一次感到，自己离健全的身体和健全的精神还差得远，唯有慢慢进行治疗，才能有所好转。

　　不过，马克思绝没有达到颠三倒四的地步。他的头脑仍旧敏捷，文笔仍旧丰富、幽默。在阿尔及尔，他每隔几天就给恩格斯和自己的几个女儿写信，讲述自己的情况。信通常写得趣味盎然，从景色直到交友，绘物状人，简直就是一些散文。

　　他写了天气的变化无常，怎样由阳光灿烂而突然变为下雨，酷热怎样一下子变成严寒，晴朗的天空怎样一下子变成乌黑。

　　他写了走廊下面的花园里，一个"漆黑的真正黑人"怎样拉着小提琴跳舞，做出各种优美的动作。

　　他这个"摩尔"描写了他见到的真正的摩尔人：椭圆形面孔，鹰钩鼻子，炯炯发光的大眼睛，乌黑的头发和胡须，各种肤色，各类服装。他认为，即使最穷的摩尔人，在用斗篷"披身的艺术"方面，在走路或站立时所表现出的自然优雅和高贵气度方面，都要胜过欧洲大演员。

　　他写到，自己游览了有名的植物园：摩尔人种的咖啡；"非常美丽的三条纵向的大林荫路"；其他由梧桐、棕榈、木兰、无花果树等等组成的林荫路；"竹子林荫路""纤维质棕榈""龙血树""桉树"等各种林荫路……都让他惊叹不已。而在一个周围全是梧桐树的圆形大广场上，身着红色肥大灯笼裤、白色薄呢鞋，系着裤脚口、头戴红色非斯卡帽的乐队，又让他非常开心。

　　在给劳拉的信里，他讲了一个"短小的明哲的阿拉伯寓言"，希望"会使你对阿拉伯人产生某些好感"：

　　　　一条横渡激流的小船上，船夫与一个哲学家之间有如下对话：
　　　　哲学家：船夫，你懂得历史吗？

第十六章 走向生命的终点

船夫：不懂！

哲学家：那你就失去了一半生命！

哲学家：你研究过数学吗？

船夫：没有！

哲学家：那你就失去了一半以上的生命。

这时，风把小船吹翻了，两人全都落水。

于是船夫喊道：你会游泳吗？

哲学家：不会！

船夫：那你就失去了你的整个生命！

离开阿尔及尔前几天，灼热的阳光（4月下旬北非的天气已很热了）迫使他让人去掉了自己那一大把"预言家的胡须"和头发。但由于女儿们喜欢他过去的样子，他在"把自己的头发献给阿尔及尔理发师的祭坛"之前去照了相。那是他留在世上的最后一张照片。

在阿尔及尔的治疗效果不错。在斯蒂凡医生的细心护理下，马克思的身体大大好转，咳嗽减轻了，又有了食欲，睡眠也好得多了……他高兴地说："没有得过失眠症的人，是不能体会到彻夜不眠的痛苦终于消除时的这种愉快心情的！"[①] 他现在急着想离开阿尔及尔了。

1882年的马克思

这一次他的想法与医生合拍了。斯蒂凡医生认为，由于"强烈大气运动"将要到来，马克思再在阿尔及尔待下去可能对身体有害。于是在医生的"批准"之下，马克思带上他的诊断书，乘来时的那一艘"赛义德号"，于1882年5月2日

---

① 《马克思恩格斯全集》第35卷，第287页。

马克思传

"从阿尔及利亚逃走","前往卡恩、尼斯或门顿去寻求幸福"。马克思即使到了疾病缠身时,也还是喜欢讲些这样自嘲的话。

结果他不是在别的地方,而是在蒙特卡罗住了下来。一路上的滂沱大雨和风暴使得他胸膜炎复发了,在同一旅馆下榻的德拉肖医生坚决反对马克思去尼斯或门顿,主张就留在蒙特卡罗。在这里,马克思找到了一个"非常好的医生"——肺病和胸腔科专家库奈曼。

马克思说自己在蒙特卡罗"上流社会的懒汉或冒险家的这个巢穴里混了整整一个月"[①]。除接受治疗外,他还观看了这个有名的大赌城。他在给女儿的信里描写了可笑的场景:在饭店和咖啡馆等地方,人们谈论和窃窃私语的几乎全是关于轮盘赌以及"三十和四十"。例如,一会儿某人赢了100法郎,转眼又输了6000,一会儿某人已经没有回家的路费了……

离开蒙特卡罗,马克思又到阿尔让台燕妮家里住了两个多月。他觉得,在这里才能享受到"充分的安静",而这"充分的安静",他指的却是"孩子们的喧闹"。和外孙们在一起嬉笑,他认为是最好不过的休息。他带着外孙们在田野和草地上散步,给他们讲"好听的故事",这真好像又回到了19世纪50年代汉普斯泰特郊游的年月。

但病情还是让他烦恼,他说自己"就像假释犯一样,每到一个新地方,我都必须到最近的医生那里去报到"。按照杜尔朗医生的吩咐,他每天要到15分钟车程之外的恩吉安去泡含硫矿泉水,做吸入疗法。在那里,病人们从浴池出来后,要站在一种用木板搭的台子上,处于"天然"状态,被管理浴疗的人用水龙带浑身上下"扫射"一番。他在这段时间里,每天早上乘火车去洗浴,中午回到阿尔让台,下午休息、散步。日子过得规律、有序,倒也十分有益。

唯一不太愉快的是,他对自己的两个法国女婿这段时间的表现看来不满意。龙格还是没褪掉他那蒲鲁东主义者的气味,拉法格则时时犯宗派主义错误,这让马克思有时很生气。整个说来,当时法国社会民主党的左翼都有这种宗派主义、教

[①]《马克思恩格斯全集》第35卷,第64页。

条主义的毛病，他们自己还以为这就是马克思主义呢。针对这些幼稚的人，马克思说过一句挖苦的话，后来成了名言："我所知道的，就是我不是马克思主义者。"

8月下旬，马克思由劳拉陪同，一路"慢腾腾地"经洛桑去日内瓦湖畔的斐维。那里山清水秀，景色如画，马克思到了这里，疾病顿时减轻几分。他和劳拉一起爬上了葡萄园高地，半点都没感到呼吸困难。

这半年多的休养，果然见效。9月回到巴黎时，医生对马克思检查的结果很满意，说他总的健康状况大大改善，甚至说只要他配合好，就有把握把他的病完全治好。就这样，马克思在10月回到了伦敦。这时他"胖了"些，气色也很好，恩格斯说他"看起来健康几乎完全恢复了"。他一回来就兴致勃勃地会见了肖莱马、恩格斯等几个老朋友，并爬上了汉普斯泰特荒阜。

但他在伦敦家中也没停留多长时间。医生要求他在伦敦的时间不得超过三个星期，因为那里潮湿多雾的天气对他这样的病人很不适宜。于是，三个星期后，马克思来到了文特诺尔。

整个这半年多来，马克思从欧洲到非洲的辗转行程，差不多是完全保密的，只有最亲近的几个人才知道。各国社会主义政党方面的事务，全由恩格斯揽了过去，来信来访者也都被他挡了驾。马克思也只读些轻松的东西和少量报纸，暂时把理论和政治搁在一边。但在文特诺尔，他的情况刚一好转，便对自己无所事事的漫游感到厌倦了。他又拿起理论书籍来读。

1882年11月8日，他在信中问恩格斯："慕尼黑电气展览会上展出的德普勒的实验你认为怎样？"

事情是这样的：在1882年的慕尼黑电气展览会上，法国物理学家德普勒展出了他在米斯巴赫至慕尼黑之间架设的第一条实验性输电线路。马克思这位对技术革命从来都有浓厚兴趣的思想家，立刻预见到这项成就的远大前景。他急切地要弄到这方面的论文和著作来研究。写这封信时，他正读着奥斯皮塔利埃的《现代物理学。电的基本应用》一书。

在不久后的又一封信里，他又和恩格斯讨论起微积分来。

同时，他着手准备出《资本论》第一卷的德文第三版。

马克思传

他继续钻研俄国土地问题、东方农村公社问题……

看起来一切正常。突然，致命的一击来了：长女燕妮·龙格去世。

与世长辞

燕妮在1882年生下一个女儿，取名也叫燕妮。此后她的身体就垮了，大家都为她担心，但似乎没人想到会有生命危险。到年底，情况严重了，马克思提心吊胆，坐立不安。现在他每受惊吓，咳嗽就要痉挛性发作，喘不上气来。别人都尽量安慰他。1883年1月10日，他收到了拉法格报告情况好转的信，心头稍安，便写信给在伦敦的琳蘅和爱琳娜，让她们放心。万万没想到，第二天，爱琳娜就赶来文特诺尔，把燕妮当天去世的噩耗带给了他。

马克思长女燕妮·龙格（1844—1883）

爱琳娜后来的回忆说：

"我感到我这一去就等于把死亡判决书带给我父亲。在漫长而忧愁的旅途中，我苦苦思索着如何把这消息告诉他。但用不着我说，我的面部表情已把一切都告诉了他。摩尔马上说：'我们的小燕妮死了！'"

他立刻叫爱琳娜去巴黎，他自己也动身返回伦敦。这悲痛的消息在瞬间把先前治疗的效果都毁掉了，马克思的支气管炎和喉头炎并发，咳嗽得喘作一团，似乎整个胸腔都要撕裂了。就这样，他回到了伦敦——爱琳娜说，"那是来迎接死亡的"。

往后的两个多月，忽而给人以一丝希望，忽而又把一切希望卷入谷底。马克思的支气管炎使他的嗓子嘶哑得说不出话，喉头炎使他无法吞咽食物，只好每天喝一品脱牛奶，而这原本是他最讨厌的。随后出现肺脓肿。复杂的病情使得服药都很困难，顾了这里，就顾不了那里。长期服药又使药物对他的身体失去效用，只是使他食欲不振、消化不良，眼看着一天天消瘦下去。在那两个月里，家人都提心吊胆。恩格斯每天去他家时，也总是在走到拐角处时就怀着极度恐惧的心情看看窗帘是不是放下来了。

不过，病情总还是慢慢地在好转着，支气管炎正在过去，吞咽食物也容易些了，医生表示大有希望。就在这种情况下，死亡却意外地来临了。

1883年3月14日下午两点半，恩格斯照例来到马克思家，看到全家都在掉泪，似乎快到临终的时刻了。恩格斯询问了情况，想弄清原因以便安慰。得知马克思先是少量出血，接着体力就衰竭了。马克思这时在楼上书房，琳蘅走上楼去查看，很快又下来了，说他处在半睡状态，可以一起上去。可是，当大家悄悄地走进去时，发现马克思已经在安乐椅上长眠不醒了，终年65岁。

恩格斯沉痛地写下了这样的话："人类失去了一个头脑，而且是它在当代所拥有的最重要的一个头脑。"①

1883年3月17日，卡尔·马克思被送往海格特公墓，和他的夫人安葬在一起。

海格特公墓在伦敦北郊，离马克思生前喜爱的汉普斯泰特荒阜不远。这里幽静而宽阔，矮草丛生。马克思和他夫人的墓在一个并不显眼的地方，一块小小的石碑已经刻好，那上面的字样是：

燕妮·冯·威斯特华伦
卡尔·马克思的爱妻

---

① 《马克思恩格斯全集》第35卷，第460页。

马克思传

  生于 1814 年 2 月 12 日
  卒于 1881 年 12 月 2 日
  卡尔·马克思
  生于 1818 年 5 月 5 日
  卒于 1883 年 3 月 14 日

  再简单普通不过了,没有任何表彰性的文字,没有引人注目的颂词,但更加突出了这位世界性人物的品德:朴实无华,厌恶吹嘘。

马克思墓

  来送葬的人不多,亲属之外,就只有一些最亲密的朋友。他们中有:弗里德里希·恩格斯、威廉·李卜克内西、弗里德里希·列斯纳、格·罗赫纳,这几位都是共产主义者同盟的老战友了;卡尔·肖莱马、雷伊·朗凯斯特,这两位是著名的科学家、教授;马克思的两个女婿沙尔·龙格和保尔·拉法格。整个过程简单自然,免除了一切仪式。这正是马克思生前所希望的。

  恩格斯在墓前用英语发表的演说,简短,通俗,诚挚,不事修饰,感人至深。这一流传于世的名篇,比后来的任何长篇大论都更好地总结了马克思的一生,现在把它全文引录下来,作为本书的结束:

第十六章　走向生命的终点

3月14日下午两点三刻,当代最伟大的思想家停止思想了。让他一个人留在房里还不到两分钟,当我们进去的时候,便发现他在安乐椅上安静地睡着了——但已经永远地睡着了。

这个人的逝世,对于欧美战斗的无产阶级,对于历史科学,都是不可估量的损失。这个巨人逝世以后所形成的空白,不久就会使人感觉到。

正像达尔文发现有机界的发展规律一样,马克思发现了人类历史的发展规律,即历来为繁芜丛杂的意识形态所掩盖着的一个简单事实:人们首先必须吃、喝、住、穿,然后才能从事政治、科学、艺术、宗教等等;所以,直接的物质的生活资料的生产,从而一个民族或一个时代的一定的经济发展阶段,便构成基础,人们的国家设施、法的观点、艺术以至宗教观念,就是从这个基础上发展起来的,因而,也必须由这个基础来解释,而不是像过去那样做得相反。

不仅如此,马克思还发现了现代资本主义生产方式和它所产生的资产阶级社会的特殊的运动规律。由于剩余价值的发现,这里就豁然开朗了,而先前无论资产阶级经济学家或者社会主义批评家所做的一切研究都只是在黑暗中摸索。

一生中能有这样两个发现,该是很够的了。即使只能做出一个这样的发现,也已经是幸福的了。但是马克思在他所研究的每一个领域,甚至在数学领域,都有独到的发现,这样的领域是很多的,而且其中任何一个领域他都不是浅尝辄止。

他作为科学家就是这样。但是这在他身上远不是主要的。在马克思看来,科学是一种在历史上起推动作用的、革命的力量。任何一门理论科学中的每一个新发现——它的实际应用也许还根本无法预见——都使马克思感到衷心喜悦,而当他看到那种对工业、对一般历史发展立即产生革命性影响的发现的时候,他的喜悦就非同寻常了。例如,他曾经密切注视电学方面各种发现的进展情况,不久以前,他还密切注视马赛尔·德普勒的发现。

因为马克思首先是一个革命家。他毕生的真正使命,就是以这种或那种

马克思传

方式参加推翻资本主义社会及其所建立的国家设施的事业，参加现代无产阶级的解放事业，正是他第一次使现代无产阶级意识到自身的地位和需要，意识到自身解放的条件。斗争是他的生命要素。很少有人像他那样满腔热情、坚韧不拔和卓有成效地进行斗争。最早的《莱茵报》（1842年），巴黎的《前进报》（1844年），《德意志—布鲁塞尔报》（1847年），《新莱茵报》（1848—1849年），《纽约每日论坛报》（1852—1861年），以及许多富有战斗性的小册子，在巴黎、布鲁塞尔和伦敦各组织中的工作，最后，作为全部活动的顶峰，创立伟大的国际工人协会，——老实说，协会的这位创始人即使没有别的什么建树，单凭这一成果也可以自豪。

正因为这样，所以马克思是当代最遭忌恨和最受诬蔑的人。各国政府——无论专制政府或共和政府，都驱逐他；资产者——无论保守派或极端民主派，都竞相诽谤他，诅咒他。他对这一切毫不在意，把它们当作蛛丝一样轻轻拂去，只是在万不得已时才给以回敬。现在他逝世了，在整个欧洲和美洲，从西伯利亚矿井到加利福尼亚，千百万革命战友无不对他表示尊敬、爱戴和悼念，而我敢大胆地说，他可能有过许多敌人，但未必有一个私敌。

他的英名和事业将永垂不朽！①

恩格斯写的马克思墓前演说草稿中的一页

---

① 《马克思恩格斯选集》第2版第3卷，第776—778页。

附录一

马克思年谱

1818 年

5 月 5 日：出生于普鲁士莱茵省特里尔的一个律师家庭。

1830 年

10 月：入特里尔中学学习。

1835 年

9 月 24 日：毕业于特里尔中学。

10 月 15 日：入波恩大学法律系学习。

1836 年

夏：回家乡度假时与燕妮·冯·威斯特华伦秘密订婚。

10 月下半月：赴柏林，转入柏林大学法律系学习。除法律外，对哲学、历史、艺术史等领域都广泛研究，并学习几种外国文字。

马克思传

1837 年起

4月—8月：认真研究黑格尔哲学，通读了黑格尔的所有著作以及他的门生的许多著作。参加博士俱乐部，结识布鲁诺·鲍威尔、科本等青年黑格尔派人物。

1839 年

年初—1841年3月：深入研究希腊哲学，写博士论文。

1841 年

3月30日：毕业于柏林大学。

4月6日：将博士论文《德谟克利特的自然哲学和伊壁鸠鲁的自然哲学的差别》寄交耶拿大学哲学系审议。

4月15日：获耶拿大学的哲学博士学位。

7月初：去波恩，打算在大学任教，不久后因政府对大学控制加强，放弃执教计划。

约7月间：读费尔巴哈的著作《基督教的本质》。

1842 年

1月—2月：写《评普鲁士最近的书报检查令》一文。该文1843年2月刊登于《德国现代哲学和政论界轶文集》第1卷中。

4月起：为《莱茵报》撰稿。

10月上半月：移居科隆，受聘为《莱茵报》编辑。

11月下半月：在《莱茵报》编辑部与恩格斯初次见面。

11月底：同柏林"自由人"小组决裂。

1843 年

3月17日：退出《莱茵报》编辑部。

夏：在克罗茨纳赫写《黑格尔法哲学批判》。

6月19日：与燕妮·冯·威斯特华伦结婚。

10月底：迁居巴黎，与卢格合办《德法年鉴》。

秋—1844年1月：为《德法年鉴》写《论犹太人问题》和《〈黑格尔法哲学批判〉导言》

1844年

2月底：《德法年鉴》第一、二期合刊在巴黎出版。

3月26日：与卢格决裂。

4月—8月：研究政治经济学和哲学，写下的手稿后来以《1844年经济学哲学手稿》著称。

5月1日：第一个女儿燕妮出生。

8月：开始为《前进报》写稿。

8月28日左右：与弗里德里希·恩格斯会见。从此开始两人的毕生友谊和合作。

8月底9月初：与恩格斯开始合写《神圣家族，或对批判的批判所做的批判。驳布鲁诺·鲍威尔及其伙伴》一书。

1845年

2月3日：因被法国政府驱逐，迁往比利时的布鲁塞尔。

2月24日左右：《神圣家族，或对批判的批判所做的批判。驳布鲁诺·鲍威尔及其伙伴》一书出版。

春：写《关于费尔巴哈的提纲》。

4月5日以后：恩格斯迁来布鲁塞尔。

7月12日左右到8月下旬：同恩格斯一起去英国旅行，考察那里的政治、经济状况和工人状况。

9月26日：次女劳拉出生。

11月：与恩格斯开始合写《德意志意识形态》一书。

12月1日：脱离普鲁士国籍。

1846年

年初：与恩格斯在布鲁塞尔创立共产主义通讯委员会。

3月30日：在布鲁塞尔共产主义通讯委员会会议上，与威廉·魏特林发生尖锐争论。

夏：《德意志意识形态》一书主要章节写完。但该书在两位作者生前终未出版。

12月18日：在给巴·瓦·安年柯夫的信里对蒲鲁东的理论予以批评，并对历史唯物主义的一系列原理作了透彻说明。

1847年

1月20日：会见正义者同盟代表约瑟夫·莫尔，和恩格斯加入正义者同盟。

2月3日：儿子埃德加尔出生。

6月初：共产主义者同盟第一次代表大会在伦敦召开。马克思未能前往，恩格斯参加了大会。

7月初：《哲学的贫困。答蒲鲁东先生的＜贫困的哲学＞》一书出版。

8月5日：在布鲁塞尔成立了共产主义者同盟支部和区部。马克思当选为支部主席和区部委员会委员。

8月底：在马克思和恩格斯倡议和组织下，在布鲁塞尔成立德意志工人协会。

11月29日—12月8日：共产主义者同盟第二次代表大会在伦敦举行。马克思和恩格斯出席大会。大会委托他们起草同盟纲领。

12月下半月：在布鲁塞尔德意志工人协会作关于雇佣劳动与资本的演讲。

1848年

2月24日左右：《共产党宣言》出版。

3月3日夜：被比利时警方逮捕，次日被驱逐出境。

3月5日：到达巴黎。

3月6日：出席由于法国革命事件而召开的巴黎德国流亡者大会。

3月6日—4月5日：反对由海尔维格和伯恩施太德等人提出的由德国流亡者组织武装、"输入革命"的主张，组织德国工人单个返回德国。

3月11日：共产主义者同盟中央委员会在巴黎成立，马克思当选为主席。

3月21日—29日之间：与刚来到巴黎的恩格斯共同起草共产主义者同盟文件《共产党在德国的要求》。

4月6日左右：与恩格斯离法回国，参加德国革命。

4月11日：到科隆。

5月31日晚：《新莱茵报》创刊号出版。马克思是总编，由恩格斯等人组成编辑部。

7月6日：首次被法院侦查员传讯，《新莱茵报》编辑部被搜查。此后这种传讯接二连三。

7月21日：出席科隆民主协会全体会议，被推选为参加科隆三个民主团体总委员会的代表。

8月13日—14日：参加在科隆召开的第一届莱茵民主主义者代表大会。

8月23日—9月11日左右：去柏林和维也纳，同那里的民主运动和工人运动加强联系，并为《新莱茵报》筹款。

9月13日：《新莱茵报》编辑部、科隆工人联合会和民主协会召开民众大会，选出由30人组成的安全委员会。马克思和恩格斯入选。

9月28日：《新莱茵报》停刊。

10月12日：《新莱茵报》复刊。

11月11日—13日：写《柏林的反革命》一组文章，号召人民以拒绝纳税的方式回击反革命的进攻。

11月13日：在科隆群众大会上当选为人民委员会委员。

1849年

2月7日—8日：两次上陪审法庭受审，罪名是侮辱当局和煽动叛乱。马克思和恩格斯等人成功地为自己辩护，揭露了政府当局的反动。法庭宣告他们无罪。

4月5日—11日：在《新莱茵报》上发表《雇佣劳动与资本》。

约4月15日—5月8日：到德国西北部和威斯特伐里亚各城市旅行，会见了许多民主主义者和共产主义者。

5月16日：接到普鲁士当局驱逐他的命令。

5月19日：《新莱茵报》用红色油墨印出最后一号，向科隆工人告别。

5月19日—6月初：先后到美因河畔法兰克福、巴登、普法尔茨、宾根等地。

6月3日左右：到达巴黎。

8月24日：被法国政府驱逐。

8月29日左右：到达伦敦。

8月底9月初：与其他人重建共产主义者同盟中央委员会。

9月初：加入伦敦德意志工人教育协会。

11月5日：儿子格维多出生。

1850年

约1月—11月：写《1848年至1850年的法兰西阶级斗争》，连载于《新莱茵报。政治经济评论》。

3月6日：《新莱茵报。政治经济评论》第一期在汉堡出版，至11月29日停刊时，共出6期。

3月底：与恩格斯合写第一篇《中央委员会告共产主义者同盟书》。

6月初：与恩格斯合写第二篇《中央委员会告共产主义者同盟书》。

7月底：与维利希等发生严重分歧。

9月15日：在共产主义者同盟中央委员会会议上，尖锐批评维利希、沙佩尔的冒险主义策略。会议决定把中央委员会迁往科隆。

9月17日：退出德意志工人教育协会。

11月中：恩格斯迁居曼彻斯特，重新从事商业工作。从此，他经常资助马克思一家，与马克思几乎天天通信。

11月19日：儿子格维多病夭。

1851年

1月—12月：紧张地研究政治经济学。在不列颠博物馆图书馆中阅读了大量书籍。

3月28日：女儿弗兰契斯卡出生。

8月8日左右：接到《纽约每日论坛报》编辑查理·德纳邀请他为该报撰稿的建议。从此，为该报撰稿达10年以上，其中有一部分文章是由恩格斯写的。

约1851年12月19日—1852年3月25日：写《路易·波拿巴的雾月十八日》一书。

1852年

3月5日：在给魏德迈的信中阐述了他关于阶级斗争在历史上的作用的新观点。

4月14日：小女儿弗兰契斯卡病夭。生活极度贫困，不得不借钱安葬女儿。

5月19日：《路易·波拿巴的雾月十八日》在纽约出版。

5月底—6月：去曼彻斯特恩格斯那里，共同写《流亡中的大人物》。

10月4日—11月12日：科隆共产党人案件审判期间，密切关注审讯进程，以各种方式揭露普鲁士当局的阴谋。

10月底—12月初：写《揭露科隆共产党人案件》一书。

11月17日：在共产主义者同盟伦敦区部会议上提议解散共产主义者同盟。提议获通过。

1853年

5月20日：写《中国革命和欧洲革命》一文，作为社论发表在6月14日《纽约每日论坛报》上。

5月26日左右—6月14日：与恩格斯在通信中谈东方历史问题，指出东方不存在土地私有制。

6月10日：写《不列颠在印度的统治》一文，发表在6月25日《纽约每日论坛报》上。

7月22日：写《不列颠在印度统治的未来结果》一文，发表于8月8日《纽约每日论坛报》。

10月4日—12月6日：写以"帕麦斯顿勋爵"为总标题的一组文章，大部分作为社论发表在《纽约每日论坛报》上。

约11月21日—28日：写《高尚意识的骑士》。

1854年

1月中：《高尚意识的骑士》在美国出版。

1月—12月：继续研究政治经济学，同时关注国际问题。研究了许多国家的历史。继续在《纽约每日论坛报》上发表文章，在欧洲局势、东方问题等方面写了大量评论。

12月29日—1855年1月1日：写两篇总标题为"克里木战局的回顾"的文章，由此开始为《新奥得报》撰稿。

1855年

1月—12月：就英国经济状况、内政和外交政策、克里木战争等问题写了许多文章，分别发表在《纽约每日论坛报》和《新奥得报》等报刊上。

1月16日：女儿爱琳娜出生。

4月6日：8岁的爱子埃德加尔夭折，精神上遭受巨大打击。

1856年

8月16日—1857年4月1日：在伦敦《自由新闻》上发表《十八世纪外交史内幕》。

10月初：迁往汉普斯泰特路哈佛斯托克小山梅特兰公园格拉弗顿坊9号。

1857 年

1月—5月：与恩格斯合写一组抨击英国发动侵华战争的文章。

6月底—10月下旬：写许多关于印度起义的文章，大部分发表在《纽约每日论坛报》上。

7月—1858年5月：着手总结多年来的经济学研究，撰写一部经济学巨著初稿，即后来著名的"1857—1858年经济学手稿"。

10月—1858年2月：密切注意和研究经济危机，收集了大量有关资料。

1858 年

本年度：贫病交加，仍奋力赶写经济学著作。并为报刊写稿。

8月31日—9月28日：写四篇关于鸦片贸易史和《天津条约》的文章，均发表在《纽约每日论坛报》上。

1859 年

5月—8月20日：同恩格斯为《人民报》写稿。

6月11日：《政治经济学批判》第一分册在柏林出版。

1860 年

1月—2月初：继续写《政治经济学批判》第二分册，进一步研究了大量经济学文献。

1月底：开始为写反击福格特的著作而收集资料，阅读书籍、报刊，广泛研究19世纪政治史和外交史。到11月写完该著作。

11月19日—12月：夫人燕妮患天花。马克思服侍妻子，紧张焦虑。

11月底—12月19日：研究自然科学，读达尔文《物种起源》。极为重视该书。

12月1日：《福格特先生》出版。

马克思传

1861 年

2 月 28 日—3 月 16 日左右：去荷兰探望亲戚。

3 月 17 日—4 月 29 日：先后到柏林、爱北斐特、巴门、科隆、特里尔等地，经亚琛、扎耳特博默耳、鹿特丹和阿姆斯特丹回伦敦。

8 月—1863 年 7 月：继续写作经济学巨著，留下了篇幅巨大的"1861—1863 年经济学手稿"。

1862 年

本年度：密切关注美国内战进程，在许多通信和文章中谈了自己的看法。

7 月 9 日—8 月 4 日：经常会见前来伦敦参观世界工业博览会的拉萨尔。

9 月：因生活极度窘迫，欲到铁路部门谋职，未果。

12 月 28 日：在给库格曼的信中提到，他打算用"资本论"作为自己的经济学著作的书名，而以"政治经济学批判"为副标题。

1863 年

2 月：关注并热烈欢迎波兰起义。

8 月—1865 年 12 月：写出《资本论》三卷的新的手稿。

10 月底—11 月初：受伦敦德意志工人教育协会委托，写支援波兰起义的呼吁书。

12 月 7 日：因母去世赴特里尔。

12 月 21 日—1864 年 2 月 19 日：在荷兰扎耳特博默耳姨父处。

1864 年

3 月：迁入新居：梅特兰公园路莫丹那别墅 1 号。

5 月 3 日—19 日：因老战友威廉·沃尔弗患病并去世，去曼彻斯特。

9 月 28 日：出席在伦敦圣马丁堂举行的国际工人会议，这次会上成立了国际工人协会。当选为协会临时委员会委员。

11月1日：在临时委员会会议上宣读了他写的国际成立宣言和临时章程。这两个文件获一致通过。

11月22日—29日之间：为国际起草给美国总统林肯的公开信。

1865年

1月24日：应施韦泽的请求，为《社会民主党人报》写一篇全面评价蒲鲁东的文章。

2月28日：以本人和恩格斯的名义写一声明，宣布拒绝再为《社会民主党人报》写稿。

6月20日和27日：在国际总委员会会议上作关于工资、价格和利润的报告。

9月25日—29日：参加国际伦敦代表会议。会议通过了他为即将召开的代表大会提出的议事日程。

1866年

本年度：紧张地准备《资本论》的付印工作。

1月22日：出席纪念1863—1864年波兰起义三周年的大会。

2月13日左右：按照恩格斯的意见，决定首先发表《资本论》第一卷。

9月3日—8日：日内瓦代表大会召开。马克思被选入总委员会。

1867年

1月22日：作为国际工人协会的代表，出席伦敦纪念1863—1864年波兰起义四周年大会。在会上发表演说。

4月2日：写信告知恩格斯：已写完《资本论》第一卷。

4月10日：携《资本论》第一卷手稿前往汉堡，该书将由那里的出版商出版。

4月17日左右—5月15日：在汉诺威的库格曼家做客。

8月16日：看完《资本论》第一卷最后一个印张的校样。在深夜两点写信给恩格斯，感谢他的无私帮助。

  9月2日—8日：国际工人协会代表大会在洛桑举行。马克思被选入总委员会。

  9月14日：《资本论》第一卷在汉堡出版。

1868 年

  9月6日—13日：国际布鲁塞尔大会召开。马克思再被选入总委员会。大会通过一项决议案，建议各国工人学习《资本论》。

1869 年

  9月7日和11日：在国际巴塞尔代表大会上宣读了马克思起草的总委员会总结报告和关于继承权的报告。马克思再度当选为总委员会委员。

  约9月18日—10月7日：和大女儿燕妮在汉诺威的库格曼家做客。

  10月底：开始学习俄文。

1870 年

  4月29日：收到由日内瓦《钟声》印刷所刊印的《共产党宣言》第一个俄译本。

  7月19—23日：写国际工人协会总委员会关于普法战争的第一篇宣言。

  9月6日—9日：写国际工人协会总委员会关于普法战争的第二篇宣言。

  9月20日：恩格斯从曼彻斯特移居伦敦。马克思推荐恩格斯为总委员会委员，10月4日得到一致通过。

1871 年

  3月19日—5月：得知巴黎3月18日革命的消息。乃仔细研究局势发展，密切关注政治动向，与巴黎公社社员建立联系，就各种重大问题向他们提出建议。同时，与各国社会主义者广泛通信，呼吁对公社予以支持。

  4月18日—5月29日：受总委员会委托起草关于法兰西内战的宣言。为此收集了大量资料，前后写出三稿。

5月30日：在总委员会会议上宣读他起草的宣言《法兰西内战》，获一致通过。用英文印成单行本出版，并很快译成多种文字在各国出版。

9月17日—23日：和恩格斯参加国际伦敦代表会议。

1872年

1月—3月初：和恩格斯准备写国际的内部通告《所谓国际内部的分裂》，收集了有关巴枯宁分子反对总委员会的阴谋及其在各国的行动的材料。

3月—8月：加紧进行《资本论》第一卷德文第二版的校订工作，对全书结构作重大更改；同时，为准备出版《资本论》第一卷法文版进行了大量工作。

3月27日：《资本论》第一卷俄文第一版在俄国出版。

5月底：与恩格斯写的总委员会内部通告《所谓国际内部的分裂》在日内瓦出版，并分发给国际的各支部和各联合会。

9月2日—7日：和恩格斯参加国际海牙代表大会。

1873年

4月—7月：和恩格斯受海牙代表大会委托，写揭露巴枯宁分子在国际内的秘密活动的小册子。小册子以《社会主义民主同盟和国际工人协会》为题于8月底用法文出版。

6月初：《资本论》第一卷德文第二版在汉堡出版。

9月25—30日之间：把《资本论》第一卷德文第二版分别寄给达尔文和斯宾塞。

1874年

1874年—1875年初：读巴枯宁的《国家制度和无政府状态》一书并作了摘要。为完成《资本论》后几卷而继续收集资料，深入进行研究。

8月初：试图取得英国国籍，未成。

8月19日—9月21日：和女儿爱琳娜在卡尔斯巴德疗养。

1875 年

1月23日：和恩格斯在1863—1864年波兰起义12周年纪念会上发表演说。

5月5日：写信给威廉·白拉克，并寄去对德国工人党纲领的批注，即后来著名的《哥达纲领批判》。

8月15日—9月11日：在卡尔斯巴德疗养。

9月20日以后—10月：重新紧张地研究经济学，特别是研究俄国土地关系，阅读了大量有关文献。

11月—12月：研究农业化学、物理学、政治经济学方面的专门著作，特别是土地问题方面的著作。

11月底：《资本论》第一卷法文版最后一个分册出版。这个法文版经马克思本人认真改写、校订。

1876 年

本年度：大量阅读、研究公社所有制方面的著作。

8月15日—9月15日：和女儿爱琳娜在卡尔斯巴德疗养。

1877 年

本年度：继续研究俄国改革后的经济和政治发展情况，特别是土地关系。

年初—8月8日：为恩格斯的《反杜林论》撰写第二编第十章。

10月—11月：写信给《祖国纪事》杂志编辑部，就俄国能否绕过资本主义发展道路的问题发表了意见。该信并未寄出，直到作者去世后才发表（1885、1886和1888年）。

1878 年

1878年—1882年：专心系统研究数学，写下大量札记。写了微积分简史。

11月下半月—12月：写作《资本论》第二卷和第三卷。研究了许多资料和文献。

12月—1879年1月：继续认真研究金融与银行业问题，写了大量摘录和札记。

1879 年

本年度：继续进行政治经济学的研究工作。

下半年—1880年11月：写关于已出版的阿·瓦格纳的《政治经济学教科书。第一卷。国民经济的一般性的或理论性的学说》一书的批评意见。

8月8日左右—9月17日：在泽稷岛和兰兹格特疗养。

9月16日—18日：与恩格斯共同起草给倍倍尔、李卜克内西、白拉克等人的通告信。

约10月—1880年10月：继续研究关于农村公社的资料和文献。阅读柯瓦列夫斯基的《公社土地占有制，它的瓦解原因、过程和结果》一书，并写了详细笔记。编写《印度历史编年大事记》。

1880 年

本年度：修订《资本论》第二、三卷。

5月初：与恩格斯、盖得、拉法格一起制定法国工人党纲领。起草了纲领的理论性导言。

5月4—5日前后：为恩格斯的《社会主义从空想到科学的发展》法文版写导言。

12月9日—16日左右：会见来伦敦的倍倍尔、伯恩施坦和辛格尔。

1881 年

1月—6月：研究有关俄国改革后社会经济发展的资料汇编和许多著作。

2月底—3月初：为答复维·伊·查苏利奇的信，写了四个复信草初稿。对俄国农村公社和俄国社会发展能否跳过"资本主义'卡夫丁峡谷'"问题作了详细说明。

3月8日：给查苏利奇复信。

5月—1882年2月中：对摩尔根《古代社会》一书作了详细摘要。

7月26日—8月16日：和妻子住在巴黎附近阿尔让台的大女儿燕妮家里。

约8月底—9月：开列他所收藏的俄国图书和资料清单，题为"我的藏书中的俄国书籍"。

10月13日左右—12月上半月：患重病。

12月2日：夫人燕妮·马克思去世。

12月29日—1882年1月16日：在文特诺尔疗养。

约年底—1882年底：研究世界通史，写下了篇幅巨大的"历史学笔记"。

年底—1882年：写《关于1861年改革和改革后的发展的札记》。

1882年

1月21日：与恩格斯为普列汉诺夫翻译的《共产党宣言》俄译本写序言。

2月9日—10月初：根据医生建议，先后在阿尔及尔、蒙特卡罗、瑞士等地疗养治病。其间在阿尔让台女儿燕妮家里住了很长时间。

10—11月：研究原始文化史，读了约·拉伯克的《文明的起源和人的原始状态》等书，并作了摘要。

10月30日—1883年1月12日：在文特诺尔疗养。

11月：密切注意德普勒所做的远距离输电的实验。

1883年

1月11日：大女儿燕妮·龙格去世。

1月12日：得知女儿逝世后，从文特诺尔回伦敦。健康状况急剧恶化。

3月14日：在伦敦自己的书房中与世长辞。

3月17日：在伦敦海格特公墓入葬。恩格斯发表墓前演说，全面总结了马克思毕生工作的世界历史意义。

附录二

关于马克思主义史上的若干问题
——对一位批评者的回应

引言：本文以与友人通信的方式，对我的一位网络批评者作了回应。希望此文能在时下人们经常谈论的几个历史问题上，略尽一点澄清事实和促进思考的责任。如今网络作品的影响大过不少专业性学术刊物，其中固然多有毫无学术素养和真诚而信口开河的，但也有一些愿意对问题进行认真探讨的。这样的作品，我以为比起时下常见的某类"学术论文"，更加值得认真看待。

L 女士：

谢谢转来网上的文章《革命的幻象和幻象中的革命——兼与张光明教授商榷》。此处仍以给你回信的方式，谈谈对此文的看法。

据这位作者说，我在《略论"倒过来的革命"——关于列宁的"论我国革命"》一文[①]中，"完全是从马克思主义的话语体系出发，去探讨十月革命的性质和底蕴"的。他对这种做法表示了很大的不满。其原因，在于他认定马克思学说

[①] 参见《社会主义研究》2009年第5期。

为原罪,谁企图为马克思辩护,谁就是"马克思的徒子徒孙";谁要是想指出马克思和列宁的区别,谁就是"口口声声为'倒过来的革命'的失败辩解"。这位作者对自己的见解极有信心,在他眼里,与他不同的看法是"极其可笑"的,因此他要起来与之争辩。

我没有用这种方式"商榷"的爱好。至于他认为我根本没有办法解释的那些问题,我过去早已解释过了。我的理论观点,在这里就不想再去重复了,他如果乐意,可以自己去读。当然,对于这些问题,我是本着唯物史观的方法去探讨的,这自然不能让他满意,可这是没有办法的事情:我有我自己的信念,正如他有他的信念一样。我愿承认,他在所谈论的领域里确有较为广泛的涉猎,也有对重要问题穷究底蕴的意愿,但我注意到,在他这篇接近五万字的长文中,仍然充满了理论、史实和逻辑的错误,而这些错误,对于一般读者来说,可能是辨认不清的。因此为了公众的利益,我准备对这些错误择其要者,仅从事实角度略予评论。我在后面会时常引用一下自己的话,这没有别的意思,只是为了在说明问题时"偷懒"、省事而已。为简便计,下面我就称他为 D 先生。

一、文章一开始,D 先生便断言张光明之所以"从马克思主义话语体系出发,去探讨十月革命的性质和底蕴",是因为他的"身份和专业"。

这种断语袭自过去几十年里我们早已熟悉了的那种庸俗化了的"阶级分析法",可惜完全不符合事实。首先,我之成为马克思主义者,[①]是我在"文革"期间目睹和亲历无穷无尽的惨剧而读书和思考的结果。当时我的"身份和专业"是一天挣七分工的农民,如果说这样的"身份和专业"决定了我只能是马克思主义者的话,我倒很高兴,但这并不是 D 先生自己的用意。

好吧,以我现在的"身份和专业",除去一些人不切实际的猜测,不过一名普通教师而已。难道有了这点"身份和专业",就必定没有自己的独立思想了吗?难道把马和列区别看待,就是秉承了上面对"专业"的指示吗?如果谁这样想,那不过是外行的一种想当然而已。我在过去几十年的研究工作中,一个主要

---

① 顺便说一下,我历来把马克思学说与马克思主义区分开来,原因我在自己的《社会主义由西方到东方的演变》一书中已经说过了。但此处姑且从众,不加区分了。

的方面,就是确认在马和列的理论之间,存在着重大的差别。这是我自己长期探讨的结果,没有哪一份文件,没有哪一本"专业"教科书让我这样做;相反,无论过去还是现在,这些观点我从未指望过被官方宣传口径所接受;事实上,它们至今也仍旧是不被接受的。好在随着时间的推移,在国内,现在有越来越多的学者转到这一观点上来了。吾道不孤,这让我感到高兴。

如果我们把视野扩大到国际上去,则持这种观点的政治派别、政治活动家、理论家以及专业的学者(包括非马克思学派的学者),自20世纪以来就更多了。随随便便就可以列出一大批著名的学派和人物,他们都认为,列宁主义是马克思主义在其发展中的一个派别,它与马克思恩格斯的马克思主义有重大的差别。[①] 所有这些学派和个人的观点,你尽可以不同意,尽可以反驳,但你能把他们的观点也归结为他们的"身份和专业"吗?

二、D先生从我对俄国革命所作的马克思主义分析中,得出如下推论:张光明既然认为俄国革命是在未成熟的条件下发生的革命,那他就必然还要坚持"在资本主义高度发展的物质文化基础上完成社会主义革命"。据他说,这是我虽未明言,但从我的分析中"必然得出的结论"。

他又一次错了,用想当然代替了事实。我不可能在此详述自己的观点,只引我在十年前出版的《社会主义由西方到东方的演变》一书中写过的几句话吧:

"目前只能做到从逻辑上大致推论:要么资本主义终将达到一个无法逾越的极限,于是迎来社会革命的时代;要么资本主义通过持续的自我改良在无意中实现自我否定,以至像顾准所断言的那样,在批判—改良中一点一点灭亡掉[②]。前一

---

① 作为证据,我向D先生推荐一本当代美国学者的书,该书主旨清晰、简单易懂,就是认为在看似相同的一套术语之下,马和列全然不同:John H. Kautsky的 *Marxism and Leninism, not Marxism-Leninism, An Essay in the Sociology of Knowledge,* Greenwood Press, 1994。该书作者的"身份和专业"是路易斯安那华盛顿大学教授,毫无政治"嫌疑"。

如果D先生连这位Kautsky教授也不肯相信,因为他是那位大名鼎鼎的第二国际马克思主义理论权威卡尔·考茨基的后裔,那么,我只好再向他举出另一位证人,他的名字叫作卡尔·波普尔,被广泛认为是马克思主义在20世纪遇到的最大敌人。这位证人应该怎么也挑不出"污点"了吧?糟糕的是,他也认为列宁与马克思有重要区别,而俄国1917年革命与马克思革命理论无论如何没有相似性(参见《开放社会及其敌人》中译本第2卷,中国社会科学出版社1999年版,第177—179页)。

② 《顾准文集》,贵州人民出版社1994年版,第342页。

种趋势从20世纪以来的历史进程中似乎不容易得到证明，后一种趋势则越来越具有更大的现实可能性，因为它在过去的100年中已经得到了清晰的验证；尽管当今资本主义还是资本主义，但早已不是19世纪的私人资本主义了；尽管20世纪晚期新自由主义在世界上重新泛滥，但是谁也不可能把资本主义100多年来已经达到的高度社会化成果彻底消灭掉，退回到19世纪的粗陋资本主义去。也许，沿着这个趋势走下去，社会的发展最后不是通过阶级决战，而是通过自然的演变达到未来的高级阶段？"[①]

上述看法很可能让D先生不满意，但他预先便代替我得出"必然得出的结论"，恐怕有点过于急躁和武断了。

三、D先生认为，我在《略论"倒过来的革命"——关于列宁的"论我国革命"》一文中，"没有回答两个至关重要的问题"。

首先，据他说，我没有回答"通过市场发展生产力，怎样发展人民大众的普遍民主"的问题。这不对。关于这个问题，我在那篇文章不是没有谈论过，具有一定理论修养的人，应该可以从我的叙述里看出我的意思。现在既承D先生下问，我再简略回答如下：依照我的信念（请原谅，它又是马克思主义的！），市场经济在历史上是一种具有极大的破旧立新能力的经济，它对于近代以来一切形式的封建主义、专制主义、集权主义，都起着潜在的巨大瓦解作用。同时，它又促进着资产阶级和工人阶级的发展，因此也就在客观上推动着"第三等级"对民主的日益成长的要求，从而孕育起为了实现这种要求而进行的斗争。在我看来，这是一条历史进步的必经之路，它将引导人们首先走向"形式民主"，并进而朝着"实质民主"接近。唯有在这条道路上，人民的自治能力，社会的进步，才能够不是靠自上而下的"灌输"和恩赐，不是靠仰望青天的、乞讨式的"忽悠"，而是依靠人民大众基于自己的利益而产生的自我意识以及由此为民主而进行的持久斗争。顺便说一下，时下许多人艳羡不已却不知其由来的西欧社会民主主义，就是走了这样一条道路。

[①]《社会主义由西方到东方的演进》，云南人民出版社，2005年第2版，第80页。

十分清楚，我在这里着眼的是如何找到一条客观上可行的道路，它能帮助我们走出"倒过来的革命"的困境。D 先生却由此推论道：既然你认为我们还有路可走，那就是要我们重走老路！就是要"今后那些不发达国家仿而效之，即通过暴力革命夺取政权，先进入'现实社会主义'，然后再向'高水平的社会主义'过渡"！这算是一种什么逻辑呢？对于这样的逻辑，我确实没有办法回答。

再者，我在这里讲的是一种从宏观历史进程出发的抽象政治理念，D 先生却非要我回答"执政党的执政地位怎么保证？"的问题。我的回答是：很抱歉，您找错了对象。一个普通教书的，一个本着自己的认识和良心搞学问的，关注的是人民的福祉，社会的进步，历史的未来；一个"群众"，哪来的资格、意愿和权力去回答这样"至关重要的问题"？他为什么不自己去向与这个问题利益相关的决策者提问，而要跑来追问我呢？

好了，允许我也推论一下吧——这种推论是从 D 先生的文章中归纳总结出来的：他的这种思维方法，是因为他毫无批判地跟随着我们的正统教义，简单地把马克思、列宁视为一体，因此在他眼里，谁是马克思主义者，谁就必定是苏式社会主义的维护者，必定是"权力的奴仆"。这再次与历史的事实相去远甚。我在许多文章和书中都提过，在过去的一个世纪里，普列汉诺夫是马克思主义者，考茨基是马克思主义者，罗莎·卢森堡是马克思主义者，库诺、奥托·鲍威尔、希法亭、托洛茨基、曼德尔、"西方马克思主义"者、亚当·沙夫……这些人物都是马克思主义者，当然，他们是属于不同派别、观点各不相同的马克思主义者，而著名的《让历史来审判》的作者麦德维捷夫，甚至是站在列宁主义立场上去揭露斯大林罪行的。D 先生不至于不知道这些人吧？他们是权力的奴仆呢，还是尖锐透彻的批判者呢？ D 先生是否都要把他们一股脑视为敌人呢？

四、D 先生又讥诮道："当今天的'马克思主义者'口口声声为'倒过来的革命'的失败辩解，即这个失败是因为科学社会主义根本不可能在资本主义还没充分发展的物质文化条件下发生，但他们却无法解释，为什么在马克思恩格斯逝世一百多年后，不仅老牌的发达资本主义国家没有发生社会主义革命，而且不断加入发达资本主义行列的国家，也没有爆发社会主义革命？"

· 465 ·

马克思传

我不得不再重复一下：D先生又错了。这个问题在中国学术界，确曾长期无人认真加以解释，甚至很少有人意识到。但不等于除了D先生之外就没有人能够解释了。就拿他眼中我这个"口口声声为失败辩解"的马克思主义者来说吧，从20世纪80年代起我就开始自觉地注意到并开始解决这个问题了。在1989年的一篇文章[①]中，我正式提出这个问题并为解决的途径勾画了一个粗略的框架。在1999年出版的《布尔什维主义与社会民主主义的历史分野》一书中，我又以这个问题为核心，展开了全面的论述。当时我以世界资本主义的经济、社会和政治发展为背景，以第二国际时期西欧与俄国社会主义的不同道路及其大分野为考察对象，对西方资本主义长期延续的问题提出了一种历史的和理论的解释。后来我偶然发现，这本书被人弄到网络的"爱问资料共享"上，下载量十分可观。估计D先生没读过此书，即使读过他也不会同意，但如果说，他自己不同意的解释就等于"无法解释"，这恐怕不大合适。

五、D先生认为，即使在发达资本主义国家里，马克思的主张也是遭人遗弃的垃圾。为此他使用了一个主要论据，就是从别人那里听说的瑞典社会民主工人党的领袖卡尔松的话。不错，不仅瑞典社民党，还有其他许多社会民主党都没有采取马克思关于生产资料归社会所有的主张。但仅只向人们讲述这一点，那就太片面了，因为恰好是同一个英瓦尔·卡尔松，确认马克思的历史观为社会民主党的"基本概念"。他说："**历史唯物主义对于认识我们的当代社会，特别是由传统的工业社会的变迁所带来的新的政治条件、全球化与信息技术对生产、通信和政治所造成的根本性影响是十分十分重要的。**"[②] 他认为，当代社会民主党之所以需要作政策上的改变，正是由于"生产力的变化使社民党面对着与20世纪60年代完全不同的新条件"。

既然说到了这里，那就关于社会民主主义的问题多说几句。

20世纪中期以后，西欧各国普遍迎来了一个"福利国家"的时期。但如果把

---

① 《论第二国际时期欧洲社会主义运动的分化》，《世界历史》1989年第4期。
② 《瑞典社会民主主义模式——述评与文献》，中央编译出版社2009年，第15页、22页。黑体字原有。

这个重大进步当成资本主义之自动的、仁慈的馈赠，那就错了，它是在生产力巨大发展和民主化进步的基础上，在工人阶级和其他广大下层人民长期斗争的推动下产生的。

　　19世纪时期的资本主义处在自己的早期阶段，当时是野蛮的、残酷的。工人们为了捍卫自己的利益，改变自己的处境，必然会起来与资产阶级和它的政治保护者抗争，而阶级斗争在当时不能不采取尖锐对抗的形式。在工人阶级发展的这个阶段上，马克思学说起到了决定性的思想引导作用，它促使工人阶级意识到自己的地位、利益和力量，指出革命的方向，因此成为欧洲工人运动的思想主流。随着资本主义逐步迈向自己的成熟时期，情况开始变化了。现实的条件使得工人阶级及其政党越来越可能依靠工会的、议会的……总之合法的斗争方式去争取自己的权益，于是马克思主义关于革命的主张在工人大众中便逐渐失去了原来的号召力，改良主义自下而上地排挤了"革命主义"。社会民主党如果不想失去工人群众，便只能先从实践上，然后从理论上，经历一种由不自觉到自觉的转向。这种转向在第一次世界大战前开始，在两次大战之间曲折地进行着，到"二战"后走到了一个决定性的转捩点，那时社会民主主义正式宣布自己为改良主义，这方面的标志性文献，就是社会党国际的《法兰克福声明》和德国社会民主党的《哥德斯堡纲领》。但社会民主主义仍然宣布自己的未来目标是彻底改造资本主义，使人民走向真正民主的、自由的、人道主义的社会主义社会。这就是说，在社会民主党人那里，革命手段放弃了，但目标没有放弃，这也并非由于他们视革命为万恶之源，而是由于他们认为条件并没有发展到"最后的、绝望的"、非使用革命手段不可的地步。[①] 在中下层群众的支持下，西欧各社会党普遍上台执政了，它们广泛推行了福利制度的实验，广大人民从中得到了显著的好处，资本主义在欧洲受到了虽非根本性的但仍然十分深刻的改造，从19世纪的自由放任主义（laissez-faire），走向了"莱茵模式"。

　　所以，第一，这不是一个资产阶级单方面赐予的进步过程，资本主义发展的

---

① 例如参见欧罗夫·帕尔梅1972年3月17日的信，《社会民主与未来》，重庆出版社1990年，第14页。按：帕尔梅是瑞典社会民主党的主席，1986年在瑞典首相任上遇刺身亡。

马克思传

巨大潜力和工人阶级斗争的巨大压力,是促进这个过程的双重动力。第二,这个过程,一方面导致社会主义力量与资本主义社会"同化"了,另一方面资本主义自身也被改造了。第三,"福利制度"是资产阶级与下层劳动者大众的力量在斗争中达到相互制约、势均力敌状态的产物。如果说这样的制度毕竟还没有根本超越资本主义的话,那也完全不同于原来的资本主义了。社会党人对自己的这些成就十分自豪。如果有谁看了 D 先生的文章之后,懵懵懂懂地跑去恭维欧洲的社会党人,说他们是延续着"资产阶级的政治统治",说他们的伟大功劳是维护了资本主义,他们会毫不犹豫地送他一个"不!",然后客客气气地把他撵出门去。

  到了这里,人们大约不难理解,为什么社会民主党人放弃了马克思的革命主张却仍然尊崇历史唯物主义了吧?历史唯物主义主张从历史中、从经济和社会的客观进步中考察特定社会是否适合这种需要:如果适合,它就必然存在;如果不适合,那就不可避免地要被另一种社会形式所替代。如果这种替代遇到统治者出于私利的暴力镇压,则革命将不可避免;如果有条件采取和缓的方式,则和平转变就成为合理的选择。① 这种新的社会形式及其实现道路和手段,不能从头脑中发明出来,而需要从现存的社会中发现出来。这便要求人们走出哲学,走进经济学,对经济关系作尽可能细致的分析。当对资本主义进行这样的分析时,马克思恩格斯确实犯过不少错误,他们以为资本主义的"丧钟"已经敲响了,而按照我本人的看法,"马克思恩格斯的时代是早期资本主义的时代,今天看来,马克思恩格斯所认定的那些即将导致资本主义灭亡的尖锐矛盾,很大程度上是资本主义矛盾的早期表现"②。后来资本主义的演进确实大大超出了他们的预测,社会主义思想和运动的发展也因此大大不同于他们的预期。但他们的历史方法提示人们,在考察和制定自己的行动方略时,应该从历史的客观进程而不是主观的意愿中找到根本的依据;而当重新考察过去的历史时,也还是首先要从经济运动规律中探究深层的原因。这就是唯物史观在当今世界上仍为许多学术领域中的重要学者和

---

  ① 这方面我的较为详细的论述,可参见拙作《马克思恩格斯如何看待革命与改良?——"马恩晚年转变"辨正之四》,《当代世界与社会主义》2014年第4期。
  ② 拙著《社会主义由西方到东方的演进》,云南人民出版社,2005年第2版,第65页。

政治活动家所肯定、所运用的理由,也是社会民主主义的理论家和政治家们仍然确认唯物史观为自己的指导思想,并将此一再写入自己党的纲领的原因。① 依我看,以上这些人们的做法比起不懂得细心区别和分析,只会一叠声高喊"打倒"的做法来,是要高明得多的。② 至于我自己,在《布尔什维主义和社会民主主义的历史分野》一书中曾这样写道:"从表面上看,现实的历史似乎存心用自己的'错位'与理论预测开玩笑,然而更深入的观察表明,这种'错位'本身也是经济和历史运动的产物,因而仍然只有运用马克思主义的方法才能把握。"我把这种方法总结为"用马克思主义的方法应用于考察马克思主义历史自身的矛盾"。③ 这是我多少年来研究工作中自觉贯彻的基本方法,今后我还会继续在这个方向上努力,如果有论者不满意,那也只好随他去。

六、D先生激烈地批评马克思的阶级和阶级斗争学说为荒谬。不过,他也还是承认,阶级总还是存在的,而人们的观念和阶级利益之间也是存在联系的。接下去他指出:"观念和阶级地位、动机和经济利益之间的联系,是极其复杂、曲折、微妙的,这种联系有可能是正向的,也有可能是反向的,可能近些,也可能远些,可能有着千丝万缕的间接联系,也可能根本八竿子打不着。因此,在历史分析中直观地、直接地'找出'这种联系,并以这种联系作为整个理论分析的坐

---

① 例如世界上最重要的社会民主党——德国社会民主党,在2007年的汉堡纲领中再次声明:"它认为自己是左翼人民党,植根于犹太教和基督教、人道主义和启蒙运动、马克思主义的社会分析和工人运动的经验。"(见《德国社会民主党基本纲领》,《当代世界社会主义问题》,2007年第4期)至于被D先生视作证明马克思主义彻底失败的最好例证的瑞典社会民主工人党,也在自己2001年的纲领中明确宣示"工人运动的意识形态是其分析社会发展的一个工具,其基础是唯物主义的历史观"(前引《瑞典社会民主主义模式——述评与文献》第277页)。

② 顺便提示一下。当今新自由主义在西方世界的重新得势和"福利国家"所遇到的挑战,在社会民主主义理论家中已经引起了关于如何克服资本主义弊病的新的思考。这种思考的一个方向,就是重提"针对资本主义的根本性替代"。德国社会民主党的重要理论家之一托马斯·迈尔就此写道:"马克思的资本主义批评中仍具有生命力的是,它在启发性地引导对危机的分析时仍然是有效的。关于几乎完全以私有制与市场规则为导向的资本主义剥削逻辑的起因和后果,我们仍能从马克思那里学到很多东西。当把他的批评运用于提出各种不同的与时俱进的主张(来自于对马克思的'软'阅读),要求根据生产关系的决定性作用去创造和转变政治、社会与文化时,它也仍然是有价值的。"(托马斯·迈尔:《对资本主义的批评:我们需要马克思的复兴吗?》,原载《新社会》2012年4月号,张光明译,《科学社会主义》2012年第6期)

③ 见该书第187、184页。

标，难免会产生荒唐的主观臆断，难免会失之毫厘、谬之千里。"这些话说得一点不错，的确把握住了马克思阶级理论的要旨。

然而，他马上便引用马克思名著《路易·波拿巴的雾月十八日》中很长的一段话，来证明马克思正是愚蠢地要在阶级地位及其利益和思想观念之间"直观地、直接地找出这种联系"。可是，凡具有正确阅读能力的人，立刻便会产生疑问：他所引用的马克思的这段话，不是恰好证明了马克思反对这种"直观地、直接地找出联系"的做法吗？当引文里说"不应该认为，所有的民主派代表人物都是小店主或小店主的崇拜人。按照他们所受的教育和个人的地位来说，他们可能和小店主相隔天壤。使他们成为小资产阶级代表人物的是下面这样一种情况：他们的思想不能越出小资产者的生活所越不出的界限……一般说来，一个阶级的政治代表和著作方面的代表人物同他们所代表的阶级间的关系，都是这样"的时候，马克思不正是主张把政党和个人的主观意识与客观存在的阶级地位和利益区分开来，而反对那种认为"所有的阶级分析都必须直观地找出各种理念后面的经济利益和物质关系"的庸俗阶级分析法吗？D先生刚刚完整地引用了马克思的话，转瞬间就把马克思批评的东西反过来扣到了马克思头上，这该怎么解释呢？而D先生自己一遇到不同意见，立刻便归咎于对方的"身份和专业"，这不正好证明，恰恰是他自己，一遇到与他不同的"观念"，立刻便想当然地追究到这种观念的"阶级地位"吗？

这里，需要简单地谈谈阶级斗争学说这个如今许多人心目中的"祸害"了。

这个学说不是马克思创立的，而是很早以前就产生了的。老实说，在人们的观念与他们的地位、经历、利益之间，有着某种自觉或不自觉、直接或间接的联系，因此"物以类聚、人以群分"，是一个仅从日常经验中即可感受到的常识。但从模糊的日常经验到建立起清晰的理论体系，是需要长期的思想努力的。法国复辟时期的历史学家（梯叶里、米涅、基佐、梯也尔等）明确系统地运用了阶级斗争学说，他们从复杂纷繁的政治斗争中揭示隐藏在事件当事人主观意愿背后的阶级利益；把这一理论运用于法国大革命，他们把整个进程理解为第三等级平民和贵族统治者之间的阶级斗争进程。这较之以前把事件仅仅归之为个人的主观动机、意志的做法，已大大前进了一步。由此，历史科学在他们手上获得了重要的进步。很大程度上借助于他们的努力，在19世纪的社会科学著作和政治生活中，阶级成为人们普遍使用的概念，关于这一点，只要看看那个时代的文献，就会一清二楚了。

马克思阶级理论的特点在于，从复辟时期历史学家止步并陷入自相矛盾的地方进一步往前走，把阶级的产生和存在与经济发展的一定阶段联系起来，把阶级的差别与人们对生产资料的关系不同联系起来。[①] 即使在等级制已经不存在、契约上关系已经完全平等的纯粹的资本主义社会，由于与生产资料的关系不同、经济地位的不同，人们仍然划分为不同的阶级，因此他们之间存在着或缓和或激烈的对立与冲突，这就是马克思阶级斗争理论的基本内容。马克思时代的现实，马克思对资本主义经济矛盾日趋尖锐化的理解，使得马克思更多地注意和强调了斗争激烈且愈益尖锐化的、不可调和的一面。[②] 而在西方主要的国家中，这一斗争后来有大大缓和的趋势，但这不等于说，阶级学说是马克思捏造出来的。

从法国历史学家到马克思，这个学说既是对历史进程客观存在现象的描述，同时也是下层人民对上层统治者进行抗争的思想武器。欧洲工人阶级在自己的斗争中依靠这一武器，通过长期的斗争，才有了20世纪中期以后的重大成就。所以，还是那位瑞典社会民主党领袖卡尔松，他曾这样写道："**资本与劳动之间的利益矛盾具有关键性意义……从这个意义上讲，它是不可调和的。但如果双方力量能够达到某种平衡，它又可能成为经济发展中富有活力的因素。**"他还说，"**社民党的上述看法的出发点是马克思主义关于阶级斗争的理论**"[③]。

[①] 这方面的有力阐述，可参见普列汉诺夫《论一元论历史观的发展问题》（旧译《论一元论历史观之发展》），王荫庭译，商务印书馆2012年版。旧译系出自博古之手，几十年来有多次校改。王荫庭教授的新译本改正了多处误译和不确切之处，文字表达更加符合现代汉语习惯，书名也依俄文原书名直译了。但细忖起来，这个新的书名或易引起歧义，似不及旧译贴切。

[②] 恩格斯晚年开始注意到，在英国，随着资本主义的发展、政治民主化的进步、工人阶级状况的改善，资产阶级和工人阶级两大阶级的关系正逐渐改变。见他的《〈英国工人阶级状况〉1892年德文第二版序言》。但像近年来的一些学者那样，把事情夸大成恩格斯晚年"彻底放弃共产主义"，则与历史的真实大相径庭。这方面我的意见，可见《晚年恩格斯放弃共产主义？——马恩晚年转变辨正之三》一文，载《当代世界社会主义问题》2014年第2期。

[③] 前引《瑞典社会民主主义模式——述评与文献》，第15、26页。黑体字原有。

马克思传

与社会民主党人仍然赞成阶级斗争的学说相反，如今在我们这里，阶级斗争这个词却让人闻而生畏、避之唯恐不及和切齿痛恨。在时下一般人的观念中，这个学说是与压制民众、制造仇恨、打击异己、大规模迫害……联系在一起的。这又是怎么回事呢？

马克思的阶级理论，要求把对阶级关系的理解建立在对生产方式的理解之上。如果连对这个最基础的东西的理解都搞错了，那么，对阶级关系的理解当然也不可能正确。举例说，如果在一个并没有多少资本主义经济关系存在的地方，有人却脱离经济分析，到处瞪大眼睛抓"资产阶级"，那便毫无疑问要产生人为制造"阶级斗争"的错误。不仅如此，这样制造出来的"阶级斗争"，还导致把真实的阶级关系掩盖起来。[①] 从上世纪20年代末苏联斯大林的"全盘农业集体化"到中国20世纪60年代的"年年讲、月月讲、天天讲"，概出于此。它们不但败坏了马克思的阶级理论的声誉，而且还使得缺少理论思维能力的人们不懂得理解、运用和发展这一理论，去认识我们现实生活中无处不在的真实的阶级关系。当然，这类错误由来已久，说来话长，例如在中国，还可以追溯到20世纪30年代的"中国社会性质大论战"，涉及亚细亚生产方式、东方专制主义等理论问题，这里不可能多说了。然而，把这些错误简单归咎于马克思，这公平吗？

七、现在谈谈D先生对巴黎公社的看法。这些看法大致可以归纳如下：（1）巴黎公社是"法国大革命进程中的一个偶然的政治事件"；（2）巴黎公社不是马克思所说的"工人阶级的政府"，因为在它里面没有什么马克思主义者，起主导作用的是蒲鲁东主义者和布朗基主义者；（3）梯也尔的临时政府向普鲁士投降是完全正确的，而巴黎民众居然不听话，上演了一场"和政府对着干"的"闹剧"，这"是任何一个合法政府所不能容忍的"，理应镇压；（4）巴黎公社即使成功，也必将产生一个新的专制主义政权，它将把后来苏联的一切恶果预先上演一遍，那时，"一个比资产阶级共和国更加专制的'无产阶级专政国家'就会早近半个世纪出现在世界上"。

---

① 我指的是，例如，米洛万·吉拉斯的著名的《新阶级》中所分析的那种阶级关系。

老实说，他的所有这些说法，我连一条都无法同意。

首先，把1871年的巴黎公社说成是"法国大革命进程中的偶然事件"，这种观点有点奇怪，因为一般人是不会把法国大革命一直拉长到1871年的（当然，也有例外，譬如中国在"反修防修"和"文革"时，就把1789年到1871年的整个过程，一股脑说成是"复辟与反复辟"的斗争过程）；此外，姑且让我们接受D先生这一独特的历史分期法，那时他便陷入自相矛盾中。据他说，1871年的公社是1789年大革命以来法国人民（甚至还包括革命前的启蒙学派）一直喜好无法无天、异想天开、制造胡闹的产物，那岂不恰好证明，巴黎公社并不是一次偶然事件，而是由普法战争失败这个事件所激发起来的又一次必然的事件（他称之为"闹剧"）吗？

其次，让D先生感到很不可思议的是：既然马克思和恩格斯自己都承认，在巴黎公社中起领导作用的不是马克思主义者，他们怎么还敢说这个政府是工人阶级的政府？这种思路在我看来倒真是不可思议。谁都知道，马克思主义是马克思主义，工人阶级是工人阶级，这是两个不同的概念。如果D先生认为，必须先是马克思主义者才是工人阶级成员，只有马克思主义者掌权的政府，才是工人阶级的政府，那只能说，这是他自己的"马克思主义"观念，与马克思、恩格斯毫无关系。马克思、恩格斯从来没有如此愚蠢地、宗派主义地把非马克思主义的工人开除出工人阶级队伍，只认定自己的信徒才是工人阶级；也从来没有规定，只有马克思、恩格斯他们自己一派建立的政府，才是工人阶级的政府。这里又一次表明，D先生所理解的马克思主义，不过是苏联式的马克思主义。由于不肯去动脑筋了解这二者间的区别，他把自己对后一种社会主义的愤怒，统统发泄到马克思、恩格斯头上去了。

再次，据D先生说，既然梯也尔的临时政府投降了，[①] 人民就该乖乖配合才是，可这些巴黎愚民居然不体谅政府的英明，反而"浪漫张狂，异想天开，无法

[①] 投降的原因，依照著名史学家霍布斯鲍姆的看法，如下："推翻拿破仑三世的温和共和派，起初仍半心半意地继续将战争打下去，然后当他们认识到要抵抗普军只剩下一个办法，亦即对群众进行革命动员，建立一个新的雅各宾社会共和国，于是他们便放弃了对德作战。"（《资本的年代》，江苏人民出版社1999年版，第224页）

无天，蔑视权威，感情用事，丧失理智，一意孤行，崇尚暴力"，"聚集起一股几十万人的军事力量和政府分庭抗礼"。可是，D 先生为什么不提这样一件史实：1871 年 1 月 28 日，茹尔·法夫尔代表法国临时政府与普鲁士签订了投降协议，其中规定法军交出武装，25 万巴黎法军，除允许保留一个师"维持秩序"之外，都成为普军的战俘。可是，同一个协议明文规定，国民自卫军的武器不在上缴给敌军的武器之列。须知，国民自卫军不是正规军，而是民间的武装，它的大炮是巴黎民众自己集资购置的财产，上面都铸有国民自卫军各个部队的番号，理所当然属于民众自己。只是由于梯也尔为了尽快扫除这个威胁他的障碍，在 3 月 18 日派兵去抢夺国民自卫军的大炮，才引起了 3 月 18 日巴黎的革命的。对于这样一个史实避而不谈，不能算是忠于历史的态度吧？

　　正是由于这些原因，后来的史家，即使依其"身份和专业"属于西方"主流"的史家，即我们以前所说的"资产阶级历史学家"，哪怕对巴黎公社并不赞同，在叙述 1871 年的事件进程时，也都持十分审慎的态度。例如，世界上颇具权威性的《新编剑桥世界近代史》第 11 卷就这样写道："本文不打算对对立的观点判断是非……1871 年 3 月 18 日爆发了一场人民起义……重新攻占巴黎——1871 年的五月流血周——具有极其残酷的性质，致使这两个敌手长期怀恨在心。"[1]属于左派的霍布斯鲍姆则毫不保留地表示了对巴黎公社革命的同情和称颂，以及对梯也尔政府暴行的谴责："有谁知道多少公社社员在战斗中牺牲了吗？公社被镇压后，无数社员遭屠杀。凡尔赛方面承认它们杀了 1.7 万人，但这个数字连实际被害的半数都不到。4.3 万人被俘，1 万人被判刑，其中一半被流放到新喀里多尼亚，其余一半被监禁，这就是那些'受人尊敬之人'所进行的报复。"而"凡尔赛军队阵亡和失踪人数大约是 1100 人，公社或许还杀害了 100 个人质"[2]。霍布斯鲍姆的这个数字，大约是我所见到的最少的，但仅凭这样的数字，我想，站在下层人民的基本立场上，哪怕是站在同情弱者的一般人道主义情感上，也足以让人对这一重大事件有个是非态度吧。D 先生在面对当前的现实矛盾时可以表示出

---

[1] 见该书第 417、418 页，中国社会科学出版社 1987 年版。
[2] 霍布斯鲍姆前引书，第 225 页。

强烈的批判意识，怎么一转回到历史，就毫不犹豫地变成了"皇恩浩荡兮臣罪当诛"的政府派，对人民起义持如此冷酷无情的态度呢？

那么，是否如 D 先生所说，巴黎公社即便发展下去，也不过是一次苏联专政的预演，其前途必定是暴政呢？

姑且让我们做个假设吧。我们假设，公社避免了失败的厄运而继续存在下去，那时会怎样呢？

据 D 先生说，那时巴黎公社"为了使无产阶级及其政党永久地独掌政权"，一定会"将其他一切资产阶级小资产阶级的政治党派统统消灭"。然而连他自己都知道，巴黎公社是一次自发的人民起义，没有哪一个政党在里面操控，更绝对不是他所误以为的"布朗基主义"革命家密谋。参加者范围广泛，没有哪一个派别具有"统统消灭"其他派别的实力，即便在 3 月 18 日起义中起过重要作用的国民自卫军总委员会，也在很短的时间内就把权力转交给了公社。不知他是根据什么史料断言，只要公社不被消灭，就一定会突然冒出一个能够"统统消灭"其他一切政党的"政党"呢？

公社的直接民主确实表现出管理混乱、缺少效率的弱点。那么，由此会径直导致独裁吗？我不这么认为。当着全巴黎的人民大众为自己争得了自我管理的权利，仅仅由于当下的民主形式不够令人满意，他们便会傻乎乎地做出一个决定：让我们把权力交给一个独裁者，重新回去当他的顺从臣民吧！这有多大的可能呢？持这种推论的人，是根本不懂得民主为何物。我曾经在一篇文章中这样写道："什么是民主呢？关于民主的理解几乎无限多，但其最基本的含义指的是由民众而非少数人对社会当家做主。既然如此，民主就需要有一个非常现实的前提，即民众已经对社会事务具有足够大的影响和支配能力，他们的切身经济利益、他们的社会组织程度和政治觉悟都使得他们产生出参与政治事务的意愿，因而他们不能容许别人把他们排除在外，独断专行，实行专制主义统治。"① 以我之见，1871 年的巴黎民众，正是处于这样一种情势。因此，他们如果发现自己的直接

---

① 《把对民主的期望由"空想"转向"科学"》，《社会科学》（上海）2013年第12期。

民主形式难以适应复杂的社会需要，完全可能逐渐向更加完备的——例如，间接民主的——形式摸索和过渡，但不会破罐破摔地把自己出卖给新的独裁者了事。在这种情况下，仅有一种可能导致新的独裁，那就是某个野心家搞了一次新的政变，从人民手里夺取了政权。但如果这样的事件发生，能够算作对 D 先生的预言的证实吗？

与巴黎公社不同，1917 年的俄国十月革命是一次"革命家组织"与人民大众的发展极不平衡的条件下的产物。一边是 1903 年以来组织严密、步调一致、由一个赋有完备理想目标和纲领的革命家核心指挥着的政党组织，另一边是缺少政治活动经验、缺少独立意识的广大工农大众，这种畸重畸轻的情况，在随后的发展中，一步步走向了政党精英政治。借用考茨基的话说，这是"统治者的知识水平比被统治者高得多，而被统治者完全没有可能把自己提高到同样高的水平上"[①]的条件所造成的。1871 年的巴黎，我认为不是这种情况。在 1871 年的巴黎，权力是掌握在不分党派的全体人民群众手里，它不会放弃自己的民主而走向专制主义。在历史上，直接民主并非只有巴黎这个孤例，古雅典是如此，现代的一些地方如瑞士，在很大程度上也是如此，而那里的民主都没有转化成独裁者的暴政，对吗？

在这里，我想对马克思关于巴黎公社的论述多说几句。

在巴黎起义之前，马克思和恩格斯都知道巴黎工人不可能获得成功，为此曾多次劝告他们不要发动起义。但起义一旦发生，马克思就对公社持百分之百的同情和支持态度了。他在公社失败后两天就完成了的《法兰西内战》一书，是对公社的道义支持，也是对自己政治理念的系统阐述。但这本书在我们这里历来被按照苏联模式的面貌加以曲解，以致至今绝大部分人——不论称赞的还是否定的——都未能掌握它的根本意思。

就拿该书中最有名的那句格言来说吧："工人阶级不能简单地掌握现成的国家机器，并运用它来达到自己的目的。"

[①]《考茨基文选》，人民出版社2008年版，第326页。

一般人都认为，马克思在这里是主张工人阶级一旦掌握政权，便应该把原先的国家机器全部打碎，重新建立起自己的新的常设的国家机器，用它去镇压敌人。

这种理解的前一半是对的，后一半却是完全彻底的误解。马克思的真实意思是说：工人阶级应该"打碎"旧的国家机器，**但并不重建新的国家机器**。

在深受苏联模式国家社会主义影响的人们心目中，这不是奇谈怪论吗？我现在就来解释一下。

从《路易·波拿巴的雾月十八日》到《法兰西内战》，马克思对法国中央集权官僚主义国家机器作了历史的分析。他认为，这种中央集权的政治权力，是在近代以来的君主制时代发展起来的，它出于君主与诸侯斗争的需要，曾经无意中"充当了新兴资产阶级社会反对封建制度的有力武器"。后来随着资产阶级遇到工人阶级的挑战，这个中央集权制度又转而服务于资产阶级，成为"资本借以压迫劳动的全国政权"。在这种需要的推动下，国家机器越来越膨胀扩大，越来越成为凌驾于社会之上，与社会相脱离的、甚至连资产阶级议会民主也要一起抛弃的异己力量，第二帝国时期这种情况达到了顶点。巴黎公社是工人阶级自己的政权，它的目的是消灭对劳动的剥削和压迫，使社会事务由社会劳动者大众自己来管理，这样，它就不能是把社会政治管理事务交由一小批专职的特殊官僚集团去操纵的旧式政治权力，而应该是由人民自己直接行使立法权、行政权和司法权的新型政治权力。于是，马克思高度赞赏巴黎公社的废除常备军、警察，代之以人民自己的武装，管理者随时由直接选举产生而又随时可以撤换，且只领取与普通工人一样的薪水等措施。在马克思心目中，公社体现了劳动者大众自治的方向，而这种政治形式，是最适合生产资料由社会直接占有、与劳动成员直接结合的"自由人联合体"的要求的。这正是马克思高度评价巴黎公社革命，称它为"不是反对哪一种国家政权形式"，而是"反对**国家本身**"的革命的原因（参见《法兰西内战》初稿）。恩格斯后来则直截了当地称公社为"无产阶级专政"（1891年《导言》）。

关于马克思的这本书，有过各种不同的评价。巴枯宁派曾把它渲染为马克思向无政府主义的投降，德国社会民主党左派历史学家弗兰茨·梅林则认为这是马克思在巴黎公社经验面前对自己理论的暂时偏离。① 当代十分活跃的安东尼·吉登斯则把马克思"对巴黎公社的纲领的深思"看作是不同于代议制民主的、关于"参与制民主"的某种"提示"②。以上这些看法虽然各不相同，但至少都抓住了马克思心目中的巴黎公社是高度的人民自治这一根本之点。而我们如今通行的解释，却是源自苏俄社会主义根据自己的面貌把巴黎公社改塑为国家社会主义形象的结果。马克思笔下的公社是不受某一个别党派指挥的公民自我管理，苏俄则认为这正是公社的一大错误，而苏俄自己的党国一体模式才胜利地克服了这一错误；马克思笔下的公社是一种暂时性的过渡形式，是国家向社会融入并消亡的过程的第一步，苏俄则把公社阐释为"打碎"了之后重建起来的新的国家机器，只不过它的专职设施和官吏是"无产阶级"的了。我们的大众就长期跟着这样的曲解走，过去是跟着欢呼，现在改为叫骂了而已。D先生对公社的敌视，反映的也正是这样一种由误解而生的情绪。

八、现在我们来谈俄国1917年革命。

D先生认为："俄国十月革命的成功，几乎完全归功于布尔什维克一字不落地遵循了马恩当年对德国无产阶级和巴黎公社的教诲；或者再换一种说法，如果马恩能够再活几十年，他们一定会用德国无产阶级和巴黎公社的斗争经验和失败教训去'教诲'俄国无产阶级及其政党。在'无产阶级革命的政治实践'问题上，把马克思和列宁截然分开是极其可笑的。"

然而他接着又说："实际上，十月革命是俄国多个革命政党联合夺权的过程，而这个过程的总体趋势，是建立一个在普选制基础上的、由多个政党通过竞选轮流执政的资产阶级共和国。"

同一个十月革命，到底是"一字不落地"按照马恩的教导搞起来的无产阶级

---

① 参见梅林《马克思传》，人民出版社1973年重排本，第583页。

② 参见吉登斯《超越左与右》，社会科学文献出版社2009年版，第48页。我在一篇文章中写过，《法兰西内战》对官僚国家的本质的揭露和批判，是相当深刻的，对于认识马克思"无产阶级专政"与苏联模式"无产阶级专政"的本质区别，具有重大的意义。但现实政治生活的复杂性决定了在现代大国中直接民主的不可行。今天应该吸取的是此书中强烈的、彻底的民主精神，但在现实中，只能"取乎其上，得乎其中"。此处不详论。

革命"闹剧",还是旨在建立"资产阶级共和国"的革命?前后截然对立,自己否定自己。依我愚钝的脑筋,实在想不通这是怎样的一种逻辑。

D先生可能会说我曲解了他,他的意思是说:十月革命本来是"多个革命政党"一起参加、要建立一个"资产阶级共和国"的革命,可惜这个进程后来被"在苏维埃中只占少数"的布尔什维克"排除异己,独掌政权"而打断了。

这就更加奇怪了。老实说,在我几十年的学术生涯里,关于俄国十月革命的中外论著读过不少,有关的各种观点也并不陌生,但还是第一次听到有人说十月革命本来是要"建立资产阶级共和国",而布尔什维克"在苏维埃中只占少数"。如果这个全新的发现能够成立,整个20世纪的历史将要作如下的彻底改写:十月革命是一次伟大的资产阶级革命,后来却在布尔什维克的阴谋之下被颠覆了!其他"多个革命政党"都是革命的,唯独布尔什维克是个反革命的政党!

D先生引用闻一先生的文章来支持自己。我与闻一研究员相识多年,他是一位造诣深厚、治学严谨的历史学家,我尊敬的长者。他关于十月革命的参加者并非只有布尔什维克还有其他党派的说法,确是实际情况,但这不是什么最近才"披露"的秘闻,而是史学界并不陌生的普通事实。然而,D先生由闻一先生的话里任意发挥出来的结论,却一下子把普通事实弄成笑话了。

首先,在十月革命中,布尔什维克在"苏维埃中只占少数"吗?完全不是。当1917年6月全俄苏维埃"一大"召开时,布尔什维克处于少数,孟什维克各派、社会革命党以及其他派别占据着多数。可是,到了8月份临时政府求助于布尔什维克的力量挫败了科尔尼洛夫向首都的进攻之后,情况出现了决定性的转变。布尔什维克的势力和影响与日俱增,到了9月,在彼得格勒和莫斯科这两个首都,苏维埃经过改组,布尔什维克占据了多数,苏维埃主席职位转到了布尔什维克手里:托洛茨基担任了彼得格勒苏维埃的主席,诺根担任了莫斯科苏维埃的主席。[①] 而到

[①] 参见姚海《俄国革命》,人民出版社2013年版,第425、426页。关于俄国1917年革命,历来论述极多,其中最受人们重视的,例如可以举出托洛茨基的《俄国革命史》(新近有中译本三卷)、苏汉诺夫的《革命札记》、E.H.卡尔的《苏联史》(头两卷)等巨著。托洛茨基是十月革命时期布尔什维克的两大领导者之一,苏汉诺夫则是站在经典马克思主义立场上批判布尔什维克,两书估计都不能让D先生信服。但姚海教授的书可是"价值中立"的,且史料丰富,立论中正,建议认真读读。

马克思传

了10月25日的全俄苏维埃"二大"上,布尔什维克更是占据了极大优势,成了苏维埃代表大会上的最大政党,而孟什维克、社会革命党(除去它的左派)以及其他派别,都黯然退出了大会。事实如此,不论谁,不论站在怎样的立场上,都是无法改变的,怎能由着性子乱说呢?

其次,到了这个时候,在形势的推动下,孟什维克、社会革命党都已经大幅度向"左"转了,它们都赞同与资产阶级政党彻底分开,组织一个"清一色的社会主义者"政府。① 说他们主张"多个政党通过竞选轮流执政",大致还说得过去,但是有什么根据说他们是要建立"资产阶级共和国"呢?② 当然,布尔什维克指责这些派别为社会主义的叛徒,但这只是一种党派的观点,如今有多少严肃的学者会把布尔什维克当成马克思主义唯一的"正统",而把其他的马克思主义或社会主义派别都打成"资产阶级"呢?

事实是,十月革命的决定性推动者是布尔什维克,除了它之外,参加者还有社会革命党左派、少量的无政府主义者以及其他一些小组织。左派社会革命党人参加进来,是因为他们赞成布尔什维克夺取政权的主张,而布尔什维克也正需要借助于他们在农民中的影响,于是与他们结成了暂时的联盟,在其中,布尔什维克的力量占据着很大的优势。在确定十月革命后的第一届苏维埃政府(人民委员会)成员时,列宁曾希望左派社会革命党人参加新政府,为此努力劝说该派领导人斯皮里多诺娃,但斯皮里多诺娃不愿意,③ 于是所有的人民委员都由布尔什维克担当了,形了布尔什维克独占政权的局面。

可见,D先生关于1917年俄国革命史的了解,是十分薄弱的,他的整个观

---

① 补充一点,即使在此时的临时政府中,社会主义者也已将近半数了。总理克伦斯基属于社会革命党的劳动派。

② 按照英国著名政治学家和史学家阿奇·布朗的说法,他们要建立的是一个非共产主义的社会主义政府(见其所著 *The Rise and Fall of Communism*, Vintage Books, London, 2010, PP.57-58)。要建立一个"资产阶级共和国"的社会主义派别有没有呢? 有的,此时只有普列汉诺夫为首的小小的"统一派",仍然主张维护资产阶级共和国。但是,普列汉诺夫作为举世公认的"俄国马克思主义之父",他的立论,完全是站在马克思关于没有充分发展的资本主义便没有真正的社会主义的观点上的,换言之,他是以经典马克思主义批评布尔什维克,这又不合D先生的意了。

③ 见克鲁普斯卡娅《列宁回忆录》,人民出版社1971年重印本,第350页。

点，都是建立在自己的想当然上的。我愿提出一个忠告：在认真的学术研究中，"为人性僻耽佳句，语不惊人死不休"是要不得的。你在评价时持什么观点，那是你自己的自由，可无论如何不能脱离常识！

那么，1917年十月革命到底是怎么回事呢？

首先还是要从二月革命说起。这是一次多党派参加的自发的革命，它推翻了沙皇统治，但俄国未来怎么走，各派意见大相径庭。马克思主义者队伍内部也充满争议，根据争议的性质，我们可以大致分出两派。

一派主要持孟什维克的主张。他们从经典马克思主义出发，认为俄国资本主义经济文化发展落后，社会主义物质文化条件不足，社会主义政党应该承认资本主义发展的历史合理性，而不应过早地谋求夺取政权，否则，他们会使自己陷入困境。在这个共同信念下，普列汉诺夫的"统一派"最彻底，认为应该赞助临时政府，而让自己处于温和的反对派的地位。其他各派则较为激进，它们考虑到自己的阶级立场，在承认资本主义进步性的同时，更多地强调与资产阶级斗争的一面，因而经常对临时政府的政策持批判态度。但是，随着形势的发展变化，它们也不能不越来越向"左"转，直到十月革命时期认为应该建立一个社会主义者联合执掌的政权。

另一派是布尔什维克。布尔什维克自从列宁回国提出"四月提纲"之后，就明确地把社会主义革命提上了日程。[①] 他们主张不与临时政府合作，要求首先在俄国夺取政权，进而把革命之火燃向西欧，形成一场世界性的社会主义革命。为此他们积极地争取群众，提出"和平、土地、面包、自由"的口号，这就把群众迫切希望解决的"民生"问题与社会主义革命联系起来了。这样的立场确实为布尔什维克在几个月里迅速争取到了民心，而孟什维克起初在苏维埃中占有优势，但由于担心不合时宜地夺取政权会违背唯物史观的基本要求，从而逐渐失去了人

[①] 不过，大概是出于策略的考虑，列宁在"四月提纲"中并没有提出社会主义革命，反而声明"我们的**直接**任务并不是实行社会主义，而只是立刻过渡到由工人代表苏维埃**监督**社会的产品生产和分配"（《列宁选集》，人民出版社1972年版，第4卷第15—16页）。普列汉诺夫对此讥讽地写道，这不过是"安慰自己的马克思主义良心的一种软弱的企图而已"（《在祖国的一年》，三联书店1980年版，第23页）。

心。十月革命就是在这样的局势下,在布尔什维克的策划指挥下发生的。帮助布尔什维克夺得政权的,是他们在政治上的大胆无忌,而让孟什维克失去政治上的优势的,却是他们对唯物史观基本原理的坚守。

然而,在俄国这样的落后国家里,社会主义者夺取政权容易,但往后的道路就难走了。我曾经这样写过:"夺取政权还只是开始,真正展开社会主义的全面变革,才是问题的核心所在。在这条道路上,立刻就感受到了俄国的经济文化落后所造成的层层困难。公开敌人的威胁还在其次,无产阶级数量的微小及其管理能力不足,传统小农经济及其观念的严重存在,专制主义、农奴制残余在人民大众心理中的浓厚积淀,社会主义运动中各个政治派别的尖锐分歧……逼迫着布尔什维克把它的严密组织和严格纪律不断推广加强,于是并未出现从《共产党宣言》到《国家与革命》所预言的国家的迅速消亡,而是出现苏维埃国家机器的高度强化。解散立宪会议,取缔反对党派,布尔什维克独掌政权,党内实行高度集中,取消自由讨论等等,在那些严酷岁月的尖锐政治斗争中虽然带来过暂时的好处,但它们怎样才能导向先前预定的理想目标,却仍然是一个复杂问题。"[①] 在基本的观点上,我至今仍然坚持上述看法,而这正是唯物史观的看法。我以为运用这一方法,是要比连基本事实都不遵循的生拉硬扯、简单诅咒,更加公平得多和深入得多的。

九、最后一个问题:关于马克思恩格斯 1848 年革命期间的"不断革命"思想。

按照 D 先生的意见,马克思恩格斯 1848 年革命期间的"不断革命"思想,是他们的理论的必然结论,它应该为后来的一切灾难负责,因为,"当无产阶级在落后国家建立政权之后,所谓不间断的革命必然表现为如下内容:其一,无须顾及什么'历史阶段论',即便在资本主义发展还远远不成熟的情况下,照样可以'不间断'地向消灭阶级统治、消灭阶级、消灭私有制的目标前进;其二,在向这个目标前进过程中遇到的一切不满和反抗力量,只要将其冠上'资产阶级'

---

① 见前引《布尔什维主义与社会民主主义的历史分野》一书第149—150页。

的罪名就可以加以镇压;其三,既然是为'人类最后解放'这一崇高目标镇压一切反抗力量,那么就无须受到任何道义和法律以及人性的束缚。既然目标是神圣的,那么达到这个目标的一切手段也同样神圣。这一点,契卡在镇压时表明得再清楚不过了"。

在这个问题上,D先生倒是多少抓住了一点事实,即马克思、恩格斯在1848年那个疾风暴雨的年代里,确曾提出过"不断革命"的主张,而这一主张,后来在1905年革命期间由托洛茨基首先发挥、[①]1917年由列宁大大扩展,形成了一整套"世界革命"战略。可是,D先生又一次不提相反的史实,即马克思、恩格斯在提出这一主张后,不久就放弃了它。下面就是真实的史实。

1848年革命是一次资产阶级革命,其任务是扫清封建主义和贵族君主制的障碍,为资本主义发展开辟道路,这是马克思、恩格斯的基本认识,因此,他们回到德国后,一直是努力促使资产阶级以革命行动反对专制君主制的。可是,在革命进程中,资产阶级自由派在专制主义势力面前,确实表现得妥协软弱,不愿意与国王和贵族势力做彻底的斗争,以致革命最后被专制主义的反扑所击败。这种情况让马克思、恩格斯十分愤怒,他们认为,这表明资产阶级已经无力完成他们的英法前辈曾经完成了的革命,因此无产阶级不得不代替他们承担起革命的任务,而既然如此,无产阶级基于自己的利益,就不能不把这个革命转变成属于自己的革命。于是,他们在1850年的《告同盟书》中提出了"不断革命"的主张。

然而,几个月后,马克思、恩格斯完全改变了这一主张。原因在于,他们现在认为,欧洲经济发展状况表明,危机已经过去,新的经济繁荣正在到来,革命的形势已经过去了,因此,现在的任务已经不是继续革命了。从这个新的认识出发,他们同自己的同志沙佩尔、维利希发生了激烈的冲突,直到最后走到了共产主义者同盟决裂的地步。当时马克思在争论中说过这样的话:"我们献身的党,幸运的恰恰是还不能取得政权。无产阶级即使取得政权,它推行的不会是直接无产

---

① 严格说来,帕尔乌斯提出此论还在托洛茨基之先,此处暂不详谈。

阶级的措施，而是小资产阶级的措施。我们的党只有在条件允许实现**它**的观点的时候，才能取得政权。"① 不久以后，恩格斯更进一步写道："对于一个激进派领袖来说，最糟糕的事情，莫过于在运动还没有达到成熟的地步，还没有使他所代表的阶级具备进行统治的条件，而且也不可能去实行为维护这个阶级的统治所必须贯彻的各项措施的时候，就被迫出来夺取政权……于是他就不可避免地陷入一种无法摆脱的进退维谷的境地：他所能做的事，同他迄今为止的全部行动，同他的原则以及他那一派的直接利益是互相矛盾的；而他所应做的事，则是无法办到的。"②

似乎没有必要再解释了吧？具有正常阅读能力的人都能看出，这里所引用的马克思、恩格斯的言论，与 D 先生所断言的正好相反。顺便说一下，1917 年时孟什维克之所以反对夺取政权，其根据也是在这里。

这里再提一句：D 先生所称的"马克思的政治行动主义"，又是对马克思学说的根本误解。据他说：这个主义是要：

"一，组建一个严密高效、具有广泛动员能力的现代政党；二，在和其他各党派各政治势力的联合斗争之中，保持党的独立性，掌握和绝对控制一支属于自己的武装力量，并在广泛的政治动员中不断扩大本党在革命同盟中的政治力量；三，联合斗争一旦取得最后胜利，立即和原先的同盟者反目翻脸，从他们手中夺取全部政权，如果需要武力，便当仁不让地用武力消灭所有原先的革命同盟者，实现一党专权；四，取得胜利后，即刻开始向'社会主义'过渡的准备，并审时度势地直接向'私有制'进攻，进行'不间断的革命'。"

所有这些，恰好表明他是从列宁甚至斯大林的观点去理解马克思的。除了中国之外，在整个国际范围内，一提到"组建一个严密高效、具有广泛动员能力的现代政党"，绝大多数学者，包括那些赞成的或对马克思持批评态度的学者，立即便会把这一主张和列宁联系起来。至于"掌握和绝对控制一支属于自己的武装力量"之说，则是斯大林所称许的中国革命的"特点"和"优点"。这些都已经

---

① 《马克思恩格斯全集》第10卷，人民出版社1998年版，第735页。黑体字原有。
② 同上，第551—552页。

是国际学术界的基本常识了,甚至连反马克思的学者——例如,今天大大出名的亨廷顿——也看出了的。①D先生所陈述的,其实正是我们的中学和大学政治课上数十年如一日地讲述的那种"马克思主义"。今天,是不是该让自己走出这种长期灌输给我们的传统观念,让自己的视野扩大一点,见闻广博一点,思想独立一点,头脑复杂一点,去了解一些马克思自己的马克思主义呢?

最后,用简单的几段话,作为总结:

第一,马克思与列宁之间的差别,是一种早就为众多派别、众多学者所指出过并详细论述过、已成公认常识的见解。你尽可以不同意这种见解,尽可以与之争论,但对于自己不知道的事实便斥之为"极其可笑",这是不是有点可笑呢?

第二,D先生之激烈批判马克思主义,是因为他认为这个主义是主张革命的,而革命在他看来是万恶之源。这种"告别革命"的观念时下正大行其道,为大批靠感觉而不靠理智生活的人们所信奉。关于这个问题,我在一年前的一篇文章中有如下看法:

"什么是革命?革命指的是超出现存政治秩序的约束去实现政权或制度变革的激烈活动,'暴力革命'所要表述的正是这个意思,而不是一般人心目中的打砸抢烧杀。革命有各种类型,有少数人的密谋式革命,也有下层民众广泛参加的革命。真正由人民自己推动的革命不是由少数野心家强加给社会的阴谋,而是社会发展中虽然超出常轨但合乎规律的现象,正如火山、地震和海啸之合乎自然界的规律一样。革命通常是社会矛盾长期积累、高度尖锐,已经无法指望通过改良来缓和这些矛盾时的产物,是各个时代下层人民用来对付统治者的暴虐无道的最后的反抗手段。当改良还能奏效时,革命是不会成为必然的,因为没有人愿意无故流血,硬要去诉诸暴力革命。但如果革命已经成为别无他途的选择时,任何关于'要改良不要革命'的说教都阻止不了它。我们今天的论者如果把革命当作绝对的恶去否定,那就等于要人民甘当忍受压迫的可怜虫,宁肯坐以待毙也不准起来争取自己的权利。这不但一笔勾销了以往的一切人民斗争史,而且也彻底否定

---

① 参见亨廷顿《变化社会中的政治秩序》,三联书店1989年版,第308页。

了人类未来的进步之路。"①

第三，如果不但无条件地反对革命，甚至连一切来自下层人民的反抗也要反对，那就更加难以接受了。在 D 先生那里，不独马克思主义，19 世纪的一切社会主义，以至 18 世纪的法国大革命和启蒙思想家，都是他所深恶痛绝的。在他看来，所有这些都是犯上作乱，都是历史中的祸害。按照这种见解，人民大众还能做什么事情呢？只有一条路：夹紧膀子，缩起脖子，忍受吧，等待吧！上面高兴时自会有赏赐的！但凡对常识有些了解的人，有谁会相信，我们人类几千年来的进步是这样得来的呢？

第四，马克思学说有错误。我对此早有详细的分析和论述了。但我认为，这些错误并不足以彻底推翻这一学说。马克思学说的方法论主要在于它那深刻的历史观，它对于我们深入到现象之下去本质地认识过去和现在，仍然有着重大的意义。因此，我仍然坚持自己阐述过的如下观点：随着历史的发展，马克思主义确实显出了不少弱点和问题，对此应该予以合理的批评和纠正。但批评应该是摆事实、讲道理的，应以对批判对象有起码的了解为前提。不顾常识的诅咒，不是真正的批评，而只是愚昧和丑陋。如果真正懂得马克思、恩格斯的理论，当会知道，它恰好是揭示现实矛盾、争取民主的批判利器。不是把这个利器认真研究一番，好好使用起来，而是把它当作祸害，恨不得一把火烧掉，实在是可笑复可怜，让人不知说什么好。为了使自己得到民主，中国人不应该是一群只知道狂吼乱叫的乌合之众，而应该是有知识、有理性、善思考的现代公民。民主只能依靠于我们人民大众的实力与智力的极大发展，而不能指望任何自以为是的、自封的"精英"。如果一边口喊民主一边却蔑视人民，那么，这样的民主充其量不过是一种"无人民的民主"，它与我所称的苏联式的"无社会的社会主义"一样，都是

---

①《把对民主的期望由"空想"转向"科学"》，《社会科学》2013年第12期。如果说，"马克思的徒子徒孙"的话只会惹D先生这样的论者厌烦的话，那么，我再引用一下弗洛姆如下的话，它值得读者们好好想想："通过暴力进行政治革命的思想，根本不是马克思主义的思想；它是近三百年来资产阶级社会的思想。西方民主是伟大的英国、法国和美国革命的产物，俄国1917年2月和德国1918年的革命都受到西方的热烈欢迎，尽管这些革命都使用暴力。显然西方世界现今所存在的那种对使用暴力所表示的愤慨，取决于谁使用暴力，以及用暴力来反对谁。"（《西方马克思学者论〈1844年经济学哲学手稿〉》，复旦大学哲学系现代西方哲学研究室编译，复旦大学出版社1983年版，第38页）

与人民无关的。

我的观点表述完了。

祝好!

张光明

2015 年 1 月 16 日

【本文曾发表于《当代世界社会主义问题》2015 年第 2 期】

本书作者张光明、罗传芳考察特里尔时在马克思故居前留影

本书作者张光明、罗传芳在马克思故居纪念馆留言簿上留言："与方法相比，体系是暂时的，方法则有长久的意义。此话也适用于马克思学说。"

本书作者张光明与马克思故居纪念馆的诺伊女士交谈并接受赠书，其中包括《共产党宣言》第一版影印本以及德国学者的著作

柏林洪堡大学主楼大厅的正面墙上，镌刻着马克思的名言："哲学家们只是用不同的方式**解释**世界，而问题在于**改变**世界。"

本书作者张光明与林克女士交谈

本书作者张光明与彼得斯教授交谈

本书作者张光明与贝格曼教授交谈

本书作者张光明、罗传芳合影。摄于 2015 年

柏林广场上马克思、恩格斯的巨幅塑像

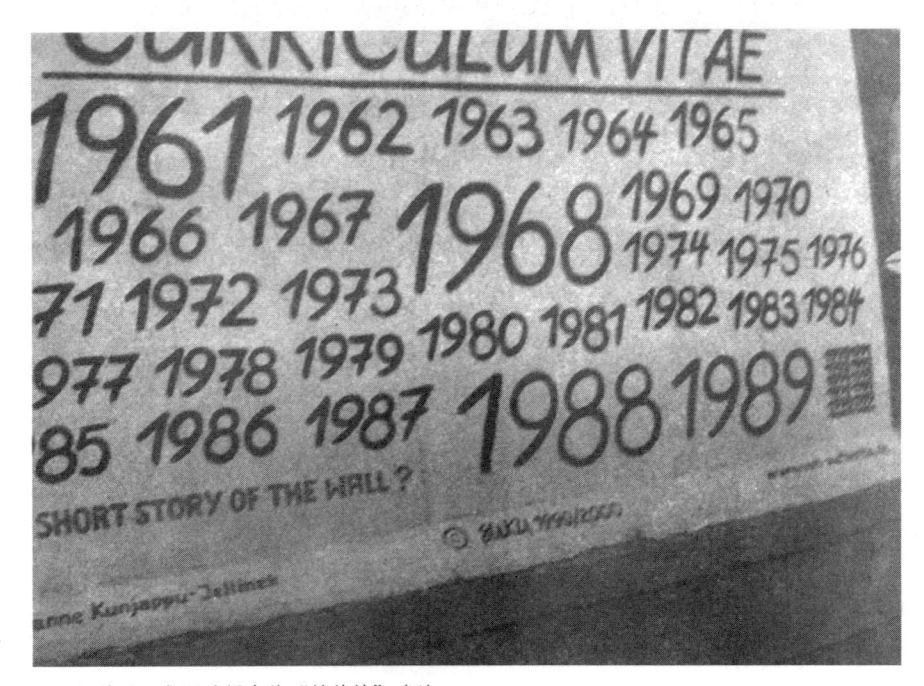

记录了一段沉重历史的"柏林墙"遗址

恩格斯故居

弗里德里希·恩格斯大道与悬挂列车

早期工业化博物馆

后　记

　　从酝酿写作《马克思传》到不断修改完善及再版的这十几年里，我们曾几次到德国进行访问研究。最重要的经历是对马克思和恩格斯故居的考察，以及访问会见与马克思生平思想研究相关的学者和机构。下面即按所附图片的背景略作介绍。

　　2004年暑期，我们借在德国做访问学者的机会，访问了特里尔的马克思故居以及其他一些与马克思有关的地方。特里尔是一座古老而美丽的城市，吸引了大批游人，但中国人首先要去的地方通常是马克思故居。在那里专为参观者准备的留言簿上，写下的绝大部分留言也都是中文。据接待我们的诺伊女士说，由于故居纪念馆的工作人员和研究者中无人懂中文，他们打算寻找合适的人选把那些留言译成德文。听了这话，我们嘴上不说，心里却不由得生出一丝紧张和不安。因为说实话，译者好找，但一旦翻译过去，怕是要让别人大失所望。因为在那些留言里，除了大量赞颂性的空话和标语类的口号，抑或一些因对国内现状不满而迁怒于马克思的情绪化宣泄外，几乎找不到有思想有见地的评论性文字，这与我们这个声称以马克思主义为治国准则，从中学到大学反复开设马克思主义政治课程的国家，实在不相匹配。而这些又恰恰是国人缺乏独立思考精神和理论分析能力

后 记

的真实反映。总之，留言里传达出的共同信息是对马克思和马克思理论思想的惊人的无知，把这样空虚贫乏的"内囊"在这位思想大师的故居里面抖搂出去，岂不令人汗颜？

因而我们的观点，也是本书要坚持的原则，就是不论你持何种立场，宣称什么主义，都要以尊重知识和历史为前提，并以探索的、思考的态度去对待你所要评论的对象，而不是把无知偏见拿来炫耀。马克思是19世纪的人物，他的思想与当时充满苦难和矛盾的早期资本主义工业化进程有着密切的联系。随着历史的发展，他的不少观点固然已经过时或需作重大修正，但他的理论方法迄今仍对愿意并善于进行思想探索的人们有重大启发意义。因此我们当时在留言簿上写下了这样的话："与方法相比，体系是暂时的，方法则有长久的意义。"也正因此，当今包括西方世界在内的国际社会和学术界，仍然对马克思及其学说保持着极大的敬意。如照片所示，在马克思当年学习过的柏林洪堡大学（原柏林大学）主楼的墙壁上，金色醒目的大字镌刻着他的名言："哲学家们只是用不同的方式**解释**世界，而问题在于**改变**世界"；柏林广场上，马克思、恩格斯的巨幅塑像也以其高大的身躯表明了人们对他们的尊重；而在城市的另一侧，被保留下来的"柏林墙"遗址似又昭示着理性的翅膀开始了新的航程……尊敬、纪念和反思，德国人所展现的这种理性历史的态度给我们留下了深刻的印象。

2015年，我们又获得了一次较长的访问德国的机会。这次我们去了位于德国西部鲁尔区的恩格斯故乡伍伯塔尔。伍伯塔尔是一座近代纺织业名城，恩格斯家族是当时在德国和英国都有庞大产业的纺织业主，所以现在恩格斯故居的一旁，就坐落着由恩格斯家族的纺织厂改建的"早期工业化博物馆"。这样的格局陈设及博物馆里滚动播放的反映早期资本主义恶劣生产条件的视屏材料，使参观者很容易对马恩社会主义学说的历史背景及恩格斯超越其阶级利益成为无产阶级领袖的不凡一生，有深刻的体认。在参观故居陈列的各种研究著作时，我们还发现了由中央编译局组织、我们撰稿、华东师范大学出版社出版的《马克思画传》（2005年），这是中国学者的一份成果，令人欣慰。

这次访德期间，我们还造访了总部设在柏林的罗莎·卢森堡基金会，与该基

马克思传

金会的亚洲部负责人林克女士就马克思的生平活动与著作、马克思主义思想史、罗莎·卢森堡的理论贡献以及欧洲社会主义思想与运动的历史现状等一系列问题，进行了广泛交流。还拜访了柏林的彼得斯教授和斯图加特大学 98 岁高龄的贝格曼教授，他们都是享誉国际的左派社会主义学者、著名的马克思主义研究专家，也是我们尊敬的老朋友。每次我们见面都交谈甚欢，并互赠彼此的著作和研究成果，临走时总是依依不舍……

这些经历和见闻，与《马克思传》的写作一起，也成为了我们的一份珍藏，故记于此。

罗传芳　张光明

2017 年 3 月 12 日于北京家中